羅馬人的故事 IX

賢君的世紀

塩野七生 著

林韓菁 譯

三民書局

作者介紹

塩野七生

一九三七年七月生於東京，畢業於學習院大學文學部哲學系，一九六三～一九六八年間遊學義大利。一九六八年開始寫作，於《中央公論》發表〈文藝復興的女性〉。一九七〇年，首部長篇作品《凱撒波吉耳抑或優雅的冷酷》獲頒每日出版文化賞，之後長住義大利。一九八二年以《海都物語》得到三多利學藝賞。一九八三年，獲頒菊池寬賞。自一九九二年起，以羅馬帝國千年興亡為題，著手寫作《羅馬人的故事》系列，並以每年一部作品的速度發表。一九九三年《羅馬人的故事I》獲頒新潮學藝賞。一九九九年再獲司馬遼太郎賞。二〇〇一年發行《塩野七生文藝復興著作集》共七冊。二〇〇二年榮獲義大利政府頒授國家功勞勳章。二〇〇五年獲日本政府頒贈紫綬褒章，二〇〇七年再獲文部科學省評選為文化功勞者。

三十周年經典紀念版序

《羅馬人的故事》新版發售之際，作者送給臺灣讀者的話

這部既不算是研究歷史的專業書籍，也不是歷史小說，在歐洲稱之為「歷史散文」的作品，我持續執筆了半世紀多，最在意的其中一件事情就是，為什麼這個國家能在完全認同個人思想與表現的同時，維持歷時長久的獨立與繁榮。

因而執筆了《羅馬人的故事》與《海都物語》兩部作品。《羅馬人的故事》是為了想知道大國發生過什麼事。另一部《海都物語》則是因為想了解，為何即使是小國，在確保個人思想與自由表達下，同時也能達成國家的獨立與繁榮。

其次，舉例古羅馬帝國與中世紀文藝復興時期的威尼斯共和國作為代表大國與小國的典範，也是有原因的。因為這兩國即使國家規模大小有所不同，卻都有能享逾千年長壽的共同點。

有些國家在鎖國的情況下也維持了長治久安。像是古希臘的斯巴達或江戶時期的日本。然而，持續開國方針而能長命百歲的國家卻很少。羅馬與威尼斯在這部份也有相同點。

我同樣建議目前居住在臺灣的各位讀者也務必閱讀《海都物語》。因為日本也是小國，而

臺灣也是小國之一。小國自有小國的生存之道，只要正視這個事實，也有付諸實行的強烈意志，就會讓國家邁向獨立與繁榮。

還有，如果可以的話，再推薦各位閱讀我的另一部「文藝復興小說」（暫譯，原名「小説イタリア・ルネサンス」）全四集，我會感到十分榮幸。在這部作品中我創造了兩位虛構的主角穿插在這段真實的歷史中。希望能讓讀者領會，個人的思想與表達的自由如何能成為創新的泉源。幾乎也可以換句話說，在那種無法保證絕對自由的社會下不會產生創新。因為正是這種自由，誕生了達文西與米開朗基羅為首的義大利文藝復興。而佛羅倫斯、威尼斯，無論在地理、人口規模上都只能算是小國。

儘管如此，大國的磨難也並未比小國少。羅馬與威尼斯相比的話，無論「磨難」的種類或數量，都令人感到十分類似吧。我覺得這才是閱讀歷史真正的樂趣。因為畢竟可以說「歷史總是一再重演，只是表現的型態不同」。

二〇二二年春天，於羅馬

塩野七生

修訂二版說明

《羅馬人的故事》不是一部正統的羅馬史。

塩野七生說：

我以「羅馬人的故事」為題，如果將日文的書名譯為拉丁文，故事與歷史的意義幾乎是相通的。……使用"Gestae"這個字，所謂"RES GESTAE POPULI ROMANI"，可直接翻譯為「羅馬人的各種行徑」。

換句話說，這是一部詳盡蒐羅史籍與資料，進而細膩描繪人物的經典作品。當我們隨著作者富有文學性的筆調，逐冊閱讀《羅馬人的故事》時，便會發現比起事實的陳述討論，塩野七生在這部作品裡更著重於「人」的故事。羅馬人在面對各種挑戰時如何解決？在面對強敵的進逼時，羅馬人是如何逆轉取勝？平息內憂與外患後，又如何迎向和平？羅馬著名的公共建設，其目的是「使人過得像人」？偉大的建築背後，隱含怎樣的思考邏輯？

無論思想或倫理道德如何演變，人類的行徑都在追求無常的宿命。

隨著作者的引導，我們得以像羅馬人一樣思考、行動，了解身為羅馬人，言行背後的思想與動機。羅馬從義大利半島上的一個小部族發跡，歷經崛起壯大，終致破滅衰亡的過程，不僅是歷史上一個橫跨歐亞非三洲的輝煌帝國史，或許也可在其中發現「羅馬人」的群體生活史。

《羅馬人的故事IX——賢君的世紀》內容以三位皇帝為主軸：雄心壯志的圖拉真將國土擴張到極致，並消弭中央與地方的對立；事必躬親的哈德良透過親身旅行視察的經歷，重建羅馬帝國的統治體系；而溫和穩重的安東尼奧．派阿斯則以穩健、有序的風格，平緩了帝國日趨躁動的情勢。作為帝國的第一公民，他們如何在內政、外交、公共建設、法律等方面扮演好領導者的角色？如何聯手締造帝國史上最和平安定的「黃金世紀」？他們終將羅馬帝國帶入新的高峰，成為後世賢君的典範。

希盼本系列能與您一同思考：羅馬何以成為羅馬？羅馬的千年興衰，對世界有何影響？更重要的是，羅馬人留給現代哪些珍貴的遺產？期待在讀完本書之後，能帶給您跨越時空的餘韻。

編輯部謹識

給讀者的話

老實說，現在的我感到萬分困擾。困擾的原因可以用下列比喻來說明。

在羅馬史的課堂上，有一位名叫塔西圖斯(Tacitus)的優等生。之所以稱他為優等生，是因為接在其他同學回答完教授的問題後開始發表高論的他，文句簡潔明快，用字精準有力，彷彿親身經歷過一般，充滿著臨場感，經常壓倒眾人，無人可與比擬。不只是同學們對他佩服不已，就連教授都頻頻點頭稱是，深表同感。

但是，此時，坐在後方的我舉手要求發言。我這麼說道。倘若將……或是……的史實納入考量的話，也可能做出和塔西圖斯不一樣的解釋，不是嗎?例如，我的《惡名昭彰的皇帝》就是參考他的《編年史》，我的《危機與克服》就是參考他的《阿古力克拉傳》與《歷史》，正因為有這些參考價值極高的著作，才能讓我的作品順利誕生的啊。

但是，暑假結束回到大學後，卻不見這位優等生的身影。詢問其他同學後才得知他因父親調職而轉學了。如此一來，可真讓我傷透了腦筋。

這是因為在第IX冊中登場的主角是圖拉真(Traianus)、哈德良(Hadrianus)、安東尼奧．派阿斯(Antoninus Pius)三位皇帝，亦即西元九十八年到一六一年為止的時代。當然，塔西圖斯的歿年是西元一二〇年，他的作品中不可能有一部描繪這三位皇帝治世的著作。不過，九十八年到一一七年的圖拉真治世，只要他決心要寫，應該還是寫的出來，更何況他確實有心要為圖拉真的治世留下記錄。話說《歷史》是從西元六十九年的內亂開始描寫，如今雖然只留下關於這一年的敘述，但我猜想應該是寫到九十六年皇帝圖密善(Domitian)被暗殺為止。在這本著作的開頭，有這麼一段描述。

「如果這本著作完成後，我依然健在的話，我打算利用餘生，寫下神君涅爾瓦(Nerva)和皇帝圖拉真輝煌的一生。」

然而，塔西圖斯沒有遵守對讀者的約定。並不是因為他已放棄寫作。他雖然沒有寫下涅爾瓦和圖拉真的故事，卻完成了《編年史》，這是從初代皇帝奧古斯都(Augustus)死後到皇帝尼祿(Nero)自殺身亡為止的史書。

順帶一提，有關西元五十五年出生，一二〇年去世的史學家塔西圖斯的生涯、時代、著作，可參考塔西圖斯著作頁的一覽表。

就時代順序而言，塔西圖斯在五十五歲到六十歲這段史學家的黃金歲月中，應該會選擇撰寫《歷史》的續篇，亦即涅爾瓦和圖拉真二位皇帝的傳記。不過，他卻沒有這麼做，反而選擇了撰寫《歷史》的前篇《編年史》，這是為什麼呢？

有些現代的研究學者認為，塔西圖斯可能是覺得為在世的權力者寫史書不太妥當，因此他

塔西圖斯著作一覽表（年代皆為西元後）

拉丁語原文書名	中文譯名	時　代	執筆時期	此時期的皇帝	執筆時的年齡
Agricola	阿古力克拉傳	40～93 年	98 年	涅爾瓦 圖拉真	43 歲
Germania	日耳曼	西元一世紀前	98～100 年	圖拉真	43～45 歲
Historiae	歷史	69～96 年	106～109 年	圖拉真	51～54 歲
Annales	編年史	14～68 年	115～117 年	圖拉真	60～62 歲

順帶一提，塔西圖斯生於西元五十五年，死於西元一二〇年，以下簡單說明他的公職生涯。他在維斯帕先 (Vespasianus) 皇帝之下（西元七十九～八十一年）擔任大隊長，相當於次席軍團長。在提圖斯 (Titus) 皇帝之下（西元七十九～八十一年）擔任會計監察官。在圖密善皇帝之下（西元八十一～九十六年）擔任法務官。在涅爾瓦皇帝之下擔任備位執政官 (consul suffectus)。按照當時慣例，當過會計監察官之後便可進入元老院，因此塔西圖斯應該是在圖密善皇帝的時代，他即將三十歲時，順利進入元老院。

雖然只是備位，但名義上畢竟還是執政官，就算中間停職了十年之久，照理說還是有行省的總督職位才對。

不過，直到西元一〇七年，塔西圖斯依然沒有被選為行省總督。這是因為他沒有子嗣。受到初代皇帝奧古斯都推動「少子化對策」的影響，當多位總督候選人的資格相同時，通常以擁有三名以上子女的具執政官經驗者為優先考量，或許塔西圖斯就是被這項條件絆住了仕途。話雖如此，皇帝認為有必要而破格拔擢人才的例子也不是沒有。或許，對圖拉真皇帝而言，塔西圖斯雖然是一名優秀的文人，卻不是他極需的行政官僚吧！就這樣，身為公職者的塔西圖斯雖然在飽受他責難批評的皇帝之下累積從政資歷，但在他譽為賢君的圖拉真皇帝之下卻沒有受到重用。這也讓人重新對什麼是一個人的資質有番省思。

寧可選擇記述已故皇帝的治世。若從比塔西圖斯年輕一代的蘇埃托尼烏斯在《十二皇帝傳》中也只從朱利斯．凱撒 (Julius Caesar) 談到圖密善，並沒有提到涅爾瓦之後的皇帝來看，這項推論似乎有些道理。

但是，在塔西圖斯表示寫完《歷史》之後，若依然健在，將打算利用餘生，寫下神君涅爾瓦和皇帝圖拉真輝煌一生的這段描述之後，加了這麼一段話：「因為這是一個罕見的幸福時代，不但史料豐富，而且不論怎麼判斷，如何表達，都很自由，毋須擔憂自身的安全。」既然如此，何以他還是沒有履行承諾呢？或許他打算寫完當初不在寫作計畫中的《編年史》之後，再好好來寫這本書，無奈卻因餘命已盡而徒留遺憾吧！

此外，還有一項可能的推測。這是考量到史學家塔西圖斯的特質後做出的推測。執筆寫史書的動機可大致分成以下三項。

一、原本就充滿好奇心，喜歡以得知的事實來談論歷史。

二、希望藉由敘述過去，以作為現代或是未來人們的借鏡。

三、對無法脫離悲慘狀態的同胞的處境感到強烈憤慨。

第一項的典型是《當代史》的作者——希臘人希羅多德 (Herodotus)。第二項的典型是《羅馬帝國衰亡史》的作者——英國人吉朋 (Edward Gibbon)。第三項的典型則首推《伯羅奔尼撒戰爭史》的作者——雅典人修昔的底斯 (Thucydides)。修昔的底斯對於在各方面都占優勢的母國雅典敗給斯巴達 (Sparta) 一事感到深切的哀傷與強烈的憤慨，此種情緒無處宣洩，因而誕生了史上最偉大的歷史著述。

就我的想像來看，塔西圖斯這位帝政羅馬最傑出的史學家應該是第二項與第三項的混合吧！不，應該是第二項占四分之一，第三項占四分之三的混合體。也就是說，他是屬於因為心頭怒氣而激發創作欲的作家。

這一來就不難推測為何他沒有執筆記述他自己評論為「幸福的時代」的圖拉真時代了。在圖拉真治世下的幸福時代，塔西圖斯雖然對同胞有所責難，本質上還是相當愛國。對他來說，這個時代實在太過幸福，反而降低了他的寫作意願。正因為如此，雖然他曾表示要為這個時代留下記錄，但臺伯留 (Tiberius) 皇帝到尼祿皇帝為止的《編年史》反倒較能喚回刺激他創作意願的「氧氣」——憤慨，這應該是他優先選擇創作《編年史》的原因之一。

雖然如此，由於塔西圖斯本身並沒有留下捨棄圖拉真的真正理由，上述見解純粹是我個人的推測。不過，無論真正理由為何，事實只有一個。

那就是，沒有任何關於圖拉真——不只是後世譽為五賢君中的一人，就連當時的羅馬人都推崇他是"Optimus Princeps"（第一公民），元老院甚至決議將此列為正式稱號，足見其風評絕佳——治世的可信文獻可供參考。

捨棄圖拉真的並非只有與他生於同時代的塔西圖斯和蘇埃托尼烏斯而已，二百年後的戴克里先(**Diocletian**)皇帝時代，曾有六名史學家分工完成一部名為“*Historia Augusta*”的歷史著作，目的是希望作為蘇埃托尼烏斯的《十二皇帝傳》（寫到圖密善皇帝為止）的續篇，但不知為何卻從哈德良皇帝時代開始記述，就像破了一個洞般，完全跳過涅爾瓦和圖拉真的時代。無視只有一年半治世的涅爾瓦時代尚可以理解，但治世長達二十年，在各個領域屢建功績的圖拉真時代，卻沒有一位羅馬時代的史學家願意為他留下見證，實在令人百思不解。

不，其實是有一人。只不過他是名為加西阿斯．狄奧(Cassius Dio)的小亞細亞出身的希臘人。他擔任過元老院議員和行省總督，但此人的著作中值得採信的部份，只有他自己是「現場證人」的塞弗拉斯王朝時代的記述而已。除此之外，由於缺乏有力佐證，後代的研究學者一致認為這是一部可信度極低的歷史著作。如此一來，一向依賴文獻史料的吉朋時代的羅馬史研究學者們，當然會感嘆沒有史料之苦。因為這群人也是對優等生塔西圖斯的看法佩服之至，倍受他的「轉學」所困擾的同學和教授們。

羅馬史的研究學者習慣將後世的研究著作稱為「第二手資料」，被他們稱之為「第一手史料」、「原始史料」或是「泉源」的包括以下六項。

一、文獻資料（羅馬時代的人遺留下來的文章）。

二、考古學上的成果。

三、碑文（石碑、銅板等）。

四、金、銀、銅幣。

五、肖像等的造形藝術。

六、紙莎草 (papyrus) 文書（不過，只限於以埃及為中心的中東一帶）。

第二項到第六項的史料是從十九世紀後半才開始受到注目。對以二千年前的羅馬人為研究對象的人而言，這些可說都是最近的史料。所以現代人很幸運，不用像只能仰賴第一項的吉朋時代的研究學者一樣，不斷感嘆可參考的史料有限。塔西圖斯不惜一刀兩斷的臺伯留、克勞狄斯 (Claudius)、圖密善皇帝之所以可以被重新檢視，也是因為參考了第二到六項的史料而得到的研究成果。

只是話又說回來，在文獻史料的重要性無法抹去的前提下，對後世的人而言，塔西圖斯的「轉學」畢竟是件令人惋惜的事。

而且，對歷史敘述最為關心的時期，要算是四十三歲到六十二歲這段黃金歲月，而塔西圖斯的黃金歲月是在圖拉真皇帝的治世下度過的。由於他在涅爾瓦皇帝的治世下被選為備位執政官之後，就不再擔任公職，因此無論是精神面或是時間面，應該都是游刃有餘的時期。我們知道此時他將心力投入《阿古力克拉傳》、《日耳曼》、《歷史》、《編年史》的創作，但他為何不將自己親眼所見，而且是以成熟大人的角度所看到的圖拉真皇帝的治世寫下來呢？只留下一段「這是一個罕見的幸福時代……」。

不過，這一段話卻決定了後世史學家對圖拉真的看法。而考古學、碑文、貨幣、造形藝術、紙莎草文書也從旁佐證了這個看法的正確性。

既然已經無法將塔西圖斯的歷史著述當作「原案」來參考，我只好決定新的寫作方向。第VII冊和第VIII冊中，我是以「被評為昏君者真的有這麼壞嗎？」的疑問作為著述主軸。相對的，在這本第IX冊中，我將把寫作重心放在「何謂賢君？」「這些皇帝為何會被羅馬人公認為賢君？」等疑問上。

理由無他，因為這段後世稱之為「五賢君時代」的時期，當代的羅馬人也將此時期稱為“Saeculum Aureum”（黃金的世紀）。

目次

第二章　皇帝哈德良 191

（在位期間：西元一一七年八月九日～一三八年七月十日）

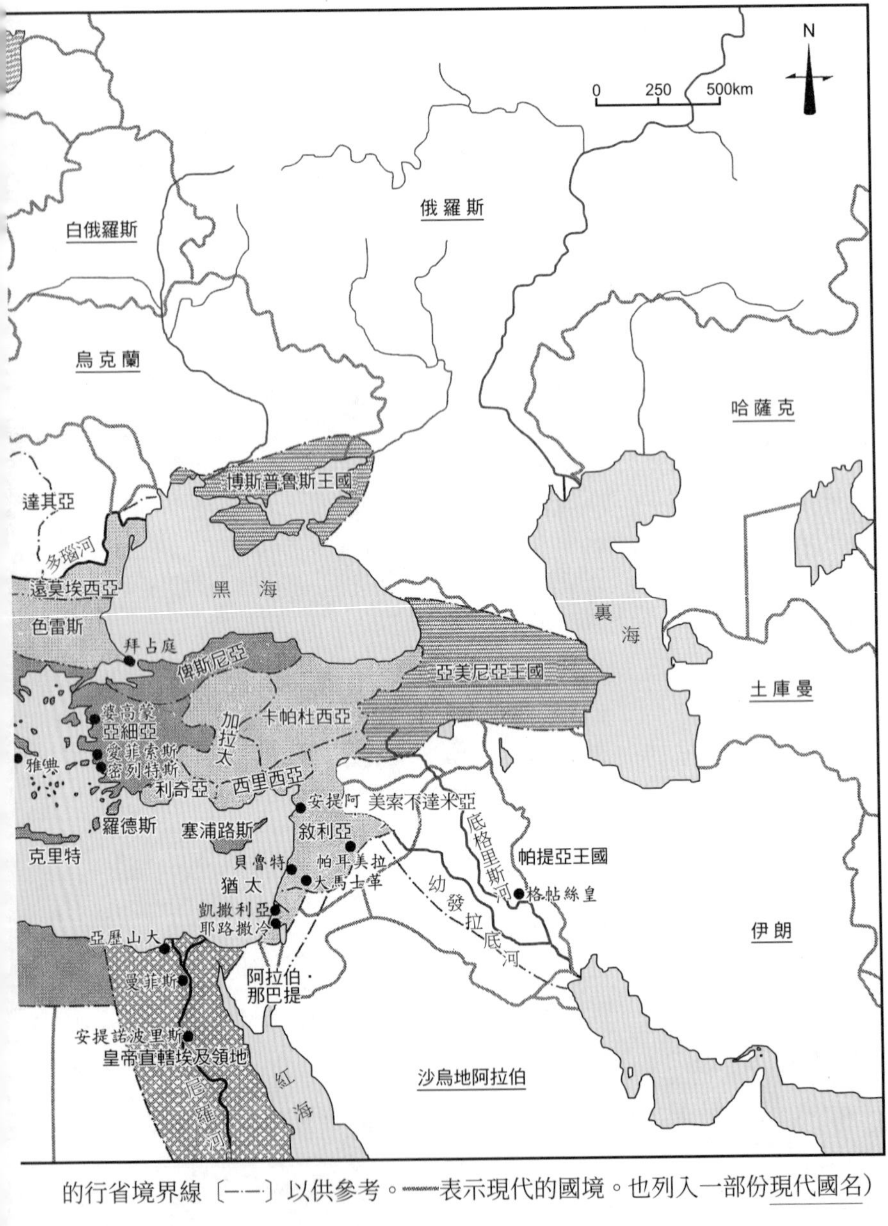

的行省境界線〔-·-·〕以供參考。——表示現代的國境。也列入一部份現代國名)

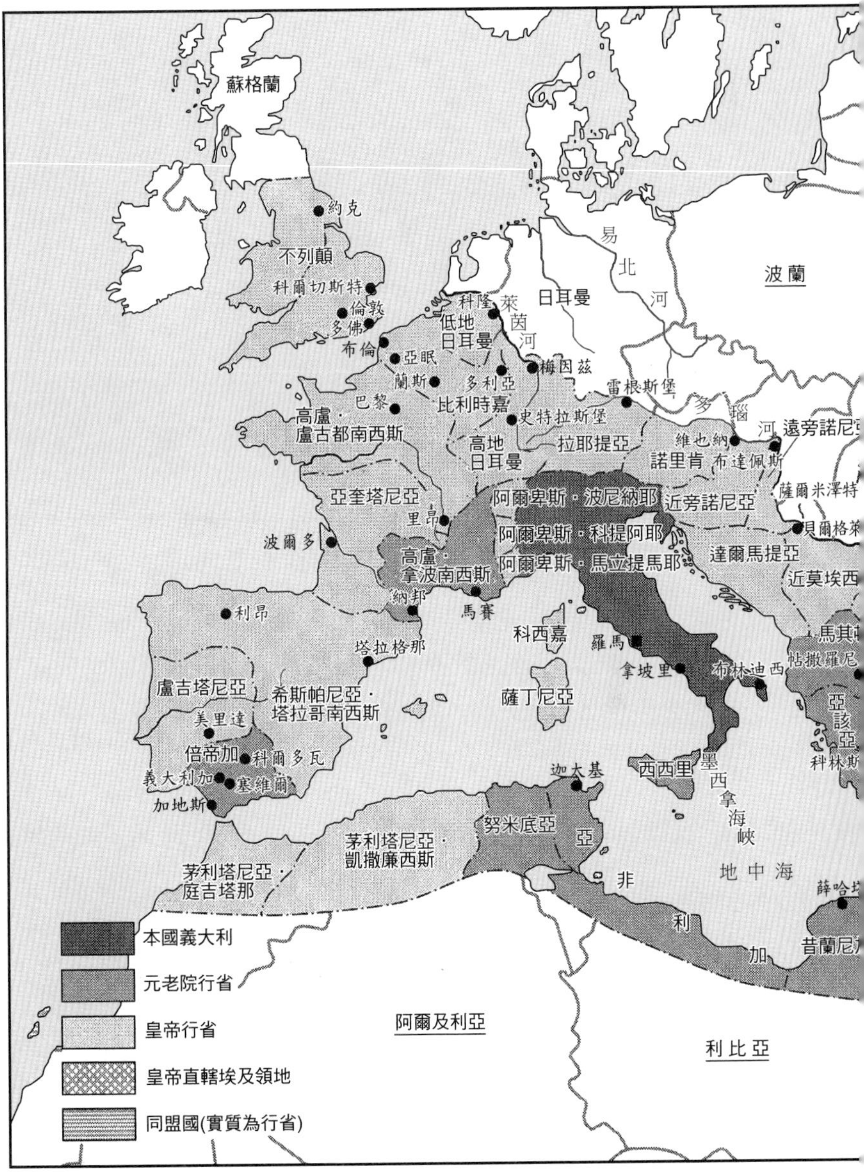

羅馬帝國疆域略圖（圖拉真即位以前。亦列入之後成為行省的達其亞與阿拉伯

第一章

皇帝圖拉真

在位期間：

西元九十八年一月二十七日～一一七年八月九日

邁向皇帝之路

自王政時代開始就是名門貴族的朱利斯．凱撒無庸置疑，當然是羅馬人，而凱撒的養子，亦即初代皇帝奧古斯都，以及臺伯留、卡利古拉 (Caligula)、克勞狄斯、尼祿等「朱利斯．克勞狄斯王朝」的皇帝們也都出生於首都羅馬，這是他們的共通點。在尼祿皇帝自殺後掀起的一年內戰當中，陸續即位的皇帝有噶爾巴 (Galba)、歐圖 (Otho)、維特里斯 (Vitellius)，這三位皇帝的「祖籍」也都是羅馬。

然而，自從整頓內亂而登上皇位的維斯帕先開始，帝國最高統治者的出生地為首都羅馬的傳統就宣告崩潰。建立「弗拉維斯王朝」(The Flavian Dynasty) 的維斯帕先、提圖斯、圖密善這三位皇帝的「祖籍」，是位於羅馬東北方六十公里處的列提 (Rhaetia)。奧古斯都將帝國的本體義大利半島分割為十一個省 (Regio)，首都羅馬包括拿坡里 (Napoli) 在內屬於「第一省」，而列提屬於「第四省」。在圖密善被暗殺之後即位的皇帝是涅爾瓦，他的「祖籍」因為是首都羅馬，似乎扳回了一城。然而，也正是這位涅爾瓦皇帝，加快了這個傳統崩潰的速度。

在皇帝涅爾瓦之後被指名為繼任者的圖拉真，於西元五十三年九月十八日出生於西班牙南部行省倍帝加 (Baetica) 的小鎮義大利加 (Italica)。直到現在還延續著羅馬時代的名字「義大利加」的這個小鎮，位於羅馬時代的西斯巴黎（現在的賽比利亞 Sevilla）西北方八公里處，並非一般常見的郊區小鎮。因為當時從地中海到大西洋貫穿伊比利半島 (Iberia) 的幹線道路之一，亦即自加地斯 (Cadiz) 往賽比利亞、美里達 (Merida) 北上的街道，正好穿過義大利加的中央。在帝國各地建立街道網的羅馬人沒有環狀道路的概念，所謂街道，無論都市也好，城鎮或鄉村也好，都是指通過人類居住區域中央的道路。因此對於小鎮義大利加而言，人與物產的往來一定是司空見慣的景致。

此外，義大利加尚具有其他城鎮所沒有的特殊性。就如同表示義大利人居住的城鎮「義大利加」字面上的意義所示，這是羅馬人在本國以外地區所建設的第一個殖民地。西元前二〇六年，西比奧·亞非利加努斯 (Scipio Africanus) 決定建設義大利加，他就是於四年後的扎馬 (Zama) 會戰中戰勝名將漢尼拔 (Hannibal) 的人。當時正是羅馬與迦太基 (Carthage) 如火如荼展開布尼克 (Poeni) 戰役之際，為了捍衛從迦太基爭奪而來成為羅馬領地的伊比利半島而派遣至當地的退役士兵，都是這個城鎮最早的居民。當時的羅馬軍團全員皆由出生於本國義大利，且擁有羅馬公民權者編制而成。由於服役期間規定不許結婚，因此全員幾乎都是單身。進駐義大利加的退役士兵，以及之後類似的羅馬殖民都市裡的男性，十之八九想必都是和當地女性結婚。結婚對象或許是西班牙原住民的女兒，或許是出生於狹小的直布羅陀海峽（古代稱之為「天神赫拉克斯雙柱」The Pillars of Hercules）之間往來人群頻繁的亞非利加 (Africa) 的女性。此外，也有可能是擁有迦太基血統的女性，這是因為伊比利半島在成為羅馬領地之前，是由迦太基人統治；倒是沒有聽說特地向母國義大利的女性招手的案例。這是因為羅馬人與希臘人不同，並不排斥與其他民族混血。因此，圖拉真的祖先雖然是本國義大利出身的羅馬公民，但是他體內流的血卻是混血。正因為如此，我才會特別強調圖拉真為第一位行省出身的羅馬皇帝。

不過，也因為圖拉真是行省出身的羅馬人，有關他青少年時期的事幾乎無從得知，就連他母親的名字也不詳。在羅馬史上，「圖拉真」這個名字是在他父親一代登場的。當時，圖拉真也只不過是二十八個羅馬軍團當中一個軍團的軍團長之子而已。

與他同名的父親是一位武官，在西元六十六年至七〇年發生的猶太 (Judaea) 戰役中，率領總司令官維斯帕先旗下的第十軍團奮勇作戰，也在提圖斯擔任總指揮的耶路撒冷攻城戰中，擔任參與攻擊的四個軍團之一的指揮官，戰績可說相當輝煌。在此時期，他兒子應該到了迎接十七歲成人禮的年紀。或許當猶太教的根據地大神殿被大火吞噬，耶路撒冷淪陷之際，圖拉真就站在第十軍團的軍團長營帳前遠眺整個過程也說不定。羅馬領導階層的家庭教育，孩子成人之前的養育責任一般在母親，成人後再由父親接手這個任務。

圖拉真應該是在故鄉義大利加接受初等教育，在倍帝加行省的省都科爾多瓦 (Cordoba) 接受中等教育，之後才被派遣到帝國東方執行軍務的父親旗下。羅馬人相當重視實地教育，無論父親的現職為何，實地教育的場所一律為軍團，這是當時的慣例。若想登記參選會計監察官，擠進領導階層，普通的話要十年，最少也要有三、四年的軍團經驗。剛脫離少年期的圖拉真儘管有過耶路撒冷攻城戰役的體驗，但他可能沒有返回故鄉，而是直接進入軍團生活。不過，他到底是在哪個前線度過軍團生活就不得而知了。由於父親指揮的第十法雷坦西斯軍團還留在猶太，他也有可能是在父親旗下度過見習期間。再者，他與徵召到羅馬的父親同行，親眼看見帝國首都羅馬，或許也是在此時期也說不定。因為皇帝維斯帕先不只推舉這位前部下擔任元老院議員，也安排他加入貴族之列。

雖然維斯帕先是本國義大利第一位地方政府出身的皇帝，但他卻不會偏袒與自己同階層的義大利地方出身者，這點相當耐人尋味。圖拉真的父親雖然出生於帝國西方的西班牙，但如同本叢書第Ⅷ冊中所述，經由維斯帕先拔擢進入元老院的行省出身者已經遍及帝國東方。因圖拉真就任皇帝而日漸升高的本國義大利與行省的均等化風潮，早在三十多年前就已經展開了。

就在此時，青年圖拉真的立場也因父親的高升而有了轉變。西元七十五年，他與被任命為敘利亞 (Syria) 行省總督的父親一同前往官邸所在安提阿 (Antioth)，於見習期間結束後立即晉升為「大隊長」。但並不是在軍團中歷經千錘百鍊當上百夫長後，好不容易才當上的大隊長 (Tribunus)，而是被稱為“Tribunus laticlavius”的「紅披肩大隊長」，地位相當於十人大隊長當中的首席。之所以如此命名，是因為只有這種大隊長被允許披上與元老院議員的鑲邊寬外袍一樣的紅色「披肩」，這是元老院議員子弟才有的特權，所須擔負的責任也與頭銜相符。雖然才二十歲出頭，但當軍團長有事無法執行勤務時，首席大隊長必須代為指揮軍團。這是對這群「未來的將領」所進行的實地教育之一，所以儘管他們年輕且經驗不足，仍是被賦予重責大任。順帶一提，以文人身份聞名的塔西圖斯和小普林尼(Plinius)也是屬於元老院階級，因此也都擔任過「紅披肩大隊長」。但這也是這二位文人最高的軍歷了。

圖拉真才二十二歲就當上次席軍團長，而維護帝國安全最重要的前線之一「敘利亞」則是他的第一個執勤地。

父親圖拉真擔任的敘利亞行省總督與其他三十幾個行省的總督並不可相提並論。羅馬帝國的重要防衛線有萊茵河、多瑙河與幼發拉底河，而敘利亞行省與長久以來一直是羅馬假想敵的帕提亞王國(Parthia)分別位於幼發拉底河的兩岸。雖然當時的羅馬與帕提亞王國締結了和平條約，一直維持著良好關係，但羅馬在防衛努力上卻絲毫不鬆懈。有三個軍團常駐敘利亞行省。

除此之外，維斯帕先皇帝也在帕提亞王國的北方，與羅馬有同盟關係的亞美尼亞(Armenia)的國境上派遣二個軍團常駐。甚至也在剛平定了叛亂的猶太地區派駐一個軍團，在埃及派駐二個軍團。以維護帝國東方的安全為要務的這八個軍團，光是主戰力的軍團兵就有四萬八千人，若再加上輔助兵力的話，更逼近十萬人大關，戰力相當驚人。總指揮由敘利亞總督擔任；在羅馬，傳統上認為敘利亞總督，就是東方軍的總司令官。

雖然圖拉真的父親在維斯帕先旗下參與猶太戰役之前的經歷無從得知，但想必也和維斯帕先一樣，是由百夫長一職展開他的軍旅生涯，歷經過千錘百鍊。然而，自西元七十五年到七十九年這四年當中，他居然可以平安的完成這些困難的勤務，顯然能力非凡。對兒子圖拉真而言，父親可說是最佳良師。不過，在二年之後，也就是西元七十七年，這位父親卻放手讓兒子離開自己身邊。

滿二十四歲的圖拉真依舊在左肩上披掛紅色披肩，雖然他位居次席軍團長，但還是被派遣到駐紮在帝國西方最重要前線萊茵河的軍團裡。這裡和帝國東方截然不同，他在此地度過三年飽受寒風大雨的日子。期間他父親接受在維斯帕先之後即位的提圖斯任命，出任亞細亞 (Asia) 行省總督。曾經與他父親一同出生入死的提圖斯皇帝，或許是為了報答這位老將四年來的努力奉獻，於是派遣他到不需要與敵人直接面對面的和平之地——亞細亞西部的行省執行勤務吧。這個行省不但是希臘文明的發祥地，而且擁有許多諸如愛菲索斯 (Ephesus)、密列特斯 (Miletos) 等文化水準、生活水準皆高的都市，可是他卻沒有召喚兒子前往當地。拜此之賜，圖拉真在二十四歲到二十七歲之間得以持續邊境的「修練」。

西元八十一年，二十八歲的圖拉真踏出了羅馬人稱為「光榮資歷」的菁英生涯的第一步。因為他當選了會計監察官。執勤地點當然是在首都羅馬。至於工作內容，如官銜所示，主要負責國家經費的出納工作。任期為一年。

而他父親在此時期，亞細亞行省總督的任期也順利屆滿，之後就沒有再續任要職。只是不知道這位元老院議員的晚年到底是在首都羅馬度過，還是回到故鄉義大利加隱居，甚至連歿年也不詳。這表示他雖然躋身貴族之列，也只不過是新興階級的第一代而已。

不過，第二代的兒子圖拉真的資歷已經爬升到元老院階級。會計監察官任期屆滿後，他又再度回到前線，重新展開「紅披肩大隊長」的軍旅生活。雖然不知他執行勤務的前線在何方，但在羅馬軍團當中並不常見士兵的勤務調動，倒是軍官階級的勤務調動相當頻繁，因此他極有可能遊走於各個軍團間。當時正值以用人卓越而受人稱道的圖密善皇帝時代。就在此時期，亦即西元八十三年前後，他如願進入元老院。西元八十七年，滿三十四歲的圖拉真開始進入「光榮資歷」的第二階段，他當選了法務官。此項工作的執勤地點同樣也是在羅馬，負責承辦一些司法案件。法務官的歷練是擔任軍團長的必要資格，儘管戰時偶爾會忽視此條件，但在平時一定遵守，這是羅馬人的特色。

圖拉真在經歷過法務官一職之後立即被任命為軍團長。不過，執勤地點卻在絕不會與敵人直接面對面、羅馬化歷史悠久的希斯帕尼亞（Hispania，現在的西班牙）。被指派的軍團則是長久以來一直駐紮在當地的第七傑米那軍團。他同時也是塔拉哥南西斯行省（Tarraconesis，相當於現在西班牙三分之二的區域）的總督，因此需要往返軍團基地利昂 (Lyon) 與總督官邸所在地省都塔拉格那 (Tarragona) 之間，平常根本不可能有機會去探望故鄉義大利加。

三十五歲那一年就這樣過去了。如果一直駐紮在西班牙的話，就不會有後來的圖拉真了，但是命運的轉機很快就在一年之後到來。

西元八十九年，防衛萊茵河上游的高地日耳曼 (Germania Superior) 軍司令官薩特盧尼展開叛亂。在首都羅馬的皇帝圖密善親自率領近衛軍團北上，同時也命令圖拉真旗下的第七軍團出動兵力支援。然而，由於防守萊茵河下游地帶的低地日耳曼(Germania Inferior)軍迅速展開鎮壓行動，因此在圖密善到達之前，叛亂就已經被平定，司令官薩特盧尼也自殺身亡，一切回歸平靜。甚至當圖拉真率領軍團跨越庇里牛斯山脈(Pyrenees)，穿過法國到達萊茵河之際，在鎮壓戰中遭到破壞的梅因茲(Mainz)軍團基地之重建工作已經告一段落。

雖然如此，對三十六歲的圖拉真而言，這一趟並沒有白跑。因為他得到了大他二歲的皇帝圖密善的知遇，據說當時圖密善曾經和回到勤務地的第七傑米那軍團一道同行。圖密善無意將如此優秀的年輕軍團長一直放在西班牙這個安穩之地，由於薩特盧尼的自殺，最重要前線之一的高地日耳曼軍的司令官一職有了出缺。

不過，只要具有法務官資歷即可當上的軍團長，畢竟不能夠和指揮三個軍團的司令官相提並論。戰略單位少說也要二個軍團以上，若要指揮這樣的戰力，執政官的經驗是必備的條件。

在隔年（西元九〇年）舉行的九十一年執政官的選舉中，圖拉真獲得提名且順利當選。只要獲得皇帝的推薦，候選就等於是當選。如此一來，圖拉真「光榮資歷」的第三階段便提早在三十八歲達成。這項職位是任期自一月一日開始的「正規執政官」(consul ordinarius)，與製造執政官經驗的權宜措施「備位執政官」(consul suffectus)並不一樣。在屬於元老院階級才有的責任義務「光榮資歷」中，具有法務官與執政官經驗的塔西圖斯與小普林尼擁有的不過是「備位執政官」的經驗而已。儘管從父親一代才晉升元老院階級，但圖拉真在此階段顯然已經超越了多數人。

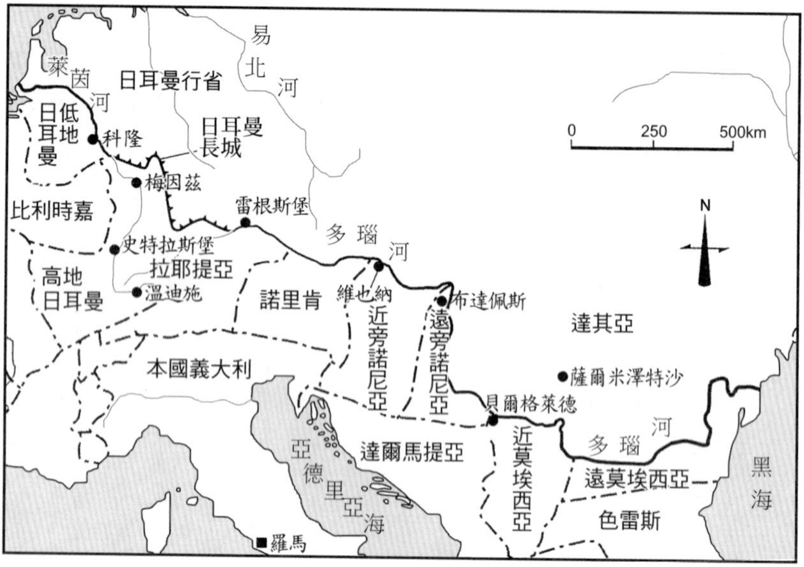

萊茵河到多瑙河一帶

西元九十二年，皇帝圖密善任命年滿三十九歲、具有執政官經驗，亦即資格完全符合的圖拉真為高地日耳曼軍的司令官，並且兼任高地日耳曼行省的總督之要職。順帶一提，圖拉真的資歷已經包括武官資歷 (military career) 和文官資歷 (civilian career)，渾然一體，我們由此看到了羅馬的菁英培育過程，相當值得玩味。

此外，有別於其他前線地區，皇帝圖密善對於高地日耳曼前線應該有特別的考量才是。駐守在高地日耳曼的四個軍團當中，有二個軍團常駐的萊茵河畔的梅因茲到多瑙河畔的雷根斯堡 (Regensburg) 之間的「日耳曼長城」(Limes Germanicus)，也是高地日耳曼軍司令官的防衛管轄範圍，而最早建設這道「日耳曼長城」的皇帝正是圖密善。圖拉真被圖密善皇帝交付管轄的正是如此重要的地方。在西元九十二年到九十七年之間的五年之中，圖拉真並沒有辜負皇帝的信賴。不過，就在九十六年秋天，皇帝圖密善遭到殺害。雖然圖拉真是因為圖密善皇帝的推舉才得以晉升，但是繼位的涅爾瓦皇帝並沒有因此改變他的地位。

這不只是因為圖拉真五年來的表現得到認可。儘管一個人會被處以「記錄抹煞刑」(Damnatio Memoriae，詳述於第Ⅷ冊中），但這個人表現優良之處還是可以傳承下來，這便是羅馬人一貫的作法。就連一向喜歡批評皇帝圖密善的史學家塔西圖斯也在著作中承認，自己公職上的晉升是在圖密善時代建立的。

涅爾瓦登上皇位時已經是六十六歲的高齡了，據說元老院推舉涅爾瓦的理由是因為他沒有子嗣而且又是高齡。不過，真正的理由應該是涅爾瓦的家世背景。他出生於義大利的地方都市奈爾尼(Narni)，在西元一世紀末時，自共和政治時代延續下來的名門貴族出身者可以說屈指可數。二代皇帝臺伯留隱遁到卡布里(Capri)時，少數同行者之一就是涅爾瓦的祖父。頗富涵養的臺伯留只讓可與他對等交談、具有涵養之人同行。臺伯留與涅爾瓦的祖父與其說是皇帝與元老院議員的關係，倒不如說是深具涵養的朋友關係。涅爾瓦家的男子雖然都是元老院議員，但他們為人所知的卻不是政治家的身份，而是富有涵養的一面。當與元老院關係險惡的圖密善被迫在元老院議員之中選出和自己一同就任執政官之人時，他選擇了涅爾瓦。不過，自己死後竟是由涅爾瓦繼位，這大概是他始料未及的事。

總之，涅爾瓦不是因為正面優點很多，而是因為沒有什麼負面缺點才會被推舉為皇帝，而他必須擔心的對象倒不是推舉他成為皇帝而感到滿足的元老院，而是一向支持圖密善的近衛軍團與前線的各個軍團。因為圖密善實現了這些士兵長年以來的夢想，為他們加薪，也經常前往前線慰問他們，因而深獲士兵們的愛戴。

西元九十六年九月十八日，差一個月就滿四十五歲的年輕皇帝圖密善遭到殺害。在位期間共十五年。這位皇帝雖然遭到元老院的憎惡，但在羅馬史研究方面有劃時代功績的十九世紀史學家孟仁 (Mommsen) 卻對他讚譽有加。此次暗殺行動並非元老院內反圖密善派的議員主導的陰謀結果，也和尼祿皇帝時期因為行省爆發不滿成為導火線不同。他是在就寢中被襲擊身亡，由宮廷內人士所為，下手的是皇后身邊的解放奴隸。

不過，元老院與此事件並非毫無關係。皇帝被暗殺的那天夜晚，元老院立即連絡與圖密善一同擔任過執政官的朋友涅爾瓦，在隔天一早迅速召開的元老院會議上簡單表決通過繼任皇帝的提案。甚至還通過將圖密善處以「記錄抹煞刑」，先帝的功績就這樣完全被抹煞掉。從深夜到隔天一早這麼短的時間內就快速作出這些決定，可見幕後一定有黑手操控。至於黑手到底是誰，至今無法得知，元老院也沒有去深入追究。就涅爾瓦溫和、沒有政治味的個性來看，絲毫不可能是主謀。於是真相變成了一團謎霧留待後世解開。

儘管得知圖密善遭到暗殺，但位於首都的近衛軍團和駐守在前線基地的邊境軍團並沒有採取行動。顯然元老院以迅雷不及掩耳的速度使「政權輪替」成為事實的作法已經奏效。不過，士兵們的靜觀其變並沒有持續很久，近衛軍團基於對圖密善的景仰，一心期待早日將暗殺主謀繩之以法，但在經過一年後涅爾瓦還沒有抓到犯人，不滿情緒一發不可收拾。最後甚至將皇帝涅爾瓦軟禁，逼他盡快揪出主謀處以死刑。

涅爾瓦也感受到事態的嚴重性。六十七歲的涅爾瓦恐懼的並非自身的安全，而是近衛軍團的不滿若波及到在邊境執勤的軍團，這才是最可怕的事。尼祿皇帝死後掀起的長達一年半的內戰，雖然已經過了二十八年，但對羅馬人而言，依然像夢魘一般。有關防範內戰的對策，涅爾瓦並沒有請求元老院支援，而選擇由自己一人來決定。而在他公開發表之際最驚訝的莫過於元老院的議員。

西元九十七年十月二十七日，當聳立在卡匹杜里諾丘 (Capitoline Hill) 上的朱比特 (Jupiter) 神殿前之祭禮結束後，皇帝涅爾瓦舉起右手要求正要離去的觀禮者留步。當大家遲疑地轉過身來時，涅爾瓦省略了開場白，單刀直入的切進主題。

他決定收高地日耳曼軍司令官圖拉真為養子，並將護民官特權 (Tribunicia potestas) 與「羅馬全軍總指揮權」(Proconsulare maius) 也讓給圖拉真，而且推舉圖拉真和自己一起成為隔年（西元九十八年）執政官的候選人。

這等於是宣布指名圖拉真為共同皇帝。羅馬史上第一位行省出身的皇帝就這樣誕生了。

如果依照那個時代的常識，圖拉真應該會利用冬天休戰期間回到首都羅馬，參與等於是已經當選的元老院執政官選舉，然後在隔年一月一日元老院首次會議中發表對涅爾瓦的感謝演說，之後再回到萊茵河畔的基地。這是任何人都認為理所當然的作法。不過，他卻沒有這麼做。四十四歲的圖拉真是一名武官，他深知作戰必須出其不意方能退敵致勝。大多數人包括元老院議員在內，都以為他雖然是行省出身，但皇帝涅爾瓦卻為他開啟邁向帝王之路，他應該會火速奔回羅馬，在涅爾瓦面前向他表明感謝之意才是，而他的作法完全出乎眾人意料之外。西元九十八年一月一日，圖拉真並沒有回到首都羅馬。甚至當他在科隆 (Cologne) 接獲涅爾瓦已於一月二十七日逝世的消息之後，他依然繼續留在前線。

話雖如此，既然當上羅馬皇帝，維持首都羅馬以及本國義大利半島的秩序便是他的責任。圖拉真以設置在本國唯一的軍力「近衛軍團」若監禁現任皇帝，無法確保秩序為由，決定短時間之內不返回首都羅馬，但是卻將近衛軍團的長官與幾名支持者喚至科隆。這幾個不得不遵從皇帝命令的人一到科隆，立即被殺害，近衛軍團內不安份子的問題就此宣告解決。留在首都的一萬名近衛軍團兵雖然對涅爾瓦不滿，但對圖拉真卻敬愛有加，因此都服從圖拉真的嚴峻處置。順帶一提，先帝涅爾瓦從未指揮過一個軍團，只具有文官資歷而已。也因為如此，圖拉真才會被指名為繼任者。

圖拉真不惜將返回首都的日期延後都要完成的事到底是什麼呢？在此我們回想一下，圖拉真是在科隆接到涅爾瓦的死訊。科隆屬於低地日耳曼軍司令官的管轄區域。羅馬軍內的管轄區分一向嚴格，不允許身為高地日耳曼軍司令官的圖拉真有「越境」行為。不過，西元九十七年十月，當他成為涅爾瓦的養子之後，圖拉真被賦予了皇帝的特權，亦即羅馬全軍的統率權。西元九十八年一月，他一直待在科隆，顯示在涅爾瓦死後他即位之前，圖拉真就已經充分活用涅爾瓦賜予的共同皇帝的地位。雖然離四十五歲還有八個月，已充分達到成熟男人的年齡而登上皇位的這名行省出身的羅馬皇帝，在正式獲得帝位之前，已完全領會自己該做的事為何。那就是圖密善未竟的大業，不過這卻違反了初代皇帝奧古斯都禁止繼續擴大帝國版圖的遺教。因此，一旦決定要做，絕對非成功不可。

滿腔鬥志

既然違反神君奧古斯都的遺教，就必須提出能讓羅馬帝國正式主權者——元老院與羅馬公民接受的理由。因為羅馬的皇帝是由這二大主權者賦予政權，名義上只是羅馬公民中的「第一公民」(Princeps)。什麼是「可以接受的理由」？只要回想一下元老院和羅馬公民為何不諒解圖密善皇帝的作法便能找出答案。

在第Ⅷ冊中針對圖密善皇帝已經有詳盡的描述，在此僅歸納出部份重點。萊茵河防衛線在「日耳曼長城」完工之後有如一道鐵壁，成功建構出萊茵河與多瑙河兩大河上游地帶的防衛系統。此時，羅馬人面前出現新的敵人——在多瑙河下游北岸一帶逐漸擴大勢力的達其亞族(Dacia)。對羅馬人而言，居住在多瑙河這道自然防衛線外側的各個部族原本並不構成威脅，但是當這些部族經過整合，可就不一樣了。達其亞族之所以不容小覷是因為族長已經自許為「王」，而且成功整合了周邊的弱小部族。

達其亞族由於擁有能幹的領導者德賽巴拉斯，其勢力不斷擴張。德賽巴拉斯不只合併自己部族的居住地多瑙河下游地區，甚至也將居住在現在的匈牙利(Hungary)到南斯拉夫(Yugoslavia)一帶的多瑙河中游地區的部族合併。他希望在多瑙河北岸一帶建立一大王國。為了誇示他具有這種力量，於是率兵入侵羅馬領地多瑙河南岸。

這場突擊行動打得相當漂亮。使得迎擊的羅馬軍團吃了敗仗，指揮軍團的莫埃西亞(Moesia)行省總督戰死沙場。

圖密善決定親自前往前線坐陣。為了迎接身為羅馬全軍統率的皇帝，一舉投入了五個軍團參與戰鬥，結果羅馬軍團大獲全勝。達其亞王雖然提出媾和的要求，但羅馬一方完全不經考慮就回絕了他們。第二戰羅馬軍打算渡過多瑙河進攻北岸，直搗達其亞族的根據地。

不過，帶著勝利的喜悅回到首都羅馬的圖密善卻接到第二戰大敗的消息。和半數近衛軍團共同作戰的一個軍團完全被殲滅，被賦予總指揮任務的近衛軍團長官也不幸陣亡。而且，連軍團旗「銀鷲旗」也落入敵軍手中，更加深了羅馬軍的恥辱。對達其亞族的第二戰是發生在塞爾維亞(Serbia)到羅馬尼亞一帶，羅馬軍不但沒有攻進他們的根據地薩爾米澤特沙，早在渡過多瑙河準備北上之際就被夾擊而吃了敗仗。

羅馬軍雖然遭到重創，但圖密善皇帝並沒有因此氣餒。他整整花了一年的時間進行準備，目的就是為了雪恥。總指揮則指派在多瑙河防衛線執行勤務已久且熟知當地狀況的尤利亞努來擔任。

西元八十八年，率軍渡過多瑙河準備進攻達其亞的尤利亞努巧妙地將敵軍引誘到平原上。這種以廣大平原為舞臺的會戰方式，對羅馬軍而言可說是所向無敵。羅馬軍奮力追殺這些四處逃竄的達其亞士兵。儘管如此，在此次戰役中還是沒有攻進達其亞族的根據地。因為冬天已經逼近了。深知當地冬季嚴寒難耐的尤利亞努，決定先將軍隊撤回多瑙河南岸，並將船橋（Bridge of Ships，用船排列而成的橋）解體，允許士兵們休養到隔年春天。不過，到了隔年，也就是西元八十九年，羅馬軍還是沒有渡過多瑙河。

因為圖密善選擇了與達其亞族和解一途。他不得已做出此決定是基於以下幾項情勢的變化。

一、雖說不到一個月就將舉旗造反的高地日耳曼軍司令官薩特盧尼的叛亂平定，但此事件還有許多後續處理工作有待進行。

二、對於擁立冒牌尼祿皇帝而重新燃起反羅馬情緒的帕提亞王國，有必要加以牽制。

三、被羅馬軍打敗的達其亞族其實不足為懼，反倒是對於在多瑙河中游一帶展開攻擊行動的日耳曼裔各部族有必要採取一些因應措施。

害怕戰線除了多瑙河下游之外，還會擴大到中游地區的圖密善，與吃了敗仗而急於挽回頹勢的德賽巴拉斯的利害關係其實是一致的。為了簽訂和平協定，以代理國王的身份來到羅馬的達其亞王子，圖密善以對待友好國家君主的隆重儀式來迎接。對圖密善來說，在多瑙河中游一帶展開攻擊的日耳曼人的問題，也可以因此得到解決。實際上，在與達其亞締結和平協定之後，羅馬軍就將戰力集中到中游地區。其結果，對於橫跨維也納 (Wien)、布達佩斯 (Budapest)、貝爾格萊德 (Belgrade) 的羅馬基地展開攻擊的日耳曼各部族也只好退回以前的居住地。

有關圖密善和達其亞王締結的和平協定之內容，由於死後的圖密善被處以「記錄抹煞刑」而被銷毀。只有一項眾所皆知，那就是若要贖回被達其亞打敗時遭到俘虜的羅馬兵，每一人每年必須支付二亞西銅幣給達其亞族。

至於當時到底有幾名士兵被俘虜？每一人每年支付二亞西銅幣是永久的協定還是有規定支付年數？這就不得而知了。

站在圖密善的立場來想，或許他認為既然已經不可能攻進達其亞的根據地，只好花點錢來解救被扣留在根據地的羅馬士兵。其實二亞西銅幣大概相當於公共澡堂四次的沐浴費用。以市場上販售的麵粉來換算的話，只有五百公克的價值。等於是一個士兵年薪的四百五十分之一而已。或許他認為倘若因此可以解決多瑙河下游地區的問題，這樣的代價並不算什麼。

然而，此事卻招致羅馬人的不滿，元老院派的塔西圖斯批評的最為嚴厲，可見元老院與皇帝的關係已經呈現如履薄冰般的險惡狀態，原本一般公民對圖密善的評價還不會太差，因為此次事件，羅馬公民也開始與皇帝漸行漸遠了。

羅馬人對於一個軍團加上半數近衛軍團共一萬名士兵的犧牲雖然可以承受，但用金錢來換取自己國家的和平，縱然只是象徵性的金額，不！正因為金額很少，所以更有損國格，他們沒有辦法接受此種作法。每一名俘虜每年繳納二亞西銅幣就像是敗者向勝者繳納年貢一般。所謂和平，是否是一個無論付出什麼代價都值得去爭取之物呢？有關這個問題，就算是在帝政時代即將步入中期的這個時代，羅馬人毋需思考，心中早有定見。

就圖密善的個性來看，他一定是認為對達其亞的和平協定只是在各種情勢穩定下來之前的一種緩衝措施。只是沒料到，二年後他就被暗殺了。而這一切都看在被圖密善皇帝拔擢擔任高地日耳曼軍司令官、一直待在多瑙河防衛線邊境的圖拉真眼裡。

就在大他二歲的圖密善皇帝被暗殺的一年之後，涅爾瓦皇帝賦予了圖拉真繼任者以及共同皇帝的地位。他可以和皇帝涅爾瓦共同擁有羅馬全軍的統率權。之後他立即活用了這個權力。前往不屬於自己管轄區域的科隆，就是他迅速活用被賦予之權力的最好證明。三個月之後，他接到了涅爾瓦皇帝的死訊。自己一人成為羅馬皇帝的圖拉真寧可將返回羅馬的日期延後，都要將某項「工作」完成，足見他的確是二十世紀的美國人所言最徹底奉行實用主義 (Pragmatism) 的羅馬皇帝。

這裡所指的「工作」，如同他接獲涅爾瓦的死訊時，人正在科隆所代表的意義，係指建構當時稱為「低地日耳曼」的萊茵河中下游地區的防衛系統，使其完備。至於結合「高地日耳曼」與多瑙河上游地區的「日耳曼長城」的防衛線，則在他擔任高地日耳曼軍司令官的五年之間已經完成。他之所以急於建構萊茵河全區與多瑙河上游地區之間的防衛線，是希望在對達其亞族投入戰力之際，可以完全拋開後顧之憂。當羅馬軍集中戰力於多瑙河中游至下游地區之際，位置偏遠且防衛力薄弱的萊茵河下游地區，常常會成為蠻族入侵的標的，這是任何人都想的到的事。

圖密善皇帝是個冷靜且心思慎密的統治者，戰略上頗具先見之明，致命的弱點是缺乏實戰經驗。在他應當展開軍團見習之際，卻因為遇上尼祿死後的內戰而不得不取消。就連父親維斯帕先即位，政局安定之後，曾經歷過軍團千錘百鍊的維斯帕先，不知為何就是沒有給次男圖密善體驗軍務的機會。圖密善身為哥哥提圖斯之後的皇位繼任者，或許被父親認為他不適合接任大隊長或軍團長吧！不過，正因為如此，十九歲到三十歲這段最適合體驗軍團生活的時期，圖密善接受了完整的帝王教育。而且，哥哥提圖斯皇帝又死的早，結果才三十歲就當上了羅馬全軍的總司令官。

就算缺乏軍團經驗，但若天賦異稟的話，缺陷也是可以彌補的。而且即使沒有軍事長才，也可以仿效奧古斯都重用阿古力巴的作法，只要拔擢適當人才再委以重任即可。活躍於不列顛

(Britannia) 前線的阿古力克拉 (Agricola) 就是個不錯的人才。不過，圖密善或許是因為缺乏實際軍務經驗，對軍團生活的憧憬比任何人都強烈，而且還一直認為自己擁有軍事上的才能。

圖密善建設「日耳曼長城」的功績的確不容否認，只不過由他與達其亞族之間的戰役就可以看出這個人完全不具軍事長才。

第一，他總是慢半拍。亦即，他從未掌握過戰役的主導權。

第二，二名現場總指揮居然都戰死沙場，足以證明他在沒有任何明確戰略的狀況之下，就讓軍隊衝入戰場，很容易陷入一陣混戰。

第三，他太輕忽達其亞族的實力。於是對戰力的集中投入有些漫不經心，最後以二勝二敗收場，落得明知萬般情勢日趨惡化，卻不得不與達其亞族簽訂恥辱的和平協定。

圖拉真雖然與圖密善年齡相仿，但卻擁有豐富的軍旅經驗，他應該已經注意到圖密善的缺點了。而且，羅馬優秀的武將對於投入比敵軍再多的戰力也不會有任何遲疑。集中投入大量戰力可以盡早結束戰爭，反而比較划算。這不只可以節省軍事費用，戰爭狀態拖的愈長，勢必愈會引起戰場附近居民的不滿，如果能夠盡早解決，也可以消弭這些居民的不滿情緒。另一方面，也有「羅馬軍是靠補給站取勝」的說法。

所謂「補給站」(Logistic)，依據字典的解釋，係指在戰場後方負責所有糧食、武器等軍需品的補給與輸送。為了使這方面更為完備，戰場附近居民的協助是不可或缺的。

圖拉真決定投入圖密善時代的兩倍戰力來對付達其亞族。不過，一旦這麼做，多瑙河防衛線的現有戰力將會完全不足，必須向緊鄰的萊茵河防衛線借用兵力。為了在減少一半戰力的情況下也可以做好防衛工作，他決定優先建構萊茵河防衛系統。

在圖拉真統治的第一年，也就是西元九十八年，大部份時間都在萊茵河沿岸度過。就在那一年的冬天，他移師多瑙河沿岸，悄悄指揮重新開戰的準備。尼祿皇帝時代的名將科普洛曾說過「羅馬軍是靠鶴嘴鎬來取勝的」。羅馬軍隊中並沒有專業的工兵隊，軍團兵全員不但都是土木工程的技師，也都是工人。

至於圖拉真在西元九十八年冬天到隔年夏天於多瑙河一帶所進行的「工作」，似乎是將圖密善已經建造的，包含了圓形競技場和大浴場的永久軍團基地，以街道和橋梁加以整合。羅馬人習慣在戰爭開打前先整備通往戰場的「基礎建設」(Infrastructure)，令人好奇難道他們沒有想到倘若吃了敗仗，反倒有利敵軍追擊嗎?但在權衡之下，他們還是以自己軍隊容易進擊為優先考量。追溯此時期土木事業的遺蹟，可以看出日後圖拉真興建的土木工程的特色。如果有山崖阻擋在前，絕不會因此而轉彎，而是將山崖剷平。不只是圖拉真而已，這是所有羅馬人進行土木工程時的特色。看來這位行省出身者，或許比土生土長的羅馬人還具有羅馬人的特性。

圖拉真當上皇帝後首次回到首都羅馬是在西元九十九年夏天結束之後。

暫時返回首都

從多瑙河朝羅馬的方向前進，也就是穿過現在的南斯拉夫與波斯尼亞．赫澤哥維納(Bosnia-Herzegovina)，到達亞德里亞海(Adriadic)，經過一天的海路後，登上義大利中部的海港安科納(Ancona)，之後再沿著海岸線南下，通過奧雷里亞(Valeria)大道，最後抵達羅馬。這是一般認為當上皇帝後首次返回首都的圖拉真可能走的路線。雖然只是猜測，因為史料上遺漏了這一部份，但是如果上述推測沒有錯的話，他應該是從東邊進入羅馬。由於歷代皇帝的努力，除了海路以外，整段路程都是完全鋪設好的羅馬式街道。若提到距離，則相當於從羅馬穿過法國到倫敦的一半距離。當時羅馬的領導階層相信多瑙河防衛線的去向可決定帝國的安全保障，這只要看地圖就可以理解。從羅馬到貝爾格萊德的距離便比羅馬到巴黎還近。羅馬時代，地圖上的距離大概便是實際上的距離。如果是在現代，由於西歐與巴爾幹地方(Balkan)的道路網之充實度有一段落差，從羅馬到巴黎所需時間比從羅馬到貝爾格萊德還要短，但在羅馬時代，街道網平均遍布這二個地方，完全沒有密度的差距。

從東邊進入首都的圖拉真皇帝，身旁聚集了許多想要爭睹其風采的民眾列隊歡迎。一般庶民可能無法理解圖拉真花費將近二年時間從事的「準備」，他們對圖拉真的關心只不過是出自於好奇心而已。

羅馬將軍的軍裝

第一，圖拉真是第一位行省出身的皇帝。

第二，過去幾乎都是在行省執行勤務的圖拉真，在首都羅馬是個不為人知的「面孔」。

第三，在登上皇位之後的一年半當中，他不曾在首都出現過。

元老院議員也對圖拉真充滿好奇心，因此全員一同前來迎接他。先帝涅爾瓦指名圖拉真為繼任者，以及涅爾瓦死後圖拉真即位，這兩件事都得到了元老院的承認。不過，元老院議員如果只是想要親眼目睹這位行省出身者即位後的模樣，那就和首都的庶民沒有兩樣了。

圖拉真在城門前下馬。他的穿著完全符合身為羅馬全軍之長的皇帝身份，在白色短衣上穿戴著銀色閃亮的鋼鐵製胸甲，肩上披著隨風飄揚的紅色披風。大家都以為他會騎著馬進入首都，他卻徒步走進羅馬。如果他和奧古斯都一樣個子較小的話一定會被人群所淹沒的，還好圖拉真個子很高，體格壯碩，在人群之中，他整整高出大家一個頭。

不知道一般庶民對這個皇帝有什麼看法。或許以威風凜凜的馬上英姿進入首都比較能夠滿足他們。不過，包括史學家塔西圖斯在內的元老院議員都對圖拉真這個舉動表示好感。

與羅馬公民並列帝國二大主權者的元老院議員，並非透過選舉產生，而是任期終身，儘管如此，元老院算是立法機構，類似現代國家的國會。此外，國家大部份的要職都是從元老院議員中選出。稱之為「光榮資歷」的公職，諸如會計監察官、法務官、執政官，也在進入帝政時代之後，以元老院內的選舉來決定。圖拉真也是因為得到元老院議員們的投票支持，才得以累積「光榮資歷」。也就是說，在二年前被涅爾瓦指名為繼任者之前的圖拉真，只不過是六百位元老院議員中的一人而已。這也是為什麼當他成為最高權力者返回首都之際，沒有選擇騎在馬上，而是改以與元老院議員一樣的徒步方式進入首都。他的年紀大約介於所有議員的中生代，也就是四十到五十歲。就連贊成共和政治的塔西圖斯都認為，要有效率的統治廣大的帝國，最好將權力集中在一人身上，看來羅馬人對帝政這個政體已經有了共識。不過若顧及到這些在共和時代權傾一時的政治人物的感受，皇帝對元老院議員的態度還是不能怠慢。

以皇帝的身份開始首都生活的圖拉真，在日常生活中還是很重視對元老院議員的態度。

首先，沒有必要興建華麗的皇宮等。因為圖密善皇帝利用帕拉提諾山丘 (Palatine Hill) 的一半土地興建的美麗且機能優良的皇宮中，已經包括了官邸與公邸，另外也可以使用圖密善之前興建的別邸，如此即已足夠。如果想要感受清涼山風的吹拂，就到阿爾巴的山莊，如果想要看海，就到奇爾傑奧 (Circeo) 的別邸。圖拉真自己興建的別邸就只有奇維達威奇亞一個而已，這個建築物並不特別豪華，而且是在他晚年為了實現當地的海港化所興建的。

在皇宮舉辦的晚會也相當樸實，所有屬於元老院階級的政治人物都可以辦到，讓受邀的元老院議員感到非常驚訝。圖拉真在私生活方面的花費相當少，是少見的節儉皇帝。

妻子普羅提娜因為出身於法國南部的尼姆 (Nimes)，所以也是第一位行省出身的皇后。雖然極富涵養，而且賢慧聰穎，但因為她長得並不美，裝扮也不華麗，並不會令人既羨慕又嫉妒。當上皇后之後，地位便在元老院夫人們之上，但女人有一種共通的特性，她們雖然會對同性的美貌和財富感到羨慕或嫉妒，但卻不會去羨慕或嫉妒同性的涵養和聰慧。

圖拉真依舊維持他一貫的徒步風格，外出時不喜歡利用轎子。如果目的地在市內的話，無論距離多遠他還是選擇徒步。在朱利斯．凱撒制定的法規當中，在城市中只有已婚婦女可以乘坐轎子，也有許多皇帝外出時不喜歡被人群注意而經常利用轎子。諸如臺伯留、圖密善等皇帝都很喜歡乘坐轎子，或許這也是這二位皇帝風評不佳的理由之一吧！

元老院會議除非是緊急事項，一般是每個月召開二次，而圖拉真每次務必出席。當擔任議長的執政官入場時，所有議員都會起立迎接，這是長久以來的慣例，而圖拉真也將這個慣例視為理所當然，和其他議員一同起立。而且他很少中途離席，這種勤奮的態度表現的相當徹底。

在元老院內進行討論時，圖拉真的「徒步風格」依然沒有改變。完全看不到高傲的態度，就算是冗長的演說他也耐著性子仔細聆聽。不過，當他發言時卻很清楚簡潔，不會拖泥帶水。對圖拉真而言，並沒有塔西圖斯和小普林尼的律師經驗。亦即，他不擅長以華麗的辯論術來博得滿堂彩。儘管如此，也是元老院議員的小普林尼表示，「圖拉真使用的話語中包含著真實性，強而有力的聲音、充滿威嚴的表情以及率直誠實的眼光」，讓在場的議員都聽的相當入神。

這樣的圖拉真在元老院議員的面前向他們保證，絕對不會以叛國罪將元老院議員處以死罪。他也完美的遵守住這個承諾。在他統治的二十年當中，沒有一名議員被處死或被判流放罪。

其實所謂的「叛國罪」是在反叛皇帝時會被冠上的罪名，之所以讓元老院議員如此害怕的理由是，就算沒有企圖反叛或謀殺，只要與皇帝意見不一致就很容易會被冠上此一罪名。也就是說，過去有不少皇帝藉著「叛國罪」來肅清元老院內反皇帝派人士。臺伯留皇帝在他統治末期實施的恐怖政治相當有名，而圖密善皇帝也曾於他在位的最後幾年實施過這種恐怖政治，讓與圖拉真同一時代的塔西圖斯怒氣難消，這只不過是幾年前的事，像這樣的恐怖回憶想要遺忘都很難。

不過，圖拉真的優點並不是只有公正、誠懇而已。在他二十年的統治期間中，只擔任過三次執政官，結果讓元老院議員得到許多擔任執政官（稱之為「光榮資歷」的頂點）的機會。此外，圖拉真也活用「備位執政官」制度，亦即每年一月一日就任的「正規執政官」如果在任期中途辭職，可以由「備位執政官」來補缺。結果讓擁有執政官經驗的元老院議員的人數增加許多，如此一來，理所當然提高了元老院對圖拉真的好感。

不過，執政官本身所代表的意義也有所改變。在共和政治時代，望文生義，執政官係指「執政」的最高責任者。進入帝政時代後，執政的最高責任者變成了皇帝。然而，初代皇帝奧古斯都為了排除元老院對樹立帝政的反感，親自擔任過無數次的執政官，因此表面上看起來像是共和政治，其實骨子裡執行的卻是帝政。若不希望像朱利斯．凱撒一樣被謀殺，也只好選擇此種作法。因為布魯圖斯（Bratus，暗殺凱撒之人）雖然已經死去，並不代表不再有人懷念共和政治時代。

擔任過好幾次執政官的皇帝還有維斯帕先。奧古斯都創建的「朱利斯．克勞狄斯王朝」的皇統在尼祿皇帝一代結束，其後維斯帕先創建了「弗拉維斯王朝」，就這點而言，維斯帕先的立場和奧古斯都相同，都是某個王朝的始祖。他們必須不斷擔任執政官來宣示與元老院的一體感。而圖密善皇帝在弗拉維斯王朝穩定之後，還繼續承襲其父親的作法，這可說是他犯下的錯誤之一。

不過，圖拉真就不一樣了。因為他沒有子嗣，所以沒有必要創建「烏魯庇斯王朝」。所以他認為如果可以藉由大量增加執政官來博得元老院的好感，又何樂而不為呢？而且大量增加執政官也符合這個時代的要求。

偌大的羅馬帝國經常需要有「人」來幫助皇帝處理國務。隨著帝國統治的各項制度逐漸完備，對人才的需求也與日俱增。特別是在羅馬，於擔任要職的元老院議員當中，有所謂的「執政官階級」(consulares)，係指當過執政官的人。當執政官階級擔任某項議題的負責人時，就可看出國家對處理該問題的認真度。也就是說，如果「執政官階級」擔任的是天災後對策的負責人時，就代表國家希望進行根本的治水工程，而不是只有研擬洪水對策而已。

古羅馬的「君王論」

拜圖拉真之賜當上執政官的小普林尼，在西元一〇〇年九月於元老院發表就職演說。主題為「對圖拉真之頌詞」，其內容主要是對圖拉真賜給他擔任執政官的機會表達感謝之意。他就職時間是在九月而不是一月，代表年紀四十歲左右的小普林尼被選上的並非正規執政官，而是備位執政官。

此外，這篇「頌詞」長到讓人不得不承認他當上律師是理所當然的，要把頌詞全部唸完，必須要有和圖拉真一樣的耐性才行。頌詞內容不但很長，而且不斷重複對圖密善皇帝的批評以及對圖拉真皇帝的讚揚，我們可由此了解到，這個優秀的元老院議員（小普林尼的人格相當崇高）對於皇帝應有的表現，思考的相當透徹。也就是說，「對圖拉真之頌詞」正是古羅馬人的「君王論」。以下僅摘錄出其中的要點。

對於圖拉真就任皇帝，小普林尼強調「圖拉真並非靠血緣，先帝涅爾瓦收他為養子的理由是器重他的力量，並不是圖拉真個人野心產生的結果」。

為了避免政局不安而接受世襲制的羅馬人，卻又經常對世襲制抱持著懷疑態度。此外，反對領導者個人的野心、私欲的用心，是不是也令人聯想到某個國家的「與其選擇想出頭的人，倒不如選擇想讓他出頭的人」的作法呢？

小普林尼接著提到，所謂羅馬皇帝係指「元老院與羅馬公民、軍隊、行省、同盟國構成的帝國之唯一統治者」，其目的是「保障帝國全員的自由、繁榮與安定」。另外又說「被賦予我們所有統治權的皇帝必須從我們之中選出」。這一句話用拉丁語的原文來表示就是"**Imperaturus omnibus eligi debet ex omnibus.**"對於經歷過啟蒙主義的近代西歐國家的為政者們來說，這是「應該經常放在心上的事」。即使在大英帝國下議院的議場中，若脫口說出這句拉丁語，任何在場者都是一聽就懂，可見這是一句多麼有力的名言。

有關法治國家皇帝的權力，小普林尼對著一向坐在他前面的圖拉真如此說道。

「我知道你並不希望擁有超越我們元老院議員的權力，但我們都希望你能夠擁有這種權力」。他接著說「所謂皇帝並非位於法律之上的存在，而是法律站在皇帝之上」。

這聽起來不無道理，羅馬皇帝在就任之際，必須在執政官面前宣誓對法律的忠誠，這是一項慣例。而且同樣的宣誓要進行兩次。第二次是站在羅馬廣場(**Forum Romanum**)的講臺上對著群集的羅馬公民宣誓。

至於得到莫大權力的皇帝應有什麼表現呢？對此問題小普林尼有以下見解。「皇帝並不是主人，而是一位父親；皇帝並不是專制君主，而是公民中之一人」。此外，有關皇帝的個性他也提到，「在爽朗的同時也必須很認真，在純樸的同時也必須具有威嚴，在坦率的同時也必須具有堂堂正正的氣勢」。

如此一來豈不成了超人。或許羅馬人認為身為最高權力者就必須擁有超人的個性吧！順帶一提，羅馬歷代皇帝接受最初賦予朱利斯．凱撒的「國父」(Pater Patriae)稱號，這已成為慣例。圖拉真在返回首都之際，也接受了這個稱號。不過，近代國家視此種想法為「溫情主義」、「家長主義」，一般人都認為已經過時而拒絕接受，在日本經濟鼎盛時期對企業的批評之一便是企業經營者的「溫情主義」、「家長主義」想法。

其次，小普林尼針對與元老院並列羅馬帝國二大主權者之一的羅馬公民也有他的看法。小普林尼對圖拉真表示「你被賦予的統治權應該用來維護國家利益，而國家為全體公民所有。因此，皇帝有義務傾聽公民的聲音」。

以下是有關繼圖拉真之後上任的皇帝哈德良的軼聞。哈德良為了舉行祭禮，在前往神殿途中被一位女子叫住。這位女子為了向皇帝陳情，一直在路邊守候皇帝到來。不過，哈德良卻對她說「我現在沒空」，便將她拋在身後準備離去。結果這位女子在他背後大叫，「你沒有權利做我們的統治者」。

結果哈德良皇帝只好回過身來聆聽這名女子的陳情。

不過，人類是一種無論貧富差距都對實利很敏感的動物。小普林尼的「君王論」也不例外的提到與金錢相關的論述。其一便是由涅爾瓦開始，圖拉真承襲的皇帝資產的用法，小普林尼對此用法給予高度評價。

他指出「皇帝的資產可以讓我們像是共同財產般的使用，另一方面，我們個人的私有財產也可以完全得到保障」。

羅馬的歲入可大分為二種，其一是來自「元老院行省」的行省諸稅，此稅納入國庫。其二是來自「皇帝行省」的行省稅，此稅納入皇帝名下。這是初代皇帝奧古斯都創立的制度。之所以創立此制度，是因為當時除了埃及以外的皇帝管轄行省全都位在邊境，防衛相關費用居高不下。但是，這卻極可能成為公私不分的溫床，因而招致不少批評。原本是國家的資產，但卻拿來當作私有財產般浪費。如果是用在競技場或澡堂等公共設施方面還好，但若用在興建豪華別邸等方面，招致責難就在所難免了。涅爾瓦皇帝在先帝圖密善興建的壯麗的帕拉提諾皇宮前，掛上了刻有"Villa Publica"（公共莊園）的石板，大門隨時敞開。當然，圖拉真並不希望重蹈圖密善風評不佳之覆轍，因此在他統治時期依然懸掛著該石板。

羅馬公民則由於負擔軍務，不須繳行省稅，唯一的直接稅只有繼承稅。當初設立此稅的奧古斯都皇帝主要是認為，連沒有擔任軍務的羅馬公民都免稅未免有失公平，因而課徵繼承稅用來作為羅馬軍服役期滿的退職金，為一項特定的稅。而且稅率為百分之五，免稅對象是六等親之內的血親。

不過，羅馬人也會逃稅。有不少人設法當他人的養子以列入六等親之內，圖密善皇帝便規定無論是誰都不得免除此稅，這似乎是圖密善一意孤行的決定。

在圖密善遇害之後即位的涅爾瓦皇帝又重新規定，親子間的遺產繼承可以全額免稅。此外，如果是在二萬塞斯泰契斯(Sesterius)銅幣以內的話，無論是誰繼承都可以全額免稅。小普林尼認為這也是圖拉真應該承襲的政策之一。理由是「羅馬公民權應該是一項具魅力的權利，失去親人已經很痛苦了，不應該再使其承受失去資產的痛苦」。真想將這番話說給各國的稅務負責人聽聽。

皇帝擁有統治權的階層，除了元老院與羅馬公民之外，接著就是軍隊。小普林尼以讚揚圖拉真在過去軍團內的表現，來說明軍隊與皇帝之間應有的相處模式。圖拉真深獲士兵們的敬愛，主要是因為他的親和作風。

「士兵們和你一同忍受飢渴，即使是在演習時（羅馬軍演習的認真度據說超越實戰），你也加入士兵當中一同練習，你和身後的騎兵在飛揚的塵土中一同流汗。如果在士兵之中你最為耀眼突出，那是因為你身為士兵的卓越與勇敢所致。擲槍訓練時你比任何人都擲的正確，當長槍擲向你時，你比任何人都躲避的快。對你的鎧甲和盾牌猛力刺過來的士兵，你會給予讚賞，絕不會動怒。你是一位冷靜的觀察者，也是一名司令官。你會檢查士兵們的武器，命令他們更換不適當的武器，如果有某名士兵背負的配備太重時，你會替他分擔。你對於病人和傷兵會設身處地給他們照料。而且你會一直等到旗下所有士兵的總檢查結束後，才會回到帳篷中，當全體士兵都休息後，才允許自己休息。」

不過，小普林尼也對這樣的圖拉真給予忠告：「戰爭不足為懼，但戰火不應由我方挑起。」用拉丁語來表示的話，便是 "Non times bella nec provocas." 這是現代士官學校必定傳授的一句名言。

那麼，在軍隊之後，小普林尼對於皇帝對行省應有的態度又有什麼論述呢？他對圖拉真強調「就算是行省人民，也是屬於羅馬人的一部份」。他也提到「因為上天並非均等的散播恩澤至各處，因此支援需要幫助的地方是理所當然的事」。包括這些行省在內，羅馬帝國的現狀是「貿易結合西方與東方，因此居住在帝國內的所有民族現在對於自己生產、可出口的物產，以及沒有生產、需要仰賴進口的物產是什麼都很清楚」。

這表示羅馬帝國曾經是網羅現代的歐洲、北非與中近東的一大經濟圈。而守護此經濟圈是皇帝最大的責任義務，這是小普林尼等當時羅馬具知性、社會性、經濟性的上層人士認定的君主像。

人類其實是一種很難掌握的動物，並非風評好就持續，風評不佳就放棄，事情即可圓滿解決。因為風評好而持續時，卻發現人們已經厭倦；因為風評不佳而放棄，採取相反的政治立場時，以往大肆批評的人士卻又漸漸發現該政策的必要性，希望重新恢復此政策，諸如上述提到的現象屢見不鮮。

涅爾瓦正因為是五大賢君中最早的一位皇帝，儘管只有不滿一年半的短暫任期，卻實施了許多德政。然而，太過在意先帝圖密善的作為卻成了他統治時期的一大敗筆。

圖密善是個相當嚴格的行政者，經常留意行省總督的行動，而涅爾瓦為了避免招致元老院的批評，廢除了此項作法。結果馬上就顯現出來了。進入圖拉真時代後，行省人民告發總督不法行為的官司日漸增加。因為任期中不允許人民提出告訴，因此大家都等到總督任期屆滿後才提出告訴。元老院議員兼律師的塔西圖斯與小普林尼等人，如果接受人民的請求，就擔任檢察官，如果站在前總督辯護人的立場，就成為律師。就算他們曾經嚴厲批評過圖密善，也不得不承認對行省總督放任不管的後果。無論如何，大部份的官司最後勝訴的都是行省人民。

由於圖拉真並非與元老院一樣反對圖密善，因而更體認到放任行省總督造成的弊害。而他熟知行省統治的好壞會決定帝國整體的命運，這一點和圖密善的看法一致。

「元老院行省」並不屬於皇帝的管轄範圍。派遣至這些行省的總督也是由元老院內具執政官資歷者當中相互推舉選出。另一方面，皇帝掌有派遣至「皇帝行省」的總督之任命權。

圖密善不分皇帝行省或元老院行省，對所有總督均嚴加管束，而從圖密善被暗殺時的年齡開始就任皇帝的圖拉真，雖然同樣採用嚴加管束的方式，但作法相當巧妙。如果行省人民的告發相當頻繁、需要經常監視的行省是屬於元老院行省的場合，圖拉真便暫時將該行省編入皇帝行省中。如此一來便屬於皇帝管轄範圍，皇帝可任命適當人才來重新整頓該行省，以恢復清廉政治。

空洞化對策

此外，圖拉真還將觸角伸入圖密善未涉足的地方。在元老院的議場中，圖拉真以「富含著真實性的話語、強而有力的聲音、充滿威嚴的表情以及率直誠實的眼光」，請求議員們通過一項法案。亦即身為羅馬社會領導階層的元老院議員，至少必須將資產的三分之一投資到本國義大利的法案。

當時的主要產業要算是農業，本國義大利的農業在朱利斯・凱撒為了振興自耕農而制定「農地法」之後，成為以中小自耕農居多的結構。這群自耕農都擁有羅馬公民權，因此也都是選民。不過，沒有適用這項法律的行省則以大農園形式為主要結構。感覺上本國義大利像是中小企業社會，行省則像是大企業社會。隨著此種差距日漸顯著，身為資產家的元老院階級，其投資對象流向行省是理所當然的趨勢。因為投資大企業比較安全且收益高。而羅馬和平（Pax Romana）根深蒂固之後，本國與行省的安全度差異愈來愈小。此外，行省出身的元老院議員人數不斷增加也強化了此種傾向。甚至還有議員誇口自己只在本國義大利購置位於首都羅馬的住家與海邊的別墅，其餘資產全都投資到行省。如果一直坐視此種情形不管，帝國中樞的本國義大利勢必出現明顯的空洞化現象。

圖拉真提出此法案的目的就是為了抑制此種現象日趨惡化。之所以規定為三分之一，是因為這樣比較實際。如果規定為所有資產的話，一定會有議員想辦法鑽法律漏洞，縱然定出法律但卻形同虛設。若是三分之一的話，議員們較能夠接受，因此這項法案很快就通過，而且盡速付諸實施。小普林尼遺留下的信札之一提到，本國義大利的大農耕地（包括主人用的宅第以及農業生產所需的農地和農民住所、作業場地等）的價值向上攀升。因為圖拉真制定此法，可以想像有不少元老院議員不得不將對行省投資的一部份撤回本國投資。而且投資本國農業，還可享有優惠利率。

健全發展本國義大利的農業才是維持帝國中樞的最佳良方，即使是被斷定為昏君的皇帝們也是這麼認為。因為這些皇帝的恩澤，使得義大利的中小自耕農獲益匪淺。恩澤之一便是利率上的優惠措施。一般金融機構的年放款利率為百分之十二，而堪稱「中小企業金融公庫」的國營機構只需要百分之五。就算是大農園，如果是在本國，還是可享受百分之六的優惠利率。無論哪一種情形，即使需要擔保品質押，但因為沒有規定本金的返還期間，實際上就好像是每年繳納百分之五～六利息的永久借款一樣。

育英資金

圖拉真為了防止本國空洞化所提出的對策還有一項，就是稱之為"Alimenta"的法律，可將此視為當時羅馬人為了培育下一代所設的基金。用現代的說法來解釋的話，便是「育英資金制度」。

此種制度在圖拉真之前的時代並不是沒有。個人規模的部份，其實已經運作的很好。尼祿皇帝的時代，出生於拿坡里附近的小城鎮亞提那的艾爾維斯，就捐贈了四十萬塞斯泰契斯銅幣當作故鄉亞提那的振興基金。獲得這項捐贈的市議會，必須將運用此基金得到的收益，撥給結婚後居住在亞提那的每位年輕人一千塞斯泰契斯銅幣當作補助金，此為獲贈條件。

此外，圖密善皇帝時期，祖先代代家世顯赫、並熱心擔負起對社會的責任義務（稱作「貴族應盡的義務」noblesse oblige）的小普林尼，不僅捐贈神殿與圖書館給位於義大利北方科摩湖(Como Lake)畔的故鄉，也沒忘卻培育下一代的責任，捐出了價值百萬塞斯泰契斯銅幣的土地給科摩市。條件是科摩市政府必須將每年預計會有的三萬塞斯泰契斯銅幣的收益，用來當作貧困家庭子弟成人之前的育英資金。順帶一提，百分之三的收益率在當時算是很低，因此，小普林尼捐贈的土地很可能是當時羅馬人認為較不具風險，但收益率也低的投資標的——森林地帶。

案例說明到此為止，總之，圖拉真皇帝時代展開的空洞化對策之一，便是將上述育英制度擬為國策。

羅馬帝國為了振興本國義大利的農業而設立的「中小企業金融公庫」，資金來源並非國庫的歲入（Erarium），而是皇帝的歲入（Fiscus）。圖拉真決定將其利息收入當作育英資金的財源。方法是利息收益不經過「中小企業金融公庫」，而是直接轉入需要支付利息者的農地所在之地方政府。由於每年百分之五的低利率形成永久借款的比例很高，因此也可以將轉入地方政府的利息當作一項定期且恆常性的收入。如果作為育英資金的財源，不但金額穩定，每年轉入的模式也很理想。

在圖拉真制定的「育英資金法」當中規定，接受援助的資格至成年為止，其金額也有如下規定。

嫡系的男子——每月十六塞斯泰契斯銅幣
嫡系的女子——每月十二塞斯泰契斯銅幣
庶出的男子——每月十二塞斯泰契斯銅幣
庶出的女子——每月十塞斯泰契斯銅幣

男子成年係指十七歲，女子則是十四歲。羅馬時代的育英資金雖然是分期支付，但成年後並不要求歸還。順帶一提，這個時代軍團兵的月薪為七十五塞斯泰契斯銅幣。

此外，雖然現代的女權論者可能會批評男女援助金額的差別待遇，但在一千九百年前，光是將女子納入就已經很進步了。再者，連庶出子女（妾生子女）都有補助也是一項劃時代的作法。基督教時代只承認在神前發誓正式結婚後所生之子，那還是羅馬時代之後的事，至於基督教國家承認庶子也可以繼承遺產更是近來之事。

圖拉真為了培育下一代而制定、實施的這項法律，其直接受益者並不只限於居住在本國的貧困家庭。

理由之一是，利用自己支付的利息來幫助自己居住地的貧困小孩，農民們也會心甘情願的支付。

理由之二是，委託實施的地方政府會奮力為此奔走。「育英資金法」雖然規定每人每月的補助金額，但並沒有規定接受補助的人數。因為財源來自利息收入，所以有些地方政府的補助金額會很少。雖然如此，但需要援助的貧困家庭小孩的人數，並不會和財源金額成比例。不過，盡量讓更多小孩受惠於此項法律是皇帝的願望。因此，利息收入少的地方政府便會努力向小普林尼等資產家遊說，請他們補足不夠的金額。

如此一來，即可將個人層次的育英制度和國家層次的育英制度以一種理想的形式整合起來。而此法也對義大利本國生育率降低的現象發揮了改善效果，這也是圖拉真當初立法時所希望得到的結果。因為所謂的空洞化基本上是由人數減少所引起的。

到底全義大利有多少人成為「育英資金法」的受益者，由於史料中遺漏了這一部份，至今依然不明。不過，維雷亞的狀況倒是可以掌握。所謂維雷亞，是位於北義大利主要都市之一比千都(Piacenza)近郊的小城市，據說此城市總共有十八名男子和一名女子成為「育英資金制度」的受益者。

此外，有些地方根本無法期待高額的利息收入，就連農地少的首都羅馬也是一樣。雖然如此，羅馬正因為是大都市，貧困家庭數也相對較多。因此圖拉真便修訂「小麥法」中免費提供給貧民每月三十公斤的小麥之規定，使其也適用於貧困家庭的子弟。原本只有成年後的公民才擁有免費得到小麥的權利，圖拉真將其資格降低十歲。根據小普林尼的說法，可以得到主食小麥的貧困家庭的子弟高達五千人。

決定元老院議員應該將資產的三分之一投資到本國之法律，以及援助貧困家庭子弟的「育英資金法」，姑且不論立法者圖拉真本身是否注意到，上述二法其實還產生了另一項不容忽視的效果。

當時在六百名元老院議員中行省出身者所占比例，已經進入有增無減的時代，甚至還出現了行省出身的皇帝。本國出身的議員們總是以懷疑的眼光看待這位行省出身的皇帝。他們擔心行省出身的圖拉真即位之後，一定會將帝國的中心移出羅馬，甚至離開義大利，然後遷到自己的出生地西班牙。由於圖拉真制定了上述二法，亦即促進本國活性化的政策，表示他相當重視本國義大利，也讓這些懷疑他的議員們吃了一顆定心丸。

圖拉真本身或許也意識到有必要掃除議員們的不安。他在即位之後從未回去訪問過故鄉，甚至沒有踏進伊比利半島半步。就連故鄉義大利加，圖拉真也沒有在當地建造過任何一座神殿。現代留下遺蹟的神殿等公共建築物都是在圖拉真死後建造的。

不過，圖拉真制定上述二法，特別是「育英資金法」，其目的並非為了明顯拉開本國與行省間的落差，更不是為了討好本國出身的元老院議員。圖拉真是希望讓本國義大利成為行省的典範。讓首都羅馬的街景成為行省各都市街景的典範，讓義大利的地方政府機制成為行省各都市政府機制的典範。

雖然如此，這二項法律之立法目的還是有些微不同。元老院議員必須將資產的三分之一投資到本國義大利的法律，其目的是希望加強領導階層對本國的關心。因為人一旦花自己的錢投資，一定會認真關心其投資地的盛衰。

至於育英制度，圖拉真衷心希望能夠普及到行省。他不只在奧雷斯金幣上刻有皇帝與孩童的圖案，也將此圖案刻在已廣泛普及的日常貨幣「狄納利斯銀幣」和「塞

刻有皇帝與孩童圖案的金幣

斯泰契斯銅幣」上。希臘和迦太基時代的貨幣與羅馬時代的貨幣之間的差異在於，羅馬時代的貨幣上刻有較多的圖案與文字，這是因為羅馬的為政者活用貨幣作為良好的宣傳媒體。拜此之賜，羅馬的貨幣成為後世研究學者的一級史料，而圖拉真也是充分實踐羅馬式貨幣活用法的一人。

在圖拉真統治的時代裡，從首都甚至到行省同時有為數眾多的公共工程在進行著。自西元九十九年秋天到一〇一年春天一直待在首都的圖拉真，幾乎不見他在公共工程方面的活躍動作。因為此時期有其他事情占據他的時間，另一方面，此時期的羅馬也不太需要公共工程。

圖密善是一位熱衷公共工程的皇帝，因此當他遇害之際，也有好幾項工程正在進行著。這些工程都在涅爾瓦皇帝的時代完成。也因為圖密善被處以「記錄抹煞刑」，公共集會廣場(Forum)和臺伯河(Tiber)沿岸興建的大倉庫都被冠上涅爾瓦的名字。與現代人不同的是，羅馬人進行工程的腳步很快，即使如此，這些大建築物絕不可能是在一年左右之內完工的。所以開工應該是在圖密善皇帝時代，這也表示首都羅馬的居民住在工地附近的生活持續了很久。

依據朱利斯·凱撒制定的「交通堵塞緩和法」中規定，禁止貨車於白天通過首都羅馬。不過，公共建築物的工程用貨車則不在此限。

羅馬是一個百萬人口的都市。有些學者認為圖拉真皇帝時代的人口更多。在市中心勢必免不了嚴重的交通堵塞。在人潮熙來攘往之下，載滿沉重石材的貨車隊夾帶著車輪嘈雜的聲音緩緩通過。就算當時的街道已鋪設完成，但這個時代還沒有橡膠製的輪胎，光是載運工程用材料的貨車行駛在路上，其噪音之大就已令人無法忍受。姑且不論街道將會變得多美、多壯麗，對居民而言，總是希望早日回到遠離喧囂的日子。因為並非每個人都買的起郊外的別墅。

與圖拉真同時代的小亞細亞出身的希臘人狄奧．克里索斯湯姆斯 (Dio Chrysostomus) 提出羅馬皇帝的三大責任義務。一是安全保障（外交），二是治理國內事務（內政），三是充實社會資本。圖拉真比任何人都強烈意識到皇帝的責任義務，他不可能對基礎建設的整建毫不關心。事實上，之後他還搶先推動多項公共工程。不過，無論他的意願多強，沒有建築技師的協助，理想終究無法實現。因此，在西元一〇〇年的當時，大多數的工程師都被派往多瑙河前線。

由於圖拉真與達其亞族重新開戰的決心十分堅定，因此必須做好萬全的準備。光是他決定投入的戰力就比圖密善時期多出三倍。除了負責多瑙河中游到下游前線的七個軍團之外，也對萊茵河防衛線上駐紮在溫提施的第十一克勞狄亞軍團，以及駐紮在波昂 (Bonn) 的第一米納爾瓦軍團發出移動命令。此外，也重新編制訓練第二杜萊亞那軍團與第三十烏魯庇亞軍團。另一方面，除了上述戰力之外，由於萊茵河前線和幼發拉底河前線也要全面投入戰爭，光是主戰力的羅馬軍團兵就高達八萬名。而且羅馬兵經常都會搭配非主戰力的輔助部隊和特殊技能部隊一同作戰。包括喜歡半裸體打仗的日耳曼兵，於戰場上依然身著東方式長衣的東洋弓兵，而向來以猛攻著稱的北非則派出茅利塔尼亞 (Mauritania) 出身的騎兵，總之，多國籍、軍裝多彩多姿便是羅馬軍的註冊商標。在各種語言交會下，身著華麗軍裝的近衛軍團列隊走過。羅馬的軍隊就好比是一幅羅馬帝國的縮圖。

圖拉真將現場所有準備工作都交給利希紐斯．蘇拉 (Licinius Sulla) 負責。在西元九十九年夏天圖拉真返回首都後繼續留在前線，負責指揮所有準備的便是蘇拉。他與圖拉真不但同年，而且是同鄉，兩人一同累積不少軍團資歷，他可說是圖拉真的知心朋友，也是他最為信賴的人。

不過，縱然有了萬全準備，但還不到可以進攻的時機。小普林尼曾當著圖拉真的面給過他這樣的忠告：「戰爭不足為懼，但戰火不應由我方挑起。」而且，圖密善皇帝與達其亞王德賽巴拉斯簽訂的和平協定依然存在。因此，必須等到達其亞族違反協定。亦即，羅馬軍只能等待達其亞族先出手方可進攻。就在此時，據說有一部份達其亞兵不畏懼多瑙河對岸集結的大軍而採取莽撞的行動。此消息很快就傳到首都羅馬。當適合遠征的春天一到，圖拉真便離開首都，趕赴前線。據說這一天是在西元一〇一年三月二十五日。

達其亞問題

這個時代距離西元十四年逝世的皇帝奧古斯都提出禁止繼續擴大帝國版圖的遺教已經過了九十個年頭。所謂「禁止繼續擴大」係指維持萊茵河、多瑙河、幼發拉底河這道國界，直到二代皇帝臺伯留時代，才將國界確定延伸到撒哈拉沙漠。其後，四代皇帝克勞狄斯雖然征服了不列顛（現在的英格蘭 England 和威爾斯 Wales），但這是朱利斯．凱撒已經征服過的地方，所以不能算是違反奧古斯都的遺教。除了征服不列顛之外，羅馬帝國採取的所有軍事行動都是為了維持帝國的防衛線或是鎮壓帝國內部的叛亂。

儘管達其亞戰役是羅馬帝國史上值得注意的大事，但有關圖拉真皇帝發起的這場戰役的詳細經過卻幾乎無人知曉。這位沒有讓史學家慷慨激昂的賢君，甚至沒有人寫過他的傳記，而有關圖拉真進攻達其亞的史料也僅留下以下三項而已。

一、據說是圖拉真自己寫下的著作《達其亞戰記》(*Commentarii Dacii*)。

二、加西阿斯．狄奧著的《羅馬史》中有部份相關說明。

三、在稱之為「圖拉真圓柱」的戰勝紀念碑上，刻有超過二百公尺長的浮雕，描繪戰役的展開過程。

由於戰場是在現在的羅馬尼亞境內，因此幫助佐證

身著各式各樣軍裝的羅馬軍（取自「圖拉真圓柱」）

這三項史料的考古學調查研究絲毫沒有其他進展。

另一方面，羅馬史相關人士一致盼望留存的《達其亞戰記》，這部據說是圖拉真仿照朱利斯．凱撒的《高盧戰記》寫下的著作，除了日後他人引用的一行字之外，業已完全損毀。

至於在一千九百年後的現代，依然佇立原址的「圖拉真圓柱」，雖說若想近距離的追溯浮雕上的每個場面，大可到位於羅馬郊外的艾烏爾城(Eur)的羅馬文明博物館，裡面有精巧的仿製品可供參觀。然而，這部用鑿子而非用筆來記述的《達其亞戰記》還是有缺陷。儘管全長二百公尺以上，場面數多達一百四十個，但和文章傳遞的資訊量和正確性相比，終究遙不可及。何以得知羅馬人重寫實的證據是，刻在白色大理石浮雕上的士兵們手上拿的長槍與劍全都是銅製的。雖然在帝國滅亡後，銅製的長槍與劍都被拔下來熔解，重新製作成其他物品，但當年這些浮雕的逼真度，想必令人驚嘆。「圖拉真圓柱」不只是歷史上的史料而已，更是羅馬造形藝術的一大傑作。

圖拉真圓柱

如上所述，要完整描述達其亞戰役的經過的確不容易。讓研究學者哭笑不得的是，即使讀了這些專家的著作，也沒有辦法勾勒出達其亞戰役的全貌。在掌握不充分的情況下，當然無法完整陳述。不過，在我開始注意圖拉真圓柱上的場面後，好像可以大致掌握住這場戰役的全貌。因此，以下我放棄依個人見解來整理這場戰役的經過，而選擇列記「圓柱」上各個場面的解說。若能夠把各個場面的照片全都刊載出來當然最為理想，但因為考量到版面的關係，只能刊出數個場面的照片，還請各位讀者見諒。

第一次達其亞戰役

有關圖拉真率領的羅馬軍是在西元一〇一年春天從什麼地點渡過多瑙河的問題，在加西阿斯．狄奥著的《羅馬史》中完全沒有提到。如前所述，圖拉真的《達其亞戰記》也只遺留下一行字：

"inde Berzobim, deinde Aizi processimus."

這行字的意思是「我們的軍隊前進貝爾宙比斯！前進艾提斯！」

研究學者認為貝爾宙比斯就是現代羅馬尼亞的雷西札 (Resita)，而艾提斯相當於現在的什麼地方就沒有人知道了。無論如何，羅馬軍的目的地應該就是達其亞族的根據地薩爾米澤特沙(現代亦沿用此名稱)，因此，為了攻進位於阿爾卑斯山脈北側的這個根據地，羅馬軍一定得

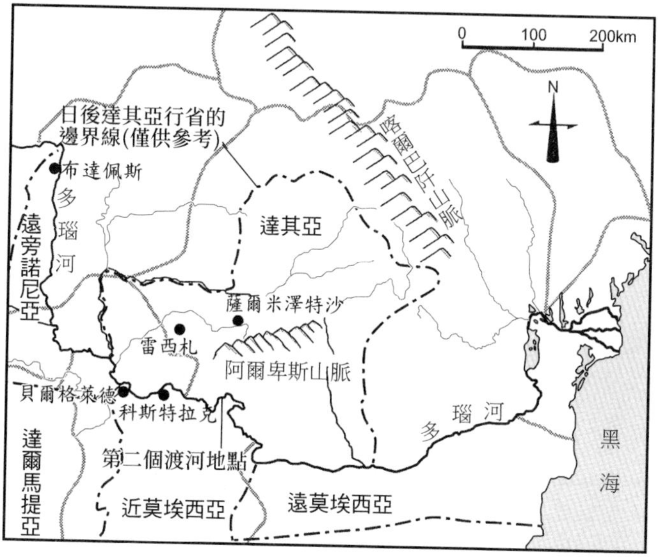

達其亞與其周邊（━表示現在的國境線）

先通過山脈西側，沿著多瑙河走，然後通過貝爾宙比斯，往東北方向前進。

如果真是如此，應該可以猜測到多瑙河的渡河地點可能是在距羅馬軍團基地（現在的貝爾格萊德）東方六十公里處的維納契姆（現在的科斯特拉克）。也就是說，西元一〇一年，羅馬軍在南斯拉夫與羅馬尼亞的國境附近渡過多瑙河，然後一直朝東北方攻進羅馬尼亞。在距離當時一千八百九十八年後，北大西洋公約組織(NATO)軍隊進行的南斯拉夫空襲中，多瑙河上的橋有多數遭到破壞，而圖拉真應該是從該破壞地稍微下游之處開始渡河，然後朝北方前進。

不過，雖然在軍團基地或要塞上留置了不少防衛要員，但仍有超過十萬名的大軍要渡過船橋，如此將耗費過多的時間。此外，將如此壯觀的大軍聚集在同一處，然後耗費好幾天來渡河，若就軍事策略上來考量，實在不是個聰明的作法。所以便產生另一種有力的說法，當時他們很可能是分二頭來渡河。如果真是如此，那麼另一頭又是在科斯特拉克以外的哪個地方呢？

距離被視為第一個渡河地點的科斯特拉克東方一百公里處，是多瑙河向北大蛇行的地帶。西元九十八年到一〇一年的戰役準備期間，街道等的土木工程大都集中在這一帶，現代都還看得到當時削平山崖造路的工程遺蹟。這是利用第一次與第二次戰役之間的空檔時期建設完成的。最早將多瑙河北邊與南邊結合起來的石橋就是架設在這一帶。第一次戰役時期也曾經在此地並列船橋渡河，所以第二軍的渡河地點極有可能就是在這一帶。倘若真是在此地渡河，那麼可能是先朝北方前進，然後再於雷西札和第一軍會師。

以下就來一窺「圖拉真圓柱」的全貌。利用浮雕描繪出的達其亞戰役是由圓柱下方往上呈螺旋狀敘述，且利用小樹木分隔各個故事的場面。與凱撒著的《高盧戰記》省略前言單刀直入故事核心的作法類似，這部《達其亞戰記》也是直接從多瑙河的岸邊展開敘述。

①這裡可看到面對多瑙河建立的監視用小型石造要塞。四周圍著木柵，以作為雙重保護，一旁是搭木柵用的圓木交錯堆疊。稍高一點的堡壘，可以看到在最高處的平臺上有火把突出，

渡過船橋的羅馬軍

顯然是緊急時用來傳遞訊息用的。要塞附近有全副武裝的哨兵站立著。

②用木柵圈住的幾座石造要塞的一區應該就是兵糧儲藏庫。葡萄酒桶堆積在船上。羅馬兵用餐時永遠不能缺少葡萄酒，只不過飲用時都會摻水。拜此之賜，羅馬人無論征服的地區在何處，只要氣候允許就會栽種葡萄。德國最具代表性的葡萄酒「摩澤爾（白）葡萄酒」(Moselle Wine)的產地就是在過去羅馬帝國的國境內側。

③接著換到下一個場面。看到的是大會堂，以及林立著高聳石造建築物的城市。城門裡有全副武裝的羅馬軍團兵列隊準備渡過船橋。多瑙河神露出半個身體靜靜眺望著正在渡河的羅馬軍，好像在默默給予他們祝福一樣。

雖說是全副武裝，但並不是戰鬥用裝

束，而是行軍用裝束。因為他們綁在長槍上的並不是武器，都是一些乾糧、鍋子和餐具等。羅馬軍的主戰力軍團兵在行軍之際必須背負的配備加上穿在身上的鎧甲，據說重量高達四十公斤。

至於船橋，絕非單純的併起船隻，然後在上面鋪蓋板子即可使用。首先，為了減少水流阻力，要將船頭朝著上游排列，而且船隻還不能併攏，以免水流的阻力整個轉嫁到船體上。兩艘船之間必須留約一艘船的空隙，上面用粗一點的木材將船隻與船隻連結起來，最後鋪蓋板子，以便羅馬大軍通過。羅馬人為了讓馬或貨車在通過時不會踩空，橋上甚至還架設了木欄杆。

此外，渡橋地點的河面寬度也不是愈窄愈好。一般而言，河面寬度愈窄的地點水流愈為湍急，因此在造橋之際，選擇河面寬且水流和緩的地點最為適當。如此一來，跨越歐洲第一大河「多瑙河」的船橋的全長至少超過一公里。

④圖拉真一直到這裡才登場。不過這位總司令官並非身著美麗軍裝，英姿煥發的騎在馬上。當士兵們在一旁行軍渡橋之際，他就坐在帆布折凳上，將軍們圍坐在他身旁，一同進行作戰會議。坐在皇帝左側的據說就是圖拉真的知心好友，也是在達其亞戰役中升格為副將的蘇拉。

⑤來到多瑙河北岸的敵軍陣地後要舉行第一場祭禮。將帶來的牛、羊當作祭品，祈求士兵們能夠奮戰，眾神賜予勝利。這場祭禮由身著最高神祇官服的圖拉真來主持。雖說是最高神祇官服，但他的穿著十分簡單，他將紅色大披風、鋼鐵製的胸甲脫下，只身著白色短衣搭配寬鬆

長袍，撩起長袍下襬覆蓋頭部而已。

⑥接著來到下一個場面。圖拉真換上軍裝再度登場。他正面對著群集的士兵們發表演說，身後是如樹林般整齊排列的軍團旗。聽的入神的士兵們身著各式各樣的軍裝，由此可看出皇帝的演說對象並不是只有羅馬公民身份的軍團兵而已。仔細一想這也是理所當然的事。因為羅馬公民構成的主戰力若要發揮戰果，必須得到行省人民構成的非主戰力的協助。

即使是在士兵面前發表演說，羅馬軍也不是連聲高呼「加油！」雖然圖拉真的演講稿並沒有遺留下來，但觀察其他將軍的演說就會感覺到，他們是以說服來激勵士兵。

首先說明士兵人數與兵糧等確定要素，接著才是士兵的鬥志等非確定要素。亦即強調我方各方面都比敵軍占有絕對優勢，因此各位只要有高昂的鬥志即可取得勝利。「羅馬軍是以補給站取勝」的說法，就是因為了解只有加強「補給站」（後勤補給）這項確定要素，才能指望「士氣」這項非確定要素完全發揮的道理。

⑦一定有人認為圖拉真在敵軍陣地進行精神訓話後，就會直接向敵軍進攻。「圖拉真圓柱」提供的事實正好相反。從祭禮中的遠景畫面可以看到，渡過多瑙河的士兵們在司令官階級進行作戰會議之際，就已開始著手搭建堅固的軍營。之後的四個場面也都是士兵們用石材、木材搭建數個軍營的情景。搭建工程不分軍團兵、輔助兵，而是全體動員。不過，重要的工程還是由熟悉土木工程的優秀軍團兵來負責。與此同一時期，位於北非的努米底亞 (Numidia) 行省，只靠駐紮在當地的第三奧古斯塔軍團兵就將提姆加德 (Timgad) 的所有街道建設完成。即使是在

積極搭建軍營的羅馬士兵

與撒哈拉沙漠的氣候地形完全相反的達其亞，對羅馬軍團兵而言，搭建軍營根本就是小事一樁。此外，圖拉真也出現在士兵們奮力施工的各個場面中。因為建設堅固的軍營也是重要戰略之一。

在某些情形下，切斷我方士兵的脫逃之路後，再讓士兵投入戰場相當有效。有時卻正好相反，確保脫逃之路反而能讓士兵安心，進而提高士氣。這當然要視不同情況來調整作法，不過，大多數羅馬武將都是採用後者的作法。

⑧搖身一變成為工兵的羅馬士兵所進行的土木工程並不只限於軍營。當時的歐洲也有許多森林地帶，因此砍樹開路是不可或缺的作業。在行軍中雖然不需要將道路鋪設的很漂亮，但他們會將開鑿的道路鋪平。如果碰到河川，就立即興建木製橋

梁。這些工程的目的都是為了讓軍隊快速敏銳的移動，也是為了防止熟悉地形地物的敵軍採用游擊戰法。看不見的敵人最為可怕，羅馬的司令官總是盡可能的讓己方士兵能夠看得見敵軍。

⑨在視察施工情形的圖拉真面前，有一名達其亞族的戰俘被押解上來。由於這名戰俘沒有戴著象徵達其亞族支配者階層的無邊帽，所以他只不過是敵方派來偵察的人員而已。

不過，雖然只是一名偵察人員，但審問戰俘卻是司令官的任務，這是羅馬軍向來的慣例。所謂敵情收集，並非只是收集客觀的事實，也包括在客觀事實之間探索潛藏事實的作業。所以這麼重要的工作絕不能交由他人進行。

⑩審問戰俘的結果，得知敵軍躲在河川另一岸的森林裡，這個場面描繪出羅馬軍的備戰狀態。精神抖擻的馬、整軍蓄勢待發的軍團兵的緊張神情，每一個畫面都給人一種逼真的寫實感。

先發部隊為騎兵和步兵。步兵的任務是砍樹開路。跟在後頭的軍團兵也必須一邊砍樹開路一邊行軍。

⑪果然不出所料，達其亞軍就在森林那頭的平原上埋伏著。史上將圖拉真率領的羅馬軍與德賽巴拉斯率領的達其亞軍展開的第一次戰鬥稱之為「塔帕耶（Tapae）之戰」。二千年後的現在要確定戰場位置實在不太可能，不過，據說戰場就在距離達其亞王國的首都薩爾米澤特沙西方五十公里之處。

然而，在塔帕耶之戰中，羅馬軍似乎沒有時間排列出他們最擅長的左翼、中央、右翼的會戰隊形。在「圖拉真圓柱」上，接連好幾個場面都是在描繪此役的戰鬥情形。每個場面都會看

達其亞人的服裝
（最右側為德賽巴拉斯王）

到騎兵、重裝步兵的軍團兵、稱為輕裝步兵的輔助兵混戰的畫面。羅馬兵與達其亞兵的白刃戰可說是「塔帕耶之戰」的實際場景。達其亞兵身著短衣配短褲，未戴頭盔與胸甲，手上只持劍和盾。相對的，羅馬軍的軍團兵身著鋼鐵軍服，輔助兵則戴著皮製胸甲。在輔助兵當中最引人注目的要算是習慣半裸上身迎戰的日耳曼士兵。另一方面，北非茅利塔尼亞出身的騎兵最廣為人知的戰鬥力是，即使沒有馬蹬，他們也可以自由自在的發揮駕馭技術，不僅如此，他們的腕力再加上馬的衝刺力，使得投擲長槍的威力大增。這些騎兵勇猛地衝向敵方，將達其亞兵打得潰不成軍。

在上述所有場面中都可看到圖拉真的身影。在敵軍背後也可看到達其亞王德賽巴拉斯躲在樹後露出一張臉的情景。

⑫塔帕耶之戰儘管最後是由羅馬軍取得勝利，但這場戰役從頭至尾都是一場激戰。有的羅馬軍將斬下的達其亞軍的頭顱呈到皇帝面前。有的羅馬軍無此閒暇，便將剪下的敵兵頭髮銜在

嘴裡繼續奮戰。

羅馬軍追逐著四處逃竄的敵軍，此時映入他們眼簾的是，城壁上掛滿了被達其亞兵奪去的隊旗和插著羅馬兵頭顱的一排長槍。不知是否為圖拉真的命令，下一個場面便是羅馬兵放火燃燒這個城市的景象。

⑬圖拉真在士兵們面前讚揚他們驍勇善戰的精神。

⑭有五名使節拜訪圖拉真。不過，帶領幕僚迎接他們的圖拉真，看到這些使節並沒有戴著象徵權貴階級的「無邊帽」，應該會對德賽巴拉斯王的媾和請求抱持懷疑態度才是。

⑮塔帕耶之戰總算落幕，但戰爭並非就此結束。繼續向前進的羅馬軍有如地毯式轟炸般，放火燃燒所有城市、村莊和堡壘。看到男人就殺，看到逃跑的老弱婦孺就將他們逮捕，再送到多瑙河南側。最後只留下了狗、牛、羊等家畜。

在此，西元一〇一年似乎已進入冬天。羅馬軍隊一半留在達其亞境內，另一半則和圖拉真一起回到南方多瑙河沿岸的基地過冬。

⑯不過，達其亞王計畫針對離開首都五十公里的羅馬軍施以聲東擊西、調虎離山之計。也就是突擊多瑙河下游的羅馬軍團基地。攻擊的對象是位於遠莫埃西亞行省中駐紮有第一義大利加軍團的諾瓦耶，也就是現在保加利亞的斯維西托弗。說起諾瓦耶這個地方，只要從達其亞族的居住地區沿著多瑙河南下，不必與羅馬軍交鋒即可到達。

然而，達其亞王德賽巴拉斯的誤算之一是，他太小看渡河一事了。他讓沒有萬全準備的騎兵下河，又將步兵塞滿船隻。結果因為欠缺組織能力，在渡河階段就損失了大量兵力。不過，達其亞族對羅馬最大的威脅便是他們擁有眾多的人口。

⑰到達諾瓦耶基地前河岸的達其亞兵組隊進攻該基地。雖然城壁上有羅馬兵在防守，但為了進攻達其亞而帶去前線的兵力絕對超過半數，因此這場防衛戰勢必陷入苦戰。不過，德賽巴拉斯在此又誤算了一次。他萬萬沒有想到區區一個基地的救援工作，羅馬皇帝會親自披掛上陣。因為他自己並沒有參與攻略戰，所以他沒有料到敵方會派出大將來救援。

⑱在遠景中可看到林立的石造公共建築物和圓形競技場，由此推測圖拉真應該是在已發展都市化的軍團基地紮營過冬。或許就是在近莫埃西亞行省省都辛基多努姆（現在的貝爾格萊德）。如果真是如此，他們要到達諾瓦耶就必須沿著多瑙河向下游推進六百公里。如果要走陸路，既然多瑙河是一道防衛線，以戰力快速敏捷移動為第一目的之街道當然是沿著河川鋪設。

在「圖拉真圓柱」中可看到士兵們於基地前的河岸上將兵糧搬運上船的景象。而身著軍裝的士兵們也陸續登船。圖拉真登船時的穿著相當簡單，依舊維持寬鬆長袍的裝扮。以多瑙河當作防衛線的羅馬，也在多瑙河上備有和萊茵河相同的船隊，甚至連搬運馬匹的專用船都已經準備好。

⑲沿著多瑙河向下游前行的羅馬艦隊，其中一艘是由皇帝親自掌舵。多瑙河一旦進入下游，如同其大河之名所示，河面變得較寬，河水緩緩向東流，因此船槳划動次數愈多，就愈能

放火燃燒城市的羅馬兵

落荒而逃的達其亞兵

讚揚士兵驍勇善戰的圖拉真（左）

圖拉真與達其亞使節

塔帕耶之戰

節省行船時間。依此種狀況看來，另外應該還有一支沿陸路向東行的隊伍。

⑳距離敵軍攻擊中的諾瓦耶西方五、六十公里處的歐耶斯克斯基地附近，圖拉真和士兵們在此地下船，然後與陸路隊伍會師，一同朝諾瓦耶前進。此時的圖拉真已經換上軍裝，威風凜凜的騎在隊伍最前頭，左右有士兵護衛著他，而背後則緊跟著身著各式各樣軍裝的士兵。

㉑派出去進行偵察的騎兵隊回來向皇帝報告敵軍狀況。

㉒熟知敵情的圖拉真一聲令下，擔任先發部隊的北非出身之騎馬團便開始出擊。

㉓迎擊茅利塔尼亞騎兵團的是一隊薩爾馬提亞族的騎兵隊，士兵和馬全身覆滿鱗片狀的鎧甲，這是達其亞族支配下的一個部族。

不過，茅利塔尼亞騎兵的猛烈攻勢，敵軍即使全副武裝也抵擋不住。圖拉真打頭陣，羅馬的騎兵團跟進攻擊，打得達其亞兵無力招架。此外，夾雜著半裸體的日耳曼兵的步兵團也加入戰線。在遠景中可看到達其亞的貨車隊載滿了偷襲基地周邊住宅區得到的戰利品。你來我往激烈的白刃戰一直持續到夕陽西下，最後由羅馬軍取得勝利。

㉔身著軍裝的圖拉真，身旁跟著三名幕僚，正在視察士兵們以熟練動作搭建軍營的作業情況。有一群達其亞族的老人帶著妻小前來求見圖拉真，表明他們投降的意願。由他們的無帽裝扮即可得知並非正式的降服使節。這裡順帶一提，達其亞族和日耳曼族很像，都有帶妻小共赴前線的習慣。

㉕即使第一戰得勝，但救援諾瓦耶基地的目的尚未完成。在這個場面中可以看到手被綁在

身後的戰俘排成一列，同時軍醫們正在治療負傷的士兵。另一方面，有的士兵為了準備明天開打的第二戰，正在檢查隊旗和喇叭。

㉖決定多瑙河下游戰鬥結果的第二戰，總算派出主戰力重裝步兵團來擔任主角。由於這一帶是平原，羅馬軍可以利用最擅長的會戰方式來進攻。羅馬人的會戰方式是採取將敵軍層層包圍，然後完全殲滅的戰法。在這個場面中可看到軍團兵為了攻擊包圍住的敵人，一同將長槍舉起的景象，而他們手中握的銅製長槍和劍之逼真，給人一種像是在觀看大銀幕戰鬥畫面的震撼感。

㉗為了讓圍剿殲滅的作戰計畫成功，從敵軍背後包圍的騎兵也必須投入戰鬥。手持長槍的騎兵團攻擊節節敗退的達其亞兵。這些敵軍士兵一旦倒下，就只有等待被踩死的命運了。結果戰場上堆滿了達其亞陣亡士兵的遺體。

㉘接著是戰爭結束後，圖拉真讚揚士兵們奮戰精神的演說場面。每一名士兵對圖拉真都是尊敬有加，聚精會神地聆聽演說。因為會戰方式之所以能夠大獲全勝，要歸功於總指揮者的軍事長才。

㉙以下是收容在軍營的達其亞戰俘的畫面。其次是皇帝親自讚揚每一名勇猛善戰士兵的場面。

㉚這裡可看到三名裸體士兵被女子拷問的畫面。其中一人留著羅馬式的短髮，而且沒有鬍子，因此有研究學者主張這是達其亞的女子拷問三名羅馬戰俘的場面。不過，這個場面的旁邊

就是圖拉真坐在帆布折凳上對士兵說話的畫面。所以這應該是那些曾經被達其亞兵襲擊，糧食等物品全部被搶奪一空的基地周邊居民，在戰況改觀後報復達其亞士兵的場面。因為羅馬軍上戰場時都會攜帶兵糧，而達其亞人一向採取就地取材主義。

㉛成功援救諾瓦耶基地的圖拉真再度登船。儘管達其亞的老人們不斷向皇帝乞求，但這些攜家帶眷的戰俘的命運終究無法改變。

如此這般，達其亞軍對多瑙河下游發動的攪亂作戰宣告失敗。朝著多瑙河上游出發的圖拉真與士兵們總算回到可安心過冬的狀態。

㉜在「圖拉真圓柱」上，又重新開始鋪陳自西元一〇二年春天展開的戰記。

這個場面和前一年相同，可看到搬運兵糧到船上的士兵們和渡過船橋的軍團。由插起的軍團旗看來，這應該是駐紮在萊茵河防衛線基地波昂的第一米納爾瓦軍團。

和前一年相同，行軍時也是一面開路一面搭建軍營和堡壘。但這一年圖拉真的攻略計畫有了改變。想必是達其亞族對多瑙河下游的諾瓦耶基地的攻擊給了他變更戰略的靈感。

西元一〇二年的達其亞戰役，是為了攻擊位在山脈北邊的達其亞首都薩爾米澤特沙。羅馬軍除了和去年一樣，採取從西邊繞過山脈的路徑外，又派了一支軍旅從東邊繞山包抄。也就是說，自前線基地多瑙河南岸的軍團基地出動時，已經決定要採取圍剿殲滅戰法。前一年冬天達其亞軍對諾瓦耶進行的攻擊，證明了大軍是可以從東邊繞山到達多瑙河的。如果從北到南的行軍可行，那麼相反的路線也應該可行。

不過，從西邊繞山的路線前一年已經走過，在此路線上不但已建好堅固的軍營和道路，而且還留置了一半軍隊在當地。和這條路線相比，從東邊繞山的路線就顯得相當不利。對羅馬軍而言，這是一塊未踐踏過的處女地。而且距離也增加三倍。因此，圖拉真將騎兵和年輕的精銳軍團組成第二軍走這條路線。第二軍的總指揮是由率領茅利塔尼亞騎兵團之名將盧西厄·克伊耶圖斯來擔任。和圖拉真同鄉的西班牙出身之利希紐斯·蘇拉如果是第二號人物的話，北非出身的盧西厄·克伊耶圖斯可堪稱第三號人物。另一方面，圖拉真和蘇拉則率領第一軍行走從西邊繞山的路線。

㉝在浮雕中對第二年「達其亞戰役」的敘述重點主要放在第一軍的行軍情形，因此接連幾個場面都在描述羅馬軍經過堅固軍營和木柵橋的情景。每一個場面都可看到皇帝身旁伴隨著蘇拉與幕僚的景象。和圖密善皇帝大多讓軍隊走在前頭的作法不同，圖拉真總是和軍隊一起前進。

㉞圖拉真和被迫在敵地過冬的士兵們相會，並慰勉他們的辛勞。

㉟在皇帝的旁邊，早就有士兵著手砍樹開路。由於從西邊繞山的路線較短，行軍比較從容，證據顯示連接多瑙河北岸廣大的達其亞地方與南岸羅馬領地的幹線，就是第一軍行進的路線。在戰役結果尚未明朗化之前，羅馬軍甚至已經考慮到勝利之後基礎建設的整建工作。

㊱有三名達其亞使節前來求見正在視察工程的圖拉真。雖然從這幾位使節的穿著看來應該

是富豪人士，但由於沒有戴無邊帽，可能並非達其亞王的重臣，只是達其亞某個地方的代表。他們背離達其亞王，向羅馬軍降服，誓言效忠皇帝圖拉真。達其亞族的內部分裂是羅馬人求之不得的事。

㊲接著換到下一個場面，這是在軍營內舉行祭禮的光景。圖拉真撩起寬鬆長袍的下襬纏繞頭部，當作神祇官服來舉行祭禮。供奉上貴重的牛、羊當作牲品，這意謂著戰火即將重新燃起。

㊳奉上牲品，祈求神明庇佑的圖拉真，這回換上軍服，在士兵面前發表精神訓話。在戰爭開打前夕舉行祭禮並發表精神訓話是羅馬軍不可或缺的兩大儀式。話雖如此，倘若遇上敵軍發動突擊，哪容有時間進行這些冗長的儀式。這時，羅馬人相信，因情非得已而將祭禮和訓話延後，神明應該會寬恕。

㊴在精神訓話結束後並非立即衝入戰場，這也是圖拉真發動的達其亞戰役的特色。在「圓柱」上也描繪了好幾個基礎建設工程的場面。工程的主角是軍團兵，他們將長槍及盾牌擺置一旁投入工程，不過還是身著軍裝，以便在被敵軍偷襲時能夠立刻回擊。事實上，在山上可以隱約看見正在偷窺是否有機可乘的達其亞兵的身影。

羅馬軍投入工程的時間似乎比投入戰爭的時間還長，這令人聯想起尼祿時代的名將科普洛曾說過的話「羅馬軍是靠鶴嘴鎬來取勝的」。如果能夠成為土木工程的專家，在二十年的軍旅生涯結束之後，一定可以過著非常舒適的公民生活。因為一般是從十七歲開始從軍，假設沒有成為百夫長等軍官，一直都是單純的士兵的話，退伍時應該是三十七歲。如果將服役期滿時

圖拉真與達其亞使節

領到的退職金當作資本從事營建業，只要是在沒有大規模建商介入的地方城市，保證絕對成功。現代國家的軍隊雖然也有培養專家的作法，但由於服役期間過長，在軍旅生涯中習得的技能可以活用到公民生活中的部份實在很有限。初代皇帝奧古斯都對服役期間有如下規定，羅馬公民身份的軍團兵為二十年，行省人民身份的輔助兵為二十五年，光就資源的有效活用這一點來考量，這實在是一項很有意思的政策。讓我們將話題拉回古代。

㊵軍團兵賣力堆積石材搭建城堡，而在一旁的圖拉真身著軍裝接見達其亞的使節。跪在皇帝跟前的這位達其亞人，戴著圓形的絨毛帽子，穿著正式的服裝。一看就知道和之前的達其亞使節不太一樣，士兵們也在遠方凝視著這一切。因為如果是達其亞王派來

媾和的使節，就表示戰爭即將落幕。

事實上，這位達其亞人真的是達其亞王德賽巴拉斯派來媾和的使節。在「圓柱」當中雖然沒有清楚的表示出，其實圖拉真這回也派出他的心腹蘇拉以及近衛軍團長官李維安前去與達其亞王交涉媾和條件，不過雙方最後還是無法將條件談妥，於是交涉宣告破裂，重新點燃戰火。此時傳來由盧西厄·克伊耶圖斯率領、從東邊繞山的第二軍即將抵達戰地的消息。

㊶看來決戰似乎無法一次結束。達其亞並沒有在決戰中投入全部戰力，由於德賽巴拉斯王不喜歡和羅馬大軍正面衝突，而是採用游擊戰，羅馬軍只得趁擊退達其亞游擊兵的空檔，派人守衛，一邊搭建崗哨。擊退，然後搭建崗哨；擊退，然後搭建崗哨，步步進逼。擔任總指揮的圖拉真的軍事特質並不是以出其不意戰法見長的凱撒型，而是採用在各地布下天羅地網，然後慢慢引敵軍上鉤的戰法。在「圓柱」中也忠實呈現出這樣的特質。對當時的羅馬人而言，即使沒有參戰也一定可以完全領會圖拉真的這套戰法。在猶太戰役時，維斯帕先皇帝也是採用相同的戰法。

不過，如同三十年前的猶太戰役所示，當羅馬軍認真的布下天羅地網時，沒有一個民族能夠抵擋。羅馬士兵將城池一一攻陷，靠著之前開闢的道路運送過來的糧食，個個精神飽滿、士氣高昂。相對的，達其亞士兵有的戰死沙場，有的因城池淪陷而無處藏身，被逼往首都方向逃竄。無論如何，這些達其亞士兵都必須面臨被圍剿的命運。

㊷在這場決戰中，羅馬軍投入了全部戰力，達其亞一方則由德賽巴拉斯王在後方坐陣，給

予前方奮戰的士兵鼓舞。然而一直到了決戰時刻，羅馬軍仍無法將決戰地點移至平原進行會戰。這是因為達其亞地方是一個未經開墾之地，森林地帶甚至遍布到首都附近。在浮雕中也可以清楚看到達其亞軍仿效羅馬軍的砍樹開路戰法。

㊸雖然仿效了羅馬式戰法，但終究是徒勞無功。除了首都薩爾米澤特沙之外，其他重要的大城市都被羅馬軍攻陷，甚至連德賽巴拉斯王的胞妹也成為戰俘。有愈來愈多的達其亞權貴階級淪為羅馬軍的階下囚。

㊹儘管如此，在持續進行建設工程的羅馬軍面前，還是有許多戴著無邊帽的達其亞權貴階級捨棄劍盾前來媾和。一看就知道他們不但都是真正的權貴階級，而且人數還不少。此外，在這群人背後隱約可見德賽巴拉斯王的身影。這些引領達其亞族風光一時的主角，個個身材魁梧、肌肉發達。

不過，「圓柱」中卻看不到德賽巴拉斯王在圖拉真面前屈膝下跪的情景。這表示達其亞王雖然要求媾和，但他並沒有親自前往交涉。而圖拉真也沒有出現在媾和交涉的現場。

儘管羅馬已進入帝政時代，但有關軍事的總指揮權，以及媾和交涉到締結條約為止的所有權利，都賦予前線的總司令官，這與共和政治時代並沒有不同。當敵我雙方條件達成共識後，由總司令官簽下媾和文件。然後再將這份文件送到首都羅馬，如果是在共和政治時代，必須得到公民集會和元老院的承認，如果是在帝政時代，則必須得到皇帝和元老院的承認，這份媾和文件始可正式生效。

西元一〇二年當時，圖拉真也應該可以承襲這項傳統。何況他又身為皇帝，只要得到元老院的承認，媾和便可成立。

然而，圖拉真並沒有這麼做。他將達其亞的代表送到羅馬，請他們直接和元老院交涉。元老院將圖拉真的此種作法解讀為皇帝十分重視元老院。但我認為並不只如此。圖拉真只是將與達其亞的媾和之「球」「丟給」了元老院。他並不認為這樣就可以完全解決與達其亞之間的問題。縱然如此，讓戰火繼續延燒也不是身為總司令官的他所樂見之事。

第一次達其亞戰役雖然只持續了一年數個月，但還是在此落幕了。媾和內容如下：

一、賦予達其亞王「羅馬公民的友人暨同盟者」的稱號，達其亞今後成為羅馬帝國的同盟國。
二、羅馬保證德賽巴拉斯王與所有重臣的地位不受影響。
三、達其亞王同意羅馬派遣一部隊駐守在首都薩爾米澤特沙的近郊。
四、羅馬可沒收達其亞所有的攻城武器。
五、羅馬可破壞多瑙河北部所有達其亞的城池和要塞。
六、雙方戰俘必須互相遣返。

七、達其亞發誓今後不再攻擊多瑙河北方與羅馬友好的部族。

對戰勝的羅馬軍而言，上述條件看似穩當。但所謂「羅馬公民的友人暨同盟者」，事實上指的就是羅馬的屬國，而在圖密善時代與羅馬帝國簽訂對等媾和協定的德賽巴拉斯是否能夠忍受成為屬國的屈辱，還是一個問號。

㊺「圖拉真圓柱」最後以勝利女神維多利亞的浮雕像來為此戰役暫時畫下休止符。這一年的冬天與在達其亞截然不同，灑滿金黃色陽光的羅馬為凱旋歸來的圖拉真舉行一場歡迎式。這位四十九歲的凱旋將軍並得到「達其克斯」(Dacicus) 的尊稱，係指「征服達其亞之人」。

西元一〇三、一〇四年，羅馬與達其亞之間相安無事。至於羅馬帝國其他的防衛線也一樣處於和平狀態。因此圖拉真得以將軍裝收好，不必勞師動眾。

如此一來，圖拉真總算可以全心投入皇帝的另一項重大任務「內政」。身著寬鬆長袍的皇帝照例出席元老院會議，並嚴加督察達其亞戰役前法制化的各項政策之實施狀況。不過，他雖然身處羅馬，但多瑙河的重大工程早已開始動工。這是在與達其亞的媾和成立之後隨即展開的工程。

建築師阿波羅多羅斯(Apollo Doros)

李奧納多．達文西(Leonardo da Vinci)，意思是「文西的李奧納多」。並不是因為他沒有姓才如此稱呼，而是因為如果連同姓一起稱呼，會與其他同姓的人士混淆，所以特別用出生地取代姓來稱呼此人。也就是說，以出生地來稱呼的人士代表他在世時就已名聞遐邇。「大馬士革的阿波羅多羅斯」就是在圖拉真時代打造所有代表性公共建築物的建築師。

小亞細亞出身的哲學家狄奧．克里索斯湯姆斯曾指出羅馬皇帝的三大責任義務，茲列示如下：

一、安全保障，亦即外交。

二、治理國內事務，亦即內政。

三、充實社會資本。用現代的說法即為整建基礎建設。

第一、二項的政策化需要經過元老院的決議，只有第三項可以由皇帝一人決定。帝國整體的基礎建設所需費用並非由國庫支出，而是由皇帝公庫來提供。

因此，羅馬皇帝又身兼「建設局局長」，皇帝的個性天份將左右其與建築師之間的關係。

一、由於皇帝本身頗具藝術天份，創意均由皇帝提出，建築師負責解決技術面的問題，並將皇帝的創意具體化。

二、由於皇帝自覺缺乏藝術天份，便將建築事務全權委託建築師負責。

前者的典型案例便是朱利斯·凱撒，而在圖拉真之後即位的皇帝哈德良也屬於此種典型，但因他的創意與羅馬人的感覺不符，所以要扣點分數。此外，打造黃金宮殿的尼祿皇帝也是屬於這一種典型。

後者的典型案例便是建造古羅馬圓形劇場(Colosseum)的維斯帕先皇帝和圖拉真。當然這種類型的建築師往往都會名垂青史。

阿波羅多羅斯

這裡毋需多作說明，「文西的李奧納多」和「大馬士革的阿波羅多羅斯」所具有的才能特質其實是迥然不同的。阿波羅多羅斯的才能主要用於解決被委託的課題，而李奧納多關心的卻是探究這些課題的基本原理。我們可以稱阿波羅多羅斯為建築師或建築技師，但對李奧納多就不知該如何稱呼了。

不過，或許因這二人的才能特質使然，在土木、建築方面，李奧納多只遺留下一堆圖面，而阿波羅多羅斯則留下許多建築遺蹟，成為現代考古學家研究的對象。當時依然健在的李奧納多的不幸有二：喜歡當一名科學家、探究基本原理的心態，及沒能遇上一位將任務全權委託給他的「皇帝」。

然而，就像有人推崇非佛羅倫斯出身的李奧納多，是以佛羅倫斯為發祥地的文藝復興精神的最高實現者，同樣也有人稱大馬士革出身的希臘人阿波羅多羅斯為最典型的羅馬式建築師。他和出身於西班牙、一直努力讓自己比羅馬出身者還要羅馬化的圖拉真，簡直是天生一對。

在達其亞問題尚未完全解決之前，圖拉真沒有投入過任何一項重大公共工程。這是因為當時他必須把阿波羅多羅斯留在多瑙河前線。

表示建築師或建築技師的英文“architect”以及義大利文的“architetto”都是以希臘文衍生而來的拉丁語“architectus”為語源。翻譯成其他語言時，一般譯成「建築者」，其實翻成「建構者」比較恰當。羅馬時代的「技師」參與的工程並沒有軍事、非軍事之分，羅馬人的建設工程本身也不可能區分為軍事用或民事用，街道和橋梁就是主要典型。第一次達其亞戰役結束後，全權委託給阿波羅多羅斯的正是橋梁工程。

如果只是架設一般石橋的話，起用附屬在羅馬軍團當中的技師應該已經足夠。但圖拉真交給「大馬士革的阿波羅多羅斯」的工程是在多瑙河上架設石橋。

過去在滾滾大河上架設橋梁的案例是發生在一百五十年前的朱利斯·凱撒時期，當時他曾在歐洲僅次於多瑙河的大河「萊茵河」上架設橋梁。不過，當時的橋梁據說是架設在波昂和科

Tabula Traiana

隆之間的某處，此處的萊茵河寬根本不到五百公尺。而且凱撒架設的是木橋，圖拉真要求架設的是石橋，並希望架設在河寬超出二倍的多瑙河中游。造橋的目的主要是為了連結羅馬領地和達其亞領地。

從現在多瑙河兩側留下的橋墩遺蹟當中，可以看出阿波羅多羅斯指揮完成的這座橋的建設地點是在何處。北岸為羅馬時代稱之為多羅貝塔的城市，也就是現在的羅馬尼亞領地特努塞伯林。南岸則是南斯拉夫的塞爾維亞。

那麼，為何要將橋架設在此地呢？

理由之一是，渡橋到達北岸後，雖然必須繞行阿爾卑斯山脈，還是可以一直線到達達其亞的首都薩爾米澤特沙。

理由之二是考慮到與其他戰略要地之間的交通便利性。當時稱之為"Tabula Traiana"的通道據說也是阿波羅多羅斯的作品，這個名稱一直沿用到現代。不過，此通道目前已經沉到水

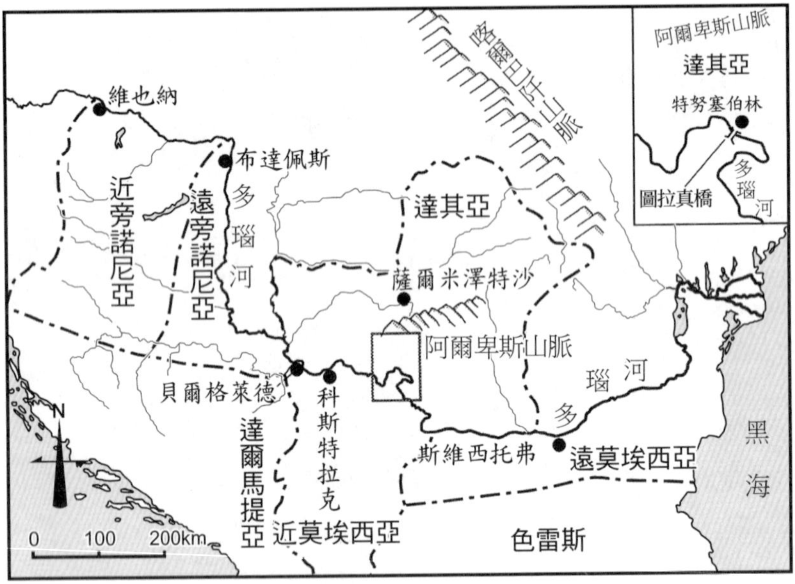

圖拉真橋與達其亞及其周邊圖
（日後達其亞行省的境界線一併列出，以供參考）

面下看不見了。這條藉由削平山崖貫通的道路，使得羅馬時代的維納契姆（現在的科斯特拉克）以及辛基多努姆（現在的貝爾格萊德）之間可以很容易的連絡，此為一大優點。

此座橋附近一帶屬於近莫埃西亞行省，這個行省於國境地帶有二個軍團常駐。貝爾格萊德為第四弗拉維斯軍團的基地，而科斯特拉克為第七克勞狄亞軍團的基地。

此外，若遇上緊急狀況，可由西北方的遠旁諾尼亞行省省都阿克因肯（現在的布達佩斯）派出第二亞狄特里克斯軍團，由東南方的遠莫埃西亞行省的諾瓦耶（現在的斯維西托弗）基地派出第一義大利加軍團分頭前往達其亞支援。也就是說，「圖拉真橋」

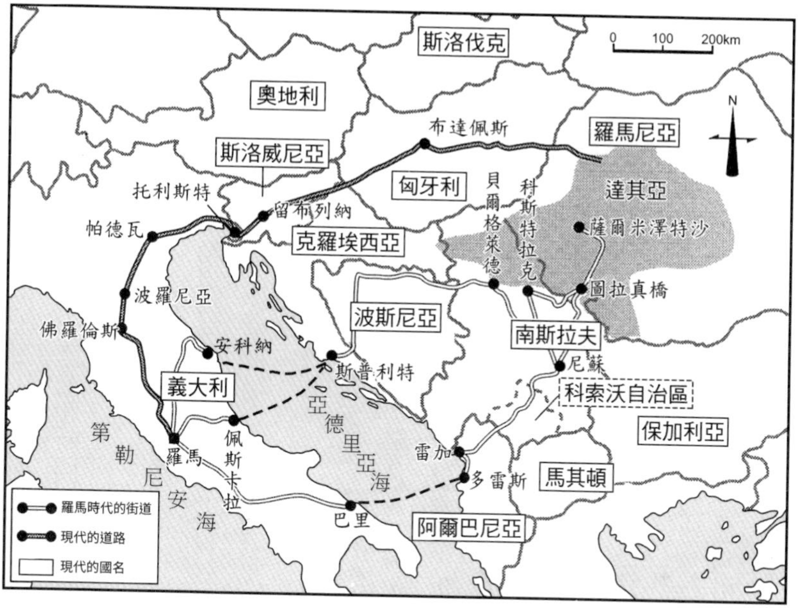

從羅馬到達其亞（列入現代的國名以供參考）

是架設在上述四個軍團於多瑙河中游沿岸活動範圍的中央地帶。

理由之三是考量到架設在多瑙河上的橋與帝國首都之間的交通便利性。

由這座橋的建設地點來看，南方有羅馬街道穿過。這條道路從奈蘇（現在的尼蘇 Nis）朝西南方一直延伸到利蘇（現在的雷加），然後抵達亞德里亞海。從此地出海到義大利半島，快的話只要一天，最慢也只要二天的航程。由於義大利的街道網已建設完備，因此登陸之後可以說是條條大路通羅馬。此外，從貝爾格萊德沿著羅馬街道向西直走，會到達亞德里亞海東岸的斯帕拉特姆（現在的斯普利特 Split）。走此路線的話，從斯普利特到義大利中部的海港安科納，只要橫渡亞德里亞海便可到達。即使是需要皇帝親自出馬的大事，也可保證行軍的便利性。而這條路線和繞過北義大利再到羅馬的路線相比，可以縮短不少距離和時間。

我有一位羅馬尼亞的朋友住在羅馬，而他的老家位於羅馬尼亞西部。有不少人從羅馬前往羅馬尼亞首都布加勒斯特 (Bucharest) 時不喜歡搭飛機去，由於他們對社會情勢非常了解，大都選擇自己開車前往。在這種場合之下，應該怎麼走比較好呢？

從羅馬出發後，只要走義大利最自豪的一條高速公路，就會經過佛羅倫斯 (Firenze)、波隆那 (Bologna)、帕德瓦 (Podova)，然後抵達托利斯特 (Trieste)。到達托利斯特後最好朝東北方往斯洛威尼亞 (Slovenija) 方向前進，這是為了避免經過克羅埃西亞 (Croatia)。就算繞遠路也要選擇通過匈牙利的路線。在進入匈牙利境內後，也不要向東行，最好往東北角的布達佩斯方向前進。然後再從布達佩斯往東走，進入羅馬尼亞境內。

不過，並非只有這條路線可走。也就是說，如果想要和二千年前的羅馬人走相同的路線，即使是現代也不難辦到。

首先，從羅馬出發，只要走高速公路即可抵達亞德里亞海南側的港口安科納以及其南方的佩斯卡拉 (Pescara)，從這二個港口到斯普利特可搭乘能夠載運汽車的渡輪。除此之外，也可以選擇走高速公路到巴里 (Bari)，然後同樣利用人車共乘的渡輪從巴里前往位於雷加南方的多雷斯。

但是，如果是在斯普利特登陸，就要先越過克羅埃西亞，縱貫波斯尼亞 (Bosnia)，然後到達南斯拉夫的貝爾格萊德，再渡過多瑙河即可抵達羅馬尼亞。如果是在阿爾巴尼亞 (Albania) 的多雷斯登陸的話，就要穿過阿爾巴尼亞、科索沃 (Kosovo)，然後到達南斯拉夫的塞爾維亞，再渡過多瑙河即可進入羅馬尼亞。光是將經過的地名並列在一起，就會發現在波斯尼亞及科索沃發生紛爭之後，這一帶實在不適合記者以外的民眾開車經過。雖然戰爭已經結束，但遭到破壞的道路和橋梁尚未修復，旅行中的住宿地無法確保。由於還有不少居民不願放棄武器，因此治安狀況也不是很好。距離羅馬帝國體制時代一千七百年後的現在，在這一帶旅行反倒不如以前安全。

所謂「羅馬和平」，意謂的不是單純保護羅馬帝國內的居民擺脫帝國防衛線以外的人們（羅馬人稱其為蠻族）之襲擊而達到「和平」。羅馬帝國是一個多民族國家，比鄰而居的民族之間糾紛不斷為家常便飯，也唯有讓這些民族和平相處才能夠維持幸福的生活。因此，霸權國家的羅馬最重要的任務之一便是扮演民族間紛爭的居中調停角色。

調停工作一開始是由行省總督出馬，倘若無法解決，就由皇帝下達聖旨給這些紛爭中的民族。如果仍舊無法解決，羅馬就會毫不猶豫的派出軍團。羅馬時代的希臘哲學家狄奧．克里索斯湯姆斯提出羅馬皇帝的三大責任義務的第二項，我原本將其譯成「治理國內事務」，若要忠實於原文，則應該譯成「治理行省事務」。

「羅馬和平」並非成功排除外敵即可達成，唯有完美解決帝國內部紛爭方能達成「羅馬人建立的世界秩序」。亦即，達到此境界後，一般庶民前往任何地方旅行都可挑選距離最短的路線，而且沒有安全顧慮。

圖拉真橋可謂羅馬技術的結晶之一，在阿波羅多羅斯的指揮之下，自開工到完工只花了一年多的時間。工程從頭至尾都由士兵們親手完成。輔助部隊負責石材和木材的採集搬運，而需要建築技術的主要工程則由熟悉建築事務的軍團兵來擔任。由於羅馬與達其亞之間已達成媾和協定，因此他們都將盔甲和武器放在基地，換上短衣進行作業。羅馬人對於冗長的工程極度反感，而圖拉真橋的架設地點又是在水量豐沛的大河上，唯有早日完工才能保證成功。雖然朱利斯·凱撒在萊茵河上興建的橋於十日之內就宣告完工，但這是因為河面較窄又是木製橋的緣故。多瑙河上的石橋工程只花費一年半多，應該算是短時間內一氣呵成的工程。此外，正因為羅馬士兵長年以來累積不少基礎建設工程的經驗，再加上他們對工程的熟練度，才有可能在如此短的期間中完成這項重大工程。

為紀念圖拉真橋完工而發行的塞斯泰契斯銅幣。正面為圖拉真像，背面為變形的橋

一方面為了紀念圖拉真橋的落成，一方面希望向世人宣揚羅馬人在多瑙河上架設這座宏偉大橋的卓越技術，因此在完工隔年發行了塞斯泰契斯銅幣，而雕刻在銅幣上的橋之所以呈圓弧鼓形，只是為了配合圓形銅幣的造形。

羅馬人認為橋梁是道路的延伸，他們架設的橋梁總是與道路沒有高低落差，至於現在看到的橋面比道路高的橋梁，都是在羅馬帝國滅亡之後建造的。

建造與道路同等高度的橋梁，也要計算水量增加時的狀況，橋面必須在春天水位高漲時不會被淹沒。也就是說，在河岸與河岸之間架設橋梁的話，無法達成此目的。亦即橋梁必須從距河岸相當遠的內陸地點開始架設，然後橫跨大河，一直架設到另一岸相當距離的內陸地點，才能夠避免橋面被河水淹沒。距離愈長當然高度也會增加。雖然架橋方式會因該地區的地勢條件而有所不同，但羅馬人造橋的基本原理就只有上述這點而已。

「圖拉真橋」

有關橋的架設本人實屬外行，還是利用圖面來說明較能夠一目了然。以下將為各位介紹從加里亞徹著的《羅馬橋》中摘錄出來的圖面。首先令人瞠目結舌的便是它的規模。

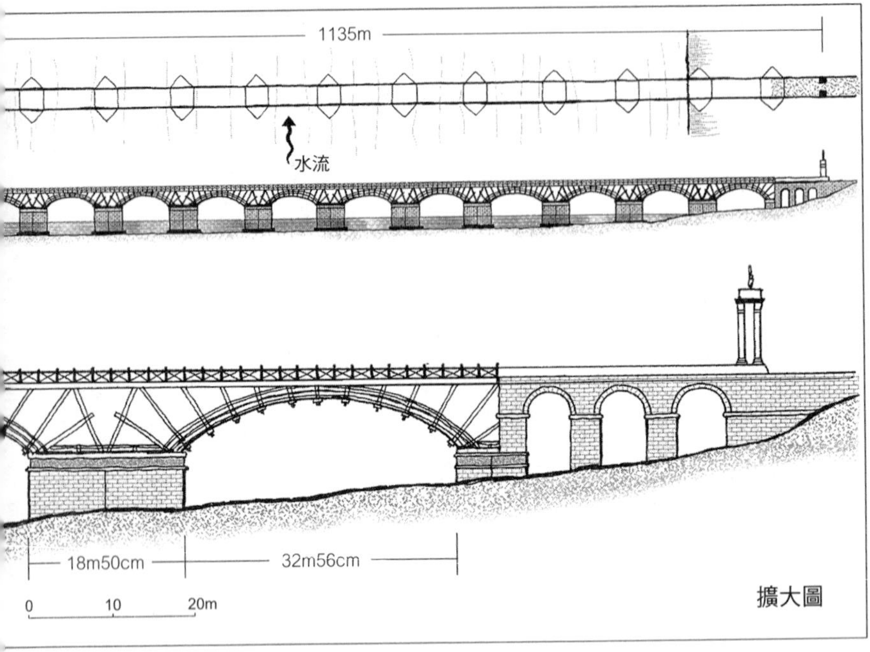

全長——一千一百三十五公尺

高度——二十七公尺

寬度——十二公尺

橋下用二十根石造橋桁來支撐

橋桁的長度——三十三公尺

　高度——十四公尺

　寬度——十八・五公尺

橋桁下塞滿木材，完全不留間隙。很意外的是，木材抗水性很強，在水都威尼斯的街道之下也塞滿了木材。

此外，只要橋桁間隔有三十多公尺，就可以通行三層槳的船隻。

此規模龐大的橋桁工程所採用的方法是，先用木柵緊密並排，圍出空間，將水排出後，再於內部建

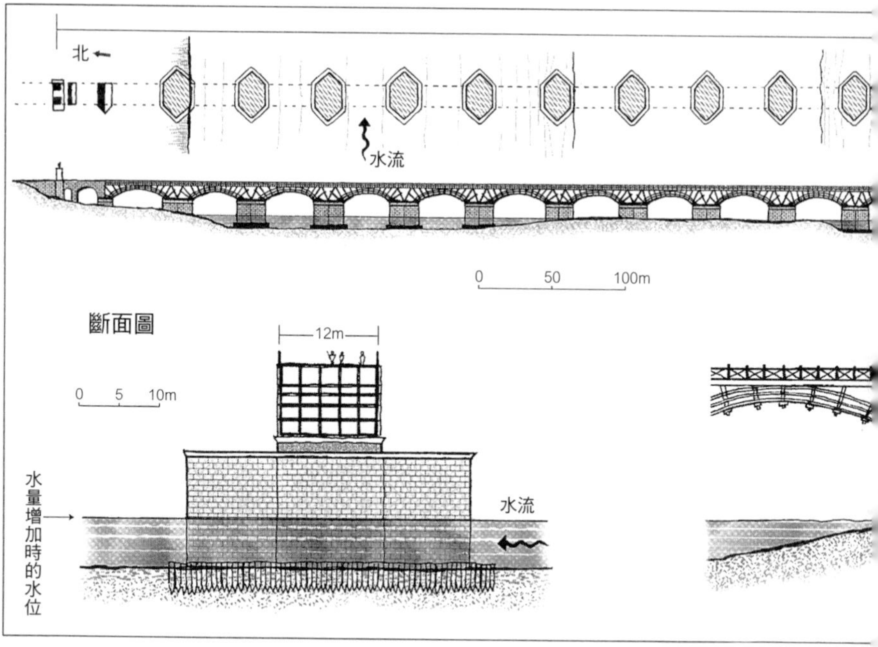

圖拉真橋（復原圖。最上段是由上往下看的橋身平面圖）

造橋桁。根據一位曾在本州與四國架設橋梁的當事者表示，除了機械化的程度有別之外，當時這種作法和現代完全一樣。

這座橋架設在多瑙河左岸的多羅貝塔與右岸的龐特斯之間，石造的部份只有橋桁，橋面則是木製的。即使橋梁長達一公里，只要是在陸上，羅馬人都有辦法建造出石橋和水道橋。「圖拉真橋」之所以為石造和木造的合成體，目的是為了減輕橋梁整體的重量。至於橋桁，不只用來支撐橋梁，甚至也具備抵抗河流的力量。而且，圖拉真橋不像羅馬帝國其他地區的橋梁一樣只有數十公尺，這是一座超過一公里的長橋。

在這類工程當中，使用的石材面上都刻有施工的軍團和大隊的名字，這也是羅馬公共工程的慣例。在「圖拉真橋」上儘管只遺留下部份名字，但可以確認的是，第二希斯帕尼亞、第三布利塔尼加與第一克雷塔大隊都曾參加過該橋的建造工程。以大隊來稱呼，表示是由行省出身的士兵組成的輔助部隊，這些大隊都曾參加過達其亞戰役。也就是說，儘管是為了建造橋梁，但圖拉真在達成媾和協定之後，並沒有將士兵們撤回原本的駐紮地。

我們可從「圓柱」的浮雕或是銅幣的圖案中看出圖拉真橋分為上下二層。或許下層的通行對象是載運重兵器和糧食的貨車、以及經常成三列縱隊行軍的重裝步兵，上層的通行對象是負責監視的衛兵和一般民眾。羅馬帝國一向不禁止國境內外側的交流，甚至還給予獎勵。因為只要人與物的和平交流愈頻繁，愈能夠軟化境外蠻族的掠奪意願。羅馬人稱其為「文明化」。

有關羅馬時代最大的建設工程「圖拉真橋」，根據百年後的加西阿斯·狄奧的說法：「由於哈德良皇帝討厭被蠻族利用，因而下令將木造部份解體」，但這座橋的功能似乎並未因此而喪失，因為根據記載，之後曾進行過補強。不過，在帝國末期蠻族猛烈入侵之際，木造部份遭到破壞，完全失去橋梁的功能。儘管如此，自從六世紀開始，平均每一世紀都會出現一人對圖拉真橋表示關心。到了十七世紀總算有人將此橋的圖面畫出，不過只有石造的橋桁部份而已。十九世紀中期，第一本正式的研究書籍也宣告誕生。然而，到了十九世紀末期，由於奧地利、匈牙利希望將多瑙河活用在大型船的航行上，因此將當時已嚴重破損但仍佇立在河中的橋桁完全爆破。現代人也只能靠著研究學者勾畫出的復原圖，和擺放在艾烏爾城的羅馬文明博物館中的縮小模型，來想像當時圖拉真橋發揮橋梁功能的模樣。

讓我們將話題拉回一千九百年前。當達其亞的德賽巴拉斯王眼見羅馬人在這麼短的期間內建造出如此規模宏大的橋，展現威震四方的氣勢時，他的想法又是如何呢？

羅馬人認為，圖拉真橋只不過是將自古以來就是羅馬領地的多瑙河右岸的龐特斯，和第一次達其亞戰役後成為羅馬基地之一的多瑙河左岸的多羅貝塔連結起來而已，這種說法可以成立。此外，既然羅馬和達其亞成為同盟關係，「圖拉真橋」應該可以促進兩國間的交流，並維持兩國間的和平，這種說法也不無道理。

不過，多羅貝塔到達其亞的首都薩爾米澤特沙之間，連接有第一次戰役中羅馬軍建築的石造軍營，羅馬還留有一些士兵駐守在那裡。

圖拉真皇帝造橋是否有挑釁達其亞王的意圖，至今不明。儘管不曾有人在書中提到圖拉真的真正想法，但從整個經過，似乎可嗅出濃厚的挑釁意味。無論如何，達其亞人認為「圖拉真橋」的建造很顯然是羅馬人的挑釁行為。而且德賽巴拉斯王對於自己在圖密善時代因採取強硬態度而獲得有利媾和的成功經驗一直無法忘懷。即使皇位已經易主，但這也只不過是十年前的事而已。

認為第二次戰役必將到來的達其亞王，這回改變了戰略。他打算向帕提亞王遊說，從東北兩方夾擊羅馬帝國。看來在帕提亞王的宮廷中出現達其亞的使節似乎是一項事實。不過，帕提亞王國自西元前一世紀開始與羅馬接觸之後，雖然一直具有威脅羅馬防衛線的軍力，卻不具備可攻破羅馬的軍力。這個王國只有在帝王交替時，為了對國外顯示其強硬作風，並壓制住國內情勢，才會對羅馬領地產生威脅。而西元一〇五年當時，對帕提亞來說，並沒有威脅羅馬的必要。

從黑海到紅海

圖拉真很可能早就知悉達其亞王對帕提亞的遊說動作。因為與帕提亞接觸的敘利亞行省總督的重要任務之一便是偵測帕提亞的動向。不過，倒是用不著派遣間諜冒著生命危險潛入。因為經由帕提亞進口的東洋物資最主要的顧客便是羅馬帝國，只要仔細分析商人們帶回來的資訊，即可對當地現況有某種程度的掌握。羅馬帝國的國境屬於開放式，並非封閉式，其中與帕提亞之間的國境最為開放。

不知是否因為獲悉達其亞王對帕提亞的遊說已經失敗，還是因為想要將計就計利用此事實，圖拉真開始著手合併阿拉伯。

羅馬人所稱的「阿拉伯」，並非後代的阿拉伯半島。因為羅馬人將盛產香料、胃藥、珍珠而聞名的阿拉伯半島南部稱為「幸福的阿拉伯」，將形容詞省略後所指的阿拉伯就是現在的約

旦 (Jordan)。

敘利亞行省總督科內利烏斯．帕爾馬在接到圖拉真的指令後，只率領旗下一個軍團就成功完成任務。這是因為那巴提王國已失去昔日威勢，沒有採取行動阻止，所以無需訴諸戰爭，只靠一個軍團即完成合併。不過，合併了約旦之後，也讓羅馬帝國得以確立自黑海到紅海的防衛線。

以黑海為起點，朝著亞美尼亞王國的國境南下，再沿著幼發拉底河前進，當幼發拉底河流向東南方時離開河岸，繼續朝南方前進，依序經過帕耳美拉 (Palmyra)、大馬士革 (Damascus)、波士特拉（現在的布斯拉 Bosra）、費拉德爾菲亞 (Philadelphia)（現在約旦的首都安曼 Amman），然後通過那巴提王國的首都佩特拉 (Petra) 附近，最後抵達鄰接紅海的亞喀巴 (Agaba)。

在被羅馬帝國合併為行省的地方，羅馬人最早做的一件事就是建設古代的高速公路——羅馬式街道。以「阿拉伯．那巴提行省」之名成為羅馬帝國一部份的約旦地方，也開始鋪設可稱為幹線的街道。這是一條連接大馬士革、布斯拉、安曼與亞喀巴的街道。這條縱斷約旦的幹線道路，由現代挖掘出來的石造路標得知，是在西元一一四年建造完成的。行省阿拉伯的省都決定為布斯拉而非安曼，應該是因為布斯拉離前線較近的緣故。在布斯拉有第三昔蘭尼加軍團常駐。

日後，阿拉伯的勞倫斯 (Lawrence) 在攻擊亞喀巴時，辛苦穿越熾熱的沙漠，如果是在羅馬時代，儘管氣候一樣熾熱，但只要通過鋪設好的街道即可。根據最近的報導指出，約旦政府已搭建一條貫穿安曼和亞喀巴之間的高速公路。

故事好像一直在古代與現代的時光隧道之間往返，一不小心就扯遠了話題。但我在研究羅馬史的過程中，強烈體認到整建基礎建設 (Infrastructure) 非常重要，可藉此促進人與人之間的交流，因此希望將此一感想分享給各位讀者。在羅馬時代可以辦到的事，為什麼日後卻一直辦不到，似乎也有不少人和我有同感，以下就來介紹其中一人進行調查的結果。這是從蘇格蘭 (Scotland) 到耶路撒冷 (Jerusalem)，亦即羅馬帝國的兩端，該如何走才能由此端到達彼端的模擬路線。只要可以走陸路（以往的羅馬街道），絕對不走海路。由於羅馬街道中每一羅馬里會立一個石造路標，為尊重羅馬人，便以羅馬里來表示距離數。一羅馬里相當於一·四七八公里。

從安東尼奧·派阿斯皇帝時代建設的長城附近的格拉斯哥 (Glasgow) 出發，經過「哈德良長城」，到設有軍團基地的約克 (York) 為止的距離為二百二十二羅馬里。

從約克到倫敦的距離為二百二十七。

從倫敦到多佛 (Dover) 的距離為六十七。

渡過多佛海峽到法國的布倫 (Boulogne) 的海路距離為四十五。

從布倫經過亞眠 (Amiens) 到蘭斯 (Reims) 的距離為一百七十四。

從蘭斯到里昂 (Lyon) 的距離為三百三十。

從里昂越過阿爾卑斯山脈到義大利的米蘭 (Milano) 的距離為三百二十四。

從米蘭穿過艾米利亞 (Emilia) 大道、弗拉米尼亞 (Flaminia) 大道一直到羅馬的距離為四百二十六。

從羅馬穿過阿庇亞 (Appia) 大道，一直到南義的海港布林迪西 (Brindisi) 的距離為三百六十。

從布林迪西渡過亞德里亞海，到現在阿爾巴尼亞的多雷斯的海路距離為四十。

從多雷斯直走伊尼地亞大道到拜占庭（Byzantium，現在土耳其的伊斯坦堡 Istambul）的距離為七百一十一。

從拜占庭到安卡拉 (Ankara) 的距離為二百八十三。

從安卡拉通過羅馬街道到地中海側的達爾蘇（現在的達爾索斯）的距離為三百零一。

從達爾蘇到敘利亞的安提阿（現在的安達其亞 Antiochia）的距離為一百四十一。

從安提阿到黎巴嫩 (Lebanon) 的提洛斯（現在的提爾）的距離為二百五十二。

從提洛斯到以色列 (Israel) 的耶路撒冷的距離為一百六十八。

合計為四千零七十一羅馬里。這是一趟不需亮出「護照」即可一路暢通無阻，長達六千公里的旅程。

如果達其亞王德賽巴拉斯甘願接受成為此文明圈一份子的命運的話，應該不會發生第二次達其亞戰役。不過，自視甚高的達其亞人還是選擇了兵戎相見。此外，德賽巴拉斯王的財力相當雄厚，這是因為達其亞地方擁有許多金山銀山。而且專制國家一向將權力和財富集中在君王一人身上。羅馬帝國和東方型的君主國家的差異之一是，前者經常維持常備軍力，後者則在必要時以金錢募集士兵。

第二次達其亞戰役

西元一〇五年春天，達其亞違反媾和協定，對羅馬發動攻勢。他們針對達其亞領地內的羅馬軍營、正在進行街道鋪設工程的第七軍團、以及多瑙河下游地區的羅馬領地，採取多目標的同時攻擊。

六月四日，圖拉真皇帝啟程離開首都羅馬，重新投入達其亞戰役。讓我們再一次回到「圖拉真圓柱」上，藉由各個場面的解說來探索這場戰役的經過。

㊻浮雕中對第二次達其亞戰役的敘述，是從圖拉真在義大利中部的海港都市安科納登船來揭開序幕。之所以知道登船地點就是在面對亞德里亞海的安科納，是因為浮雕裡出現了為紀念第一次達其亞戰役獲勝歸來的圖拉真所搭建的凱旋門，這座凱旋門就位在維納斯女神的神殿與安科納海港的附近。

㊼羅馬軍分乘數艘軍船，準備渡過亞德里亞海。負責划槳的士兵將胄甲置於腳下，身著短衣裝束。圖拉真則穿著紅色披風大衣，站在其中一艘軍船的船尾，拉開嗓子，擔任划槳節奏的指揮者。在波浪間看到海豚成群躍起的畫面，表示船隊正在海面上航行。

㊽圖拉真和士兵們橫渡亞德里亞海，於現在的克羅埃西亞的海港都市登陸。我們可以從出來迎接他們的居民全都身穿羅馬式的寬鬆長袍，以及四周林立的美麗石造建築物，來研判此地可能是達爾馬提亞(Dalmatia)行省的省都薩羅那耶，或者是位於其南方的海港都市斯普利特。

㊾一身輕便短衣配披風的圖拉真乘著馬朝內陸前進。可從浮雕中看到軍隊一行人與街道兩旁列隊歡送的民眾，人群中也夾雜著婦女和小孩。

㊿用蔓草和花朵編織而成的花圈裝飾著幾頭當作祭品的牛，這是一場正式的祭禮。雖然奔往前線是當務之急，但對羅馬人而言，向神明祈福是不容懈怠的重要大事，所以士兵和全體公民都會參加。

51不知是否正在渡河，可看到利用船和石橋前進的士兵。

52皇帝和士兵們進入壯麗的城市裡。圖拉真在此城市中舉行祭禮。如果圖拉真登陸的地點為斯普利特的話，在「圓柱」裡描繪的這些城市應該就是現在的波斯尼亞的城鎮。雖然離本國義大利很近，但羅馬時代這一帶的文明度之高，只會令我們瞠目結舌而已。

53不過，由於巴爾幹地方已經離多瑙河前線很近，因此呈現在遠景中的建築物和石造城塞也愈來愈多。羅馬騎兵軍團從一旁疾馳而過。

在前頭帶隊的圖拉真受到周邊居民熱烈的歡迎，從居民的服裝和頭髮的長度來看，混雜著女人和小孩的這一群應該是達其亞族人。居住在境外的人民只要勤奮工作、和平度日，羅馬帝國便允許其移居到羅馬領地內。

㊹但是，身著羅馬式服裝的居民也不少。羅馬是個多民族國家，即使到了前線，其居民結構也沒有改變。

受到民眾包圍的圖拉真，在祭壇上斟入葡萄酒，向神明祈求羅馬軍能夠旗開得勝。雖然令人擔心一直在做這些事是否有意義，但在即將踏入戰區之際，向神明祈福還是不可或缺的。

㊺事實上，換到下一個場面，可以看到士兵們將盾牌放置一邊，身著無袖短衣進行砍樹開路的工作。雖然這是羅馬軍向來的慣例，但我對於羅馬軍與其他國家軍隊的差異還是深有感觸，後者即使有所不便還是會在既有的道路上行軍，而前者會開拓平順的道路以便行軍。

㊻場面一換，我們看到達其亞士兵正在攻擊多瑙河南岸的羅馬軍基地。這些士兵即使地位升高還是只穿上衣和短褲，不戴胸甲，只用大型盾牌保護身體。站在攻擊隊伍前方進行指揮的是蓄著鬍子，戴著無邊帽的達其亞權貴階級。在德賽巴拉斯王大聲疾呼反羅馬的口號之下，達其亞舉國一致對抗羅馬。

㊼不過，守衛的羅馬士兵也不甘示弱。在多瑙河防衛線上執勤的士兵比羅馬帝國其他防衛線的氣氛還要緊張。在氣候、地勢、精神、肉體上都甚為嚴峻的環境中，這些平凡的士兵被鍛鍊成金剛不壞之身。對於達其亞雲集的大軍，他們毫不退縮的嚴陣以待。

㊳話雖如此，戰鬥地點並不是在基地長城的內外兩側。羅馬軍前進到基地外迎擊達其亞兵。在「圓柱」的浮雕當中，連續好幾個場面都在描繪激烈的白刃戰。可令人聯想到羅馬士兵們手持銅製長槍和劍的逼真模樣，真可謂一大傑作，令人佩服。

㊴但是，接下來幾個場面被擊倒在地的達其亞兵愈來愈多，可見戰況已漸漸轉為對羅馬有利。儘管如此，真正確定羅馬勝利應該是在圖拉真率領的騎兵團到達之時。達其亞兵只好拋下諸多同袍們的遺體，倉皇逃回多瑙河北岸。

不過，此時已進入秋天。羅馬軍也只能等到隔年春天再反攻回多瑙河北岸。東歐的冬天冷峻無比。在隔年春天反攻之前，士兵們需要充分的休息。

在這個冬季期裡，發生了一則軼聞，且讓我娓娓道出它的始末。

達其亞王德賽巴拉斯並不是因為想要攻破羅馬帝國才掀起戰爭。他希望和圖密善時代一樣，羅馬和達其亞簽訂媾和協定，讓多瑙河北岸成為一大王國，這是他的野心。正因為如此，往往令人摸不清他到底是想要發動攻勢還是想要和平交涉。然而，德賽巴拉斯王卻打錯了如意算盤。因為羅馬人絕不會甘願締結只對敵方有利，亦即對自己不利的協定。

雖然知道羅馬軍正著手鋪設街道，但不知此街道是位在多瑙河沿岸的羅馬領地內，還是位在多瑙河左岸的達其亞境內。無論如何，達其亞軍趁著媾和談判中羅馬鬆懈監視之際，襲擊正在進行街道工程的第七克勞狄亞軍團，而且還成功的逮捕軍團長與十名左右的羅馬兵。達其亞王希望利用手邊的「籌碼」來向羅馬皇帝換取有利的媾和條件。

淪為俘虜的軍團長姓隆基努斯，長久以來一直擔任駐紮在多瑙河沿岸的科斯特拉克基地的第七克勞狄亞軍團長，在第一次達其亞戰役中，這位武官也沒有辜負圖拉真的信賴，在戰場上衝鋒陷陣，相當活躍。同時他也是首都羅馬出身的名門世家子弟，祖先代代都是屬於元老院階級的大人物。

如果對此人見死不救，將可能會與元老院為敵，行省出身的圖拉真應該不會甘願冒此危險。或許這正是達其亞王的如意算盤。

淪為俘虜的隆基努斯並沒有被銬上鎖鏈，也沒有被關進牢裡，只要是在達其亞的城塞之內，行動完全自由。德賽巴拉斯王甚至勸他混入民眾當中，也可以帶著伺候他的解放奴隸自由散步，對隆基努斯可以說是相當禮遇。達其亞王希望此訊息能夠傳到圖拉真耳裡。

另一方面，達其亞王也不忘傳喚這位羅馬軍團長詢問羅馬皇帝的作戰計畫。不過，隆基努斯對所有問題一概以「不知道」來回答。

對多瑙河下游的羅馬軍基地之攻擊行動最後以失敗收場，不只是德賽巴拉斯王，任誰都知道隔年春天羅馬軍勢必會反攻，就在這年冬天，達其亞王決定搬出手邊的「籌碼」。

達其亞提出二項媾和條件。其一，羅馬必須承認多瑙河北岸一直到黑海為止的所有區域為達其亞領地。其二，羅馬必須賠償在這場戰役中達其亞耗損的所有戰費。

羅馬若接受上述二項條件，達其亞王就將隆基努斯與十名俘虜遣返。而說服圖拉真接受此媾和條件的工作便落在隆基努斯的身上。

當達其亞王告訴隆基努斯這項任務後，他第一次點頭表示同意。也承諾將寫一封信給圖拉真。不過，暗地裡卻派遣伺候他的解放奴隸去張羅毒藥。由於他的行動並沒有受到限制，所以輕而易舉便取得毒藥。

隆基努斯寫給圖拉真的信的內容無人知曉。或許他為了怕德賽巴拉斯看出他的計策，刻意避開拉丁文，而使用希臘文來書寫。不過，他以圖拉真認識此人為理由，堅持派遣他的僕從來送交這封信。當他算好送信的解放奴隸已經到達安全地帶，這位武將便飲藥自盡。

失去「籌碼」的達其亞王怒不可遏，但還是沒有放棄要求羅馬皇帝讓步的念頭。

這回他親筆寫了一封信給圖拉真。提議交出那名知悉一切的解放奴隸，來換取隆基努斯的遺體和十名羅馬俘虜。送信工作則交由十名俘虜中地位最高的百夫長來負責。

圖拉真對達其亞的媾和條件和人質交換的要求完全不予理會。因此解放奴隸和百夫長就一直留在羅馬陣營裡。

可謂羅馬軍團之梁柱的百夫長為不折不扣的羅馬公民，但解放奴隸是羅馬公民的可能性並不高。解放奴隸雖然也有機會成為羅馬公民，條件是必須有子嗣，且擁有三萬塞斯泰契斯銅幣

在圖拉真橋之前集結了羅馬大軍

以上的資產。這些單身遠赴前線長期擔任羅馬司令官僕從的人，不太可能擁有妻小。就算主人體恤，免除他們奴隸的身份，但他們還是不具羅馬公民權的「解放奴隸」。

如果答應達其亞王的要求，將不具羅馬公民權的這名奴隸遣返回去的話，這名共和政治時代名門出身的元老院議員的遺體就可以運回羅馬。

雖然是希臘人，但在羅馬元老院中擁有席次，曾擔任過行省總督的加西阿斯·狄奧以一句話為此軼聞畫下句點。

「圖拉真認為維護羅馬帝國的尊嚴比起為隆基努斯厚葬來的重要。」

在圓柱當中，並未刻有此軼聞的浮雕。有關第二次達其亞戰役，是從前一年夏天於多瑙河下游的擊退戰勝利後，隔年（西元一〇六年）春天展開的羅馬軍反攻開始敘述。這年春天，圖拉真五十二歲。

⑥⓪羅馬軍團集結在阿波羅多羅斯設計的橋之起點「龐特斯」。身為主戰力的軍團兵無論何時何地都全副武裝，隨時準備迎戰。被這些士兵圍繞的圖拉真，只舉行在祭壇上獻酒的簡單祈福儀式。這個場面的背景是宏偉的圖拉真橋全貌。

⑥①渡過橋到達對岸的多羅貝塔後，周邊部族的族長們出來迎接圖拉真。在達其亞王聲勢高漲時不知該投靠哪一邊的這群族長，這回看他們的眼神，很顯然已經決定站在羅馬這一邊。

⑥②這個場面是陸續渡橋的羅馬軍團兵之列，然後是軍旗之列，走在各個隊伍前頭的是百夫長。走在騎兵團前頭則是皇帝圖拉真。在遠景中可看到羅馬士兵築起的城塞。羅馬軍在到達這附近之前所走的路線和第一次戰役當時相同。

⑥③第一次戰役結束後留在達其亞境內，在前一年遭到達其亞襲擊的殘存部隊與皇帝再度相會。

然而，這些士兵和皇帝率領而來的士兵一樣，個個精神抖擻，井然有序的列隊前進。這正是士兵們和圖拉真決心一致的最佳寫照。軍樂隊鼓起臉頰吹起長笛和喇叭為這些士兵們加油打氣。

⑥④在高起的講臺前，圖拉真帶領幕僚發表精神訓話。士兵們認真的聆聽皇帝的訓示。其中一位站在皇帝身後的幕僚，據說就是在圖拉真之後登上皇位的哈德良，當時他正值三十歲。

⑮在環繞石造長城的堅固城塞中，一群人圍在皇帝身邊展開作戰會議。參加羅馬軍作戰會議的人士不只幕僚和軍團長階級，由行省出身的士兵編制而成的輔助部隊之指揮官，以及百夫長等，只要是上級人士全都會列席。因為實戰指揮官的意見比隸屬「參謀本部」的高級將領的意見還受到重視。

⑯為了做好隨時應戰的準備，士兵們都戴著頭盔行軍。在另一邊，可看到另一群士兵駕著滿載兵糧的馬車朝著同一方向前進。

⑰在這附近行軍分成二路。圖拉真下令開始進行包抄殲滅作戰。

⑱在要塞當中，士兵們正在搬運兵糧。繼續向前行軍的包括身著冑甲的軍團兵、戴著皮製胸甲的輔助兵、半裸體的日耳曼兵、穿著長到腳踝的長衣且背著箭筒的東方弓兵。這表示羅馬軍是一個多民族的混合體。也就是說，羅馬軍隊就好比是一幅羅馬帝國的縮圖。

⑲一群軍團兵身著武裝，手持鐮刀，努力收割麥子。這表示西元一〇六年即將進入夏天。不過，這個場面也有助於推測其他的事實。

一般而言，被攻擊的一方為了儲備兵糧，也為了防止敵方搶奪，都會提前進行收割。但是達其亞軍沒有這麼做，這代表到首都薩爾米澤特沙的一路上，已經埋伏了許多羅馬兵。根據研究學者的推測，第二次達其亞戰役中，圖拉真投入了十三個軍團，大幅超過第一次戰役。再加上輔助戰力的話，則成為超過十五萬的大軍。

⑽先發的輔助部隊與達其亞軍第一次接觸。下一個場面可看到達其亞兵獲悉羅馬軍已接近，在堡壘內外充滿著緊張氣氛。

⑾在達其亞的堡壘前，羅馬兵和達其亞兵發生激烈戰鬥。達其亞兵雖然勇猛善戰，但踩在士兵遺體上的激烈白刃戰，最後還是由羅馬一方贏得勝利。

⑿羅馬軍確實的將撒下的「網」慢慢拉回。而在達其亞兵為了捍衛首都薩爾米澤特沙所建設的堅固城塞四周，展開了激烈的攻防戰。在城壁之下布滿被羅馬兵的箭射中摔下的達其亞士兵的遺體。其他城塞應該也展開了與此相同的攻防戰。

⒀在攻防戰的空檔，圖拉真帶領幕僚視察戰場。而在另一邊，可以看到達其亞相連的城壁。達其亞人與羅馬人建造城壁的方式並不相同，羅馬人是將長方形的石材重疊起來，相對的，達其亞的築城方式是先堆積小石頭，然後再將石板壓在上面，疊成好幾層。在各個重要據點搭建高塔的場合，雖然兩者採用的方式相同，但城壁的建造方式卻不一樣。如果是建造包圍城市的城壁，或許利用達其亞的作法並不會有問題，但若是大規模的建築物，這種作法就不太可行，更不用說造橋了。

儘管如此，如果不妥善應付這些高聳相連的城壁，攻城戰勢必徒勞無功。從上往下攻絕對比從下往上攻還要有利。這個時代尚未發明大砲。

被迫進行攻城戰的場合，羅馬軍的戰法有三。

一、在城壁下方挖掘坑道，用木材撐住，中間堆積可燃物，然後點火燃燒木材，利用木材燃燒所產生的空間使上面城壁崩落。

二、用木材堆積成堡壘，堆到和城壁一樣的高度，或者是建築和城壁等高的高樓，如果攻擊的一方升到與城壁同等高度，即可抵消從下往上攻擊的缺點。

三、利用可擊出直徑三十公分石彈的攻城兵器來破壞城壁，另一方面，士兵們一面將盾牌擺在頭上並列成龜甲型陣容來保護身體，一面接近城壁，從破壞處攻入城中。

圖拉真認為應付達其亞人不需使用第一、二項的戰法，使用第三項的戰法應該已經足夠。下一個場面是被搬運到群集士兵後方的攻城兵器的陣容。

⑭不過，達其亞士兵並不會就此坐以待斃。有的士兵被派到城外和羅馬軍進行白刃戰。對於帶頭衝入羅馬軍陣營的達其亞將軍，羅馬士兵似乎有一陣畏怯。

⑮姑且不管在城壁之外展開的白刃戰，其實羅馬軍已經成功的攻入城壁之內。在這個場面中，可看到攻入城壁內的軍團兵和負責掩護射擊的輔助兵部隊。

⑯達其亞的城塞已被攻破。在帶領幕僚進城的圖拉真面前，可看到屈膝下跪的達其亞權貴階級。和此相同的光景恐怕也會發生在其他以捍衛首都為目的而興建的城塞中吧！

⑰在此，首都薩爾米澤特沙總算映入羅馬軍的視線中。只有這個城市的城壁是採用重疊石材的羅馬式築城方式。不過，雙方並沒有在城壁內外進行攻防戰，反而看到達其亞人在城裡四處點火。可能是已覺悟到城池淪陷是早晚的事。不過，就算城破之日已不遠，但總是不甘願就

這樣將首都交到敵人手中。

⑱從火苗四處竄起的城內，可看到達其亞人絕望的百態。有的人將雙手張開，咀咒自己不幸的命運。有的人抱著頭趴在地上。有的人從容不迫的服毒自盡。有的人將毒性發作倒臥的友人抱起。

雖說是集體自殺的場面，但此情此景被雕刻的如此細膩，真不愧是一大傑作。

⑲接下來也是描繪集體自殺的場面。這回好像是一位體格壯碩的將軍，站在裝了毒藥的罐子旁邊。達其亞士兵們對這個人伸出手，好像是在拜託他施捨毒藥。這位將軍親手將毒杯遞到士兵們手上。在他的背後，似乎有年輕士兵喝了毒藥後仰臥地上。雙手捧著這名士兵遺體的可能是他的父親。

⑳不過，還是有許多達其亞人選擇逃亡。其中一人就是德賽巴拉斯王。不過，達其亞人落荒而逃的混亂場面，和羅馬軍從容不迫、井然有序的追擊隊伍形成一大對比。

㉑圖拉真在敵軍首都陷落後，接見跪地求饒的達其亞人。另外也描繪了羅馬士兵在敵軍棄城逃逸後，從城裡運出戰利品的情景。

㉒接下來這個場面，圖拉真讚揚士兵們的英勇奮戰精神，其中一位大隊長舉起右手向圖拉真致敬。這表示士兵們稱呼自己的司令官為象徵勝利者的「大將軍」(Imperator)。羅馬軍早在這個階段就確信第二次達其亞戰役已贏得勝利。

⑧③儘管勝利已成事實，羅馬軍依然是羅馬軍。軍團兵將石材扛在肩上，在戰略要塞展開建設工程。繼續砍伐森林，開拓道路。然而另一方面，部份羅馬士兵則渡過緊急架設在狹小河川上的橋梁，繼續追討敵軍。敵軍只好一直向北方逃竄。

⑧④話雖如此，達其亞兵並不是只會逃逸。也有不少達其亞兵趁夜深人靜時，偷襲羅馬兵的軍營，而羅馬士兵則奮力抵擋。看來達其亞兵的勇猛果真名不虛傳。還可以看到德賽巴拉斯王躲在林間偷窺的模樣。

⑧⑤不過，縱然德賽巴拉斯王親臨作戰，也無法改變達其亞的戰況。最後還是只有逃往北方一途。達其亞兵一面逃亡，一面擔心身後是否有追兵。

⑧⑥圖拉真雖然一面追擊敵軍，但仍不忘隨時為士兵打氣。

⑧⑦在這個場面中，羅馬軍將達其亞王藏在河中的財寶拉上岸，並堆放在馬背上準備帶回羅馬。

⑧⑧另一方面，於森林中集結士兵的德賽巴拉斯王在最後一戰之前進行精神訓話。

⑧⑨但是，達其亞人已經不願再對德賽巴拉斯王言聽計從了。有的人仍舊繼續逃亡，有的人將劍刺入自己胸膛。也有的人將頭伸出去，請朋友幫助他了結生命，所以也可看到有人將劍高高舉起的畫面。而在圖拉真的陣營中，有一些達其亞的長老向皇帝表示降服之意，乞求饒命。達其亞王國就此宣布瓦解。

⑨⓪德賽巴拉斯王眼見只有少數騎兵願意跟隨，也只好選擇逃亡一途。後面有羅馬的騎兵團

在追擊。接連好幾個場面都在描繪追擊的情景。場面一直往後進展，被長槍射中落馬的達其亞騎兵愈來愈多。

⑨被追到無路可逃的德賽巴拉斯王，四面八方都被羅馬騎兵包圍。他把馬兒丟在一旁，跪在樹下，將短劍刺入胸膛。羅馬騎兵並沒有阻止他，反而是在一旁默默凝視著他。這應該就是武士之情吧！不過，在達其亞王斷氣後，他們還是將他的頭顱斬下。

⑫這個場面可以看到兩手被綁在後面的戰俘們和打扮整齊的年輕女孩，可能是達其亞王的女兒。

⑬二位將校捧著銀色大盆，上面放著達其亞王的頭顱，請皇帝檢視。德賽巴拉斯王一心希望與羅馬帝國並肩建設王國，而這個夢想持續不到二十年。

達其亞王德賽巴拉斯臨死前的情景

⑭羅馬軍徹底追殺達其亞殘兵。對於投靠達其亞，與羅馬戰鬥的周邊小部族，也不給予任何寬赦。

⑮這個場面描繪出遺體之丘、被強行帶走的戰俘之列。遠景中可見山脈綿延不斷。羅馬軍在山中採取全面掃蕩作戰，甚至一直掃蕩到最北部的山岳地帶。

⑯熊熊大火燃燒著村莊和城市。

⑰有一群達其亞人繼續朝北方前進。他們並沒有被殺害，也沒有成為戰俘，這群人被羅馬趕出祖先代代相傳的居住地。

成為難民離開故鄉的老人、女人和小孩們排成一條長列。而跟在這群人背後有著成群結隊的牛、豬、綿羊和山羊……。

此時正值西元一〇六年的夏天，達其亞戰役至此完全落幕。

凱旋

這位五十三歲的勝利者凱旋歸來，引起首都羅馬一陣瘋狂騷動。

達其亞王國的滅亡意謂著這幾年來日漸棘手的敵人已經消滅。

圖密善時代忍氣吞聲的屈辱媾和已成為過去式。

五萬名戰俘和達其亞王莫大的財寶讓羅馬人沉浸在期盼已久的勝利快感中。

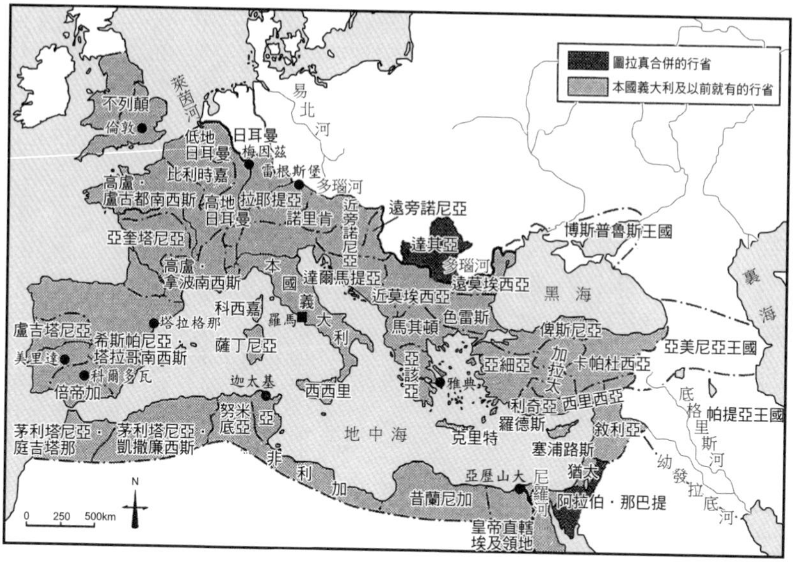

合併達其亞後的羅馬帝國

而圖拉真正式發表達其亞為羅馬帝國的行省。

在初代皇帝提出禁止繼續擴大帝國版圖的遺教之後，進入帝政時代主要以防衛代替攻勢的羅馬帝國，仍然合併了一些國家成為新的行省。諸如小亞細亞的潘特斯(Pontus)、加拉太(Galatia)、卡帕杜西亞(Cappadocia)、科馬格涅(Commagene)、巴勒斯坦(Palestine)的猶太地區、北非的茅利塔尼亞、不列顛等。不過，羅馬人認為只是平定叛亂的猶太地區，以及除了不列顛之外的各國，都是當地國王自願讓渡給羅馬，在和平狀態下成為羅馬的行省。此外，由於這些王國過去一向自稱為羅馬的同盟國，而事實上是羅馬的屬國，可以說原本就處於羅馬的霸權之下，就算將這些王國行省化，對羅馬而言並不會有新鮮感。

雖然只有不列顛的行省化是以軍力征服的結果，但是竟然需要花四十年的時間來征服這個帝國最北端的國家，總讓人覺得不是很值得。

圖拉真征服達其亞，第一次與第二次戰役的實際戰鬥期間合計起來也只不過二年。對羅馬人而言，這和朱利斯．凱撒雖然花了八年時間，但只用圖拉真三分之一的戰力，征服了包括現在的法國、比利時、荷蘭南部、德國西部、瑞士的「高盧」(Gallia) 給人的印象極為類似。亦即，這是一場令人期盼已久，總算能夠舉起雙手大聲疾呼「太棒了」的勝利。

事實上，合併達其亞的圖拉真時代是羅馬帝國版圖最大的時代。正因為如此，圖拉真便仿照共和政治末期大幅擴張領土的朱利斯．凱撒的《高盧戰記》，也寫了一本《達其亞戰記》。

在就任皇帝當時或許是因為意識到自己是第一位行省出身的皇帝，凡事謙恭樸實的圖拉真，在達其亞戰役贏得勝利之後，便拋棄此種行事風格。在西元一〇七年初舉行的凱旋式極盡盛大華麗之能事，讓羅馬人驚嘆不已。

圖拉真駕馭著由四匹白馬拉曳的戰車，穿著鑲有金線的紫色大披風，頭上戴著綠色的月桂冠，再加上高挑壯碩的身材。在羅馬人眼中，他正是最適合託付帝國命運之人。

在前方行進的貨車上綁著達其亞的高官顯貴們。回想起十年前，逼迫羅馬繳納貢金（每人每年二亞西銅幣）以贖回俘虜士兵的達其亞已淪落到這般田地。雖然羅馬人並不是一個會積怨的民族，但征服達其亞後卻有卸下心中一塊大石頭的快感。

由於達其亞王的財寶堆積如山，只好分成數輛貨車來裝載。圖拉真宣布這些財寶將全數用在公共設施上。

慶祝戰爭結束而舉辦的競技會和雜耍表演也堪稱帝國創始以來最大的規模。

在古羅馬圓形劇場舉行的劍術競技中，動員了一萬名左右的鬥劍士。其中大多數都是被俘虜的達其亞士兵。有些戰俘和連日在鬥劍士訓練所中磨練劍術的專業鬥劍士對決後喪命。此外，也有些戰俘被迫和昔日戰友展開苦惱的對決，當然會有一方犧牲。

據說在古羅馬圓形劇場中，也提供野獸對決和人獸對決的表演。為了慶祝達其亞戰役大獲全勝，共計投入了一萬一千頭野獸。

這些表演節目總共持續了一百二十三天，讓首都羅馬一直沉浸在勝利的喜悅中。因而死去的達其亞戰俘不計其數，據說這些戰俘的人數高達五萬名。而倖存者便成為奴隸供人使喚。

戰後處置

圖拉真並不只單純將達其亞王國當作羅馬的行省。他對於昔日在多瑙河北岸一帶擴張聲威的危險敵人，並非採取完全掃蕩或是逼迫他們屈服的作法，而是希望使他們從地球上消失。

除了戰役初期及早投降、誓言效忠羅馬的達其亞人可以繼續居留在達其亞之外，戰敗的達其亞人無論老人、女人或小孩都被驅逐到阿爾卑斯山脈的北部，不允許再回到故國居住。有五萬名達其亞人不是成為俘虜就是奴隸，必須永遠離開故鄉。也就是說，現在的達其亞幾乎變成了一座空城。

圖拉真讓周邊各個地方的人民移居到這座空城裡。如此一來，完全更新了達其亞的居民結構。同時也在這個由風俗習慣、語言相異的人們組成的達其亞行省裡，推動羅馬人的語言「拉丁語」為共通語言。義大利、法國、西班牙、葡萄牙的語言以拉丁語為主體是眾所皆知的事實，但與這些拉丁語系諸國距離很遠的羅馬尼亞的語言，同樣也屬於拉丁語系。如果懂得義大利語，就可以猜出羅馬尼亞語一半的意義，這是因為現在的羅馬尼亞就是過去的達其亞。

希臘人普魯塔克 (Plutarch) 將希臘和羅馬的名人傳記以並列型態寫成《列傳》（或是《英雄傳》），此人出生於西元五〇年前後，死於一二〇到一二五年間。他和西元五十三年出生，一一七年逝世的圖拉真生在同一時代。普魯塔克為了進行傳記資料的調查，經常走訪羅馬，而且一待就是很長一段時間。他也可以說是圖拉真治世的現場證人之一。和羅馬的元老院議員階級交情匪淺。

普魯塔克曾說過下面這句話。

「羅馬之所以能夠興隆在於允許敗者也和自己同化的作法。」

朱利斯·凱撒征服高盧，並成功使其行省化，以及之後讓高盧成為績優的行省化地區，都是因為勝者凱撒並沒有將敗者高盧人趕盡殺絕，也同意高盧全境所有部族繼續居住在自己的故鄉。不僅如此，他甚至還鋪設羅馬式街道，將高盧的城鎮結合在一起，賦予各部族的領導階層可謂世襲權的羅馬公民權，提供部族長元老院的席次，並賜封自己的家族名號「朱利斯」，使敵友成為一大家族。

即使在凱撒遭到暗殺之後，後繼者依然承襲他的作法，此種開國路線成為羅馬帝國統治行省的基本理念。總而言之，無論敗者或是勝者，都是羅馬帝國這個命運共同體的一員，這是一項根深蒂固的政策。如果沒有此項政策，那麼體內流著過去敗者之血的圖拉真就不會當上皇帝了。類似過去迦太基滅亡時，羅馬人到處灑鹽使當地成為不毛之地，而且把所有居民都抓去當奴隸的作法，在羅馬進入帝政時代後一次也沒有發生過。

普魯塔克雖然身為敗者的一方，但卻對勝者羅馬人寬大為懷的精神讚譽有加。即使在進入帝政時代後此種精神依舊存在。

既然如此，為何圖拉真卻硬要將達其亞的居民結構全盤更新，採取敗者非同化路線呢？

是因為脫離成長期的羅馬已經處於顛峰期，因而擺出勝者的驕傲姿態呢？

還是因為想讓羅馬人從圖密善時代忍受的屈辱中得到解脫呢？

如果不是這樣，難道是因為圖拉真贊同圖密善皇帝說過要根本解決達其亞問題只有將達其亞荒地化的看法嗎？

與圖拉真生於同一時代的普魯塔克和塔西圖斯，並沒有對圖拉真全盤更新達其亞的居民結構再予以行省化的作法表示任何責難。不僅如此，反而對圖拉真的所有政治作為大表贊同。

曾是南法行省出身的羅馬人之元老院議員塔西圖斯，以及出生於希臘南部，一生都是希臘人的普魯塔克，是否超越出身、民族和社會立場之別，對命運共同體的羅馬帝國有了共識呢？

不過，有關凱撒對高盧的戰後處置以及圖拉真對達其亞的戰後處置之背景，為了能夠更為客觀的評論，必須先進行一些考察。

凱撒面對的對象是由將近一百個部族雜亂組成的高盧民族。而日耳曼民族盯上這些部族，不斷從萊茵河東邊入侵。因此凱撒可以對高盧人這麼威脅：

「你們要選擇繼續這樣生存下去，最後成為日耳曼人的奴隸，還是要選擇在羅馬的同化政策下，自由自在的生活。」

除了日耳曼的威脅這張「王牌」之外，凱撒還有另一張王牌。那就是高盧民族只不過是由眾多大小民族組成之缺乏統一性的集合體這項事實。

在這樣的狀態下，一定會產生利害衝突。每當產生利害衝突時，形勢不利的部族就會對萊茵河東邊的日耳曼人招手，這也是日耳曼族入侵的原因。或許高盧人早就知道這種情形，因此每年都會召開一次調停利害的部族長會議。不過，如果各部族的實力在伯仲之間，調停工作當然無法順利推動。

凱撒在征服高盧之後，每年還是會召開一次部族長會議，但是規定由羅馬指派主席，亦即調停人。其結果，在羅馬軍的保護之下，可以免於受到日耳曼族入侵的高盧人，便由過去的狩獵民族轉變為可安心耕種的農耕民族。

圖拉真並沒有和凱撒一樣的王牌。在達其亞族背後沒有可威脅他們的強大民族。此外，達其亞是由一位有能力的領導者率領的統一國家。

凱撒所實施的敗者同化政策與圖拉真的敗者非同化政策，作法完全相反，但結果卻一樣成功。現在羅馬雖然只在達其亞駐紮一個軍團，但這個行省卻很少讓羅馬中央政府操心。

然而，這項成果並不是光靠征服達其亞即可實現。圖拉真在戰役結束後亦不忘重整多瑙河防衛線。

首先，西鄰的萊茵河防衛線，是指從萊茵河口經過「日耳曼長城」一直到雷根斯堡的防衛線，亦即帝國的國境。多瑙河防衛線則是指萊茵河防衛線向東邊延伸的防衛線。沿著多瑙河一直向下游前進，會看到許多羅馬軍團基地相連著。順帶一提，羅馬人所稱的“superior”和“inferior”，各自的解釋是，在河川上游的場合為「高」，在下游的場合為「低」，另外，也有表示離羅馬近或遠的意思。

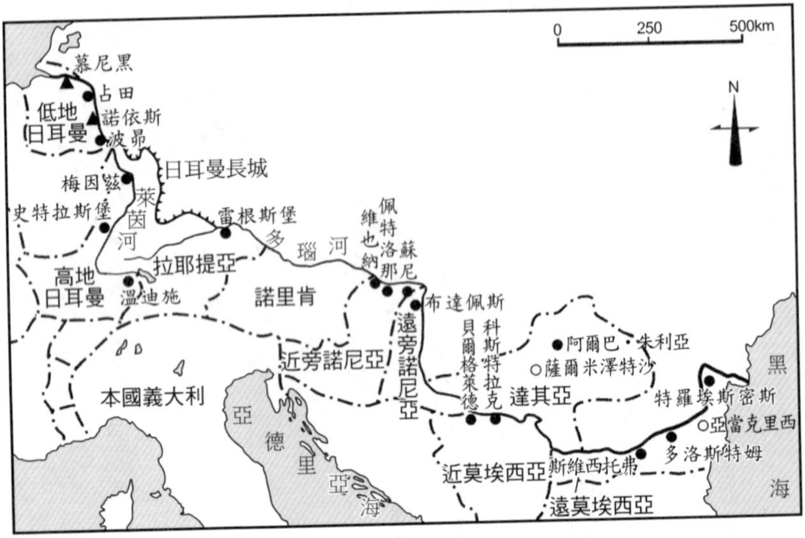

萊茵河、多瑙河兩河的防衛線（●為軍團基地，▲為分隊所在地）

「近(superior)旁諾尼亞(Pannonia)行省」有三個軍團基地。分別是維德波納（現在奧地利的首都維也納）、距維也納三十公里下游的卡爾倫托姆（現在奧地利的佩特洛那）、布里吉提奧（現在匈牙利的蘇尼）。

「遠(inferior)旁諾尼亞行省」即阿克因肯（現在匈牙利的首都布達佩斯）。

「近莫埃西亞行省」有二個軍團基地。分別是辛基多努姆（現在的貝爾格萊德）、維納契姆（現在的科斯特拉克）。

「遠莫埃西亞行省」有三個軍團基地。分別是諾瓦耶（現在保加利亞的斯維西托弗）、多洛斯特姆、河口附近的特羅埃斯密斯。

「達其亞行省」即阿普爾姆（現在羅馬尼亞的阿爾巴·朱利亞 Alba Iulia）。

軍團基地共十處，駐紮的軍團也有十

個。這四個行省各有一名元老院議員階級的總督常駐。光是主戰力的軍團兵就有六萬名，加上輔助兵則超過十二萬名，此龐大戰力從多瑙河中游一直延伸到下游。

此外，達其亞王國的舊首都薩爾米澤特沙被重新定名為「薩爾米澤特沙的圖拉真殖民都市」，大量進駐擁有達其亞戰役經驗的退役士兵，一方面可成為達其亞行省經濟力發展的核心，一方面可在萬一之時發揮防衛功能。而圖拉真在接近多瑙河口的亞當克里西的山丘上，建設一座隔著河睥睨北方的戰勝紀念碑。

上述成果可歸納成以下三項。

一、確立羅馬帝國北方的防衛線。

二、使歷史上具有多民族熔爐之特色的巴爾幹地方安定化。

三、黑海西岸的希臘系各都市成為東方與中歐物產交流的中繼基地而充滿活力。此外，也透過多瑙河將歐洲與亞洲連接起來。

在此無需贅言，被行省化的達其亞當然也會布滿羅馬的基礎建設網。而這個達其亞行省即使在二百五十年後的蠻族大入侵時代，還是稱職的扮演著羅馬帝國防波堤的角色。

達其亞戰役結束後，圖拉真受到一般公民、元老院、軍隊、行省的支持。而原本行省出身為美中不足之處，卻漸漸形成一大優勢。圖拉真比任何人都清楚意識到這個轉變。

公共事業

人類工作的進行方式可大分為以下二類。

其一，一項工作完成之後再進行下一項工作的方式。

其二，將所有工作放入視野同步進行的工作方式。

以代表文藝復興時代的藝術家為例，李奧納多．達文西是屬於後者，而米開朗基羅(Michelangelo)則是屬於前者。當然，他們二人的工作方式並非經常都是如此，這只是一個大致上的分類。

一般公認羅馬五賢君當中最重要的皇帝圖拉真與哈德良也可以用這個觀點來分類。圖拉真的工作方式是屬於米開朗基羅型，而哈德良則屬於李奧納多型。就寫書者的立場而言，米開朗基羅型比較容易著述。

不過，如果是「私人」的情形，例如藝術家，差異的原因大多和此人的個性有關，如果是「公職者」，例如皇帝，其原因絕對不只在於個性。如果沒有發生其他問題，當然可以一件一件將工作完成，但若發生需要盡速解決的問題，就只好擱下手邊工作，以此為優先。如果圖拉真即位時，幼發拉底河前線烏雲密布的話，可能就無法專心解決達其亞問題了。我認為這二位賢君的最大幸運是，之前的皇帝們已經將責任義務完成，因此這二人才得以選擇適合自己個性的工作方式。

正因為如此，就達其亞戰役而言，圖拉真雖然身為「公職者」卻可以像「私人」一樣進行工作。雖然達其亞戰役已經結束，還是讓我們回想一下與圖拉真同時代的哲學家克里索斯湯姆斯提出的「羅馬皇帝的三大責任義務」。以下將其意譯為現代的說法。

一、安全保障。

二、治理國內事務。

三、整建基礎建設。

有關第一項，圖拉真認為解決達其亞問題與確立多瑙河防衛線後，這項責任義務應該已經達成。

至於第二項，就算圖拉真想要盡快完成，趕緊著手下一項工作，但這個領域並不適用此種作法。只要他還在位，就必須循序漸進，一步一腳印的擔負起這項責任義務。

最後是第三項，事實上，在西元一〇七年到一一二年這六年的時間當中，圖拉真全心全意投入基礎建設的整建工作。

在各種情勢配合下，使得圖拉真處於絕佳的工作狀態中。

一、維持防衛線需要經費，而投入戰爭所需花費更多。達其亞戰役結束後的羅馬帝國，處於從耗盡莫大戰費中解脫的狀態。

二、短期間內無法向居住在達其亞的人民徵收行省稅。因為當地的居民結構全盤更新，在生活基礎尚未確立之前絕不能向他們徵收稅金。此外，被認可繼續居住在達其亞的達其亞人，也因為在戰亂中嚴重受創，必須重新出發，所以情況和移居過來的人民並沒有不同。於退役後進駐當地的老兵們由於是羅馬公民，所以也不成為行省稅的徵收對象。

自共和政治時代開始，羅馬對於剛被行省化的地區、經濟狀態惡化的地區、或是地震、火災和洪水的受災地區，規定可有幾年免繳占收入百分之十的行省稅。而且也將百分之五的關稅及百分之一的營業稅減免了三分之一或二分之一。達其亞行省應該也適用這項制度。在短時間之內，達其亞行省的稅收會連駐紮在達其亞的一個軍團的經費也負擔不起。雖然如此，征服達其亞可為羅馬帶來充分的經濟利益，足以讓羅馬人忘卻收不到行省稅的失望。

三、達其亞地方的礦山以盛產金、銀而聞名。

四、達其亞王德賽巴拉斯藏有莫大的財寶。

圖拉真決定專心投入的數項公共工程的財源都是靠第三、四項來支應。至於第五項重要原因，可幫助圖拉真興建出既實用又壯麗的公共建築物。

五、可活用阿波羅多羅斯等建築師或工程師。

達其亞戰役結束，不需要將知名建築師或工程師們繼續留在多瑙河前線。殖民都市的建設或一般規模的基礎建設工程，單靠軍團附屬的技師再加上士兵就足以勝任。

其結果，不只是首都羅馬而已，羅馬帝國各地同時展開了為數眾多的公共工程。其規模數量之大，令我調查到疲軟無力，若要將這些工程全部列舉出，恐怕連二十頁都不夠寫。因此決定只介紹其中幾項著名的建築作品。已經五十多歲的皇帝與建築總指揮阿波羅多羅斯，這二人對公共工程的熱忱與執行力實在令人佩服到五體投地。在橫跨多瑙河的「圖拉真橋」上凝聚的技術、對壯大之美的理念、對實用性的執著……等等，這回要發揮到羅馬帝國各地的公共建築上。甚至讓人覺得圖拉真是以面對戰爭時的氣魄來面對公共工程。而他主導的工程雖然大多數都集中在首都羅馬和本國義大利，但這並不是為了拉開本國與行省間的落差。和圖拉真其他的政策一樣，他認為首都羅馬是帝國其他都市的典範，本國義大利則是所有行省的典範，這些建築作品可謂圖拉真一貫信念的結晶。

之前曾提到文獻史料極為稀少為圖拉真的特色。既然如此，為何知道圖拉真主導的工程是於西元一〇七年到一一二年之間進行的呢？這是理所當然會產生的疑問。不過，有關這方面的資訊，倒是可以有某種程度的正確掌握。

進入帝政之後的羅馬，迅速展開職業分工化。當然，和現代的企業相比，雖然還沒有手工業這個領域，但從頭至尾全部包辦的階段已經過去。以工地為例，從各專門工廠調度必要材料為一般性的作法。

建築物的骨架已經改為磚塊。西元前二世紀已經開發出混凝土製法的羅馬人，基本上是採用以混凝土重疊磚塊作為骨架的建築方法。在骨架之上塗抹灰漿，然後在上面畫出濕繪壁畫(Fresco)，或是貼上大理石板，以完成壁面。如果需要這麼多的磚塊，那麼磚塊工廠自然生意興隆。

這些磚塊工廠為了保證品質，都會在磚塊之上烙印出是哪家工廠於何時生產的產品，亦即商標。在柔軟狀態時將商標烙印上即可，因此，只要磚塊還留著就找得到商標。當然，並不是每一個磚塊都印有商標，每袋磚塊中只有一塊會被烙印上商標，這可從有烙印商標的磚塊數極少得到證明。

烙印商標的磚塊

有不少研究學者針對羅馬時代磚塊上的商標發表學術論文，根據這些人的研究，有烙印商標的磚塊自西元前一世紀半的朱利斯・凱撒時代開始受到注目，到了帝政時期的朱利斯・克勞狄斯王朝、弗拉維斯王朝，其數量日漸增多，一直到西元二世紀的五賢君時代達到全盛期，進入三世紀後開始衰退，到了四世紀時便銷聲匿跡。

配合需求量進行分工可謂經濟發展的指針。如果真是如此，就可以知道基督教的抬頭對經濟繁榮並沒有助益。重視來世遠勝過現世，當然不會對經濟發展有任何貢獻。對於注重現世的圖拉真時代的羅馬人而言，同步推動多項公共工程也是一種人類自信的表徵。

不過，在此或許會有一些人抱持著其他疑問。就算可以由烙印在磚塊上的商標得知製造時期，但並不能得知這些磚塊是在哪一年被使用在建築之上，既然如此，怎麼能夠表示對建造時期「有某種程度的正確掌握」呢？

如果考量到現代的庫存現象，產生這樣的疑問無可厚非。不過，和現代的義大利人興建一座醫院需要耗時三十年的作法不同，羅馬人的工程腳步很快。就連古羅馬圓形劇場也只耗費四年就完工。橫跨多瑙河的圖拉真橋實質上只花了一年的時間即架設完成。根本沒有留置庫存的空檔，建材都是由工廠直接運送到工地。因此，磚塊的製造時期和使用時期應該只有些微誤差才是。

儘管如此，從開工到完工長達十年以上的工程也不在少數，但這些都是將細部裝飾時期也加算在內的結果。落成典禮一般都是在所有工程結束時才會舉行。

為何羅馬人的工程腳步如此快，這是因為他們是個相當重視效率的民族。甚至還有學者稱呼他們為「效率之蟲」。

以下就來為各位介紹圖拉真主導的公共工程中較著名的幾項作品。第一項是「圖拉真浴場」(Thermae Traiani)。使用羅馬七丘之一的艾斯奎利諾 (Esquilino) 山丘西邊的歐比奧 (Oppia)

山丘全區建造而成的大浴場。在這座浴場的西南方已經有提圖斯皇帝建造的「浴場」，不過，也因為建設了這二座浴場，使得尼祿皇帝的「黃金宮殿」的本體部份完全埋在地下。

羅馬式的「浴場」毋需贅述，是一座具備入浴設施及各項娛樂設施的娛樂中心 (Amusement center)。羅馬人將一天分成「工作」(negotium) 和「休閒」(otium) 二個時段，並確實遵循此種生活模式，因此「浴場」提供了善用休閒時間並維持身體清潔的場所。「圖拉真浴場」花費二年時間興建完工。雖然浴場需要較大的水量，但因為只是沿用尼祿皇帝為「黃金宮殿」建造的水道支線，因此不需要鋪設新的水道。

儘管如此，圖拉真還是鋪設了一條新的水道。雖然這條水道是沿著從西邊進入羅馬的奧雷里亞 (Aurelia) 大道來鋪設，但其目的在於提供工業用水。在臺伯河的右岸，後來設立了梵蒂岡 (Vatican)，其南方有一整片稱作「托拉斯臺伯」（表示位於「臺伯河對岸」）的庶民地區。

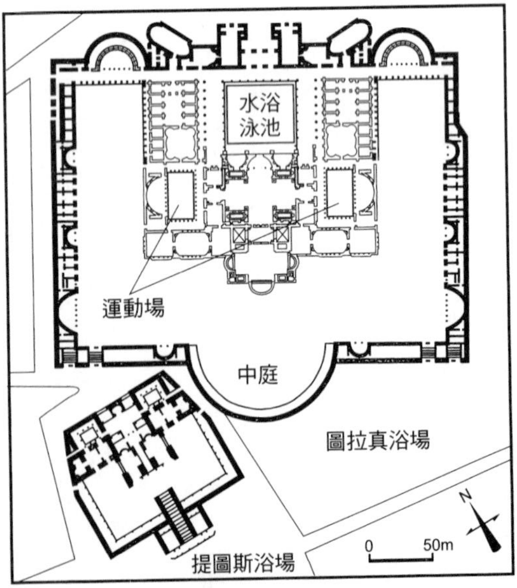

比鄰而立的二皇帝的浴場

在羅馬時代，臺伯河右岸除了與河岸相連的豪宅之外，大都是卡利古拉皇帝興建的競技場和多數手工業者居住的地區。在這片廣大的庶民地區中，已經有初代皇帝奧古斯都興建的蓄水池。圖拉真在緊鄰梵蒂岡（當時稱為梵蒂岡努斯）的東方又興建了一座蓄水池。這是為了振興臺伯河西方廣大的工廠地帶所採取的對策，和奧古斯都當時建設蓄水池的用意相同。由於是先將水貯存在蓄水池中然後再取出使用，所以並非飲用水，而是工業用水。雖然如此，蓄水池中的水原本就是飲用水，因此，除了流入蓄水池中的水之外，當然都可以當作飲用水。

羅馬人將這種蓄水池稱之為「模擬海戰場」（naumachia）。這是因為奧古斯都為了慶祝蓄水池完工，特別放入船隻來模擬海戰，以愉悅民眾。圖拉真或許也在這方面仿效奧古斯都。不過，奧古斯都於在位四十四年當中只舉行過一次模擬海戰。因為稱為「模擬海戰場」比直接稱作蓄水池有趣的多，所以當時的「奧古斯都模擬海戰場」或是「圖拉真模擬海戰場」都是指工廠用水的蓄水池。

不過，圖拉真在首都羅馬興建的公共建築中最有名的應該算是「圖拉真廣場」（Forum Traiani）。此為緊鄰羅馬廣場的「皇帝們的廣場」中最後一個大型的建築作品，也是規模最大者。當讀完有關這個廣場的資料後假想自己站在遺蹟上，讓人不由得想起曾有人說過「大即是美」的話而會心一笑。這是因為對於圖拉真和阿波羅多羅斯攜手打造的作品竟會產生如此絕妙的結果而感到有趣。雖然如此，「圖拉真廣場」不只規模壯大，外觀更是美輪美奂。亦即，我們不只會被它的氣勢壓倒，更會被它的壯麗折服。

而利用浮雕敘述達其亞戰役經過的「圖拉真圓柱」就建在這座「廣場」的內部。

自從共和政治末期，朱利斯・凱撒進行擴張工程後，現代人稱之為「皇帝們的廣場」一帶便和羅馬廣場一同扮演起帝國統治中樞的角色。共和政治時代國家的中樞機構就只有位於艾米利亞會堂 (Basilica Emilia) 與元老院南邊的羅馬廣場一處而已。

凱撒首先重建元老院議場，並在其北方興建「凱撒廣場」。元老院與「艾米利亞會堂」之間的通道也可以通往稱作「斯布拉」的庶民地區。

有關"Forum"這個字，根據字典的解釋是「古羅馬都市中央的大廣場，為政治、經濟、司法中心，也可以作為商業交易、審判、公民集會的場所」。如上所述，羅馬廣場內建有從事政治活動的元老院議場、作為審判及交易之用的會堂、地下置放國庫的神殿、作為集會之用的講臺、具有裝飾功能的凱旋門和戰勝紀念碑。亦即"Forum"為羅馬公民的公共集會廣場。

依據凱撒的理念，羅馬獨特的建築模式"Forum"，係將羅馬廣場具有的所有功能全部集中到一處。基本形為長方形，一邊置放神殿，另外三邊則是蓋有屋頂的二重列柱迴廊。在迴廊深處並列著商業交易的辦公室和店鋪。也有不少人利用此地作為私塾形式的學校。被神殿及迴廊包圍的內部為一大廣場，其中央立有建造此廣場的人物之騎馬像。神殿前的階梯可於面對群眾演說時當作講臺使用。

各位一定認為既然是最高權力者興建的神聖場所，勢必有衛兵站崗，民眾不得接近，氣氛莊嚴肅穆。其實不然，羅馬廣場除了舉行祭禮之日氣氛較為嚴肅之外，其他日子不分男女老幼都可以到這裡來，這也是凱撒心目中的“Forum”的理想模式。

依據此理念而建設的「朱利斯廣場」(Forum Julium)，亦即凱撒廣場，與凱撒的其他理念一樣，都傳承給日後的繼任者。繼凱撒之後建立“Forum”的皇帝是奧古斯都，稱為「奧古斯都廣場」(Forum Augusti)。規模將近凱撒廣場的二倍，因為繼任者總有想要超越前人的虛榮心，這也是無可厚非的事。雖然在左右加上半圓形的凹廊後，形狀有些變化，但基本形還是一樣。

接著在此地建設“Forum”的皇帝是維斯帕先。在尼祿皇帝死後的內戰中奮戰到底，為猶

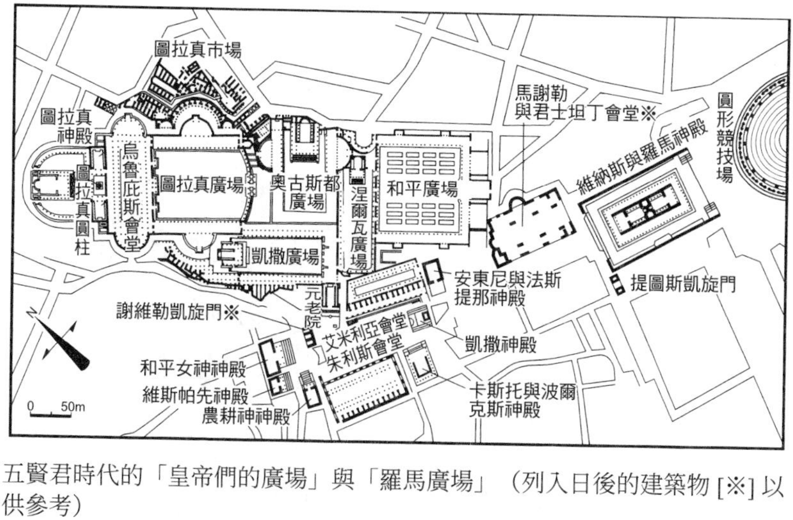

五賢君時代的「皇帝們的廣場」與「羅馬廣場」(列入日後的建築物 [※] 以供參考)

太地區的叛亂畫下句點的維斯帕先，並沒有將此廣場冠上自己的名字，而取名為「和平廣場」(Forum Pacis)。

維斯帕先皇帝的次男圖密善皇帝也將父親建設的「和平廣場」和奧古斯都皇帝建設的廣場之間的縱長區域「Forum化」。將此地由單純的道路升格為環繞神殿和列柱迴廊的廣場，因而美化了這一帶。一般道路鋪設的是石子地，但“Forum”則是鋪設大理石地板。讓羅馬庶民到羅馬廣場時，就好像踏在大豪宅的柱廊之間一般，可以穿著皮製涼鞋走在大理石地板上。

這個細長的“Forum”，由於圖密善皇帝死後被處以記錄抹煞刑，以及是在涅爾瓦皇帝時代完工等理由，因而被命名為「涅爾瓦廣場」(Forum Nervae)。

圖拉真雖然也決心建設“Forum”，但可建設的場所就只剩下奧古斯都廣場西北側一處。西南方為凱撒廣場和卡匹杜里諾山丘。東北方為稱作「斯布拉」的庶民地區。在「和平廣場」的東南方一直線過去有一座古羅馬圓形劇場，如果在這二地之間建設廣場，土地太過狹小。話雖如此，奧古斯都廣場西北方的土地一樣很狹小。因為奎里納雷(Quivinale)山丘的稜線正好擋住此地。

圖拉真希望建設一個勝過歷代所有皇帝的大型“Forum”，而建築家阿波羅多羅斯為他實現了這個願望。他將奎里納雷山丘的稜線降到低地的部份全部削去，斷然採取這種極為大膽的作法，而成功達成任務。

無論是削平多瑙河沿岸的岩壁來鋪設街道也好，或是削去德拉奇納的山腰來縮短阿庇亞大道也好，就遇到障礙時選擇正面突破而不採取迂迴作法的個性來看，這二個人極為類似。不過，也因此可以確保比奧古斯都廣場大五倍的建築用地。

圖拉真不只希望建設超越歷代皇帝的大型廣場，還希望這是一個具備前所未有機能的"Forum"。而阿波羅多羅斯完全滿足了他的願望。

圖拉真廣場的入口

首先，穿過奧古斯都廣場的民眾會在眼前看到聳立的列柱。一腳踏進內部時，就會看到鋪有大理石的大型廣場，而且三邊都會被二重列柱迴廊包圍，以相連的圓柱來展現壯麗之姿。列柱的深處有辦公室和店鋪，左右挖出半圓形的凹廊，這裡是孩子們的學校。於正面高聳佇立的「烏魯庇斯會堂」(Basilica Ulpia) 蓋有屋頂，地板為多色的大理石，可避免日曬雨淋，適合在此進行商談或審判。順帶一提，烏魯庇斯為圖拉真的家族名號。

在這個會堂對面建有公立圖書館，沿著牆壁排列著收藏卷軸書籍的書架。圖書館分為左右二處，一處收藏希臘語書籍，一處收藏拉丁語書籍。

利用由下向上呈螺旋狀的浮雕來描繪達其亞戰役的「圖拉真圓柱」就建在這二處圖書館之間，而非多數人可遠眺到的廣

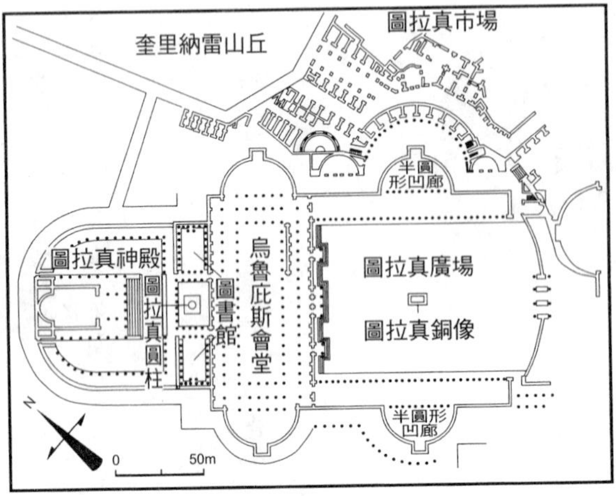

圖拉真皇帝的“Forum”全貌

場中央。用意或許是希望讓民眾可從會堂或是圖書館的臺階近距離鑑賞到圓柱。在除去基臺也有四十公尺高的圓柱之上，立有身著軍裝的圖拉真銅像。進入基督教時代以後，就被更換為聖彼得銅像。在圓柱之下也備有收納圖拉真和妻子普羅提娜遺灰的場所。不只是希臘本土，在希臘人居住已久的小亞細亞西部，自古以來就有在公共建築物地下建造寄贈者陵墓的案例。本身也是希臘人的阿波羅多羅斯在「圖拉真圓柱」上重現此作法。

在圓柱更深處，打算建設以列柱迴廊包圍住的神殿，因為只有此神殿是要獻給神君圖拉真的，所以這就成為繼任者的工作了。如果沒有發生特殊狀況，羅馬皇帝死後都會被神格化，圖拉真認為自己應該也不例外。因此，為了讓繼任者容易建設，他不但先將基地整頓好，也將阿波羅多羅斯的圖面留存下來，可見他也是一個準備周到之人。

除此之外，阿波羅多羅斯和架設圖拉真橋的時候一樣，為了讓委託人圖拉真名垂不朽而充分發揮自己的天份，他在削平的奎里納雷山丘的斜坡上設計出好幾層人工平臺，將此地建設成一大商業中心。而斜坡的活用法甚至成為現代建築師激發靈感的最佳教材。現代人將這一帶稱為「圖拉真市場」。可以從奎里納雷山丘向下延伸的道路進入此地。由於是建在斜坡之上，也可以從底下的"Forum"清楚眺望到這個市場。

如上所述，圖拉真實現了建立超越歷代皇帝的大型"Forum"的願望。姑且不論規模大小，這個"Forum"當中不但設有會堂、圖書館，還有敘述達其亞戰役的圓柱以及大型商業中心。忘了提到一點，在廣場中央立有駕馭著四匹馬的戰車的圖拉真銅像。

羅馬時代的廣場並非為了軍隊遊行而建造，而是民眾進行集會、工作、讀書等日常生活的場所。這樣的生活場所才是羅馬人心目中的"Forum"。

然而，在一千九百年後的現代，實在很難想像那宏偉壯麗的圖拉真廣場，以及包括圖拉真廣場在內的「皇帝們的廣場」的全貌。

首先，墨索里尼 (Mussolini) 為了向希特勒 (Hitler) 展現浩大的軍容而鋪設一條寬廣大道，將「皇帝們的廣場」切成兩半。在這條獨一無二的大道上，右邊是羅馬廣場，左邊是皇帝們的廣場，正面則是可眺望到古羅馬圓形劇場的道路，兩側還有綠地。對羅馬時代的遺蹟保存有功的墨索里尼，在這項作法上卻有欠考慮。現在右側和左側正在進行挖掘作業，但只要墨索里尼命名的這條「皇帝們的廣場大道」依然存在，羅馬時代的中樞部就無法完全復原。如果不能完全復原，要勾勒其全貌簡直比登天還難。而且，維斯帕先的「和平廣場」全都被建築物所隱沒，在圖拉真的神殿上佇立的建築物更不可能拆除。所謂考古學，就是必須在此種狀態下進行研究的一門學問，這是考古學家的宿命。藉由研究和調查來獲取知識雖然不可或缺，但光是如此還不夠充分。以知識為基礎來發揮想像力比其他任何一項因素都來的重要。

茲將對研究遺蹟或許有助益的一般常識歸納成以下三點。

第一，羅馬人親手打造的建築物在設計時都會考量到人類的存在。古羅馬圓形劇場也不例外，想像一下在其內部塞滿五萬人的情景，就可以領會為何此種規模最適合圓形競技場。電腦繪圖只能讓我們體驗到「盒子」的感覺，卻不能讓我們體驗到「盒子」＋「人」的感覺。

第二，人類現在居住地下的遺蹟，大多是建在較一般住宅低五公尺以上的低地，但「羅馬廣場」和「皇帝們的廣場」原本並非建在低地上。這是因為在羅馬帝國滅亡後的一千年當中，崩壞的建築物留下的砂石愈積愈多，使地表升高，而後代的建築物再於新的地表上鋪設道路。遺蹟就這樣被掩埋在地底下，一直到十九世紀中期開始才漸漸被挖掘出來，目前只有這一帶呈現出昔日風貌。換言之，古羅馬的地上一樓，變成了現代的地下一樓。

第三，現在看到的遺蹟並非經年累月遭受風雨等自然災害襲擊所得到的結果。這些遺蹟在帝國滅亡後成為建設材料的最佳採集場。只要是能取下的全部都被帶走，其中包括雕像、圓柱、彩色的大理石地板以及浮雕壁面等。就連貼在牆上的大理石板，由於很容易拆下，毫無疑問的一定也已被帶走。由於石材原本就已經切削完成，拆下後可直接當作建材使用。

如果想要欣賞羅馬時代的圓柱，不需要前往遺蹟所在地，到基督教的教會去看比較快，而且數量還不少。即使是在高唱古代復興的文藝復興時代似乎也有活用古代的建築材料，和從前一樣，遺蹟就像是建築材料的採集場，將戴克里先皇帝的浴場中央部份直接變身為教會的米開朗基羅在當時算是異類。據說就連古羅馬劇場都只剩下昔日的三分之一，也是因為能被拆下的部份都已被拆去的結果，之所以只留下以混凝土固定的磚塊則是因為只有磚塊拆不下來，而且也沒有其他用途。不，有時還可以直接當作牆壁。像是圖密善皇帝的競技場（現在的納佛那廣場 **Piazza Navona**）周邊公寓的牆壁，就是直接使用支撐競技場觀眾席的牆壁。

至於美國人也評論是所有羅馬皇帝中最重視實用主義的圖拉真所進行的公共工程，不用說當然也是以實用為優先。首都羅馬以外最有名的，首推奧斯提亞(Ostia)的港灣工程。

沒有面海的羅馬，必須在臺伯河的河口建立港口。一開始先將奧斯提亞當作港口，但這原本是發源於河岸的城市，並沒有船的避風港。此外，由於流經臺伯河的砂土沖積，使得海岸線向洋面延伸，若要將船駛向奧斯提亞，必須溯河而上，此為一大缺點。因此，從東方或美國駛來的大型船隻會在拿坡里附近的普特奧里（現在的坡佐里 Pozzoli）停靠，在當地卸下的物產再沿著阿庇亞大道北上運往羅馬。

領悟到首都羅馬附近需要一個可讓大型船隻安心靠岸的港口之人是朱利斯・凱撒，而真正

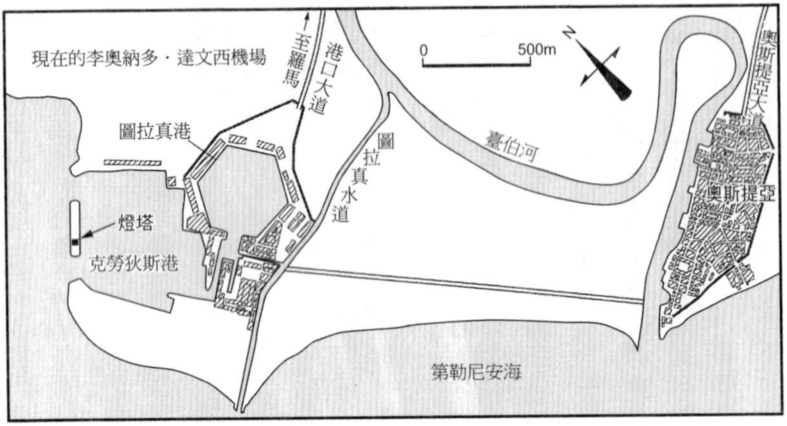

圖拉真皇帝進行大改造後的奧斯提亞港灣

付諸行動的則是克勞狄斯皇帝。有關當時的工程於第VII冊有詳細論述，在此毋須贅言，但這個港口到了半世紀後的圖拉真時代，由於船的容量等諸多原因，必須進行改造。

圖拉真和阿波羅多羅斯為了解決此問題，在「克勞狄斯港」深處新建一個六角形海灣狀的泊船場。六角形的各邊都可以橫向並排船隻，倉庫則沿著泊船場排列。如此一來，這個港口不但成為完美的避風港，同時也可以避免河流帶來的砂土堆積，更可以停靠多數船隻，處理大量貨物。登陸的貨物裝載在小船上，通過運河被運往臺伯河，然後直接溯河而上，最後運抵羅馬。

羅馬帝國滅亡後，這個港口就被放置不管，現在「克勞狄斯港」已完全封閉，「圖拉真港」只剩下六角形的池子。被稱為“Hossa Traiana”的「圖拉真港」到臺伯河之間的運河也只留有運河的外形而已，裝載近海魚的漁船經常往返此地。曾為地中海最大的港口現在只有供應羅馬人的漁貨會在此處上岸。

不過，正因為圖拉真重視實用，所以光是整建奧斯提亞的港灣並不能滿足他。理由是解決方法如果只有一個，不能算是根本解決之道。所以圖拉真又在另外三處興建港灣。

其中一處是在安提姆（現在的安奇歐 Anzio）。因為這裡是卡利古拉和尼祿皇帝的出生地，也是皇邸所在地，所以原本就有小規模的港口，而圖拉真將此地變身為避風港。由於地中海的風向一直都在變動，當時船隻的遇難事件大都是因為暴風雨所導致。為了提供在暴風雨中必須抵達奧斯提亞港的船隻一個避難場所，因而設置此避風港。

塔拉基納（現在的德拉奇納）港被賦予避風港兼卸貨港的功能。因為阿庇亞大道幾乎是一直線的連接德拉奇納和羅馬。

這二個港口都位在羅馬南方，但沿著從羅馬向北方延伸的奧雷里亞大道的肯多姆克拉耶（現在的奇比達維其亞）港則是圖拉真第一個開設的港口。此地也是避風港兼卸貨港，而「肯多姆克拉耶」的名字本身有「一百個倉庫」的含意。這個港口興建完成之後，當時負責供應首都羅馬小麥，來自科西嘉 (Corsica) 和薩丁尼亞 (Sardegna) 的船隻可以縮短航路，直接進入奇比達維其亞港，再通過奧雷里亞大道將貨物運送到羅馬。如此一來，便可以減輕奧斯提亞港的負擔，多出一些空間讓來自東方或北非的船隻也能夠活用此港口。

義大利半島突出於地中海中央。而且羅馬自共和政治時代起，其主食小麥就一直仰賴海外進口。呈長靴形狀的義大利半島的東方濱臨亞德里亞海，西方濱臨第勒尼安海。亞德里亞

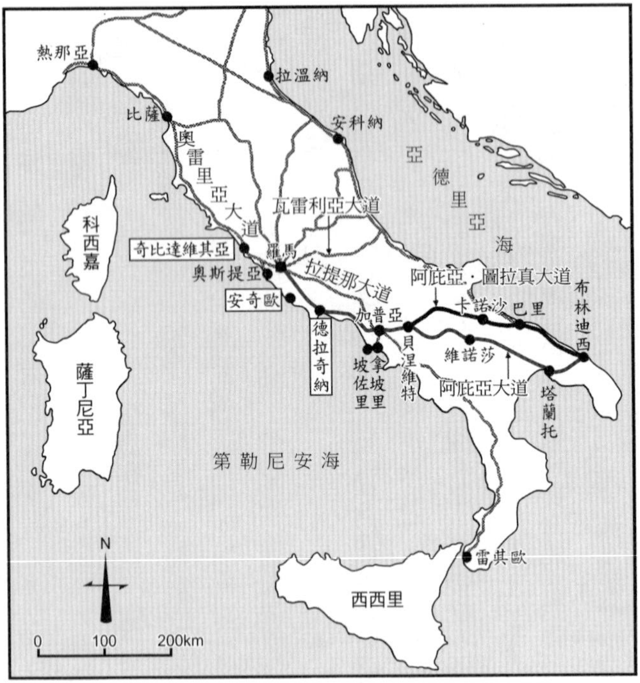

義大利半島內的主要街道與港口
（☐為圖拉真進行港灣化的地區）

海側有義大利中部的拉溫納(Ravenna)和安科納（現在亦沿用此名稱），前往義大利南部的話，有巴里姆（現在的巴里）、布倫迪西姆（現在的布林迪西）、塔雷恩多姆（現在的塔蘭托 Taranto）等海港。第勒尼安海側從北到南有傑努斯（現在的熱那亞 Genova）、比薩（Pisa，現在亦沿用此名稱）、奇比達維其亞、奧斯提亞、安奇歐、德拉奇納、坡佐里、尼亞坡里斯（現在的拿坡里）、雷西姆（現在的雷其歐 Reggio）等海港相連。亦即在海上也實現了「條條大路通羅馬」的理想。

此外，對注重效率的圖拉真而言，即使必須動手修改和羅馬歷史一路走來的傳統，他也毫不猶豫。其結果顯現在羅馬人稱之為「女王大道」的阿庇亞大道的複線化。

西元前三一二年，阿庇尤斯(Appius)鋪設的最早的羅馬式街道「阿庇亞大道」，起點為羅馬，經過德拉奇納，到達加普亞(Capua)，然後再從加普亞進入內陸，經過貝涅維特姆（現在的貝涅維特 Benevento）、維努吉亞（現在的維諾莎 Vanosa），到達塔蘭托，然後向東行七十公里一直到布林迪西。即使到了現代，這條大道依舊發揮其機能，不過已改名為國道七號線。

西元一〇七年，當時圖拉真希望將貝涅維特到布林迪西的區間加以複線化。另設一條大道從貝涅維特向東邊的亞德里亞海方向前進，經過卡努吉姆（現在的卡諾沙 Canosa），然後到達布林迪西。和通過貝涅維特之後走山路的阿庇亞大道相比，這條定名為「阿庇亞．圖拉真大道」的街道之優點是，只要越過亞平寧山脈(Appennino)就可到達普利亞區(Puglia)的平原。

這條大道和沿著亞德里亞海南下的大道在巴里附近會合，亦即羅馬往東方的幹線有二條。此外，從羅馬往東方走奧雷里亞大道，到達亞德里亞海後沿著岸邊南下，也可以到達布林迪西，如果再加上這條大道的話，通向東方的大道總共有三條。

在此值得一提的是，圖拉真削去德拉奇納的山腹，來縮短因山崖逼近海岸線而迂迴曲折的阿庇亞大道。從山崖頂上垂直向下削落的遺蹟至今依然留存，站在上面會讓人產生一種超越感動、超越一切、完全被折服的心情。

在意謂著阿庇尤斯與圖拉真大道的「阿庇亞．圖拉真大道」的起點貝涅維特，特地建設了一座凱旋門來紀念這條大道的開通。

如果以圖拉真並沒有通過這座凱旋門成功歸來為由，就認定只有這項建築作品並非以實用為目的，那就大錯特錯了。不管再怎麼以實用為目的，也比不過讓民眾使用愉快。這座拱形的凱旋門可說是最佳的街道裝飾，也可藉此宣揚鋪設該街道者的功績。在貝涅維特的凱旋門上，也刻有將育英資金政策化的圖拉真發放補助金給孩子們的畫面。

圖拉真推動的公共事業中，光是首都羅馬與本國義大利中主要的建築作品，其質與量就已經讓人嘆為觀止。若是擴展到整個羅馬帝國，數量則多到令人想到就頭痛。在此僅列舉其中一個代表案例——西班牙的阿爾幹塔拉 (Alcantara) 之橋。這座橋的保存狀態相當完整，只要看過這座橋的人都會打從心底佩服羅馬人精良的建築技術，而且也能夠理解橋梁不但是街道的延長，同時也是街道的裝飾。這座橋不僅實用，而且外觀壯麗，正是代表羅馬人建築基本條件的最佳案例。架設在流經阿爾幹塔拉的塔霍河 (Taja River) 上的這座橋，在現代由於接近西班牙和葡萄牙的國境，一定會有人納悶為何架設在如此偏僻之處，其實在伊比利半島全部歸屬羅馬帝國的時代，從地中海穿越大西洋的幹線道路便經過此地。這是一條自加迪斯（現在的加地斯）向北到西斯巴黎（現在的賽比利亞），然後通過圖拉真的出生地義大利加，到達盧吉塔尼亞行省 (Lusitania) 省都艾瑪利塔．奧古斯塔（現在的美里達），再向北通過阿爾幹塔拉，到達布拉

貝涅維特的凱旋門

圖拉真發放育英資金 “Alimenta” 給孩子們（凱旋門的部分）

阿爾幹塔拉之橋

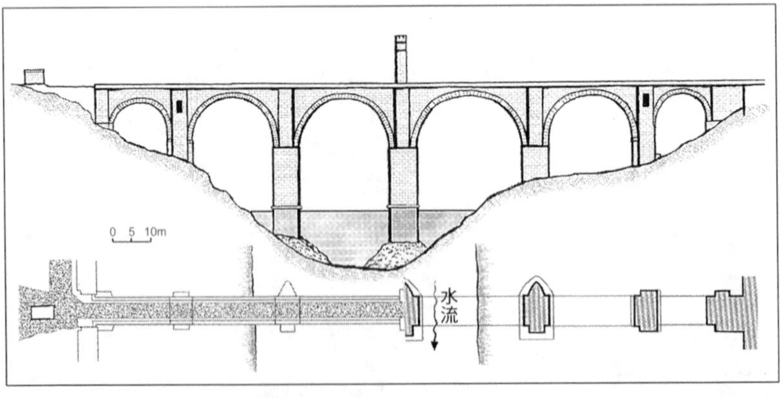

橋梁的側面圖（上）與平面圖（下）

卡拉．奧古斯塔（現在葡萄牙的布拉加 Braga）的街道。由都市名即可得知，這是初代皇帝奧古斯都在伊比利半島上建設的幹線道路之一。阿爾幹塔拉必須架設一條水位升高時也不會受影響的橋梁。

不過，這座即使到了現代依然廣為人知的橋梁，並非出自圖拉真皇帝之手。依據碑文所示，建設者為朱利斯．拉克爾及其友人，而他們也對於建設之際得到圖拉真的援助表示感謝之意。所謂援助指的應該不是資金，而是指派遣工程師前往支援一事。因為圖拉真並沒有給予他的出生地任何特別的優待，但只要是希望仿效鄉土出身的皇帝投入公共事業之人，圖拉真都打從心底歡迎。皇帝率先投入公共事業，再號召其他人跟進的作法，做的最為徹底的應該是奧古斯都，圖拉真或許是希望效法初代皇帝。率先投入公共事業需要有旺盛的精力，就這點而言，圖拉真具備了極為充分的資格條件。

在此介紹一部份在圖拉真「號召」而來的人士當中，拜文獻和石碑等之賜，其事蹟得以流傳後世之人。這些人都不是給予資金上的援助，而是捐贈具體的公共設施。

小普林尼——捐贈神殿與圖書館給其出生地科摩市。

卡普爾尼．法巴托斯——捐贈列柱迴廊給科摩市。

西元一一三年的執政官科內利烏斯．德拉貝拉——捐贈公共浴場給其出生地科爾菲尼歐。

貝特羅尼．莫迪斯托斯（騎士階級）——全額負擔位於的里雅斯特（Trieste）的半圓形劇場的改造費。

跟隨在圖拉真身旁的解放奴隸烏魯庇斯・維士比烏斯——捐贈學校給義大利中部的契爾維托利市。

西班牙出身的元老院議員——捐贈會堂(Basilica)給其出生地科爾多瓦。

圖拉真的頭號親信利希紐斯・蘇拉——取代不給予自己出生地特別優待的圖拉真皇帝，他在連結塔拉格那和巴塞隆納(Barcelona)的街道上建設了一座凱旋門。

即使是在現在的馬其頓以及阿爾巴尼亞的多雷斯，也有人捐贈圖書館給市政府。

弗拉維斯王朝時代如願進入元老院的小亞細亞西部出身的三位元老院議員——共同捐贈圖書館給愛菲索斯。

其中，捐贈圖書館之所以如此引人注目，主要是因為當時的書籍都是一筆一字抄寫，可謂價值連城，一般庶民不太容易取得。

再者，我們也了解到後代稱作「貴族應盡的義務」(noblesse oblige)之受惠者的社會回饋，其實並不限於羅馬社會的領導階層——元老院階級。即使曾當過奴隸也無妨，問題只在於此人是不是有足夠的資產來捐贈公共建築給自己的出生地或打算養老的地方都市而已。

另一方面，地方政府也同樣具備讓圖拉真「號召」的條件。在先帝涅爾瓦的提案之下，通過了地方政府也適用個人遺產繼承的法律。雖然血親以外人士繼承遺產時要被課徵百分之五的遺產稅，但對公營機構的捐贈是否列入課徵範圍就不得而知了。繼承和贈與的稅率太高或許會成為爭論的對象，但百分之五的話，地方政府應該也會支付。

由於上述各項條件都已完備，因此圖拉真時代有為數眾多的公共事業在推動著，而這些公共事業並非毫無章法的推動。當時就任俾斯尼亞（Bithynia）行省總督的小普林尼曾寫過一封信給圖拉真，詢問是否可以在普爾薩市建設浴場，而圖拉真的回答如下：

「如果該建設費不會給普爾薩市造成過大的財政負擔，而且也可以保證完工後的營運費，則允許在當地建設公共浴場。」

之後小普林尼又向皇帝提出詢問，這回是有關在尼凱亞市建設附有劇場的體育中心的問題。問題的內容大致如下：「不知是因為規模過大，還是因為偷工減料，離完工尚有一段時日，卻已經有好幾處開始崩落，不知該如何是好。」而圖拉真的回答如下：

「希臘人是個一提到體育場就忘我的民族。所以往往會建設規模過大的建築物，他們實在有必要學習對於適合自己需求的規模感到滿足。」

為了更深入了解公共事業與行省統治密不可分的羅馬時代的情況，在此順便介紹以下這封信。

「小普林尼寫給皇帝圖拉真的一封信

尼科米底亞市的居民為了修築水道，已經耗費了三百三十一萬八千塞斯泰契斯銅幣，然而水道至今仍未完工。不但未完工，且由於棄置不顧，已有多處損壞。因此又編列二十萬開始建設另一座水道，但同樣陷入半途而廢的狀況。雖說這是浪費公帑的結果，但為了供應人民用水，新編預算支出勢不可免。由我親自前往現場視察的結果，發現當地水源澄澈、水量豐沛不成問題，問題在於如何將水引至都市。我認為如同初期嘗試，利用連續弧拱結構的高架橋是唯一方案，然而初期施工時所建築的拱橋墩，至今仍堪用的段落極少。如此一來，只有改建一途，但初期施工所用的石材可資轉用，其餘的部份，使用施工容易且造價較低的磚塊應已足夠。話雖如此，為了不讓同樣的浪費再度發生，煩請派遣水道與建築專家前來。我的任務只有一件事，就是讓在您的治世下完成的公共建設，能襯托出您的威嚴。」

「皇帝圖拉真寫給小普林尼的一封信

引水至尼科米底亞市的必要性我已充分了解。希望你全力投入這項工作。同時也必須追究瀆職人員。到底工程是如何展開，又為何在中途放置不管。我等待有關此案件的調查結果報告。」

圖拉真懷疑工程的發包者和承包者之間有不法勾結情事。在進行公共事業之際產生的不法行為，是羅馬歷經共和政體時代、帝政時代以來一直相當重視的課題之一。

雖然如此，圖拉真不只對行省人民的不法行為感到不滿，時而也對過於耿直的部下小普林尼爆發不滿情緒。對於這位希望皇帝派遣水道和建築專家前去支援的俾斯尼亞行省總督，皇帝的回答如下：

「建築師應該不會不足。因為在羅馬帝國內，沒有一個行省缺乏這方面的專家。明知如此，你竟然還提出這樣的請求。不過，話說回來，特地請專家遠從希臘前來工作正是羅馬的現狀。」

俾斯尼亞行省位在濱臨黑海和愛琴海的小亞細亞的西北部，這是一個自古以來居住著許多希臘人的地方。就連圖拉真在公共事業方面的得力助手阿波羅多羅斯，雖然出生在敘利亞的大馬士革，卻也是希臘人。因為小普林尼是前往居住著較多希臘人的帝國東方的行省擔任總督，因此圖拉真希望他直接在當地尋找建築技師。現代遺留下來的圖拉真肖像的神情都很穩重，令人想一窺他平時的面貌，或許很好玩也說不定。

儘管如此，這裡卻產生了一個有趣的現象。雖說希臘人造就了羅馬的公共事業，但在這個領域中生龍活虎的希臘人，與羅馬人一同作業時可孕育出不錯的結果，但希臘人自己聯手作業時結果卻不甚理想。希臘人自從伯里克里斯(Pericles)和蘇格拉底(Socrates)時代開始，就是一個充滿想像力和進取心，但卻缺乏組織力和效率性的民族。上天是公平的，不會同時給予一個人二項長處，所以只有讓各方面優秀的人才相互配合才能夠有效完成任務。

行省統治

行省的統治是否順利，可以說是左右帝國命運的重要課題。

所謂行省，原本就是羅馬將其征服後納入帝國版圖之地，而行省人民則是被征服的民眾。如果這些人民群起反抗羅馬的話，羅馬就必須派遣軍團前往鎮壓。就算沒有嚴重到反叛的地步，但只要散發一點點不安定的氣氛，羅馬就必須長期派駐軍力鎮守當地。雖然如此，常駐於國境的軍力因為需要隨時準備因應外敵入侵，所以絕不能夠減少。這麼一來，就只有增強軍力一途，其費用也只好以增加行省稅等各種稅賦的方式來彌補，增稅的作法勢必招致行省人民的不滿而引發叛亂，以致陷入惡性循環當中，無法收拾。

為了避免此種情形發生，羅馬對行省採取的第一項對策是，以不提高稅率為根本前提。

第二項對策是，致力整建基礎建設來促進行省經濟的活絡發展，並藉此提升行省人民的生活水準。這並不是因為領悟了人道主義(Humanism)，而是因為人類在沒有飢餓之苦時會傾向穩健，而激進為絕望的產物。既然羅馬的稅制是以占收入的比例來繳納，所以無論行省稅也好，關稅、營業稅也好，只要經濟穩健發展，稅收自然就會增加。

對行省採取的第三項對策是，徹底進行地方分權。

羅馬促進行省活絡發展的核心有二，分別是以遷入本國人的退役士兵創設的殖民都市，及地方政府。被羅馬承認為地方政府的都市原本是原住民（亦即行省人民）的都市。有關其「自治」的模式，如果是本國義大利或城邦（polis）等歷史悠久的希臘系都市，則是採用選舉方式。一向由部族長來治理的高盧雖然採取的是世襲統治方式，但正因為羅馬人相當務實，所以並不介意。無論採用什麼自治模式，只要居民同意即可。

不過，太過認可地方分權將導致國家解體。幅員廣大的羅馬帝國之所以能夠維持長治久安的局面，是因為巧妙的組合中央集權與地方分權的緣故。正因為如此，如何組合原本就處於矛盾立場的這二項制度就成為相當重要的課題。羅馬將「地方」的內政交由各地方政府處理，而行省的統治則由「中央」來負責。

行省總督是由羅馬的中央政府派遣。在行省統治上，行省居民有遵從總督的義務。不過，如果只課以義務卻不給予權利的話，就不能夠期待人民會遵守義務。因此，羅馬賦予行省人民的權利是，如果對總督的統治有任何不滿可以向中央提出告訴，但條件是必須在總督任期屆滿後方可提出，這是因為不管是對行省總督的告發也好，職務表現評估也好，應該要等到任期屆滿後才會有客觀的定論。另一方面，也是因為要求原告、被告一同出席的官司是在首都羅馬舉行。由於行省總督的任期是一年，因此行省人民並不需要忍耐很久。

擔任原告（行省人民）的代理，亦即檢察官的是身兼律師的小普林尼和塔西圖斯這二位元老院議員。既然元老院的機能在於協助皇帝進行帝國統治，那麼追究行省人民不滿的原因也是元老院議員的職責所在。也就是說，這也算是一項公務。因為辯護費用的上限規定為一萬塞斯泰契斯銅幣（一般士兵年薪的十倍左右），所以很可能會產生因為繳不起龐大的辯護費只好忍氣吞聲的情形。

此制度自進入帝政時代後開始有效運作。因為這個時代不但由攻勢轉為守勢，而且開始重視藉由德政來確保國內的安定。就連一向喜歡批評皇帝的塔西圖斯，在進入帝政時代後，也表示行省總督的「清廉度」比起共和政治時代提升許多。其理由之一是，皇帝們都很重視此類官司，而且還會親自出席觀察官司的動向。因為如果此類官司的被告是元老院議員，則由被告的同事元老院議員投票表決來拍板定案。皇帝雖然處於中立的立場，但他的出席也意謂著最高權力者的積極介入。

儘管可以聘任辯護律師相助，不過，在審判淪為被告、昔日意氣風發的前行省總督的法庭上，有好幾位皇帝以積極參與審問著稱，包括臺伯留、克勞狄斯、圖密善等皇帝。特別是臺伯留皇帝，他最有名的是常會提出尖銳的問題來審問被告，甚至連辯護律師都常被他問到進退維谷、不知所措。雖然圖拉真不像這幾位皇帝一樣喜歡提出尖銳的問題，但他也是積極參與審問的皇帝之一。

儘管如此，為何這種告發前行省總督的現象層出不窮呢？

初代皇帝奧古斯都將羅馬帝國內的各個行省劃分為「皇帝行省」和「元老院行省」。不同之處在於是否有軍隊常駐。由於羅馬軍的最高司令官為皇帝，由他指揮的軍團駐紮的是皇帝行省，沒有軍團駐紮的則是元老院行省。皇帝行省位於防衛線上所以需要軍團常駐，另一方面，元老院行省位於內側，其行省化歷史較悠久，情勢也較安定，所以不需要軍團常駐。

派遣到皇帝行省的總督由於需要具備軍事長才，因此由皇帝任命。

另一方面，元老院行省的總督需要具備執政官經驗，都是由元老院議員相互推選產生。

雖然兩者都稱為總督，而且當事者幾乎都在元老院擁有席次，但以拉丁文原名來表示的官名卻不相同。皇帝行省總督的官名在拉丁文是表示「皇帝的代官，亦即副官」，而元老院行省總督的官名在拉丁文是表示「前執政官」。以現代來看的話，前者為武官 (military)，後者為文官 (civilian)。

皇帝行省總督的任期為一年，但一般都會連任好幾年。其直屬上司皇帝握有任命及解任之決定權。

元老院行省總督和任期一年的執政官一樣，由於希望盡量給更多的元老院議員擔任總督的機會，因此大都只當一年。而且由於元老院議員原本就是名譽職，因此就算當上總督還是無給職。不但如此，和必須經常防備外敵入侵的皇帝行省不同的是，元老院行省相當平和，也就是不需要時時處於警戒狀態。因此便出現了希望趁著當涼官之際來中飽私囊的總督。總之，後世的我們所知道的行省總督官司的被告，毫無例外的都是元老院行省的總督。

如果去除皇帝行省和元老院行省的差別，或許有人會想到乾脆元老院行省的總督也由皇帝任命不就好了嗎?不過如果這麼做的話，即使是風評再好的皇帝恐怕也會立刻被推翻。羅馬帝國的正式主權者並非皇帝，而是羅馬公民和羅馬元老院。因此，元老院行省總督的人選只能置於元老院管轄之下，而此時的制衡機能則是行省總督的告發制度。

以下從站在原告或是被告立場為其辯護的小普林尼遺留給友人的信件當中，為各位介紹二則此類官司的案例。

西班牙南部的倍帝加行省（圖拉真出生的行省）的總督克拉西克斯之官司。

此一案例中原告並非某些行省人民，而是整個行省。控訴的理由是收賄。總督時代的克拉西克斯接受了高額的賄賂。倍帝加行省的省議會議員特地前往羅馬請求小普林尼擔任代理人。身兼檢察官的元老院議員小普林尼和另一名同事組成專案小組。這是因為此案需要蒐集證據，一個人恐怕做不來。此外，行省總督的官司不只是個司法案件，同時也兼具政治意義。因此包括皇帝在內，有許多人都很關心此官司的動向。

擔任檢察官的小普林尼一組人，在打官司之前先研擬戰術。他們決定不要一併審問所有被告，要採取一一擊破的方式。因為倍帝加行省議會提出告訴的對象不只總督克拉西克斯一人而已，還包括二名次席總督和克拉西克斯的妻子、女兒、女婿以及倍帝加行省警長共計七人。結果小普林尼找到最有力的物證，就是克拉西克斯寫給位在羅馬的女友的親筆信函。這封信足以證明克拉西克斯的罪狀。其內容如下：

「太好了！我現在已是無債一身輕，可以回到妳身邊了。我已經存了四百萬塞斯泰契斯銅幣，因為我把倍帝加行省的一半賣掉了。」

但是，不知是否因為被掌握住鐵證而感到絕望，還是因為覺悟到自己已無後路可退，在官司開始之前，克拉西克斯就撒手歸西了。而他到底是病死還是自殺，迄今依然不明。不過，即使被告已死，但控訴的原因並不會就此消失。羅馬法律認可當事人缺席的官司。而且本案除了可判處被告收賄罪之外，還包括瀆職罪。因為被告大多數都是屬於「公眾人物」。

當然，被告方面也有辯護律師。此人物和小普林尼一樣都是元老院議員，根據小普林尼表示，「在此類官司方面，此人算是經驗老到，而且反應相當靈敏，即使被端出預料之外的物證或是人證，他也可以立即提出反駁」。就連如此具有個性的辯護律師雷斯提托斯也放棄為克拉西克斯脫罪。因此二名次席總督就成為辯護的焦點。辯護律師要他們表示這是上面的命令不得不服從。這二名次席總督並沒有否認收賄的事實，不僅如此，還承認強制行賄、接受賄賂的事實。不過，他們辯稱這些都是不得已的行為。

在此，法庭上的論點已經轉移到無論長官下達什麼命令，下屬是否都得服從一事之上。為了推翻被告一方的此一論點，小普林尼一組人可是「流了不少的汗」。

不過，小普林尼等人為了找出判例，甚至將觸角伸到軍團，亦即軍事法庭，而他們的努力總算得到回報。他們向被告一方的辯護律師提出以下聲明。

「在羅馬，即使是軍團兵，只要長官的命令違法就沒有遵守的義務。」

這場總督官司由執政官擔任法官，由元老院議員擔任陪審員，其判決如下：

前總督克拉西克斯——有罪。由於被告已死，無法科以體刑，因此只能科以資產沒收刑。不過，就任總督之前與之後的資產應該分開，故認可其就任之前的資產由女兒繼承，就任之後的資產則全數歸還給倍帝加行省。此外，用於還債的部份，則向債權者討回再支付給倍帝加行省。

此判決值得注意的地方有二處。

第一，父母的罪行不應由子女承擔的想法，是從弗拉維斯王朝時代流傳下來的慣例。克拉西克斯的官司及判例又增添了一樁個案。

第二，和圖密善時代相比，刑責較輕。以峻法嚴懲瀆職的行省總督，是圖密善受到元老院憎惡的原因之一，不願相同事情發生的圖拉真的意向也在此案例中反映出來了。

二名次席總督——有罪。有罪的理由除了收賄之外，對長官的命令盲從者不適合執行公務，此為另一條罪名。這二人都被判處流放邊境五年。

倍帝加行省警長——有罪。被判處自本國義大利驅逐出境二年。也就是說，他在二年之內不得踏入首都羅馬和本國義大利。

克拉西克斯總督的女婿——因證據不足獲判無罪。他只是與妻子同行至倍帝加，於公於私都未參與工作。

克拉西克斯的妻子和女兒——無罪。與其說因為證據不充分，倒不如說因為罪嫌輕微，所以獲判無罪。有關這二個人，原告一方的辯護律師小普林尼也認為她們無罪，沒有要求她們作證。

勝訴的小普林尼和他的伙伴收取了接近上限的一萬塞斯泰契斯銅幣作為辯護費。羅馬時代辯護費的支付係採用分期付款方式，在委託時先付六千，於判決結果出爐後再付四千。由於這筆辯護費用已包含蒐集證據和召集證人所需的經費，或許這也是考量到敗訴時的對策。

在此順帶一提，誣告者將被處以毀謗罪。

圖拉真時代民事官司的陪審員總數較以往增加許多。過去只有一百人，而此時增加到一百八十人。在百人時代是將陪審員分成四組，每二十五位陪審員負責一件官司，所以可以同步進行四件官司。而增加到一百八十人之後，到底是將負責一件官司的陪審員增加到四十五位，還是增加同步進行的官司件數，至今依然不明。雖然如此，增加到一百八十人之後，意謂著「一百名男士」的"centumviri"的稱呼仍舊不變，事實上自從羅馬時代開始，陪審員就一直沿用此稱呼。

第二個案例是，小普林尼擔任被告一方辯護律師的案例。原告是居住在小亞細亞西北部的俾斯尼亞行省的省民。被告是擔任行省總督的巴蘇。

起訴原因如下，巴蘇在總督時代經常接受贈禮，並依自己的喜好將行省人民分類，而且只重用自己喜歡的人。

針對此控訴，被告一方的辯護律師團提出反駁。他們主張巴蘇的統治是公正的，就因為很公正，才會引起部份行省人民的反彈。因此，他身為統治者，不但不應該被彈劾，反而應該得到讚揚。

在此，原告一方改變了方針。他們決定將問題擺在巴蘇接受的贈禮之數量與價格的問題上。因此爭論的焦點轉移到對行省總督的贈禮到底可被允許到什麼程度。

根據朱利斯．凱撒制定的法律指出，贈禮的總額只要不超過一萬塞斯泰契斯銅幣即可被允許。不過，由於受到對行省總督要求甚嚴的圖密善皇帝十五年治世的影響，只有不接受任何贈禮的總督才會得到讚賞。

親臨這場官司的圖拉真表示，他在擔任高地日耳曼行省總督時也曾接受過贈禮，但只限於生日及薩多努斯祭（Saturnus，羅馬人的寒假）的時候，即使如此，之後都會將贈禮歸還。列席的元老院議員也分為絕對不允許的一派，以及只要在常識範圍內還可以接受的一派，因而展開一場激烈的唇槍舌戰。

結果只要在常識範圍內即可允許的一派占了絕大多數，巴蘇也因此獲判無罪。此後，朱利斯．巴蘇得以繼續坐在元老院的議席中。

然而，在巴蘇的官司中擔任原告一方的辯護律師，替俾斯尼亞行省人民辯護的維拉努斯，之後被指派為俾斯尼亞行省總督，在一年任期結束後，他也受到俾斯尼亞行省人民的告發。不過，這回並沒有進展到官司階段。因為行省人民撤回對前總督的控訴。話雖如此，對皇帝圖拉真而言，這個案件就如同警訊一般。因為俾斯尼亞行省人民提出的訴訟案件實在太多，不得不令人懷疑問題是出在行省人民身上，而不是行省總督。

不過，俾斯尼亞是元老院管轄之下的行省。也就是說，皇帝不得干涉該行省的一切。皇帝若要發揮其主導權，也就只能利用二代皇帝臺伯留創設的委員會（由元老院議員組成），來對問題提出解決的建言。不過，圖拉真是一個勇於面對問題，不喜歡拐彎抹角的人。而且所謂法律，如果沒有明文禁止，就表示做了也無妨。

如果有必要，即使是元老院行省也可以暫時變更為皇帝行省，這也是臺伯留皇帝創下的先例。圖拉真徹底活用了這項權利。雖然只是權宜之計，圖拉真還是將俾斯尼亞行省納入皇帝的管轄內，並將這個行省的問題點釐清。為解決這些問題而派遣至當地的總督，是隸屬皇帝之下的行政官，圖拉真任命小普林尼來擔任這項要職。想必是小普林尼在巴蘇官司中的表現深得圖拉真的賞識。為什麼這麼說呢？因為小普林尼在接到此任務之前從未到過俾斯尼亞行省，而且也沒有擔任過皇帝行省或是元老院行省的總督。

於是後世才有緣見到《小普林尼與圖拉真皇帝的往返信札》，讓我們窺視到羅馬帝國行省統治之一角。這些書信主要是在西元一一一年秋天～一一三年春天為止的一年半，亦即小普林尼擔任俾斯尼亞總督的時期所寫的。小普林尼當時五十歲左右，而圖拉真皇帝正要邁入六十之年。

小普林尼

第VIII冊《危機與克服》中也有引用到「普林尼」(C. Plinius Caecilius Secundus)。為了與他的伯父，亦即《博物誌》的作者「普林尼」(Plinius Secundus)有所區分，歐美在前者名字前加上"junior"，而日本則習慣加上「小」。小普林尼的品格相當崇高，對於其他文人不但不會有任何偏見或是嫉妒之心，反而會認同他們的才能。他不只屬於元老院階級——羅馬社會的領導階層，充分擔負起責任，而且也是一位資產家，積極將資產回饋給社會，甚至經常給予友人照顧，對於能夠身為羅馬帝國的一員倍感榮耀，並以自己的作品受妻子讚賞覺得幸福。相反的，同時代的塔西圖斯，每當論及自己國家的缺點就感到慷慨激昂，是一個典型的悲觀主義者。這二人不但成為知心的文人朋友，而且同為律師，經常攜手合作，令人覺得相當不可思議。不過，悲觀主義者和樂觀主義者這二種人同時存在，正是人類社會的特色，不是嗎？

以下是小普林尼寫給塔西圖斯的其中一封信。順帶一提，塔西圖斯比小普林尼年長五、六歲。

「你從不稱讚自己的作品，但我從沒有像在讚賞你的著作時那麼誠實的傾吐過自己的想法。

後世的人們應該會記得我們吧！我相信我們多少還有一點名垂青史的價值。我不認為是因為我們的天份。如果這麼說的話未免有些傲慢。我認為是因為我們的勤勉、熱忱，以及我們注重名譽的情操。

將這些銘記在心，勤奮不懈即謂人生。但只有少數人能夠從中獲得響亮的名聲，除此之外大多數的人，其實也都具有從無名小卒之中被拯救出來的價值，你覺得如何？」

讀到這樣的內容，我立即寄予同情之意，好吧！我來寫下這些人的作為，讓他們也名垂青史吧！我一面自言自語，一面閱讀他的作品，心想塔西圖斯在讀到這封信時又會有什麼看法呢？不過，塔西圖斯應該沒有回信。他深知自己才能的限度，所以和謙虛的小普林尼不同的是，他確信自己具有史學家的天份，也確信在後世留下美名的一定是自己。

塔西圖斯屬於元老院階級，因此應該也是一位資產家。不過，從未聽聞過此人捐贈圖書館或是育英資金來幫助貧困人家子弟。他也沒有給過文人朋友任何援助，更不用說向皇帝引薦友人了。他雖然沒有讚揚過自己的作品，但也沒有讚揚過友人的作品。

這二人的作品留給後世的印象，亦即評價，小普林尼是「幸福的羅馬行政官隨筆」，而塔西圖斯是「羅馬帝政時期最佳的史學傑作」。

因為最適合當作好友的小普林尼的作品中，缺少了創造一項完整作品不可或缺的、可稱為惡意的「毒」。因此，他的作品流傳下來的就只有寄給友人知己的書信、與圖拉真的往返信札，以及擔任「備位執政官」時的演說而已。雖然他還有其他作品，但只停留在獲得妻子讚賞的水準吧！

不過，請各位讀者再一次將小普林尼寫給塔西圖斯的信，從「後世的人們」開始一直讀到最後，並將「我們」全都換成「羅馬人」，應該會有不同的感覺。

「後世的人們應該會記得羅馬人吧！我相信羅馬人多少還有一點名垂青史的價值。我不認為是因為羅馬人的天份。如果這麼說的話未免有些傲慢。我認為是因為羅馬人的勤勉、熱忱，以及羅馬人注重名譽的情操。

將這些銘記在心，勤奮不懈即謂人生。但只有少數人能夠從中獲得響亮的名聲，除此之外大多數的人，其實也都具有從無名小卒之中被拯救出來的價值，你覺得如何？」

有一陣子，將這一段文章放在本叢書某一冊序言中的念頭，曾不斷誘惑著我。

塔西圖斯和小普林尼都是元老院議員，而且這二人都在風評不佳的圖密善皇帝之下歷經各種公職，這是他們類似之處。至於備位執政官的經驗，年長的塔西圖斯是在涅爾瓦皇帝時代，小普林尼則是在圖拉真皇帝時代當選的，就這點而言，也可以算是同類。不過，擔任到總督的就只有小普林尼而已。塔西圖斯還沒有為公職生涯畫下精彩句點就結束了他的人生。小普林尼被派遣到俾斯尼亞行省時，塔西圖斯依然健在。另一方面，這二人都沒有子嗣，因此都不適用可稱之為「有子嗣元老院議員的優惠法」，這也是他們相同之處。

初代皇帝奧古斯都制定的這條法律，是為了防止領導階層少子化而採取的對策。在官職的選舉中，有三名子女以上者擁有優先權。此外，各官職設有數年的停職期間，但有三名子女以上者不在此限。

不過，這並非絕對條件。皇帝擁有讓無子嗣者破例適用此法的權利。圖拉真便對小普林尼使用了這項特權。

塔西圖斯為羅馬帝政時期最優秀的史學家，與他同一時代的人應該都有同感。然而，有能力的作家並不一定就是有能力的行政官。而且，這是一向以公正統治著稱的圖拉真時代。在塔西圖斯與小普林尼聯手進行辯護的亞非利加行省總督普利斯克斯的官司中，坐在法官席上的便是圖拉真。圖拉真起用小普林尼難道只是因為賞識他對俾斯尼亞的博聞而已嗎？或許在現代美國史學家眼中注重現實的圖拉真皇帝，他欣賞的是全心全意踏實執勤的行政官僚，而非擅長書寫詞藻華麗的報告書之人。

儘管如此，「如果塔西圖斯也擔任過行省總督的話……」的想像，具有令人無法抵擋的魅力。

只要是元老院議員都可以擔任稱為「光榮資歷」的國家官職，包括會計監察官、法務官、執政官，這些官職的執勤地點都是在首都羅馬，但行省總督卻不一樣。行省總督不單只是元老院議員公職生涯的終點站，而且自己無法選擇上任地點。到抽籤決定的任地執勤，總督必須在短短一年當中找出該行省的問題點，利用總督的權限來處理可解決的問題，至於不可能解決的問題則向元老院報告，請其將解決對策法制化。這是在處理一般政務和司法事務的同時必須執行的勤務。就好比一面留意鋪設完成的羅馬式街道是否需要進行整理修繕，一面使其發揮機能一樣。

以帝國的規模執行與此相同任務之人便是皇帝。如果塔西圖斯也曾擔任過行省總督，應該可以更深切體認到皇帝任務的沉重與嚴峻。而且也可以藉此從評論家脫胎換骨。如果真是如此，塔西圖斯即可從「羅馬帝政時期最優秀的史學家」搖身一變成為「羅馬共和政治及帝政時期最優秀的史學家」。論起文筆能力，塔西圖斯和朱利斯・凱撒可說不分軒輊。而批判力則是創造傑出史書的重要條件。不過，條件不只如此。

被後世評論為「幸福的羅馬行政官隨筆」的小普林尼的著作中，可謂最佳作品的《小普林尼與圖拉真皇帝的往返信札》是由一百二十四封信構成，其中七十三封是小普林尼寫的信，另外五十一封是圖拉真的回信。國原吉之助教授將這些書信翻譯成日文後，編入講談社學術文庫的《小普林尼書簡集》中。不過，並非全譯，而是摘譯，前面介紹的小普林尼寫給塔西圖斯的信件就沒有收錄其中。小普林尼與圖拉真的往返信札中，小普林尼的部份只有收錄三十二封，圖拉真的部份只有收錄二十二封。雖然如此，由於有日文版可以參考，在此抒發一下我的感想。

首先我有一個疑問，小普林尼的信件是他親筆寫的，這點無庸置疑，而圖拉真的回信真的都是他自己寫的嗎？

事實上，皇帝的官邸內設有一個相當於「文書課」的部署。小普林尼寫給圖拉真的信件也是由這個部署的執勤官僚先行閱讀一遍，再向皇帝報告其中的內容。所以皇帝的回信應該也是由「文書課」擬成文稿，再發函至俾斯尼亞行省。

不過，將拉丁語的原文一一分解進行研究的學者提出的結論是，幾乎所有回信都是圖拉真自己的口述筆記。我雖然沒有分析能力，但至少也看的出來這並非經過官僚之手寫出的文章。從文章中也可以感覺到圖拉真是對自己的言語文字負責之人。

那麼，為何圖拉真皇帝要如此忠實的將自己的想法傳達給小普林尼呢？

如前所述，將元老院管轄的行省改為皇帝行省，希望藉此解決該行省問題的圖拉真，派遣小普林尼前往當地擔任總督。也就是說，負有責任解決該行省問題的是皇帝圖拉真。不過，除此之外，還有其他隱藏的原因。

所謂俾斯尼亞地方原本是在米斯里達茲王朝時代盛極一時的舊潘特斯王國(Pontus)（第III冊有詳細說明）。在成為羅馬的行省以後，便成為人口眾多之地，擁有許多歷史悠久且經濟繁榮的都市，諸如省都尼科米底亞，以及之後改名為君士坦丁堡(Constantinoplis)，現在稱為伊斯坦堡(Istambul)的拜占庭(Byzantium)，此外還包括尼凱亞、普爾薩，以及黑海南岸的赫拉克雷亞、西諾培(Sinop)等。而且此地北邊濱臨黑海，東邊鄰接亞美尼亞王國，可謂戰略要地。當時派遣小普林尼前往當地擔任總督的圖拉真，其實心中已漸漸醞釀數年後將發動的帕提亞遠征。帕提亞王國與亞美尼亞王國是關係密切的友邦。在遠征時最重要的莫過於腹地的安定。俾斯尼亞行省為其腹地之一，而且就經濟力來看，也是相當重要的一個腹地。

然而，皇帝並沒有將這個想法告訴他的特命全權總督。因此小普林尼很天真的相信圖拉真要求的重建財政和維持社會秩序都是為了俾斯尼亞行省著想，所以全力以赴希望達成使命。

小普林尼為了找出財政虧損的原因跑遍各都市，他判斷有些花費是不需要的，諸如派遣使節團拜訪羅馬，拜訪鄰近的莫埃西亞行省總督（因為俾斯尼亞沒有設置軍隊，故委託莫埃西亞協助防衛工作）所花費的一萬二千塞斯泰契斯銅幣。禮貌性拜訪可以利用書信來取代，所以廢除人員的派遣。小普林尼請示圖拉真這種作法是否妥當，而圖拉真回信表示大為讚許。

不過，雖說是重建財政也不能一味削減歲出。如前所述，為了居民的衛生必須斷然實施水道工程。不過，在工程承包之際，必須徹底清查是否有不法情事，並嚴加追究，這是總督的職責。此外，前面提到的體育中心的建設，也因為皇帝表示必須符合該地方自治體的財政規模的一番話而重新動工，使體育中心恢復為正常的規模。

對於小普林尼提出若要重建財政是否必須強制調降利率的問題，皇帝表示雖然明瞭調降利率的必要性，但國家對人民的強制行為不符合這個時代的公正精神，所以並不贊成。這是因為對於「私」的強制調降利率，等於是「公」對「私」的強制榨取，所以希望能夠避免因為實施此政策而引起行省人民的反彈。

圖拉真之所以對於俾斯尼亞行省的財政重建如此執著，是因為當財政狀況吃緊，只有少數人能夠獲利時，其他多數人就會成為受害者。如此一來，社會必然呈現不安定。追根究底來看，所謂德政，只不過是創造一個老實人不會吃虧的社會而已。

社會安定化的敵人會出現在部份人士占有權力，而且在封閉的組織中排除異己的情況下。小普林尼詢問圖拉真是否同意設置消防隊員公會，而圖拉真表示消防隊員彼此互相扶持固然是美事，但組成公會就不太妥當。這是因為圖拉真一向不喜歡政治結社化。

無論如何，這二人如此勤於書信往返的精神著實令人佩服。書信的對象只有一人的小普林尼每個月平均寫四封信，但圖拉真的對象卻不只一人。光是擔任皇帝行省的總督就有十三人，而且還包括軍團基地的負責人——軍團長，再加上各地的長官、財務負責人等總計超過百人。此外還有一般民眾的請願、陳情書等。這就像是開設一個網站，對於寄至此網站的電子郵件全數回信的總經理一般，就算有人抬轎子來，我也不願當羅馬皇帝。

不過，這些書信對皇帝而言都是珍貴的資訊來源。就連乍看之下與俾斯尼亞行省總督的職務毫無關連的事——到達俾斯尼亞之前的沿途景致，以及身為皇帝代官的自己，在抵達俾斯尼亞後如何受到當地居民迎接等，小普林尼都會向圖拉真報告。

「勤勉」是跟隨在圖拉真皇帝身邊的人對他的讚美詞之一。雖然開設「網站」的作法一樣，但臺伯留皇帝完全不回信，而圖拉真皇帝則忠實的回信。前者風評不佳，後者則得到極佳的評價。特別是元老院階級的評價都偏向後者，這是因為頻繁送出「電子郵件」，亦即報告，也是他們的工作之一。

羅馬帝國以地中海為中心，網羅中近東、北非，幅員相當廣大，到底皇帝是如何治理這廣大的帝國，大家都相當好奇。統治所不可或缺的便是資訊，為求報告與指令能夠迅速且安全的傳達，很早就發展了國營的郵政制度，因此他們都深知資訊的重要性。以公用為目的而整建的國營郵政制度也活用到民間，但這和為了軍略上的考量而鋪設四通八達的羅馬街道，卻剛好促成民間物產交流的理由是一樣的。

因此，以下歸納出二項羅馬為政者收集資訊的方式。

一、在各行省執勤的公職人員提出的報告。

二、行省人民的請願與陳情。

第一項最好的案例就是小普林尼寫給圖拉真的信件。

第二項又可分為四類。

①行省議會代表每年會禮貌性拜訪首都羅馬一次。因為是禮貌性的拜訪，所以與元老院和皇帝的會談當然會排入行程。

②改成現代的說法就是「遊說活動」。根據羅馬時代的說法便是贊助者(Patron)和委託者(Client)的關係，這項作法在①項的制度尚未發達的共和政治時代相當盛行。格拉古(Gracchus)兄弟的委託者是北非，這是祖父西比奧・亞非利加努斯時代結下的緣。龐培(Gnaeus Pompeius Magnus)的委託者則是他征服稱霸的中近東。朱利斯・凱撒為高盧全境的贊助者，這是眾所皆知的事。征服一地之後再給予當地援助是相當羅馬式的作風。

即使進入帝政時代，此種關係也沒有完全消失。雖然征服的時代已經過去，共和政治時代有名的利益代表也不復存在，再加上①的制度依舊發揮機能，遊說活動的重要度因此降低。不過，如果有連結中央與地方的中介角色，畢竟還是相當有利。帝政時代的贊助者大都是前往該行省擔任總督且與行省人民維持良好關係者，或是在經濟上與該行省有深厚關係者。透過這類人物的穿針引線，禮貌性拜訪的行省代表也可以成為皇帝的座上佳賓，亦即可以在私底下與皇帝接觸。

③與①一樣為正式的管道，由行省直接向皇帝請願的方法。請願或陳情大多採用文書的模式。羅馬也為此在官邸內設置了一個稱為「文書課」的部署。

④不但是最激進的資訊收集方式，同時也是中央與地方的接觸方法之一——行省總督官司。因為是官司，所以透過原告與被告雙方的辯論，不僅可以了解總督的統治情形，也可以釐

清該行省所有的問題點。另一方面，進行官司的地點是在元老院，被告、檢察官、被告一方的辯護律師和陪審員全部都是元老院議員。而且只要官司地點是在首都，皇帝一定會親自出席。甚至有的皇帝特地將前往別邸度假的日期延後，就是為了要親臨官司現場。

行省總督官司是為了反映行省人民的心聲而創設的制度，卻也是了解行省現況的絕佳機會。

帝國統治的最高責任者皇帝，以上述方式收集到的資訊為基礎，依據帝國統治上的政策，如果是以暫定措施法可以解決的問題就頒布指令，如果需要政策化，就請元老院將其法制化，再付諸實施。就連絕不對「電子郵件」回信的臺伯留皇帝都表示，皇帝的日常生活就是一連串的繁重任務。羅馬皇帝們即使沒有被暗殺，其治世最長也只不過二十年左右而已，或許也是因為任務繁重所致。

在圖拉真的治世中，皇帝與元老院的互動關係相當良好，這是羅馬時代以及後世共通的評價。最主要是因為圖拉真實在是一個懂得關照他人的最佳領袖。

小普林尼三不五時請求皇帝給予他的友人特別關照。他希望皇帝賜予羅馬公民權給為他治病的埃及出生的希臘醫生，也拜託皇帝承認其友人蘇埃托尼烏斯（《十二皇帝傳》的作者）「擁有三名子嗣的特權」，人格崇高的小普林尼希望趁此機會活用與皇帝之間的良好關係。而圖拉真對這些請求不但沒有充耳不聞，也沒有露出不悅的臉色，欣然為他的部下完成了心願。不過，他也不是照單全收、來者不拒。圖拉真雖然是一位好皇帝，但他卻是個保守主義者。身為既得權利者，卻能夠與一向比皇帝還保守的元老院維持良好關係，相信也是基於這個類似點。

儘管如此，閱讀帝政時代的小普林尼和共和政治時代的西塞羅 (Cicero) 的書信後，會發現他們寫了許多關於「門路關係」的事，總覺得羅馬社會給人一種靠門路關係運作的印象，但利用門路關係來錄用人才的制度真的那麼不好嗎？

羅馬人終究沒有創設像中國科舉一般的制度。在可稱為當時的大學的希臘雅典、小亞細亞的羅德斯 (Rhodos) 和埃及的亞歷山大 (Alexandria) 就學的人，沒有人可以單靠考試就進入帝國中樞。以培育優秀人才或儲備人才為目的的機構只有元老院，但也不會因為某人的父親是議員，就讓他自動進入元老院。首先必須當選會計監察官或護民官，以服完該任期為先決條件。因為皇帝有推舉的權力，所以在軍團歷經千錘百鍊的人也有機會得到皇帝的舉薦而出頭。

羅馬人在錄用人才時相當重視門路關係，這甚至可以說是他們現實主義性格的一種表現。所謂門路關係，係指負起責任推薦某個人物。品格崇高才華洋溢的人應該也會推薦人格才能均屬上乘的人才。當然，中間也會有風險。不過，客觀的考試就一定可以規避產生無能惡質行政官的風險嗎？

朱利斯．凱撒將西塞羅推薦的所有人才都網羅到自己的旗下，這是因為他相信西塞羅的眼光。圖拉真也幾乎全盤滿足小普林尼的委託，這也是因為小普林尼的誠懇和奉公守法得到了認可。人才錄用就如同一場比賽。這場比賽的參加者並不只錄用者和被錄用者二人而已，推薦者也包括在內，也就是說，參加者全員都有責任，這也是羅馬人大多採用門路關係錄用人才的理由。

無論是不是因為答應他人委託所產生的結果，讓人產生好感總是一件好事。不過，同樣的事發生在圖密善皇帝時代，元老院就氣得橫眉豎眼的，而到了圖拉真皇帝的時代，元老院不但沒有反彈，甚至起而仿效，沒有任何怨言，這真是個有趣的現象。

小普林尼寫給皇帝的書信常常以"Domine"開頭。所謂 Domine 係指「支配自己的人」，後來被基督教轉用為「神」，翻譯成「主啊」。不過，在羅馬就只有「主君」的意思而已。

儘管如此，元老院對於諷刺詩人馬爾夏 (Martialis) 在詩文中寫著"Domine"，而圖密善皇帝卻置之不理一事感到相當憤怒，塔西圖斯就此斷定圖密善皇帝為專制君主。因為對皇帝的稱呼一般應該是「凱撒」或是「第一公民」。後來只經過了十幾年，元老院議員小普林尼稱呼皇帝為"Domine"，圖拉真也將其視為理所當然，連一向喜歡指摘皇帝缺點的塔西圖斯都沒有表示責難。而且，圖拉真在父親和姊姊死後不但將他們神格化，甚至鑄造紀念銀幣，這項舉動也沒有引發任何不滿。臺伯留皇帝曾經表示「Domine 是僕從們對我的稱呼，大將軍 (Imperator)

是士兵們對我的稱呼，第一公民(Princeps)是羅馬公民對我的稱呼」，但這項聲明並沒有提升民眾對他的好感度。人類真是個不可思議的動物。

無論如何，圖拉真得到了元老院相當高的評價。元老院贈予圖拉真前所未有的稱號——"Optimus Princeps"，直譯的話就是「最高第一公民」，意譯的話就是「至高無上的皇帝」。圖拉真一開始婉拒了這項稱號，但最後還是接受了。我們可以利用這個結果來探討羅馬人心目中的理想皇帝到底該具備什麼條件。

對羅馬人而言，理想的皇帝對基督教徒的態度為何？此外，在法治國家的羅馬帝國裡擔任律師或檢察官，經常直接與法律接觸的小普林尼又是如何看待基督教徒呢？

《小普林尼與圖拉真皇帝的往返信札》中，在後世最有名的地方就是這二人對基督教徒待遇的問答部份。在此介紹這封信的全文。順帶一提，行省總督對行省人民有司法權。

「小普林尼寫給皇帝圖拉真的信

主君啊！當我遇上難以下判斷的場合，首先我會詢問您的意見，這是因為您可以指引迷惘的我，為無知的我開啟一條光明大道。

過去我從未接觸過基督教徒的官司，因此不知道這類官司應該如何進行。到底要掌握到何種程度的證據才可以起訴呢？何種程度的罪狀才可以處以叛國罪或是認定為邪教信仰者而判刑呢？此外，被起訴的當事人的年齡可以成為減輕刑責的理由嗎？在成熟的大人與二十五歲以下的年輕人之間，基督教徒是否可以適用其他刑罰的差別待遇呢？後悔當上基督教徒而放棄該信仰的人是否可以赦免他的罪行呢？或者無論現在有多麼後悔，只要曾經是基督教徒就要處罰他嗎？即使沒有犯下十惡不赦的罪行，但只要是惡名昭彰的組織中的一員，就應該處罰他嗎？

我對於被告發為基督教徒的人，暫且採用下列作法。

我會向這些人詢問三次『你是基督教徒嗎？』，如果三次都回答是基督教徒的人，我會向他確認這是在沒有被逼供之下的回答。姑且不論信奉基督教的意義為何，光是冥頑不靈就應該將他定罪。

一直堅持自己是基督教徒的人之中也有羅馬公民，由於這些人也有控訴皇帝的權利，我便將他們遣返回羅馬。不過，可能是這種作法產生的影響，告發基督教徒的件數不只是增加而已，甚至內容也有了改變。

首先，增加了許多列記一連串名字的黑函告發案件。於是我也改變了因應之道。

第一，被告發者如果表明自己並非基督教徒，或是在我第一次詢問之際向神明祈願，向您的肖像敬拜者，或是辱罵基督教徒者，全部可獲得無罪赦免。因此，法庭也準備有肖像與敬拜的香料、葡萄酒。

第二，即使是被檢察官告發者，一開始雖然承認自己是基督教徒，但之後又推翻前言者，或者以前雖然是基督教徒，但現在已不是基督教徒者。無論三年前也好，二十年前也好，都沒有關係，全部可獲得無罪。不過，這時的無罪赦免有附帶條件，必須敬拜我們的神明，辱罵基督教之神。

根據我所收集來的資訊顯示，會被視為基督教徒的罪行或過失的是，在一定日子（大都是星期日）的黎明前大家聚集在一起，頌唱讚美基督教的聖歌，頌唱結束後，再嚴正宣誓。所謂宣誓並非宣讀進行強盜、搶奪、姦淫等不法行為的誓言，而是要嚴守約定，被委託保管的物品，當委託者要求返還時，必須立即歸還，只不過是這樣的誓言而已。而當此儀式結束後回到家就恢復正常，沒有一點邪氣，和家人一同享用麵包和葡萄酒。雖然如此，我察覺您的想法而下了一道命令，亦即禁止有可能會形成祕密結社的聚會。

就上述情況來看，我認為被告為基督教徒的場合，除了對一般奴隸的審問之外，必須增加逼供的方式，但我在審問稱為助祭的二名女性奴隸後，除了邪惡、狂熱的迷信之外，並沒有什麼新的發現。

因此，在得知您的想法之前，我將有關基督教的官司全部延期，是因為我認為這是值得皇帝裁決的問題。第一，被告發者的人數眾多。第二，今後沒有年齡、社會地位、性別之分，這種現象將有增無減。

這種狂信的污染將不限於都市，也會波及到鄉村。儘管如此，我卻發現這種污染擴大的現象是可以防止的。因為放置不管的神殿和祠堂充滿著前來參拜的人潮，而且長久以來一直不受重視的祭禮也宣告復活。販售家畜肉當作牲品的人日漸減少的現象也得到改善。

基督教的信仰者大部份都是一時受到新事物迷惑而盲目的狂信。因此這種人如果後悔而放棄該宗教，我認為應該可以赦免他的罪行。」

「圖拉真寫給小普林尼的信

親愛的小普林尼，有關你對被告發為基督教徒者的法律處置，我認為非常妥當。這是因為以規範整個帝國的法律來處置此類問題是相當不合理的事。（基督教一開始是從羅馬帝國的東方開始滲透的，在西元二世紀的當時還沒有滲透到帝國的西方。在圖拉真時代有二名主教殉教。其中一人是耶路撒冷的主教，另一人是安提阿的主教。）

像是整肅基督教徒一樣，雖然他們有罪，但強加刑罰在他們身上是不被允許的，但受到正式控訴且自白者應該受到懲罰。雖然如此，對於棄教者固然要有適當的處置，但前提條件是這些人必須明確表示尊敬我們的神明，而且表現出後悔之意。如果可以接受此條件，則可以不計較他的過去，給予免罪。

此外，無署名的黑函告發是不具任何法律價值的。因為承認這種告發，就違反了這個時代的精神。」

以下也順便介紹《聖經．使徒行傳》中，保羅對信徒們的教誨。

「你們在日常生活中不可以互相批評、抱怨，也不可以互相爭執，凡事必須謙卑。因為神的孩子都是完美無缺、潔白無瑕的，但是在邪惡且墮落的社會裡，保持謙卑才可以避免落人口實。

即使生存在邪惡且墮落的社會裡，只有你們必須在黑夜裡點燈，確實維繫神的教誨。」

雖然同樣是神教徒，基督教徒和不斷反抗羅馬的猶太教徒不同，他們在西元七〇年耶路撒冷淪陷之後，就和猶太教徒劃清了界限。他們的行事作風比以往更為謹慎低調。話雖如此，因為多神教與一神教在文明觀方面的不同，羅馬帝國與基督教徒的對立正緩慢切實的展開。

圖拉真的私生活

也許會有讀者表示怎麼都沒有提及圖拉真的私生活，其實是因為沒有什麼值得一提的事。就基督教徒的角度來看，羅馬皇帝正是邪惡且墮落的羅馬社會象徵，但圖拉真卻看不到任何邪惡又墮落的一面。功成名就的人物，一定會有許多親戚前來攀關係，希望能夠一人得道，雞犬升天，但圖拉真卻沒有這樣的親戚。

沒有子嗣的圖拉真有個大他五歲的姊姊瑪爾契娜。姊弟兩人感情非常好。弟弟當上皇帝以後，她也搬入首都羅馬的皇宮中，但完全不會炫耀自己的地位。也就是說，她並不愛出風頭，生活也相當儉樸，只要將家務打理好就很滿足。她唯一掛心的是弟弟的健康。不過，圖拉真是個身體健朗，極少生病的人，因此，這方面也不需要讓姊姊費心。弟弟在姊姊死後將她神格化，而羅馬人對於人死後將其列入眾神之列的作法完全不以為意。根據基督教徒的說法，羅馬人曾有意將基督教之神列入眾神之列，但因為受到基督教徒的反對而放棄。其實被拒絕是預料之中的事。如果基督教徒接受了這種建議，就稱不上一神教了。

瑪爾契娜有個女兒名叫瑪提蒂亞。圖拉真非常寵愛這個小他十五歲的外甥女。不過，這個外甥女的個性和她母親很像，並沒有什麼可供編年史作者參考的話題。

圖拉真的妻子普羅提娜也屬於沒有話題的典型。她和同樣居住在皇宮中的二位小姑相處的很融洽，是圖拉真的賢內助。和生長在行省西班牙的小城市義大利加的瑪爾契娜與瑪提蒂亞不同的是，普羅提娜出生於南法行省的主要都市之一尼姆，並在羅馬長大。她可以高談闊論希臘哲學，是個深具涵養的人，論起這方面的學識涵養，她可是遠遠超過圖拉真。

瑪爾契娜

普羅提娜

然而，她並不會因此而趾高氣昂。雖然圖拉真並沒有給她“Augusta”（可譯為皇后）的封號，她也不會表示任何不滿。順帶一提，圖拉真將“Augusta”的封號賜給死去的姊姊瑪爾契娜。圍繞在皇帝身邊的三個女人都如此樸實的話，羅馬上流人士的夫人也不能無睹於她們的存在，理所當然要樸實。像圖密善皇帝時代的夫人那樣，將頭髮梳高的髮型已不復見。

圖拉真對於姊姊、外甥女的丈夫或是妻子的親戚等人，並不會給予特別的待遇。雖然他將外甥女的女兒莎比娜許配給哈德良（圖拉真是哈德良的養父），但哈德良的晉升全憑他自己的本事，並非圖拉真徇私的結果。亦即，圖拉真雖然熱忱的滿足他人的委託，但處理自己的事絕對光明磊落，不偏不倚。

羅馬時代的史學家們認為圖拉真的缺點不多，其中一項是嗜酒。不過，和普通的羅馬人一樣，在西方天空群星依然閃爍，亦即天還未亮時起床，接著在完成一天的繁重工作後，總希望好好洗個澡，請人按摩一下，然後於晚餐桌上享用葡萄酒。對於習慣在酒中摻入冷水或熱水的希臘人和羅馬人而言，所謂嗜酒指的是直接喝，不經過稀釋。

圖拉真的另一項缺點是喜歡在晚餐席上有貌美的年輕人陪侍一旁。不過，這應該不算是邪惡、自甘墮落的嗜好吧！在黃昏時眺望著被染成暗紅色的天空，傾聽著樹葉間的沙沙作響聲，悠閒度過一天，小普林尼認為這是最無上的享受。對圖拉真而言，貌美的年輕人就是他最大的享受。無論是希臘時代的大作也好，或是羅馬時代的優質仿造品也好，年輕人的完美雕像散發著令人屏息之美。這種感情並非同性戀，只不過是喜歡欣賞這些年輕人在尚未成為男人之前的純粹之美。總之，這就和欣賞風景一樣，其證據就是，圖拉真的「風景」沒有一個人在歷史上留名。

圖拉真的私生活如此健全，缺點又只有這種程度的話，實在讓傳記作者傷透了腦筋。也因此，這位「至高無上的皇帝」沒有成為任何傳記的主角。

不過，被封為至高無上的皇帝也不是一件容易的事。圖拉真儘管得到元老院全員一致表決通過，還是拒絕了「至高無上的皇帝」的尊號。並不是因為他認為自己不配，而是他希望等到自己真正名副其實的時候才願意接受此尊號。所謂真正名副其實，對於在達其亞戰役中創下輝煌戰果，將帝國版圖擴張到最大的圖拉真來說，應該是指完成歷代皇帝尚未實現的大業。

帕提亞問題

羅馬與帕提亞的關係其實就是希臘羅馬文明和波斯(Persia)文明的關係。亞歷山大大帝(Alexander)造成波斯帝國的滅亡，在他死後誕生的泛希臘(Hellenism)諸國中，希臘人唯一可以支配的地方，只剩下舊波斯領地之中臨地中海的西方。而希臘人之後又被納入羅馬版圖。因此，羅馬與帕提亞的正式接觸是從龐培稱霸希臘諸國開始。其後的經過簡單歸納如下：

西元前六十三年，龐培將希臘諸國之一「敘利亞」的塞流卡斯(Seleukos)滅亡後，便在中

近東一帶建立起羅馬霸權。希臘諸國中唯一留下的埃及，事實上早已是羅馬的行省。（詳述於第Ⅲ冊中）

西元前五十四年，龐培、凱撒與克拉蘇組成的「三巨頭政治」中的一巨頭——克拉蘇 (Crassus)，受到當時極負盛名的龐培以及在高盧戰役中屢建戰功的凱撒的刺激，自己也打算征服帕提亞，因而向東遠征。不過，一年之後卻慘遭敗北，幾近全軍覆沒。總司令官克拉蘇以下的指揮官階級，除了率領五百名騎兵倉皇逃跑的加西阿斯 (Cassius) 以外，全都戰死沙場。四萬名遠征軍當中，想盡辦法逃到敘利亞的安提阿的士兵，加上五百名騎兵後還不到一萬名。另外二萬名全部戰死，被俘虜者有一萬多名，雖然免於一死，但都被送到帕提亞王國最東北的梅魯布 (Merv) 服終身役。梅魯布甚至不在現今的伊朗境內，而是位在舊蘇聯的土庫曼尼斯坦 (Turkmenistan)，可說和流放邊境沒有兩樣。（詳述於第Ⅳ冊中）

西元前四十四年，擊敗龐培掀起內戰的凱撒準備遠征帕提亞。其目的有三。第一，為了一雪九年前敗北之恥。第二，為了讓中東諸國重新見識到羅馬的力量。第三，為了救出一萬名羅馬士兵。不過，就在同年三月十五日，凱撒準備出征前，遭到布魯圖斯與加西阿斯一派的暗殺。（詳述於第Ⅴ冊中）

西元前三十六年，安東尼 (Marcus Antonius) 與凱撒的養子屋大維 (Octavianus) 對抗，企圖向東方伸張勢力，另一方面他的愛人埃及女王克麗奧佩脫拉 (Cleopatra) 也希望擴大領土，這二人的野心互相契合的結果，展開了第二次帕提亞遠征。不過，這組人馬也吃了敗仗。十一萬大軍在長達八個月的遠征當中失去了二萬名士兵。縱然沒有被打到潰不成軍，但是仍以失敗收場。覬覦皇位繼任者寶座的安東尼，結果因為這場敗仗，使得他的夢想宣告破滅。（詳述於第V冊中）

西元前二十一年，初代皇帝奧古斯都（以前的屋大維）認為若不解決帕提亞問題，則無法確保帝國東方的安定，因此儘管帝國創設不到十年，他仍然決定出馬解決帕提亞問題。不過，他打算利用外交，而非利用軍事來解決。話雖如此，他並不認為光靠對談就可以解決問題。他先進軍至與帕提亞接壤的亞美尼亞王國，然後與亞美尼亞締結同盟條約，再以同盟為武器逼迫帕提亞出來簽署友好條約。

條約的內容如下，承認亞美尼亞隸屬羅馬的霸權之下，約定幼發拉底河為羅馬與帕提亞支配圈的境界，並宣誓今後互不侵犯，而且，尊重兩國人民通商的自由。帕提亞全盤接受了上述條件。交涉現場是在幼發拉底河中的一個小島上，當時二十一歲的臺伯留代理奧古斯都出席這場和平締結儀式。

三十三年前克拉蘇軍敗北時，以及十五年前安東尼軍敗北時被帕提亞奪去的銀鷲旗在此全部收回。帕提亞兵從陣亡的羅馬士兵身上摘下當作戰利品的冑甲和武器也全數獲得歸還。但是，三十三年前被送到梅魯布的羅馬士兵卻無法按羅馬的要求返回，因為這些被虜的士兵已無一人存活。（詳述於第VI冊中）

自此之後，羅馬與帕提亞之間度過了七十年相安無事的日子。不過，在典型的東洋專制國家帕提亞王國內，為了王位繼承問題動不動就起紛爭。當問題無法擺平時，就對外採取強硬路線。此外，對帕提亞人來說，同樣屬於希臘文明圈的亞美尼亞卻隸屬不同文明的羅馬帝國，這點一直讓他們忿忿不平。

進入尼祿皇帝時代之後，長久以來和平的日子畫下了休止符。這回是由帕提亞先採取攻勢。羅馬則派出名將科普洛來應戰。

尼祿將解決問題的空白委任狀遞交給科普洛，指派他擔任大軍的總指揮，這名武將雖然在軍事上屢建奇功，卻沒有忽視中東的現實問題。他認為就國家型態乃至生活習慣來看，亞美尼亞較接近帕提亞，而非羅馬，故判斷將亞美尼亞置於羅馬之下不符合現實。因此，科普洛向尼祿皇帝提出帕提亞王可接受的妥協對策，亦即亞美尼亞王位由帕提亞王推舉，而戴冠儀式則由羅馬皇帝主持。這項名重於實的解決方法得到了尼祿皇帝的同意。就在西元六十五年，亞美尼亞王前往羅馬接受尼祿戴冠之際，羅馬與帕提亞又再度回歸和平，而且持續了半個世紀之久。這雖然是科普洛立的大功，但尼祿皇帝在外交面的政治直覺也不可小覷。（詳述於第VII冊中）

在西元六十八年到七〇年之間羅馬面臨內戰與猶太叛亂的危機時，帕提亞不但沒有趁亂偷襲，而且還提議派遣援軍，由這點可看出羅馬與帕提亞的這種和平相處模式相當受到帕提亞的支持。（詳述於第VIII冊中）

圖拉真承繼的便是此種狀態下的「帕提亞問題」，看來並沒有訴諸遠征來尋求軍事解決的必要性。雖然如此，長年的和平很容易讓當事者疏於防範，而帕提亞也不是完全沒有挑釁行為。

對羅馬人來說，「帕提亞問題」往往是由亞美尼亞問題開始點燃。這是因為帕提亞一向將亞美尼亞定位為自己的勢力範圍，在帕提亞的宮廷中，地位僅次於帕提亞王的便是亞美尼亞王。正因為基於此現實考量，尼祿的和平協定才能夠維持長久。不過，帕提亞王是個專制君主，專制君主最害怕的並非外敵，而是可能威脅自己王位的人物。指派此種人物擔任無論名譽、權力、財富都位居帕提亞第二的亞美尼亞王，則可以確保帕提亞王的寶座。

亞美尼亞王提里達泰斯打從心底欽佩名將科普洛，在造訪羅馬之後尊尼祿為兄，尼祿隨即派遣技師團幫助亞美尼亞重建首都以作為回應。為了感謝羅馬的援助，提里達泰斯特別將首都改名為尼祿波里斯，完全與羅馬站在同一陣線上。不過，他何時辭世就沒有人知道了。據說生於帕提亞王室的提里達泰斯，只比西元三十七年出生的尼祿小幾歲。假設小個三～四歲的話，根據記載他在位時期相當長，由此一史實來看，在西元九十八年圖拉真即位時他應該還健在。而此時的帕提亞王也由夫拉泰斯輪替為帕科魯斯。帕科魯斯王在提里達泰斯死後，派兒子阿克西達雷斯就任亞美尼亞的王位。此時由於與尼祿的協定依然存在，因此由敘利亞行省總督代理皇帝為亞美尼亞王戴冠。

然而，西元一一〇年，帕科魯斯王撒手歸西。取而代之坐上帕提亞王寶座的是帕科魯斯之弟歐斯羅耶斯。在他即位後不到二年，便以無能為由排擠掉阿克西達雷斯，任命其弟帕爾塔馬西里斯擔任亞美尼亞王。為了爭奪亞美尼亞的王位，家族之間分裂成二派相互鬥爭。為了對抗接受帕提亞軍的支援而挺進亞美尼亞的新王，現任亞美尼亞王轉而向羅馬皇帝求救。

羅馬與亞美尼亞屬於同盟關係。當同盟的一方有難時，伸出援手為同盟國的義務。而且對羅馬而言，沒有與羅馬皇帝商量就擅自更換亞美尼亞王，這也違反了尼祿時代簽訂的羅馬——帕提亞和平協定。帕提亞王的作法簡直讓羅馬皇帝的顏面盡失。不過，帕提亞王並沒有直接向羅馬發動攻勢。而且被弟弟逼退的亞美尼亞王得到國民的支持，也意外的驍勇善戰。如果要派遣援軍的話，單靠駐紮在卡帕杜西亞（與亞美尼亞接壤的行省）的二個軍團應該足夠。

不過，圖拉真判斷這是根本解決帕提亞問題的絕佳時機。圖拉真想出的根本解決之道是利用軍事力徹底殲滅帕提亞。無論如何，圖拉真是個遇到問題絕不迂迴退縮，勇於正面對抗的人。四十五歲當上皇帝的圖拉真，此時正是六十之年。

遠征

西元一一三年十月二十七日，集市民和元老院的信賴和期待於一身，圖拉真踏上遠征之途。隨行的將軍除了一人之外，全部和達其亞戰役時的成員相同。率領著比圖拉真小一代的年輕武將們，圖拉真打算繼達其亞戰役勝利之後再添一筆輝煌戰績。不過，帕提亞遠征的參謀本部這回缺少的並不只一個人。

與圖拉真同鄉、同年，而且任職地點幾乎相同的第一好友——利希紐斯．蘇拉，在達其亞戰役結束後不久便死去。西元一〇七年以後，就沒有人敢不諱言的向圖拉真進諫了。不過，這個缺憾也靠圖拉真自己的控制能力慢慢彌補起來。甚至有研究學者表示，如果蘇拉依然健在，圖拉真大概不會向帕提亞遠征。衷心欽佩圖拉真的優秀武將不乏其人。但這些崇拜者往往比圖拉真本人還激進。而圖拉真對於忠心耿耿的跟隨者的下一代並不信任，這往往是成功者常有的現象。

將軍級的成員雖然和達其亞戰役時並沒有不同，但由於戰場已從多瑙河轉移至幼發拉底河，所以他們指揮之下的軍團當然和達其亞戰役時不同。不過，這也有重新編制的必要。卡帕杜西亞駐紮二個軍團、敘利亞駐紮三個軍團、猶太駐紮一個軍團，羅馬人稱為阿拉伯的約旦也駐紮一個軍團，光是上述地區就有七個軍團。如果再號召埃及的二個軍團，主戰力就有九個軍團，共五萬四千名士兵。羅馬軍在戰場上往往都會加入輔助兵和特殊技能的兵員，因此投入帕提亞遠征的戰力總計達十萬。前線基地為敘利亞行省省都安提阿。羅馬帝國為了確保永久和平，隨時處於備戰狀態，因此各戰略要地的要塞設備、兵糧的確實補給，乃至為了讓上述設備補給充分發揮功能而遍布各地的帝國動脈——街道網都整建完成，可說是準備萬全。從黑海到紅海的帝國防衛線已建構完成且發揮功能。二十世紀挖掘出來的石造路標（羅馬街道中每一羅馬里會立一個石造路標）上所刻的建設年代全都是在帕提亞戰役以前。

總之，只要圖拉真一聲令下，跨越黑海——紅海向東進攻的帕提亞戰役隨時都可以展開。

在秋陽映照之下離開羅馬，沿著阿庇亞大道南下，從貝涅維特經過自己鋪設的阿庇亞．圖拉真大道，然後朝布林迪西方向前進的圖拉真，這回帶了幾個女人同行。除了他的妻子普羅提娜之外，還包括年齡與普羅提娜相仿的外甥女瑪提蒂亞。高官們由妻子陪同前往任職地點在羅馬是司空見慣的景象，儘管如此，也只限於和平安定的行省（小普林尼也是由妻子陪同前往俾斯尼亞行省），而帶女人前往戰地，這回可是頭一遭。

龐培在征服東方一帶時並沒有帶妻子同行。凱撒在高盧戰役的八年當中，也是一個人度過的，雖然是因為他已和妻子離異，不過，就算妻子還在，他應該也不會讓她同行吧！讓妻子一同前往戰地，是羅馬武將絕對不會考慮的事之一。安東尼只是讓克麗奧佩脫拉同行，他旗下的士兵就憤慨不已。

或許圖拉真認為到了安提阿後會將她們留置在那裡，不會帶往帕提亞戰場，所以不用擔心。但是，和埃及的亞歷山大並列東方前二大都市的安提阿，一旦戰爭爆發，隨時都可能變成前線基地。看來圖拉真比一般市民和元老院議員還要強烈認為即使對手是帕提亞，只要他本人親自出馬必勝無疑。

圖拉真一行人從布林迪西上船，橫越亞德里亞海，在希臘上陸。當他們一到雅典，帕提亞王的使節已在那裡等候多時。

使節遵照歐斯羅耶斯王的指示，要求圖拉真同意讓帕爾塔馬西里斯就任亞美尼亞王。圖

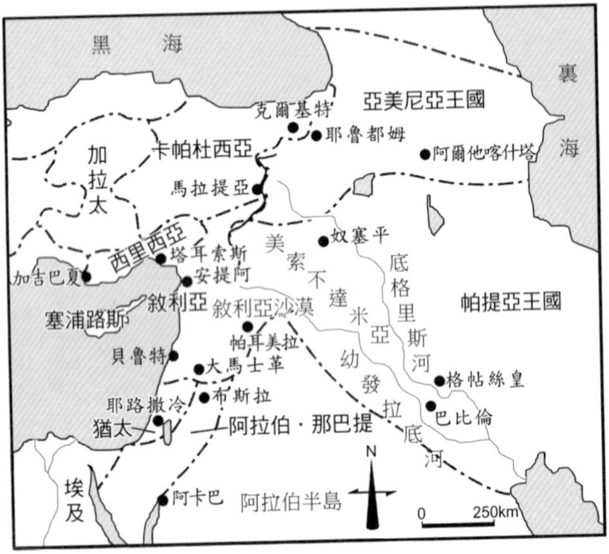

圖拉真遠征帕提亞時的中東

拉真完全不予理會，繼續向東前進。從希臘橫越小亞細亞，皇帝一行人通過小亞細亞南岸到達敘利亞的安提阿時已經是西元一一三年的年底了。

事實上，得知雅典交涉決裂的帕提亞王便對安提阿發動攻勢，但都只是小規模的挑釁攻擊而已，因此當獲知圖拉真已接近的消息後，帕提亞軍就撤退了。

在最適合遠征的春天來臨之前，圖拉真就待在敘利亞行省省都，亦即帕提亞戰役的前線基地安提阿，以整頓軍容來度過這段時期。而這些遠征軍是如何被選拔出來的就不得而知了。因為該時代記錄帕提亞戰役的人士並沒有留下文獻，也不像達其亞戰役一樣，有浮雕作品「圓柱」可供參考。因此，就不可能像加西阿斯·狄奧一樣，在百年後進行歷史著作的追蹤調查。雖然如此，根據一些耐心探尋記錄的研究學者的說法，圖拉真一開始是決定帶領卡帕杜西亞的二個軍團、敘利亞的三個軍團、猶太的一個軍團、約旦的一個軍團，共計七個軍團一同踏上遠征之途。不過，並非整個軍團。各軍團必須留下二個大隊來防守基地。如此一來，就不是七乘上六千人，而是七乘上五千人左右。只算主戰力的軍團兵的話是三萬五千人。

覺得這樣的戰力不夠充分的圖拉真，並沒有從距離近的埃及調派軍力，反而命令萊茵河防衛線的一個軍團與多瑙河的三個軍團朝幼發拉底河前線移動。其理由有二。第一，雖然具羅馬公民權為先決條件，但因為羅馬的開國路線，使得駐紮在東方的軍團大都是東方出身者，圖拉真覺得光靠這些軍團無法讓他下決心前去遠征。第二，有過達其亞戰役經驗的士兵，總是比較值得信賴。

這種情形下必須留下二個大隊來防衛基地，因此，四乘上五千人共計二萬人。主戰力有五萬五千人，再加上輔助戰力的話，總計有十萬。面對比達其亞面積大許多的帕提亞，不知為何圖拉真決定派遣與達其亞戰役差不多，甚至低於當時的軍力來應戰。

西元一一四年的春天，圖拉真將妻子和外甥女留在安提阿，並指派三十八歲的哈德良留守當地，便向帕提亞王國挺進。同行的有達其亞戰役時一起奮戰的將軍們。行軍首先以第十二弗爾密那塔軍團的基地梅利典（現在土耳其的馬拉提亞 Malatya）為目標。這個基地前面就是亞美尼亞領地，是維斯帕先皇帝建設的最前線基地，位於幼發拉底河上游。

從梅利典一直向北方前進，通過羅馬街道，然後到達薩達克（現在土耳其的克爾基特）。這裡是第十五阿波里納里斯軍團的駐紮基地。並在此地與自多瑙河移動過來的先行軍團會師。

圖拉真命令全軍行軍到耶雷各亞（現在土耳其的耶魯都姆 Erzurum）。耶魯都姆位在羅馬帝國與亞美尼亞王國境界線的東邊，這意謂著圖拉真即將向亞美尼亞境內進攻。就連帕爾塔馬西里斯都不敢不在耶雷各亞靜候圖拉真駕臨。

帕爾塔馬西里斯向圖拉真辯解，他之所以沒有前去拜見，是因為行至薩塔拉途中被前王軍隊阻擋。亞美尼亞前王實在無能，所以由同樣隸屬帕提亞王室的自己就任王位，這應該不算違反與尼祿皇帝之間的協定，亦即由羅馬皇帝戴冠的權利。至於戴冠儀式，並不反對由圖拉真皇帝來主持。

隨後帕爾塔馬西里斯便將戴在頭上的王冠脫下，擺在圖拉真的跟前。

圖拉真表示：「尼祿協定中並沒有提及帕提亞王可以不與羅馬皇帝商量就擅自決定亞美尼亞王。」之後便要求帕爾塔馬西里斯及其隨行人員退席。

帕爾塔馬西里斯一行人離開羅馬軍營後沒有多久，全員都被殺死。

圖拉真一接獲此報告，立即宣布卡帕杜西亞和亞美尼亞已整合成一個行省。新行省的總督由具執政官經驗的卡提利烏斯．塞維爾斯擔任。圖拉真並沒有將王位返還給前王阿克西達雷斯。當帕提亞王室的帕爾塔馬西里斯被殺之後，羅馬和帕提亞都卸下偽裝，展開正面衝突。

接到圖拉真命令的將軍們，各自率領旗下的士兵散布至亞美尼亞全境，像是在互相搶功一樣。其中特別是盧西厄．克伊耶圖斯率領的騎兵團最為活躍，他離開歷史上一直是羅馬邊界的幼發拉底河，向底格里斯河上游進攻。就在那年夏天，這一帶的重要都市尼西比斯（現在的奴塞平）淪陷。美索不達米亞(Mesopotamia)北部（現在的土耳其、敘利亞、伊朗接壤的一帶）全部落入羅馬軍手中。這也是未經正式會戰就征服的地區。

接獲此消息的首都羅馬欣喜若狂。而圖拉真也向元老院表示願意接受已婉拒的「至高無上的皇帝」(Optimus Princeps)的尊號。

不過，短暫的秋天和漫長的嚴冬即將逼近。將兵們都需要充足的休息。圖拉真雖然貴為這一帶的豪族，卻沒有回到安提阿，而是和士兵們一起在戰地過冬。

西元一一五年，帕提亞戰役邁入第二年，從這年春天到秋天，羅馬軍更加擴大了東南的勢力範圍，圖拉真一行人也抵達底格里斯河。此時宣布已被征服的美索不達米亞成為羅馬行省。

這個稱霸圈如果確定，原本羅馬帝國東邊的國境是從黑海沿著幼發拉底河一直到紅海，這條境界線將變成從裏海到亞美尼亞、底格里斯河，一直到紅海的出口阿拉伯半島。這是否正是圖拉真的夢想呢？或者他希望將霸權更為擴大，征服帕提亞後，讓羅馬帝國的領域擴展到印度呢？根據歷史記錄指出，數年前曾有印度使節前來拜訪羅馬，並會見圖拉真。研究學者亦表示，也有中國的使節前來拜訪過羅馬。無論如何，在這一年的年底，沉浸在勝利喜悅中的元老院，早已決定贈予圖拉真象徵帕提亞稱霸者的"Parthicus"的尊號。

不知是否因為圖拉真已對此戰果感到滿足，這一年冬天他返回安提阿。然而，就在圖拉真停留在安提阿的那段時間內，當地發生了地震，他也因此受了輕傷。雖然圖拉真不崇尚迷信，卻有不少士兵認為這是不祥的預兆。

以征服昔日亞述(Assyria)和巴比倫王國(Babylonia)繁盛之地為目標，西元一一六年，當春天來臨時，圖拉真離開安提阿，準備率領南下的軍隊朝東方前進，到達底格里斯河，再沿河南下，最後抵達帕提亞王國的首都格帖絲皇（現在伊拉克的首都巴格達Baghdad附近）。雖然這條路線和亞歷山大大帝的東征路線相同，但圖拉真並不是想要仿效亞歷山大大帝。只不過像亞歷山大一樣無與倫比、具戰略眼光的前人所開拓出來的行軍路線，相信任何人都有可能承襲。這就和古代的港口一直到現在還被當作港口活用的道理是一樣的。當然，對士兵宣稱這是四百五十年前亞歷山大大帝走過的路線，對鼓舞士氣相當有助益。

帕提亞王國的首都格帖絲皇的攻城戰經過，並沒有文獻史料可供參考。不過，據說輕而易舉就將城池攻破。而利用船隻運來的羅馬式攻城武器第一次派上用場。

帕提亞王歐斯羅耶斯在城池淪陷前就已開始逃亡。羅馬軍的戰利品是黃金製的玉座和帕提亞王的女兒。就在士兵們鎮壓完首都之後，圖拉真帶領一群幕僚，從格帖絲皇前往離該地不遠的古都巴比倫造訪。接著，他說了下面這句話：「如果我還年輕，很可能早就進軍至印度了。」

帕提亞首都淪陷的消息傳到羅馬後，原本不願意破壞莊重形象的元老院議員還是開心的手舞足蹈，全體一致表決通過要盡情的為皇帝圖拉真舉行凱旋式。

另一方面，比東征時的亞歷山大年齡整整大了三倍的圖拉真，雖然沒有繼續向東進軍，卻向南方伸出觸角。他到達底格里斯河與幼發拉底河流入的波斯灣(Persian Gulf)。

當然，過去從來沒有一位羅馬皇帝或是軍團長階級曾將觸角伸展到此地。波斯灣如果也併入羅馬的霸權之下，東方到西方的通商路，亦即從黑海到波斯灣一直到紅海，就完全隸屬羅馬所管。如此一來，扮演東方與西方仲介角色的帕提亞的重要性就減少許多。

對羅馬而言，帕提亞問題之所以不容易解決，主要是因為羅馬帝國的東方一帶，是以敘利亞的安提阿和埃及的亞歷山大為二大中心地，這一帶長久以來一直與扮演東方物產仲介角色的帕提亞維持經濟上的密切關係。正因為如此，便無法在守護帝國東方的幼發拉底河防衛線上築起一道高聳的長城。只能讓當地保持「開放國境」的狀態。因為唯有確保帝國東方經濟安定，西方的羅馬帝國才能夠長治久安。

如果帕提亞王國從地球上消失，或者就算沒有消失，若能夠將之追趕到波斯灣東方，變成一個小國的話，背負羅馬帝國東方經濟重擔的希臘裔民族，就可以像過去受到亞歷山大大帝東征激勵的希臘人一樣，不斷往東方擴展活動圈。帕提亞國內現在也有幾個希臘系城市，雖然四處分散，但這些都是亞歷山大大帝所留下的禮物。如果將羅馬與帕提亞之間的幼發拉底河這道國界去除，因為同屬希臘裔民族，應該很容易維持共存共榮的關係。

有關圖拉真決定出兵帕提亞的原因，由於沒有留下任何可供參考的史料，只能憑靠想像，但假設圖拉真有意效法亞歷山大大帝的話，則帕提亞遠征應該不是因為對未知地的好奇心，也不是因為無止盡擴大領土的欲望，而是因為感受到亞歷山大東征留下的遺產，亦即促進東西方人與物交流的魅力。而且，與亞歷山大時代的西方截然不同的是，羅馬帝國時代的西方已經成為人與物交流的一大重鎮。如果圖拉真的這個理想能夠實現，則圖拉真就真正成為名副其實的「至高無上的皇帝」了。

不過，結論先說，這個夢想終究沒有實現。

帕提亞王國一直是個專制君主國家，但並非在擁有強權的國王底下設置完善的官僚機構，國家的運作也並非一絲不苟。而是由國王整合在各地割據的豪族，以此型態成立的國家。因此，每當王室因為繼任者問題產生紛爭之際，各地的領主間也會為了該支持誰而爭端四起，這是帕提亞最大的問題所在。即使同樣是波斯灣系的國家，和亞歷山大大帝進攻當時的波斯帝國相比，已是個型態截然不同的國家。

然而，一遇到外來的攻擊，此種型態的國家卻比較有利。這是因為各地的諸侯在被征服時會成為直接的受害者。如果是從前的羅馬，會善待征服之地的權貴階級，賜予他們征服者的家門名，或是使其成為統治機構的一員。但是達其亞戰役之後，全面殲滅達其亞民族的戰後處置方式，打破了帕提亞諸侯們的美夢。

各地的諸侯如果提供各自的兵力，集結到逃亡中的國王底下，意圖群起反抗羅馬的話，圖拉真反而容易應付。如此一來，就和大流士(Darius)集結十五萬，甚至三十萬大軍來迎擊亞歷山大的情形相同。圖拉真並不像亞歷山大一樣是個足智多謀的天才型武將，圖拉真率領的是擅長進行會戰，亦即以廣大戰場為舞臺驅使戰術的羅馬軍團。

不知是否推進到波斯灣就已經滿足，圖拉真決定返回安提阿過冬。先行至幼發拉底河中游，然後再沿著羅馬街道向西回到安提阿。當獲知圖拉真已抵達安提阿的消息後，宛如所有人事先約定一樣，美索不達米亞全區開始暴動。

不確定這是不是和逃亡中的帕提亞王歐斯羅耶斯連絡之後的結果，也不知道是不是諸侯們共謀的暴動。總之，帕提亞軍採用游擊戰法來對付殘留在征服之地的羅馬軍。與其說是因為諸侯們憂心帕提亞王國的存亡，倒不如說他們體認到這是攸關自己生死存亡的危機。

正規軍如果沒有戰勝就是失敗，游擊隊即使沒有戰勝也不算失敗。羅馬軍在稱霸當地，將其要塞化後，卻在城中動彈不得。甚至傳出陷入游擊隊的誘導作戰的軍團長已戰死的消息，事態已嚴重到不容忽視的地步。位於安提阿的圖拉真接到的無數報告中，都不斷顯示美索不達米亞全境已形成烽火之海。

如果在隔年春天發動大型攻勢的話，羅馬軍應該可以撲滅這場暴動之火。話雖如此，大火撲滅之後，下一步又該如何做呢？為了持續以軍事力鎮壓，勢必得將投入帕提亞戰役的十一個軍團全部留守在美索不達米亞。然而，羅馬的防衛線並不是只有東方。繼續鎮壓美索不達米亞要付出如此高的代價，羅馬帝國可能承受不了。

位在安提阿的敘利亞行省總督的官邸已開始議論紛紛。達其亞戰役以及帕提亞戰役都在圖拉真的指揮下一同奮戰的將軍們大多表示，為了維護羅馬帝國的名譽，應該予以大反擊，而圖拉真的想法又是如何呢？這點我們無從得知，唯一知道的是，過去一向身體健朗的皇帝病倒了。而且，六十三歲的圖拉真除了帕提亞問題之外，還有一件令他憂心的事。

一年前，也就是西元一一五年，圖拉真率領的羅馬軍前往征服美索不達米亞北部之際，猶太一帶也爆發了叛亂。和往常一樣，是起因於與希臘裔民族之間的對立。雖然這種事已屢見不鮮，但猶太人對希臘人的憎惡，卻轉化為對羅馬人的憎惡。希臘人是經濟高手，而猶太人在經濟方面的能力也不比希臘人遜色。正因為如此，這兩者常發生利害衝突，很容易就演變為民族間的對立。此外，希臘人與羅馬人可以共存，而猶太人卻是嚴格奉行一神教，拒絕與羅馬妥協，一直伺機尋求獨立。就在羅馬全心全意投入帕提亞問題之際，猶太人趁機發動叛亂。

不過，猶太地區是羅馬帝國的行省。行省人民的叛亂，對羅馬人而言不只是叛亂而已，甚至是一種背信行為。事實上也是如此。

此外，如果說希臘人為交易之民，那麼猶太人就是通商之民。因為幼發拉底河西方與東方的希臘人之間會互相連絡，因此羅馬領地內的猶太人與帕提亞領地內的猶太人之間也有往來。

就因為這樣，羅馬人一直認為誘使猶太人叛亂的就是帕提亞人。事實上，有研究學者指出，在帕提亞人以游擊戰法對付羅馬軍時，居住在美索不達米亞各個都市的猶太人就在後方支援帕提亞人。

在猶太地區點燃的叛亂火苗也延燒至帝國內部的埃及、昔蘭尼加（Cyrenaica，現在的利比亞 Libya）、塞浦路斯（Cyprus）。發動叛亂的猶太人並沒有襲擊羅馬的軍團基地。攻擊的矛頭全都指向希臘系居民的商店和農園。在埃及行省長官指揮下有二個軍團，但卻太慢出兵，導致叛亂擴大，因而遭到解任，由年輕武將托爾波接替他的職位，由於托爾波的驍勇善戰，再加上希臘裔居民的協助，成功的鎮壓住埃及和昔蘭尼加的叛亂。但是，塞浦路斯的暴動情況就相當嚴重，猶太人看到非猶太人就殺，還將羅馬公民關在圓形競技場中殺害，叛亂之火一發不可收拾，一直等到派出曾參加過帕提亞戰役的第七克勞狄亞軍團才控制住緊張情勢。並將存活的猶太人流放到邊陲之地。塞浦路斯自此之後甚至禁止猶太人進入。如果違反此條規定，格殺勿論。

雖然成功的鎮壓住叛亂，但並沒有將火苗完全熄滅。四處可見烽火。西元一一七年春天到來，原本此時應該前往鎮壓已擴散到帕提亞西方一帶的游擊隊，但圖拉真已不再向東行。就在這一年的七月底，圖拉真一行人離開安提阿，啟程回羅馬。重病的皇帝由妻子普羅提娜和外甥女瑪提蒂亞陪伴在旁，乘船向西前進。帕提亞戰役的總司令官則由哈德良擔任。

辭世

然而，回西方的這趟航行並沒有持續很久。航行到小亞細亞南岸時，圖拉真的病情已開始惡化。他們決定先將船停靠在附近的塞利努斯（現在的加吉巴夏）的港口，等候皇帝病情好轉後再出發。不過，卻沒有得到預期的結果。西元一一七年八月九日，皇帝圖拉真逝世，還差一個月就滿六十四歲的圖拉真，在二十年的治世之後離開人世。在他臨死之前，指派哈德良為繼任者。

經過簡單的火葬後，遺灰就由同行的妻子普羅提娜、外甥女瑪提蒂亞和近衛軍團長阿提安守護，重新啟程回羅馬。從圖拉真胸懷大志，向東出發的那一年開始，已經過了四年的歲月。當一行人抵達羅馬後，市民們和元老院並非以喪禮，而是以凱旋式來歡迎。在四匹白馬拉曳的戰車上擺放的是皇帝的骨灰罈。以死者作為凱旋式的主角，是在八百六十九年的羅馬歷史上首次出現的案例。

正因為圖拉真的風評絕佳，即使過了一千九百年後的現代，還是到處可見圖拉真的雕像。我站在其中一尊雕像前，很自然的脫口說出下面這句話。

「你為何如此地鞠躬盡瘁呢？」

當然大理石的雕像不可能回答我的問題。因此，就由發問的我來代替他回答。用一個較有學問的說法就是「假設」。根據字典的解釋，所謂假設就是合理說明事實的假定，總之就是想像。不過，這可不是憑空想像，而是根據各種事實做出的推測。因此我臆測了圖拉真心中的想法如下：

「因為我是行省出身的第一位皇帝，因此我比任何人還要努力。」

因為是第一位女性……，因為是第一位東洋人……，所以比一般人還要努力，這樣的人不是很多嗎？

不管如何，圖拉真在二十年治世當中，的確全心全力扮演了好皇帝的角色。

第二章

皇帝哈德良

在位期間：

西元一一七年八月九日～一三八年七月十日

少年時代

哈德良在西元七十六年一月二十四日，出生於稱為希斯帕尼亞的伊比利半島的南部小鎮義大利加。比生於同一城鎮的圖拉真小二十三歲。由於西元前三世紀末的第二次布尼克戰役時，西比奧．亞非利加努斯為了建設義大利加而派遣退役士兵進駐當地，因此義大利加出生的羅馬人的祖籍都是本國義大利。圖拉真的祖先是出生在義大利的哪個城市已不可考，但哈德良的祖籍就有史實可供參考。據說哈德良的名字來自亞德里亞海，他的祖籍地靠近亞德里亞海，是義大利中部的小鎮。

家族成員進入羅馬社會的領導階層「元老院階級」的時期，也比父親時代才開始的圖拉真還要早。西元前一世紀中期，在與元老院派的抗爭中獲勝的朱利斯．凱撒積極提拔行省出身者，而哈德良的祖先也是因為凱撒的推舉而進入元老院。不過，之後他們的家族就不再有人名垂青史，這或許是因為欠缺人才所致。哈德良的父親最高也只當到法務官而已，因為他在達到執政官資格年齡之前就去世了。

無論如何，到了西元一世紀，長久以來一直沒沒無聞的圖拉真家族，比哈德良家族的地位還要高。哈德良的父親雖然在維斯帕先皇帝時代晉升貴族之列，但據說這也是因為在維斯帕先之下屢建功績的圖拉真父親之大力引薦。靠著伯父的關係，外甥才得以在元老院議員中成為上席貴族。之後當上皇帝的圖拉真與哈德良的父親是堂兄弟的關係。

哈德良的父親和加地斯出生的帕莉娜結婚，育有和母親同名的女兒以及哈德良，一共是一男一女。帕莉娜的家世平凡，和哈德良的父親同樣住在倍帝加行省內，兩者住家距離不到一百公里。而女兒帕莉娜也嫁給同樣行省出身的塞維安。

雖然身為元老院階級之上席貴族的兒子，但哈德良並沒有生長在特別的環境中。哈德良在十歲之前一直住在西班牙南部的鄉下。在他十歲那一年，父親去世。

被委託的監護人有二位，一位是圖拉真，一位是阿基利烏斯．阿提安。

當時的圖拉真三十三歲。只不過是在軍團執勤的大隊長，沒有人認為十二年後他會當上皇帝。哈德良的父親因為和圖拉真是同鄉且為堂兄弟關係，因此將年幼兒子的將來託付給他。另一人阿提安雖然也和他是同鄉，但在羅馬社會中次於元老院階級，屬於第二階級——騎士階級(Equitas)。被委託擔任監護人時，此人的地位為何無從得知，但他一定和圖拉真的父親一樣，賭上自己的命運，努力累積軍團資歷。哈德良的父親並非將兒子託付給居住在首都羅馬的名流人士，反而選擇了二名實力派的年輕人。

由於戰爭及其他諸多因素，以致許多羅馬人很早就失去父親，委託監護人或是養父已成為極普遍的制度。因此，受託人一般也會盡力達成任務。父親早死的小普林尼被伯父大普林尼接去撫養。哈德良的養父圖拉真和阿提安也在商量之後，決定讓十歲的哈德良在首都羅馬接受中等教育。就這樣，哈德良十歲到十四歲之間，在羅馬接受了充分的基礎教育，這可是義大利加無法比擬的大都市。據說他是昆提利亞（Quintilianus，圖密善皇帝委託撰寫《教育論大全》之人）的私塾學生之一。或許就在這一年之間，他被當選法務官而回到首都執勤的圖拉真接回家中照顧。

但是，原本就很聰明伶俐的哈德良，在此時期對希臘文化之美大開眼界。學習希臘文是羅馬的菁英階級不可或缺的教養，但少年時期的哈德良熱衷的不只是希臘文，他對整個希臘文化都醉心不已。和他一同學習的少年朋友甚至還給他取了一個「希臘之子」的綽號，然而，這卻讓二位養父極為擔憂。

羅馬的男性必須剛毅質實，這是共和政治時代羅馬菁英們的信念。進入帝政時代之後，特別是在首都羅馬，剛毅質實雖然不像過去那麼受重視，但這種想法不知為何在邊境一帶比中心地區還要完整的保存著。圖拉真和阿提安也是剛毅質實的男性。這兩個人認為，對希臘文明的傾倒就等於軟弱。因此，十四歲的哈德良被送回故鄉義大利加。

不過，這二位養父又有新的煩惱了。哈德良開始迷上狩獵。由於那一帶屬於平緩的丘陵區，因此很適合騎著馬兒追趕豬鹿，感覺愜意無比。或許狩獵並不違反剛毅質實的原則，但重視平衡感的羅馬人不允許對某事過於熱衷或是沉溺，這是他們的傳統。故鄉的生活經過了三年，似乎已體驗過兵役見習期間的哈德良又再度被喚回羅馬。

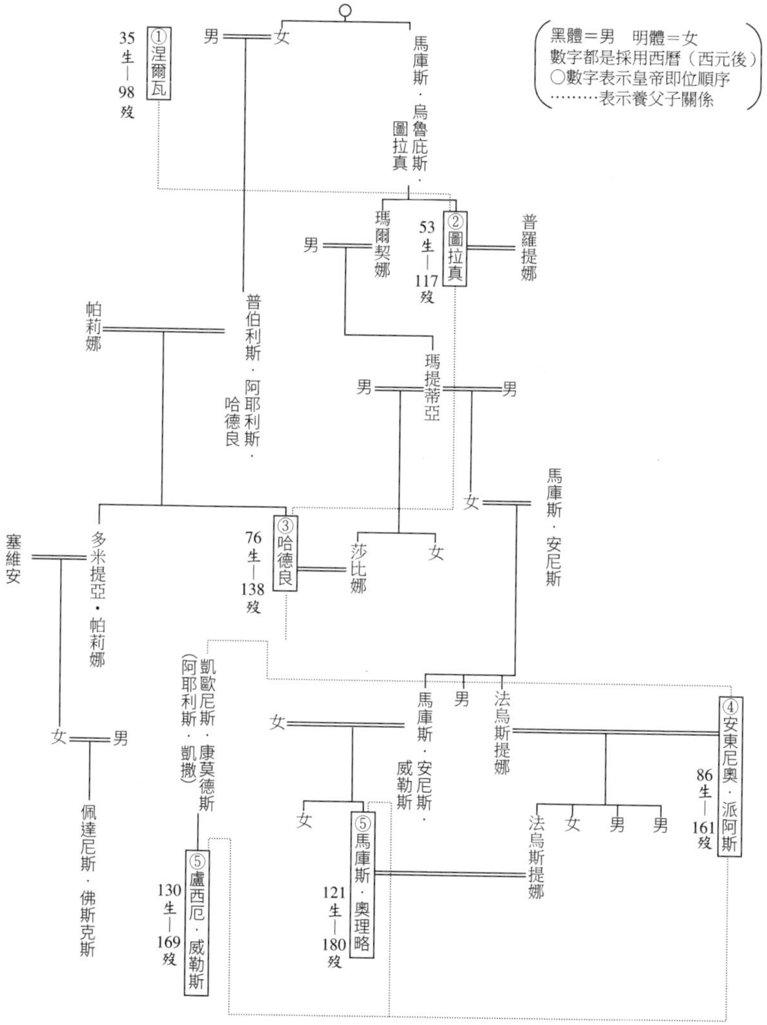

涅爾瓦皇帝到奧理略皇帝為止的族系圖（部份省略）

儘管如此，晚年哈德良的二大娛樂便是希臘文明和狩獵，他對這二者之愛已經在十幾歲時就根深蒂固了。這二者看似完全相反的嗜好，其實可以用「情欲」一條線加以結合。哈德良一生都是個重情欲的人。

青年時代

當哈德良再度被喚回羅馬後，二位養父商量的結果，決定讓他先從末端行政職開始做起。這是從共和政治時代留傳下來的官職，工作內容主要是審查由奴隸變成解放奴隸者，是否符合取得羅馬公民權的必要條件。不過，任務不只於此，初代皇帝奧古斯都將遺產繼承和監護是否適當的審查也列入這個官職的工作之一。審查結果合格的話，就給予認可，如果需要打官司的話，就交由法務官來處理。同事大都是二十歲左右的年輕人，一共十人。

不分共和政治、帝政時期，羅馬的菁英培育制度十分耐人尋味，二十幾歲的年輕人就已經可以處理民間瑣事等人類社會最基層的工作。按察官的任務主要是監視公娼制度是否健全發展，會計監察官的工作則是檢查金錢的出入，護民官負責保護一般公民的權利，換句話說，就是社會工作者 (Social Worker)。這些職務和被要求在任務性質上全能 (Generalist) 的軍團士官勤務交互經驗過之後，年滿三十歲就可以進入元老院。當上元老院議員之後，不只包括社會瑣事，也要處理國家大事。

因此，未滿二十歲的哈德良的下一項職務便是軍團士官。

首先他被送到駐紮在遠旁諾尼亞行省的第二亞狄特里克斯軍團。軍團基地位於現在匈牙利的首都布達佩斯，為多瑙河防衛線的要塞。他可以說突然被送到最前線。

雖然如此，他在軍團內的地位還是很高，因為生為元老院階級者慣例可擔任「紅披肩大隊長」，與編制十人的首席大隊長的地位不相上下。在介紹圖拉真時也曾提到，之所以如此命名是因為只有這種隊長可以披上與元老院議員的鑲邊寬外袍一樣的紅色「披肩」。不過，如果穿上這種帥氣軍裝而太過得意，是無法擔當大任的。由於地位僅次於軍團長，因此當軍團長遇有不測時就必須立即取代他的職位，指揮六千名軍團兵和四千名輔助兵。

讓沒有軍務經驗的二十歲左右的年輕人擔當如此重大的任務，似乎有欠考慮。不過，這種作法在羅馬帝國算是常態。因為既然受到外界的敬重，就必須擔負起更重要的職責，這是理所當然的事。此外，即使沒有軍務經驗，也會有軍務老手從旁給予支援。沒有紅披肩的大隊長幾乎都經過軍團的千錘百鍊，特別是被稱為「羅馬軍團之梁柱」的百夫長個個都是身經百戰的佼佼者。

如此一來，這些可謂空降部隊的「紅披肩大隊長」表面上受到大家的敬重，事實上，往往會遭到軍務老手們毫不留情的批判。因此，對他們而言最重要的課題便是，致力將外界對他們表面上的敬意化為發自內心的尊敬。不過，這可是需要靠能力來取勝的。正因為是在最前線執勤的士兵，所以深知無能的指揮官會造成士兵傷亡慘重。年輕的哈德良通過了這一關的考驗。

經過了二年，他奉命調職。這回的執勤地點是在多瑙河下游的遠莫埃西亞行省，擔任第五馬其頓卡軍團的「紅披肩大隊長」。這個軍團的駐紮地位於現在羅馬尼亞的特洛埃斯密斯，附近也是防衛多瑙河下游與黑海二地的艦隊基地。

在此地執勤期間，皇帝圖密善遭到暗殺。帝位由深受元老院支持的涅爾瓦接任。就在這政局動盪不安的西元九十六年，哈德良滿二十歲。

西元九十七年十月，涅爾瓦皇帝指名圖拉真為繼任者。就在二個月後的九十八年一月二十七日，已屆高齡的涅爾瓦逝世。

根據《皇帝傳》(*Historia Augusta*)的作者指出，當時二十二歲的哈德良，為了盡快讓圖拉真得知涅爾瓦的死訊與他即將登上皇位的消息，特別騎著馬朝多瑙河上游前進，一口氣越過「日耳曼長城」，來到萊茵河中游的科隆。因為是養父的榮譽，令他感到無以言喻的喜悅。此時正值寒冬，而且那一帶的酷寒非比尋常。雖說他只不過是穿越當時堪稱高速公路的羅馬街道來到科隆，但是這也要年輕才可以辦得到。這裡有個疑問，若要傳達皇帝的死訊與新皇帝即位的重要消息，與其從首都羅馬傳達到多瑙河下游，再由哈德良一路驅馬千里迢迢傳到科隆，還不如從羅馬一路北上，直達科隆比較快，不是嗎？在此暫且將此疑問擱置一邊。四十幾歲的圖拉真看到過去一直令他擔憂的哈德良，在嚴冬中老遠趕來，已完全蛻變為成熟男人的模樣，這比當上皇帝還要令他高興。

之後哈德良到底是留在圖拉真的營中，在一旁協助皇帝專心準備達其亞戰役，再於一年半後和圖拉真一起回到首都羅馬，還是再度回到多瑙河下游的基地，繼續擔任次席軍團長的軍務就不得而知了。無論如何，西元一〇一年，他當選了會計監察官，踏出了「光榮資歷」的第一步。此時正值二十五歲，可以說是順利的起步。

不過，當上會計監察官的哈德良，皇帝圖拉真並沒有給他特別的待遇。由於二人關係親近，所以不用對他特別顧慮，因此又派給他一項新的工作。就是當皇帝因公務在身無法出席元老院會議時，他必須將皇帝的意見書呈到元老院，並在會議席上誦讀。

但是，就在第一次機會來臨時，在下面聆聽的元老院議員忍不住笑了出來。他們是笑這名年輕的會計監察官的拉丁語發音夾雜非常嚴重的「鄉音」。不論當時的國際語言——希臘語說得有多好，如果不能流利的說出羅馬世界的另一個國際語言，且對羅馬人而言算是母語的拉丁語的話，則沒有資格晉升羅馬帝國的菁英階級。為此事耿耿於懷的哈德良拚命學習拉丁語，結果在短期之內克服了年少時的鄉音問題。順帶一提，哈德良對於連政敵都肯定的朱利斯·凱撒的文章讚美辭，就充滿了「都會的」味道。

此時的奮發學習讓哈德良接到了新的任務。會計監察官的任期順利屆滿後，他被指派的新任務是「元老院議事錄編輯」的工作。不只要歸納整理元老院會議的討論內容與決議，交給專屬筆記者謄寫和保存，而且還要拷貝數份，分發給帝國各區的總督、軍團以及地方政府。即使身在邊境，但可藉由這份議事錄來了解首都情勢，現代研究學者認為這就像是「羅馬時代的報

哈德良

莎比娜

紙」一般，想出這個點子的是朱利斯·凱撒。而二代皇帝臺伯留創設了"curator actorum senatus"的官職，可以勉強將其譯成「元老院議事錄負責人」，之後成為正式的制度。被指派此項官職顯示哈德良的拉丁語已經達到「都會的」水準。

另一方面，哈德良在此時期結婚。對象名為莎比娜，是圖拉真姊姊瑪爾契娜的女兒瑪提蒂亞的女兒。亦即，他迎娶的是皇帝外甥女的女兒。因為哈德良是圖拉真堂兄弟的兒子，所以與皇帝的親族關係更為密切。無子嗣的圖拉真最親近的家族當中，哈德良是唯一的男子。

或許就在此時期，哈德良開始意識到自己對皇帝寶座的野心。他認為圖拉真的接班人應該是自己。而且差二十三歲，正是接任皇帝最適當的年齡。不過，絕不可就此掉以輕心。圖拉真是個公正不阿的人，他不會因為是自己的血親就給予特別待遇。話雖如此，圖拉真在四十四歲那年被皇帝涅爾瓦指名為繼任者之前，做夢也沒有想到自己會繼承皇位。相對的，哈德良在二十五歲時就已經野心勃勃，朝繼承皇位的目標邁進。正因為圖拉真是個公正不阿的人，要達成此目標反而簡單。毋須嘗盡風險，只要盡力完成皇帝交付的任務即可。

西元一〇一年到一〇二年展開的第一次達其亞戰役，哈德良在中途加入。此時的戰役哈德良並未被賦予肩負責任的職務，因此也沒有立下值得記錄的戰功。與其說是參戰，其實他只不過是待在圖拉真的陣營裡，像在作客一樣。之後哈德良在自己撰寫的回憶錄（這也是與羅馬帝國一同滅亡的統治者們的回憶錄之一）中表示，當時自己已是圖拉真的親密伙伴中的一員。根據羅馬時代的史學家們的說法，一直陪伴圖拉真痛飲葡萄酒到最後的便是哈德良。圖拉真一向喜歡直接喝不經稀釋的酒，幕僚們全都不勝酒力，一一被擊倒，只有剛滿二十歲的哈德良一直陪他喝到最後。事實上，就因為圖拉真自己身為武官，與作戰相關的問題都與身經百戰的勇將們一同商討，他根本不將二十幾歲的年輕人放在眼裡。

不過，三年後的西元一〇五年到一〇六年展開的第二次達其亞戰役，圖拉真卻將重擔交付給哈德良。圖拉真任命他擔任駐紮在波昂的第一米納爾瓦軍團的軍團長，與他指揮下的軍團一同參與達其亞戰役。三十歲左右就可指揮包括軍團兵、輔助兵在內的一萬名士兵，這種待遇在羅馬並不算特例。但是，受託的時期並非平時，而是戰時。而且與第一次不同，第二次達其亞戰役時的羅馬軍就像在戰場中完全被解放一般，徹底投入戰鬥。對這個年輕的野心家而言，這可是發揮戰略戰術與軍事長才的絕佳良機。哈德良也充分活用了這個機會。他率領的第一米納爾瓦軍團明顯活躍於戰場上，在守衛萊茵河與多瑙河防線的將兵之間，哈德良的名字很快就被傳了開來。

邁向皇帝之路

跟隨著達其亞戰役大獲全勝的圖拉真凱旋歸來的哈德良，就在那年成為法務官候選人，隨後並當選為法務官。達到「光榮資歷」的第二階段，但也因此被要求「受惠者對社會的回饋」。他必須對羅馬的鬥劍士比賽和競技會提供四百萬塞斯泰契斯銅幣的資金援助，圖拉真代替他捐贈了這筆款項。這是因為哈德良並不富裕，而圖拉真盡其監護人的義務。在羅馬社會中被委託為監護人者，就另一層意義來看，就像是養父一樣。

哈德良的養父除了圖拉真之外，還有阿提安。此人被當時繼任皇帝的圖拉真任命為近衛軍團的長官。也就是說，哈德良的養父分別是皇帝與近衛軍團長官，可說是身價非凡。

法務官任期屆滿後，就具有擔任行省總督的資格。不過，具法務官經驗即可擔任總督，只限皇帝行省（皇帝有總督任命權）。元老院行省（元老院有總督任命權）的總督，必須是具執政官資歷者方能擔任。

因此，哈德良前去赴任的是多瑙河前線的遠旁諾尼亞行省。和他擔任「紅披肩大隊長」時最初執勤的地點相同。總督官邸所在之省都，位於有軍團基地的阿克因肯（現在的布達佩斯）。

但是，當上總督之後，任務就不只是率領軍團進行防衛而已，要負起統治行省（包括行省人民）的重責大任。而且此時正值達其亞剛被行省化之際，可從達其亞正西方直接監視的布達佩斯之重要性也就提高了不少。哈德良被派遣到遠旁諾尼亞行省，表示皇帝圖拉真對他相當信賴。

三十一歲的哈德良也完美回應了皇帝的信賴。達其亞族滅亡後，薩爾馬提亞族自許為多瑙河北岸的最大勢力，並以此氣勢渡過多瑙河侵入羅馬領地，將其擊退的就是哈德良率領的第二亞狄特里克斯軍團。

但是，待在遠旁諾尼亞的哈德良於隔年就被喚回首都羅馬。因為他成為執政官的候選人，也就是當選了執政官。元老院內的選舉，只要是皇帝的推薦，候選就等於當選。

三十二歲要當上執政官，只有破格提拔才有可能。雖然受到圖密善皇帝認可的圖拉真，也是在很年輕的時期就有第一次的執政官經驗，但卻是在三十八歲的時候。三十二歲只能說是特例。據說這是圖拉真的同鄉、同輩且為最親近的好友利希紐斯．蘇拉強力舉薦的結果。蘇拉或許很早就看出哈德良雖然與圖拉真和自己一樣出生在西班牙，但卻具有不同的人格特質，因此反而是繼承圖拉真的最佳人選。

不過，年紀輕輕就擔任過執政官的哈德良，其後四年可謂懷才不遇。

理由之一是，極度賞識他的蘇拉在哈德良就任執政官之前就死了。

理由之二是，對哈德良異常的晉升速度深感不悅的將軍們（圖拉真稱之為「四天王」），在蘇拉死後更加深了對哈德良的不滿。圖拉真不能忽視他們反哈德良的情緒，也開始反省自己是不是對哈德良太過偏袒了。

無論如何，圖拉真是以公正為首要原則之人。他最討厭外界認為他袒護自己親信。因此，哈德良在三十幾歲的四年當中，雖然具有「前執政官」的資格，但沒有因此當上行省總督。話雖如此，並不代表圖拉真討厭他。他有時會指示沒有工作的哈德良為自己撰寫正式演說的講稿。

在這四年當中，哈德良到底在想些什麼我們無從得知。就算《回憶錄》存在，應該也不會提及當時的想法吧！在懷才不遇的四年中之最後一年，也就是西元一一二年，哈德良獲得希臘雅典市頒贈的"archon"的稱號。這是全盛期雅典的最高官職，梭倫(Solon)和希密斯托寇(Themistocles)也是其中一員，可謂光榮公職。不過，隨著都市國家雅典的衰退，羅馬時代的"archon"即淪為一項有名無實的榮譽職。頒贈此稱號的雅典，是希望皇帝家族一員的哈德良能夠擔任雅典的監護人。對少年時代就被冠上「希臘之子」綽號的哈德良而言，這是最令他喜出望外的禮物。

不過，哈德良雖然懷才不遇，卻依舊展露其耀眼光芒。而且他又年輕。似乎在此時期，明顯形成了反對哈德良與支持他的兩派。前者是自認可以守護圖拉真的將軍們。後者為年輕一代，雖然同樣受到圖拉真任用，守護著圖拉真，但地位僅處於軍團長階級。此時期圖拉真對哈德良的態度不明，或許正反映出圖拉真非常擔憂這兩派的對立。

雖然如此，圖拉真並不會只因為這樣的擔憂就左右他的人事調度。西元一一三年秋天，帕提亞遠征的一行人當中也看到了哈德良的身影。

年長之女

《皇帝傳》的著者表示，哈德良三十七歲時能夠回到第一線上，是因為皇后普羅提娜的推舉。甚至提到普羅提娜對哈德良無法抗拒。所謂「無法抗拒」應該是指「愛戀」或是「疼愛」，但實際上又是如何呢？

首先來看普羅提娜的年齡，世人雖知她的歿年，卻不知她何時出生，就圖拉真周邊人士的夫妻年齡差距來看，她可能比丈夫小十二、三歲，比哈德良大十或十一歲。順帶一提，哈德良與妻子莎比娜的年齡差距為十二歲。

普羅提娜

那麼，令年長十歲的女人「無法抗拒」的男人要具備什麼條件呢？

第一，貌美。不過，不只是外表佼好，要「美」到令人發出驚嘆之聲才行。

第二，年輕。並不是年紀輕就好，要給人一種很新鮮、垂涎欲滴的感覺。

第三，頭腦清晰。理所當然，智慧要比知識受到重視。

年長女人特別喜歡可望成為下一代勝者的年輕人。

第四，感受性豐富。正因為她們看慣了感受性差的丈夫和同年代的男人，所以特別喜歡想法激進、努力自我控制的男人。

第五，野心家。不過，要抓住熟知世事的女人的心，不能只侷限於想出人頭地或是成為富翁這樣小的野心。必須擁有極大的企圖心，大到連本人都擔憂是否可以實現才行。

哈德良符合了上述所有條件。

不過話說回來，女人對丈夫要求的條件就不同了。即使上述五項條件並沒有完全符合也無妨，相對的，她們要求的是物質和心靈上的安定性。哈德良和普羅提娜、圖拉真的姊姊瑪爾契娜、圖拉真的外甥女瑪提蒂亞等年長女人的關係極佳，但與妻子莎比娜卻始終處不好。莎比娜年紀比他小，更糟的是，她是哈德良的妻子。給身邊的人安定感是哈德良最束手無策的事。

羅馬時代的史學家和編年史作者們想深入調查普羅提娜和哈德良的實際關係，結果卻宣告失敗。這是因為他們將問題鎖定在他們兩人之間是否有性愛存在。普羅提娜是頗富涵養、自視甚高的女人。對這樣的女人而言，愛並不一定等於性愛。她並不是害怕不倫之戀被揭發後，女人會被驅逐到小島上，男人會被判處死刑。她只是不希望因為性愛的介入，使兩人變成普通的男女關係。而且，圖拉真是個好丈夫，哈德良則是個年輕的野心家。既然如此，何需維持一般的男女關係呢？普羅提娜並不是希臘悲劇的主角，她很重視自己的感情，可以說凡事以利己為出發點。而哈德良，若要以一句話來形容，只能說他是個徹底的自我主義者。

我確信這兩人之間沒有性愛存在，正因為如此，普羅提娜才能一直活在哈德良的心中。

姑且不論是否為皇后推舉的結果，參加帕提亞戰役的哈德良和第二次達其亞戰役當時一樣，得以率領軍隊參加實戰。因為圖拉真任命他為敘利亞行省總督。而在戰役中他被指派留守在安提阿。雖然如此，在戰時與埃及的亞歷山大並列為東方二大都市的安提阿，可不允許他在此過著豪華的官邸生活。所謂前線基地係指重視補給站的補給基地。執行此任務的責任就落在總督哈德良的肩上。除此之外，他也有責任保護陪同圖拉真前來的普羅提娜與瑪提蒂亞之安全。

不過，敘利亞行省總督負責管轄駐紮在帝國東半部所有的軍團，因此也可以說是帝國東方的防衛責任者。「名望」相當高，但是論起率領軍團參戰的「實質」，哈德良在帕提亞戰役中卻完全沒有。圖拉真將實戰的指揮全部交由在達其亞戰役一同出生入死且經驗老道的將軍們。自視甚高且對自己的才能極有自信的哈德良，在三十七歲到四十一歲這段時期內的想法，因為沒有書信可供參考，所以無從得知。不過，哈德良雖然身處後方，勢必一直目光炯炯的凝視著帕提亞戰役的發展。

如同圖拉真皇帝的章節中所述，圖拉真一直寄予厚望的帕提亞戰役，結果卻事與願違。因為憂心而病倒的皇帝，應該更容易接受妻子、外甥女們的進言。我們知道圖拉真此時打算返回首都羅馬。當圖拉真任命敘利亞行省總督哈德良為遠征軍的總司令官，且下達繼續作戰的命令後，圖拉真一行人便從安提阿啟程行海路返回西方。

然而，在航行到小亞細亞南岸時，圖拉真的病情急轉直下，立刻將船停靠在附近的港口塞利努斯，等待病情好轉，但卻沒有得到預期的結果。西元一一七年八月九日，羅馬帝國譽為「至高無上的皇帝」圖拉真結束了他六十四年的生涯。據說在他臨死之前指名他的養子哈德良為繼任者。

自此以後，哈德良的繼位便成為一個謎團，即使到了現代，還是不斷有人將此事寫成研究論文。

皇位繼承之謎

圖拉真的確是在指名哈德良為繼任者之後才去世的嗎？或者是親眼目送皇帝死去的普羅提娜暫時封鎖住此消息，緊急派遣密使通知位在安提阿的哈德良，而哈德良在旗下軍團對他宣誓效忠後，等待即位成為既成事實，然後再將皇帝的死訊公諸於世呢？當時許多人質疑的就是這一點。

陪在臨終的皇帝身邊的只有妻子普羅提娜、外甥女瑪提蒂亞以及近衛軍團長官阿提安與皇帝的侍醫四人。

圖拉真一直疼愛有加的外甥女瑪提蒂亞比普羅提娜小二、三歲，但與年齡相仿的舅母感情一直很好。據說她們就像親姊妹一般，對普羅提娜所提的建議最先表示贊成的就是瑪提蒂亞。瑪提蒂亞對於女兒的丈夫哈德良，並不會因為是自己的女婿而偏袒，而是因為欣賞他的才華，所以當女兒對丈夫大吐不滿時，她都聽不進去，因此，對女婿而言，她可說是最理想的岳母。

近衛軍團兩位長官中的一人阿提安，是哈德良的另一名監護人，在哈德良十歲時開始代理父親的任務。

此外，皇帝的侍醫不知為何在數日後死去，而且死因不明。

主張圖拉真沒有指名哈德良為繼任者就死去的人提出以下三項論據。

一、亞歷山大大帝也只留下「具有統治帝國能力之人」一句話，沒有具體指名繼任者就撒手歸西。

二、據說圖拉真生前曾向法律學者尼拉提烏斯．普利斯克斯表示，若自己有什麼三長兩短，帝國的統治將託付給他。

三、據說在帕提亞戰役時，圖拉真曾寫給元老院一封信，其中提到為了避免帝國統治有空白期，將送一份列記適當人選的名簿給元老院，請他們從中選出繼任者。這也是一項傳聞。

首先來看第一項，即使是在當時，這也只不過是個小道消息。責任感強的圖拉真應該不會像亞歷山大一樣，做出這麼不負責任的事。因為亞歷山大心中並沒有適當的繼任人選，但圖拉真心中卻有。

接著來看第二項，這也是重視現實的圖拉真不太可能做的事。愈是法律專家，就愈容易受到現有法律的約束。不過，政治家的立場就不一樣了，即使是現在沒有的法律，但若有需要，則必須創設新的法律。讓「法務部長」擔任行政院長的作法，絕對不符合圖拉真的作風。

問題就出在第三項。圖拉真一生以公正作為座右銘，而且一向尊重元老院。因此這一項是圖拉真可能會採取的作法。但元老院並不曾接到過這樣的名簿。到底圖拉真有沒有製作這份名簿一直是個謎。

不過，當時的羅馬人並不像後世的研究學者一樣那麼執著於解開此謎團。因為冷靜仔細一想，當時羅馬的領導階層中並沒有比哈德良更適合繼承皇位的人才。

首先，四十一歲的年齡可以讓人們安心。

第二，哈德良過去的經歷，無可挑剔的網羅了各個領域，具有充分資格擔任帝國統治的最高責任者。

第三，他的頭腦清晰是元老院眾所皆知的事。

第四，他在軍團的將兵之中頗具人望。

八月九日，根據哈德良的《回憶錄》所示，在安提阿接到自己正式取得繼任者地位的消息。

八月九日，皇帝死於塞利努斯。

八月十一日，東方軍團的將兵齊聲擁戴哈德良為「大將軍」，並向他宣誓效忠。

從塞利努斯到安提阿有四百公里的海路。如果搭乘高速船的話，是二天可以到達的距離。如果目送皇帝死去的人決定暫時封鎖住消息，只要將公諸於世的日期拖延二天即可。就圖拉真一生展現的強烈責任感，以及多數人認可哈德良是繼任皇帝之適當人才的事實來看，即使皇帝是在臨終的最後關頭才決定繼任者，人們應該可以接受哈德良繼任皇位是圖拉真所期望的結果。

儘管如此，圖拉真為什麼一直到臨終之前還遲遲不決定繼任者呢？

自從十歲那年被委託擔任哈德良的監護人以來的三十年，縱然時而會分開，但一直和他維持著父子關係，因此如果說對哈德良的個性不甚了解，實在是說不過去。

此外，他應該知道哈德良累積了各種資歷，已經充分完成被賦予的職責。論起責任感，他絕對沒有問題。

而且哈德良經歷過各項公職，已具備了統治者的資質，這也是眾所皆知的事，只有圖拉真一人還存有不安的說法，實在令人無法接受。

哈德良對希臘文化和狩獵的嗜好，只要不超越限度，羅馬人則將其視為一種「美德」。

雖然如此，圖拉真在六十四歲之前，卻一直沒有指名繼任者。如果是顧慮到將軍們之間的反哈德良情緒而感到躊躇不前，實在不像是圖拉真的作風。

就我的想像來看，在圖拉真的心中，對於哈德良有一股自己無法理解的感情在作祟。或許可以說是人格特質的不相投，但又稱不上討厭，這應該就是他感到一絲不安的理由。這種感情對女人普羅提娜而言是刺激的魅力所在，對男人圖拉真而言，即使理性可以接受，一旦要付諸行動時卻又成為令人猶豫不決的理由。

拉丁語有一句話是"in extremis"。即使到了現代，無論英語、法語或是義大利語，都一直沿用這一句拉丁語，意思是指「最後關頭」。哈德良的皇位繼承可說是這句"in extremis"的最佳範例。

哈德良從安提阿寄出當上皇帝後第一封親筆信函給羅馬的元老院。

首先，他對於自己未經元老院的同意而接受軍團的效忠宣誓表明謝罪之意，他辯解的理由是，帝國統治不允許有空白期。的確，安提阿到羅馬之間，往返需要二個月的時間。元老院似乎也有同感，很簡單的就同意讓哈德良繼任皇位。之前我曾經提到許多次，羅馬皇帝必須得到元老院的承認才能夠得到正式的地位。

在哈德良的親筆信函當中還提到一項表面上理所當然，事實上卻隱含深遠意義的請求，希望元老院能夠通過將先帝圖拉真神格化的請求。這個請求必須由現任皇帝提出，在得到元老院的同意後才能夠實現。治世不到一年半的涅爾瓦之所以成為羅馬眾神之一，也是因為圖拉真期盼先帝能夠神格化，而得到元老院認可的結果。因此，提出將先帝神格化的請求只不過是新皇帝的首項任務。但在羅馬，皇位繼承人通常和現任皇帝具有養父子關係。一旦圖拉真成為神，養子哈德良便成為神之子。這就和凱撒的養子奧古斯都在凱撒被神格化之後，即使是肉體之軀，也成為「神之子」的道理是一樣的。

羅馬人擁有三十萬之多的神明，他們對於皇帝死後的神格化一點都不會感到神經質，但就政治面來看，「神之子」有著令人無法忽視的力量。過去只不過是聚集羅馬帝國菁英之元老院的一員而已，一旦成為神之子後，地位便超過其他元老院議員。奧古斯都完全理解並活用當上神之子的好處，而立志成為奧古斯都第二的哈德良應該也有同樣的想法。哈德良雖然身在安提阿，但很早就開始鞏固自己的地位。

皇帝生涯

在“Imperator Caesar Traianus Hadrianus Augustus”這個正式名稱之下，哈德良的治世，套一句羅馬人的說法就是「皇帝生涯」(dies imperi)，從一開始就有堆積如山的問題亟待解決。

其一是猶太問題。二年前的西元一一五年爆發的猶太教徒的叛亂還沒有完全平定。哈德良命令派往當地的勇將托爾波盡速終結叛亂。正常的都市或城鎮一定會有猶太人居留區，顯示猶太人的離散傾向相當強烈，因此為確保帝國東方的安定，絕不容許放任猶太人社會呈現不安定狀態。

其二是不列顛燃起的原住民叛亂。這些人的居住地帶似乎是在現代的英格蘭和蘇格蘭鄰接的地區，但解決此問題不需要派遣司令官。因為不列顛已有三個軍團常駐。明明如此，為何還會有叛亂發生呢？這和猶太人趁著圖拉真全力投入帕提亞戰役時，伺機發動叛亂的情況一樣，不列顛人也認為此時期正是造反的好時機。如果兵力集中在廣大帝國的一處，其他地區的防衛勢必會鬆懈。這並不是指實際的防衛戰力，而是因應防衛的警戒心。戰鬥心旺盛的卡雷德尼亞（Caledonian，現在的蘇格蘭）便趁隙發動攻勢。不過，正因為問題只是在於警戒心的有無而已，所以只要擔任最高司令官的皇帝以嚴正態度應戰的話，這種情緒應該會感染到當地的軍團。事實上，當羅馬軍團正式予以反擊時，不列顛問題便輕而易舉的解決了。

第三項問題是，北非茅利塔尼亞行省掀起的叛亂。有關這個叛亂並未留下詳細史料。或許是火速將已平定猶太人叛亂的托爾波派到當地，因此在叛亂初期就將情勢控制住。不過，此次叛亂並不是趁帕提亞戰役之隙而挑起的。

據說叛亂的帶頭者，是活躍於達其亞、帕提亞二大戰役的茅利塔尼亞出身的騎兵們。這是因為他們的隊長盧西厄．克伊耶圖斯覺得圖拉真在臨終前對帕提亞戰役的態度太軟弱，心頭怒氣難消，再加上對圖拉真的繼任者哈德良的不滿所產生的反應。哈德良認為此次叛亂雖然規模很小，但必須完全鎮壓住才行。

第四項問題是，多瑙河北岸的薩爾馬提亞族動不動就威脅羅馬領土，此問題亦有待解決。哈德良這回決定親自出馬。理由是薩爾馬提亞族是哈德良在擔任遠旁諾尼亞行省總督時代應付過的蠻族。不過，另外還有一項不能公開的理由。這是因為當時為了將參加帕提亞戰役的多瑙河駐軍撤走，便以要擊退入侵的蠻族為由進行撤軍，而由皇帝親自率領較能夠緩和撤軍帶來的負面印象。

總之，繼承皇位後，哈德良面對的最大問題便是該如何終止帕提亞戰役。

不過，哈德良心中似乎已有定案。某位希臘研究學者曾說過「守護帝國安全不可或缺的便是和平，為了帝國的將來著想，甘冒危險，在所不惜」。這正是哈德良打算採取的行動。

然而，這就和臺伯留皇帝繼奧古斯都嘗試征服延伸到易北河（Elbe River）的日耳曼民族之後，硬是把軍隊撤回萊茵河的行動一樣危險。亦即，他必須有心理準備，可能會招致兩派人士的反彈和輕蔑。一是希望繼續進行戰役的將軍們，二是因帕提亞首都淪陷而欣喜若狂，甚至允許民眾盡情為圖拉真舉行凱旋式的元老院。

臺伯留皇帝自日耳曼撤軍的作法是，先將總司令官日耳曼尼克斯的任地調到東方，然後將過去每年自萊茵河沿岸基地向日耳曼進攻的羅馬軍留置在萊茵河的軍團基地，成功的完成撤軍。而哈德良也打算以類似作法來進行撤軍。

由圖拉真任命為帕提亞戰役總司令官的哈德良，便以擊退薩爾馬提亞族為由，帶領軍隊朝多瑙河前線移動。

東方的防衛線則回歸圖拉真時代確立的黑海——紅海的防衛線。參加過帕提亞戰役的東方各軍團也回到戰役之前的駐紮地，致力鞏固黑海——紅海的防衛線。

和臺伯留皇帝當時不同的是，對於可謂參謀本部的將軍們的待遇。臺伯留當時將總司令官日耳曼尼克斯的任地調到東方，旗下的將軍們也和他一同前往新任地，而將軍隊撤回多瑙河前線的哈德良並沒有這麼做。理由是這些將軍們從圖拉真即位後一直與他同甘共苦，因此在首都羅馬為圖拉真的遺灰舉行的凱旋式中可不能缺席。其實真正的理由是，哈德良希望為這些將軍們開啟一條引退之路。事實上也是如此。因為這些將軍們回到首都羅馬以後，沒有一人再回到前線去。

看到羅馬軍沒有再向前進的帕提亞王，回到了首都格帖絲皇。向美索不達米亞一帶擴展的反羅馬的游擊隊活動也消失無蹤。亞美尼亞的王位則由帕提亞王任命帕提亞王家的一員來擔任，哈德良也同意了此作法。

也就是說，一切回歸到帕提亞戰役前的狀態。不過，哈德良並沒有將在帕提亞首都淪陷時從圖拉真手中取得的黃金玉座和公主還給帕提亞。此外，帕提亞與羅馬原本應該在幼發拉底河的小島上進行和平協定，由帕提亞王和皇帝的二位代理人來正式簽署，相互確認。但這項儀式並沒有進行。如果進行的話，醞釀已久的反彈情緒很可能會一發不可收拾。撤軍的作法，無論賦予什麼理由，都不能改變不名譽的事實，所以盡可能的不讓撤軍一事太過顯眼。將圖拉真指派為亞美尼亞行省總督的塞維爾斯調來擔任防衛帝國東方的最高責任者——敘利亞行省總督，也是基於此項考量。

在東方應進行的處置已全部完成的哈德良，在該年的十一月率領軍團啟程回西方。他們橫亙小亞細亞，渡過赫雷斯龐托斯海峽，然後進入歐洲。這趟行軍也順便將一同前去打仗的軍團一一置回原本駐紮的基地。之後當代的人評論哈德良為"immensi laboris"（不知疲累的工作者），因為他從不浪費機會和時間。

多瑙河流入黑海的下游北岸，被向北突出的達其亞行省和黑海包圍，此處為斯拉夫(Slav)裔的羅克蘇拉尼族的居住地。這個部族之長與哈德良會談後，和羅馬締結了同盟關係。部族的權貴階級並得到羅馬公民權，這是羅馬向來的作法。

就在隔年（西元一一八年），哈德良很快的移動到多瑙河中部，這回他向居住在達其亞和遠旁諾尼亞行省之間的雅契格族，提出締結同盟關係的交涉。觀看地圖可能會覺得不解，為何羅馬未將這一帶行省化。如果行省化的話，多瑙河防衛線應該可以縮短，不過，這是因為與羅馬之間長久以來維持同盟關係的對象，即使是蠻族，羅馬也會尊重其獨立性。哈德良似乎是一個喜歡以會談來決定事情的人。

同年春天，皇帝沿著多瑙河一直向遠旁諾尼亞行省移動。對於此地的薩爾馬提亞族，他也只能訴諸武力。他本身則待在布達佩斯的總督官邸，將指揮權交給成功平定茅利塔尼亞叛亂，並將該族驅逐到多瑙河一帶的勇將托爾波，命他將薩爾馬提亞族追趕到多瑙河北方，進行擊退戰。順帶一提，圖拉真任命的遠旁諾尼亞行省總督，在與薩爾馬提亞族的戰鬥中不幸戰死。

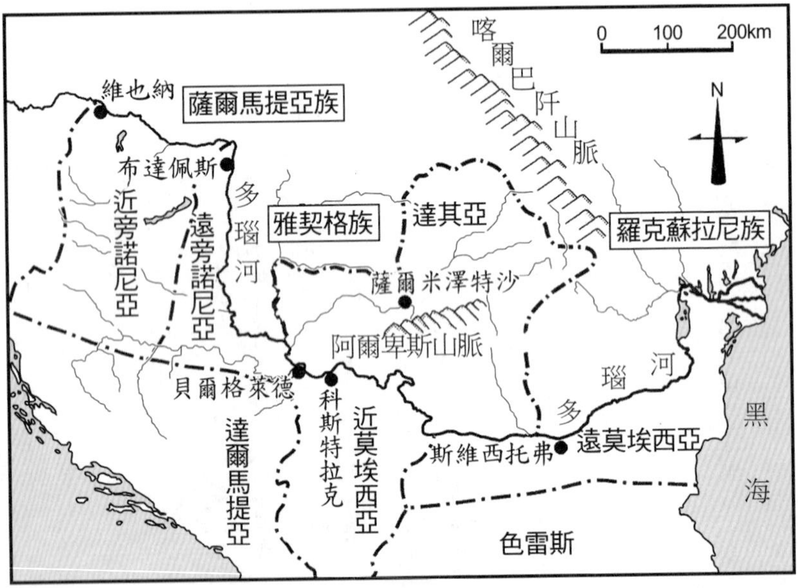

多瑙河流域

多瑙河北岸一帶的大勢力達其亞王國被圖拉真完全殲滅一事，對羅馬帝國而言可說是除去心頭大患般的痛快。但同時也意謂著，在達其亞族聲勢壯大的當時不敢聲張威勢的中小部族將開始出來作怪了。當然，敵人分立比較容易對付。不過，可能的話最好以外交來解決，外交行不通的話只好訴諸武力來解決，這點必須有所覺悟。羅馬人斷言這些人就是蠻族，不只是因為彼此生活水準的落差，同時也帶有守法的羅馬人對這些不遵守誓約的民族的一種蔑視。

滯留多瑙河前線時，哈德良接到了近衛軍團長官阿提安的密函。其中提到先帝的四名重臣正密謀採取反哈德良的行動。

整肅

哈維迪烏斯·尼古利努斯——圖拉真任命他為達其亞行省的第一任總督，活躍於達其亞、帕提亞二場戰役中，是一名深得圖拉真信賴的武將。

科內利烏斯·帕爾馬——稱霸阿拉伯（現在的約旦），也是阿拉伯行省的第一任總督，擔任過二次執政官。

普伯利烏斯·克爾蘇——此人亦為圖拉真旗下的將軍。他擔任過二次執政官。順帶一提，就連圖拉真也只擔任過三次執政官。

盧西厄·克伊耶圖斯——在本冊中已提到多次，他是北非昔蘭尼加（現在的利比亞）出身的將軍。率領茅利塔尼亞的騎兵團活躍的情景，在「圖拉真圓柱」中出現的場面數僅次於圖拉真，經歷過達其亞、帕提亞二場戰役，為圖拉真的副將。此人也和其他三人一樣，是當時的羅馬人只要一聽到「具執政官資歷者」就會聯想到的人，隸屬元老院議員中的最上層階級。

哈德良應該料想的到會有這樣的密謀造反舉動。如同希臘研究學者所言，「守護帝國安全不可或缺的便是和平，為了帝國的將來著想，甘冒危險，在所不惜」，對哈德良而言，這裡所指的「危險」應該是對他有別於圖拉真時代的政治方針之反彈。

看了密函之後，哈德良也暗中回信給阿提安，命令他立即採取因應措施。近衛軍團的職務類似現代美國的 FBI（聯邦調查局）。其長官阿提安也「立即採取了因應措施」。近衛軍團士兵一接到長官的命令，隨即分頭採取行動。

尼古利努斯在義大利北部法恩札 (Faenza) 的別墅被殺害。

帕爾馬則在義大利中部德拉奇納的別墅被殺害。

克爾蘇被殺害的地點是位在義大利南部拜爾的別墅。

盧西厄．克伊耶圖斯不知其目的地為何，只知他是在旅途中被殺害。

元老院就像是突然被澆了一盆冷水般。這並不是被逮捕或是被判處的死刑，也不是在夜深人靜時被強盜侵入殺害。而是在光天化日之下，被近衛軍團的士兵不由分說的殺害。而且這四人都是「前執政官」。在圖拉真二十年的治世當中，別說是曾當過執政官的人，連元老院議員都沒有一個人曾以謀害皇帝的罪名，亦即叛國罪被提起公訴，接受審判，處以死刑。雖然曾經有前執政官接受過審判，但這是因為要糾舉行省總督當時的惡政，因此，可以說沒有一人被冠上過叛國罪。

認為殺害皇帝等於是對國家的反叛行為，因而將叛國罪法制化的是初代皇帝奧古斯都，他是因為深怕重蹈凱撒被暗殺的覆轍。然而，這項法律卻被之後即位的皇帝們當作整肅元老院內反對派人士的武器來惡用。臺伯留、尼祿、圖密善這三位皇帝的時代之所以與元老院交惡，就是因為他們將此法當作剷除異己的工具。才剛當上皇帝的哈德良殺害元老院四名重量級人物的作法，讓元老院重新喚起過去的惡夢。他們擔憂圖密善皇帝末期的恐怖政治又要重新展開。

在哈德良自己撰述的《回憶錄》中，曾辯解自己並沒有下令殺害先帝的四名重臣，而阿提安卻擅自將他們殺害。在《皇帝傳》中也有這方面的記述。而在法國女作家瑪格莉特．尤斯娜創作的現代最著名的歷史小說《哈德良的回憶》(*Mémoires d'Hadrien*) 中也大致上持相同看法。

尤斯娜的歷史小說是相當精彩的文學作品，她將年邁的哈德良對年輕的奧理略（Aurelius，哈德良的下下任皇帝，人稱哲學家皇帝，為五賢君之一）寫的信札放入作品中。因為是老哈德良的回憶，所以整個作品充滿著憂鬱的氣氛，雖然是一本小說，但調查工作巨細靡遺，邊讀邊發現書中的內容是摘錄自某項史料，或者是根據某項史實，每一項論述都有歷史佐證。就這層意義來看，這本小說足以和德國劇作家布萊希特 (Brecht) 的著作《朱利斯．凱撒的事業》在文壇上齊名。不過，和散文風格且重現實的凱撒相比，哈德良複雜的個性再加上現代化的風格，比較容易成為小說的主人翁。話雖如此，布萊希特的作品呈現一種悠然自得之感，他精彩描繪出將共和政治輕鬆轉換為帝政的凱撒。

然而，尤斯娜因為這個作品，成為首位進入法蘭西學院 (Academie Francaise) 的女性，可見這本《哈德良的回憶》是相當成功的作品。現代的法國人對於哈德良的喜好遠遠超越羅馬時代的任何一位皇帝，這都要歸功於尤斯娜。姑且不論是否可以接受尤斯娜眼中的哈德良，《哈德良的回憶》可以帶給我們欣賞文學作品最高傑作的一大樂趣。

那麼，尤斯娜對於哈德良生涯的唯一污點——殺害四名「具執政官資歷者」的作法又是如何解釋的呢？以下介紹這一部份的全文而非摘要，表示我對尤斯娜的敬意。因為藝術作品是不能分割的。

「接到過去的監護人使用暗碼的信函，是在薩爾馬提亞族的權貴階級表示恭順，可望歸還義大利之際。在信函中提到返回羅馬的克伊耶圖斯已和帕爾馬會面的消息。此外也提到，我們的敵人回到象徵他們社會地位的要塞，開始召集旗下的士兵，如果他們策謀造反，我們的安全將受到威脅。

我命令阿提安立即採取因應措施。我所愛的這位老人便立刻展開迅雷不及掩耳的行動。然而，他所做的已經超越我的指令。他的一擊使得我的敵人從地球上永遠消失。

就在同一天，只差數小時而已，克爾蘇在拜爾被殺害，帕爾馬在德拉奇納的別墅，尼古利努斯在法恩札的鄉下家門口，克伊耶圖斯則在與共謀者密談後，回程途中於馬車上被殺害。

首都羅馬頓時陷入一片恐怖氣氛中。我年邁的姊夫塞維安表面上因我的即位而放棄自己的野心，但內心卻巴不得我趕快犯錯，因此當我整肅那四人時，他一定感到一生中最大的喜悅。充滿惡意的傳言再一次充斥我四周。

我在返回義大利的船上接到這個消息時，感到一陣錯愕，雖然任何人都會對除去敵人感到安心，但萬萬想不到我的養父竟不顧之後會產生的影響，而採取這般激烈的行動。他忘了一件事。他忘了我在今後的二十年中，都會籠罩在這四人的死所帶來的陰影之下。

這讓我回想起幾件事實。在屋大維時代決心整肅反對派，結果成為奧古斯都治世的污點。在治世之初尼祿的犯罪，促成了之後尼祿的惡業。然後是圖密善的最後幾年。雖然他並不出色，但和其他皇帝相比絕不會遜色，卻因自己失去人性的行為造成恐怖氣氛，最後縱然身在宮中，卻像是被追趕到森林深處的野獸一般死於非命。

我的政治生涯已經從我雙手開始崩解。有關我的記錄的第一行已經深深刻下這個污點。這件事永遠無法從我心中磨滅。元老院，這個偉大卻又脆弱的政治集團，在意識到自己可能會被殺害後，將會團結一致，他們絕對忘不了因為我的命令而使那四人被殺害的事實。

我鄭重命令阿提安立即前來布林迪西，對他的所作所為提出說明。

他在靠近港口的旅館一室中等我。雖然拖著蹣跚的腳步，卻還是來到門口迎接我。因為他得了痛風。

當我們獨處一室時，我開始迸發對他的叱責。

我告訴他自己其實打算建立一個平和理想的治世，卻萬萬想不到他竟然不經思索就對那四人處刑。就算其中一人確實該殺，但在欠缺合法性的情況下處刑勢必招致責難。這次因為他的濫用權力，想必今後無論我的施政如何寬大公正，都會經常落人口實。不只如此，連我的德政都會被解釋成虛偽，成為傳聞中的昏君，永遠在歷史上留下惡名。我也告訴他自己感受到的恐怖心情。人性當中原本就隱含殘酷的本質，我可能因此會變成一個殘酷的君主。常言道，犯罪會招致犯罪，我應該也是其中的一個案例吧！就好比食血知味的野獸一般。

論起忠誠心絕對無可挑剔的這位老友，或許很早就知悉一切，想利用我的弱點，表面上裝作是為我好，卻藉此對長年不和的尼古利努斯和帕爾馬進行清算。這種作為不只讓我亟欲建立的和平大業陷入危險之中，更讓我返回羅馬蒙上一層陰影。

老人問我可不可以坐下。他坐下之後，將包著繃帶的腳放在旁邊的腳臺上。我一邊說話一邊將毛毯蓋在他生病的腳上。

他一直靜靜聆聽我的傾吐。就像是教師看著學生簡單完成困難背誦時一樣，淺淺的微笑著。

當我話一說完，他便以穩重的聲音問我，你原本打算如何處置那些反對你的人士呢？然後他又表示，如果有必要的話，蒐集那四人意圖謀害你的證據其實很簡單，雖然如此，但那到底有什麼幫助就另當別論了。他接著這麼說。

沒有剷除異己不可能順利完成政權交替。不弄髒你的手而替你代勞的角色就是我。如果輿論要求一定要有人充當犧牲者的話，你大可解除我近衛軍團長的職務，這是很簡單即可解決的事。

他連解決方案都已經想好了，而且還建議我採用這個作法。如果為了改善與元老院的關係不得不採取極端措施的話，他表示也可以降他的官位或是將他流放到邊境，他絕不會有任何怨言。

過去阿提安對我而言，是個當我缺錢或是日子困難時願意聽我訴苦的養父，而且是個忠實的導航人。不過，這是我第一次仔細端詳他鬍子刮得很整齊的臉龐，以及那靜靜交錯在拐杖上歷經風霜的手。

這個男人之所以幸福的幾個要素我很早就知道。一是他深愛的、健康情形不佳的妻子，二是已結婚的二個女兒，三是孫子們。他期盼這些孫子們將來能夠和自己一樣，而將希望託付在他們身上。其他幸福的要素尚有對美食的嗜好，以及對希臘製浮雕寶石和年輕舞者的喜愛。

儘管如此，他對我的愛卻優先於上述任何一項要素。而且延續了三十年之久。他對我最大的關心就是守護我、養育我，然後為我效忠。

明明如此，我卻一直將我的想法、計畫和將來的夢想擺在他和我的關係前面。現在我覺得這個男人對我極普通的忠誠，是一個無法解釋的奇蹟。無論是誰，都應該沒有如此值得獻身之人，他的行為已超越了我的理解。即使到了這個年齡，還是無法合理的說明。我接受了他的忠告，讓他失去了地位。在他臉上浮現的笑容似乎是想告訴我，這是他預期的結果。他早就知道了。沒有一項作法比立即接受忠告還能夠報答昔日好友。而且這也證明了他敏銳的政治感，的確找不出更好的對策了。

他已經沒有必要再犧牲了。在數個月的隱居生活後，我成功的給予他元老院的席次。對於生為騎士階級的人而言，這無非是最高的榮譽。

沉靜的晚年生活中，他對家人和工作的關心從不懈怠，他的生活雖然寬裕卻不鋪張。我也經常前往他位於阿爾巴諾山(Albano)的別墅作客。

那一件事已經沒有問題了。如同會戰前夕的亞歷山大，在進入羅馬之前向恐怖之神奉上祭禮般的作法已成過去式。但我永遠不會忘記阿提安也是『祭禮』之一。」

這真是個美麗的場面，相信同樣是用筆桿決勝負的作家們也會被她的文筆折服。我想這應該是《哈德良的回憶》中最美的場面吧！

不過，話說回來，故事真的是如此進展的嗎？知道這四名「具執政官資歷者」的陰謀後，哈德良命令近衛軍團長官阿提安「立即採取因應措施」，這裡所指的「因應措施」難道只是逮捕這四人，沒有包含殺害的意義在內嗎？

在哈德良自己所寫的《回憶錄》中，表示殺害那四人是阿提安獨斷所為，但沒有人會將事實全盤托出的。特別是像這種會對後世評價造成影響的事，千萬不能一味相信當事人所寫的就是事實，這是非常危險的。此外，參考這本《回憶錄》所寫的《皇帝傳》，是在哈德良之後一百七十年的戴克里先時代出刊的。亦即，這也和其他「史實」一樣，是否全部都是事實，已成為永遠的謎。

而根據此「史實」寫出這本小說的尤斯娜，其實是因為不想讓哈德良背上殺人罪名吧！她不希望哈德良做出違反人類道德的事才如此將他美化吧！

既然如此，「立即採取因應措施」中的「因應措施」到底是什麼意思呢？所謂因應措施，依據字典的解釋係指「因應問題採取行動」。所以這裡是指提出物證，告發那四人，並將他們逮捕，再請律師出庭進行正式的審判嗎？

不過，這麼做就可以避免招致非議嗎？

他們的罪名為叛國罪。這種重罪一般是由元老院裁決。在先帝圖拉真的治世當中沒有人因為這項罪名被起訴過，當然也沒有進行過此類官司。如果皇帝採取斷然的態度，元老院都會聽從，因此，這四名陰謀家應該會被宣告有罪，而被判處死刑吧！但是，這麼做就能消除元老院議員內心的恐懼嗎？利用此項罪名來剷除異己的事實依然存在著。既然如此，哈德良和臺伯留、尼祿、圖密善又有什麼兩樣呢？也就是說，在從未依叛國罪將元老院議員處以死刑的圖拉真之後即位的哈德良，如果對元老院四名有力人士處以叛國罪，應該也不會被原諒。

君主及領導者的仁德和個人的仁德是不同的。如果是個人，做到誠實、正直、耿直、清廉就是非常了不起的仁德。然而，公職者，特別是公職者中的最高領導者，並不一定堅守得住這些仁德。同一個字拉丁語"Virtus"，在指涉私人時可以譯成「德」，但用在公職者時，譯成「才能」還不夠，往往必須譯成「力量」。圖拉真之所以能夠使個人的仁德和皇帝的仁德並立，是因為達其亞戰役獲勝，使羅馬帝國的領土擴大。任何人如果企圖謀殺圖拉真，馬上就會激怒一般公民，連元老院都會對他嗤之以鼻。正因為圖拉真沒有樹立政敵，所以才能與叛國罪無緣。不過，哈德良所打算做的，別說是擴大領土，就連戰爭，他也決定只在必要時才發動。不僅如此，就連自圖拉真的遠征地撤退一事，也得盡量小心不要太引人注目。對他來說，必須有飽受批評的心理準備。就像明知會違反奧古斯都擴大領土的方針，卻硬是將軍隊自易北河撤回多瑙河的臺伯留一樣，早就做好會遭到責難的心理準備。如果臺伯留沒有考量到帝國整體的安全，而全心全力征服延伸到易北河的日耳曼民族的話，元老院應該會支持他，而身為元老院一員的史學家塔西圖斯也不會將臺伯留批評得一文不值了吧！

雖然如此，哈德良在年邁的監護人給他忠告之前，真的沒有一點殺害這四名陰謀家的念頭嗎？「立即採取因應措施」中的「因應措施」完全沒有隱喻殺害的含意嗎？這四人之所以被殺害，全部都是阿提安一人的獨斷行為嗎？

西元一一八年時的哈德良，已經不是二、三十歲的年輕人了。再過半年他就滿四十三歲，是個成熟的大人。自共和政治時代開始，羅馬就規定國家最高責任者，亦即執政官必須年滿四十歲。

讓哈德良名垂青史的成就，是他花費治世三分之二的期間所進行的帝國全區的視察旅行。他是一個無論什麼事都要親眼確認，再親自下判斷的人，這是他的治國風格。也就是說，他事必躬親，凡事非得自己下決定不可。這樣的哈德良會將對四名元老院有力人士的「因應措施」這麼重大的事，下達一個如此不清楚的命令嗎？而且他在返回羅馬後，也沒有找出更好的對策。

如果要當作小說來寫的話，我會這麼改寫。將哈德良所說的「因應措施」假設為包含殺害那四人的含意在內。

「我的老監護人在靠近港口的旅館一室中等我。雖然拖著蹣跚的腳步，卻還是來到門口迎接我。因為他得了痛風。

老人對著身為皇帝的我問道可不可以坐下。他坐下之後，將包著繃帶的腳放在旁邊的腳臺上。我很自然的將毛毯蓋在他生病的腳上。

自我十歲以來，阿提安就扮演著供我零用錢花用或是日子困難時聽我訴苦的養父的角色。

當我第一次仔細端詳他鬍子刮得很整齊的臉龐，以及那靜靜交錯在拐杖上歷經風霜的手之後，我這麼對他說。

『我想請你辭去近衛軍團長官的職務。』

老人望著這個自己親手養育成人的年輕人，臉上浮現出滿意的微笑。

被解除近衛軍團長官一職的阿提安，在數個月的隱居生活後，我成功的給予他元老院的席次。對於生為騎士階級的人而言，這無非是最高的榮譽。

我經常前往他位於阿爾巴諾山的別墅作客。他的生活雖然寬裕卻不鋪張，沉靜的享受著他的晚年。自此之後，我們不再提起那個話題。」

或許有人會批評這個改寫版缺少了一點文學氣息，但我甘之如飴。政治是無情的，除非你面對現實，否則無法達成以萬人幸福為目標的政治。從政不可或缺的便是權力，而行使權力的先決條件則是穩固的權力基礎。因為權力基礎若不穩固，權力的行使便無法貫徹。

但是，我無法像某些學者一樣，斷言這一定是哈德良在推卸責任。我和認定是阿提安獻身的尤斯娜的看法是一致的。所謂獻身，根據字典的解釋，係指犧牲自己，奉獻出自己的生命，但也可以指有如死去般的活著。能夠擁有一個願意為自己犧牲奉獻的人，應該算是領導者的「仁德」。

扳回一城

西元一一八年七月，是哈德良當上皇帝後第一次返回首都，在睽違十一個月之後，迎接哈德良的首都卻是一片冷清。在此種情形下，哈德良首次以皇帝的身份出席元老院會議。在表情僵硬冷淡的元老院議員們面前，四十二歲的皇帝極力辯解。他表示殺害四名重臣並非出自本意。當接到這四人意圖謀害皇帝的消息後，雖然下令近衛軍團長官阿提安緊急採取因應措施，但只是命令他調查事實正確與否而已，並非要他未經審判就對那四人處刑。但誤解意思的阿提安卻因他的獨斷而強行殺害那四人。因此，他已解除阿提安近衛軍團長官的職務。

接著，哈德良發誓再也不會有未經正式審判就殺害元老院議員的醜聞發生。他接著明確表示，除非過半數元老院議員投票表示有罪，否則元老院議員將不會成為處罰的對象。

議員們生硬的表情表示還沒有原諒皇帝。他們並不健忘。哈德良並沒有說他會和圖拉真剛上任時一樣，保證絕對不會以叛國罪來起訴元老院議員。而且議員們在心中一定認為殺害四名反對派人士之後，哈德良什麼誓都願意發。

但是，哈德良是非常務實的人，他具有充分的能力讓元老院議員們理解政治是無情的。此外，羅馬帝國的正式主權者除了元老院之外，還有羅馬公民。

返回首都不到一年的期間，哈德良有不少大動作，規模之大足以使認真的稅務人員昏厥。

以慶祝皇帝上任為由贈予羅馬公民每人七十狄納利斯銀幣左右的「祝賀金」(congiarium)，雖然沒有在歷史上留下記錄，但絕對有這麼一回事。身為羅馬公民的軍團兵亦可領到這份祝賀金，這也是為了要緩和自帕提亞撤軍的印象，因為這在圖拉真死後不久，士兵們向哈德良宣誓效忠前後就已經發放了。

除了「祝賀金」之外，哈德良也以古羅馬圓形劇場和大競技場為舞臺，進行鬥劍士比賽和四馬戰車的競賽等活動，積極提供各種讓公民狂歡的精彩節目。

不過，這是任何皇帝上任時都會舉辦的活動，因此哈德良只不過是依循慣例而已。之所以進行這些活動是為了和公民一同慶祝皇帝上任，因此財源也由皇帝公庫來支出。不過，據說哈德良發放的祝賀金為過去的二倍。

哈德良博取民心的對策並不只以首都羅馬的公民為對象。本國義大利的地方政府和行省都有贈予新皇帝黃金製皇冠的習慣，這是以往皇帝上任時的慣例。而哈德良將本國義大利地方政府的這項慣例完全廢除，行省則減為半額。這除了是事實上的減稅之外，還包含著更深遠的意義在內。在古代，贈予黃金製皇冠代表恭順之意，東征途中的亞歷山大大帝就收到不少黃金製皇冠。因此，哈德良的這項作法，代表本國的地方政府自此以後與首都羅馬處於完全平等的地位，行省也接近平等。哈德良並將此決定法制化，除非經過修正，否則將永遠成為帝國的政策。

雖然有些研究學者認為這項作法是從圖拉真時代開始的，但無論如何，這二位行省出身的皇帝讓本國義大利和行省的均等化向前推進了一大步。不過，以下這項作法的實施應該是圖拉真作夢也想不到的事，因為根本沒有實施的必要。

這項作法除非出其不意的大規模實施，否則不會有任何效果。亦即將稅金的滯納部份一筆勾銷的作法，過去沒有一位皇帝實施過。哈德良選在數年前完成的白色圖拉真廣場上進行。在中央立著先帝圖拉真騎馬像的偌大廣場上，放著堆積如山的滯納稅金者的名字和記錄金額的紙莎草文書，接著用火點燃。滯納稅金一筆勾銷的處置不只適用於滯納稅金的本人，也適用於家族子孫，結果使得皇帝公庫和國庫的歲入短少了九億塞斯泰契斯銅幣。原本因為好奇而聚集圍觀的羅馬公民，當然是因此歡聲雷動，圍在火堆四周跳起舞來。

然而，如果這麼做就了事的話，辛苦工作按時繳納稅金的人豈不虧大了。了解不讓老實人吃虧的社會建設才是善政之本的哈德良，並沒有忘記實施公正的稅制。他決定之後每十五年要重新登記不動產一次，課稅額依據不動產的價值來決定。滯納稅金的人並不一定都是壞蛋或是怠惰之人，只是因為「國勢調查」(census)每三十年到四十年才進行一次，其間很可能會產生資產價值的變動。因此有許多人並不是不願繳稅，只是繳不起而已。

公正稅制，換言之就是課得廣而淺的稅制，根據研究學者的說法，羅馬帝國已經實現了公正稅制。雖然是理所當然的結果，但羅馬的皇帝們確實對於提高稅率都很神經質的避之唯恐不及。這從關稅被通稱為「二十分之一」(vicesima)，營業稅為「百分之一」(centesima)，國有地的租借費（幾乎為永久的，因此可視為稅）為「十分之一」(decima) 的現象來看，就是稅率不變動的最佳證據。哈德良就這一點而言是相當保守的。

如上所述，哈德良一方面致力實施公正稅制，一方面也積極投入社會福利工作。雖然這些大多是圖拉真已制度化的事項，而哈德良為了讓這些制度更加發揮功能，做了些微的調整。首先是稱為"Alimenta"，為了援助貧困家庭子弟的育英資金。然後是對中小規模的農業和手工業者的低利放款資金。以及對於隸屬元老院階級，但經濟窮困的人們的援助。哈德良本身也創設了一項制度，就是除了母親品行不端等原因之外，對於貧窮母子家庭的援助。將母親品行不端排除在條件之外，這點相當耐人尋味。因為羅馬帝國的社會福利是以援助自我努力者為一大前提。

身為統治者的哈德良認為，除非有重新法制化或制度化的必要，否則不必強行變法。有一位現代的研究學者因此給予哈德良「機能與效率的信奉者」的評價。

就這樣，不到一年的期間，皇帝哈德良身邊的氣氛便完全改觀了。雖然還有部份元老院議員對哈德良懷恨在心，但一般公民原本就與特權階級遇襲事件扯不上關係，因此這件事就在不知不覺中從他們的記憶中消失無蹤。

此時期的哈德良不斷發行新的「銀幣」、「銅幣」。之所以不發行「金幣」是因為銀幣與銅幣的流通量比較大。每個人都會經手的貨幣，也經常成為羅馬為政者用來宣傳政策的媒體。哈德良在羅馬的貨幣上刻有下列字句，當作自己統治的座右銘。

「寬容」(Pietas)

「融和」(Concordia)

「公正」(Iustitia)

「和平」(Pax)

羅馬帝國統治的最高領導人是皇帝。也就是說，刻在貨幣上的政見是否會付諸實現，端視皇帝哈德良的意向。而推動這些政見的基礎在除去圖拉真的四名重臣後已經穩固如山。

話雖如此，若認為這些政策全都是為了讓大家忘記殺害四名具執政官資歷者的事實的話，哈德良也未免太可憐了。政略思考優異的人絕對不會為了單一目的而行事。哈德良想讓元老院和羅馬公民遺忘的是帕提亞遠征無功而返一事。羅馬人一直確信自己才是霸權者，正因為如此確信，才會為了保障帝國全區的安全，抱著即使流血也在所不惜的決心。對於這樣的羅馬人而言，自遠征地撤退簡直有損霸權者的名譽，也動搖了身為霸權者的信心。

為了達成這個真正的目的，哈德良甚至編織了一個謊言。在元老院的議席上，他謊稱自己接受圖拉真任命為遠征軍的總司令官時，病重的先帝指示他自美索不達米亞撤退，所以他也只好聽從先帝的指示。

以圖拉真的行事作風來看，即使心裡認為帕提亞遠征已失敗，絕對打死也不會發出撤退的指示。不過，可以證明此事的四人已經遇害。除了這四人以外，可以作證的近衛軍團長官阿提安又是哈德良忠實的支持者，他可以為哈德良付出一切，包括說謊。

其實另外還有一個人可以作證。那就是圖拉真的妻子普羅提娜。不過，這個女人總是保持緘默，完全站在哈德良的一邊。這位先帝的皇后甚至遷出帕拉提諾山丘上的皇宮。宮廷中舉辦的公共活動，或是私人的饗宴再也看不到她的身影。回到她原本就很喜愛、充滿希臘文化的寧靜生活中。她唯一參加的公共活動就是學習希臘哲學的集團，換成現代的說法就是希臘哲學研究基金會的名譽會長。

尼祿之母阿古力琵娜動不動就告訴尼祿，他之所以能夠當上皇帝全是她的功勞，結果令兒子煩不勝煩。但阿古力琵娜確實繼承了初代皇帝奧古斯都的血統，在羅馬社會中屬於貴族階級。相反的，普羅提娜出身於南法行省，只是拜祖先之賜才取得羅馬公民權。不過，論及其生活方式的品味似乎與血統沒有一點關係。雖然同樣生在義大利，但普羅提娜與哈德良只維持著書信往返的關係而已。因為哈德良成為圖拉真的養子，所以在戶籍上他們是母子關係。

在大膽的恢復人氣對策推動了一年後，接下來的一年多，哈德良沒有離開過本國義大利。羅馬公民們都很高興皇帝一直待在自己身邊。看到皇帝坐在鬥技場和競技場的貴賓席上很令人安心。對哈德良而言，必須監視各項政策是否已經落實。此外，也有必要徹底向人民展現自己是個好皇帝。

他甚至沒有將時間花在自己的興趣——狩獵上，因為羅馬人認為狩獵是東方君主的嗜好。若是聯想到亞歷山大大帝倒還好，萬一被和在他之後即位、只學到亞歷山大喜歡狩獵的泛希臘地區君主畫上等號，那就不好了。此外，羅馬人熟悉的東方君侯，諸如帕提亞王、亞美尼亞王，甚至是貝都因（Bedouin）的部族首領，個個也都是狩獵的愛好者。另外一個原因則是，在義大利頂多是追追豬鹿，這對夢想追逐獅子的哈德良而言，即使無法狩獵也不會感到不滿。

至於哈德良的另一項嗜好——希臘文化，他並沒有在此時期展現出來。一則是為了不讓元老院的保守派起戒心，一則是不希望人民將他和喜歡希臘文化聞名的尼祿、圖密善皇帝混為一談。無論如何，他是在「至高無上的皇帝」之後即位的皇帝，要展現自己是個好皇帝可說是難上加難。

除非他到義大利各地視察而離開首都，或者有分不開身的工作，否則他一定會出席元老院會議。當身為議長的執政官入場時，他也和其他議員一樣起立迎接，積極參與討論。他並沒有忘記經常表明自己的立場，他表示皇帝必須行使治國的權力，這都是為了人民，並不是為了滿足自己個人的欲望。此外，對於舉辦競技會獻給他當作禮物的建議，除非遇上生日，否則全部回絕。他和每位元老院議員對談時都是平起平坐。如果被招待到官邸作客，他也欣然前往。他很努力的扮演著「第一公民」而非「皇帝」的角色。

身為「皇帝」應盡的責任與義務便是基礎建設的整建，而圖拉真早就將一切建設好，幾乎沒有留下應該新動工的建設。由於這些建設必須經常進行修繕，所以此時期哈德良只能盡力做好這項工作。新動工的公共建築便是供奉已被神格化的先帝的神殿。在建設「圖拉真廣場」時，由於穩固地基和設計的工作都已完成，因此在建築家阿波羅多羅斯的指揮下，此工程也順利完工。

以「第一公民」的身份運作並不限於元老院會議。在羅馬，朱利斯·凱撒制定的法律依然存在，亦即只要是教師和醫師，不分人種和民族，一律給予羅馬公民權，不過，條件是他們必須以適當的價格提供教育和醫療服務，這種集結民間力量的制度確實發揮了功能。因此有很多診療所，但是大規模的醫院設施則只有位於「臺伯河中之島」上的一家而已，哈德良曾經到此造訪過療養中的病人們。

同樣也是拜凱撒制定這條法律之賜，羅馬有許多私塾，但卻沒有大學。從羅馬稱霸以前開始，就將高等教育學府的大學交由這方面遠近馳名的希臘雅典、小亞細亞的婆高蒙(Pergamum)、羅德斯、埃及的亞歷山大等地來興辦。因此，在首都羅馬是看不到大學的，如果首都羅馬和本國義大利也有大學的話，哈德良一定會前去造訪。因為慰問病人和激勵學生，其目的並沒有不同。

就這樣，凡事精力充沛、全力以赴的哈德良，此時期主要是拉攏一般民眾。但是太過意氣風發，有時也難免出狀況。

某日午後，皇帝前往首都內為數眾多的公共浴場。或許他去的地方正是最新、最大、最壯麗，而且深受民眾喜愛、入場者最多的「圖拉真的浴場」。在公共浴場中與市民一同享受入浴樂趣，是希望展現民主化的皇帝們屢試不爽的作法。因此，哈德良並不是第一人。不過，前往「浴場」的次數，哈德良卻是最多。也許有人會擔心安全的問題，但話說回來，反正全員都是裸露著身子入浴，所以應該沒什麼好怕的。過去在羅馬史上公共浴場內不曾發生過暗殺事件。這裡或許比元老院會議場，甚至皇宮內還要安全也說不定。此外，就算是在雕刻或競技場中已看慣裸體的羅馬人，一旦自己的肉體已老化變醜，就沒有勇氣在人前裸露身體，由皇宮中附設有羅馬式的正式浴室可知。不過，此時期的哈德良正值四十歲出頭的壯年之際，擁有最美、最壯碩的胴體，因此，他常常前往必須以裸體相對的公共浴場。

就在某日午後，哈德良看到一位老人將背後塗滿肥皂（雖然和現在的肥皂不太一樣，但可發揮相同功能），在浴場的牆壁上用力搓磨的景象。記憶力超群的哈德良，馬上就認出這位老人正是過去自己指揮過的百夫長，因此便將他喚了過來，問他為何在牆壁上磨背。

這位老百夫長當然知道他就是哈德良。他現在是以羅馬公民的身份與皇帝相對，但過去是被哈德良稱為戰友的士兵。他老實的告訴哈德良，因為沒有錢雇用替自己去除背後污垢的奴隸。在古代，都是用類似小型鐮刀的除垢刀來刮除身體的污垢。或許有人會擔心是否會傷到背，但這個時代都是用磨得很利的小刀來刮鬍子的，所以這只是熟練度的問題。

對此相當同情的哈德良馬上替這位老部下雇用專門刷背的奴隸，而且一次還雇用了二名，

二種除垢刀

連雇用費也一起贈送給他。老兵不用說，當然對皇帝感激得五體投地。而哈德良本身也帶著無上的滿足感一路返回皇宮。

不過，到了第二天午後，哈德良再一次前往該「浴場」時，竟看到牆壁前擠了一堆老人在磨背的古怪光景。不知道皇帝是如何因應的。或許剛看到時嚇一跳，然後不由得噗嗤一笑吧！這裡唯一可以確定的是，這些老人的作法只是白費功夫而已。這件事一時之間成為坊間茶餘飯後的趣談。

儘管如此，在冷淡的氣氛中回到首都羅馬後已經過了二年，民眾對皇帝的看法已完全改觀。而這種轉變讓哈德良認為可以放心的離開首都羅馬，甚至本國義大利。因為組織已經建構完整，即使皇帝不在，「內閣」還是可以充分發揮功能，這點相當重要。如果是機能與效率的信奉者，建構組織的重要性是不言自明的。某個研究學者稱讚哈德良為「整合資源的天才」。而哈德良醞釀已久的視察旅行正是讓他的長才開花結果的最佳舞臺。

哈德良的「旅行」

羅馬的皇帝出乎意料的經常前往各地旅行。這是因為皇帝的三大責任義務，一是安全保障，二是治理行省，三是整建帝國全區的基礎建設。為了善盡這些職責，必須熟知各地情勢。然而實際上，大都是需要皇帝出馬時才前往當地，並不是有計畫性的視察帝國全區。就算目的是前往戰場，也會順便監視其周邊的統治情形，致力整建當地的基礎建設，這是必然的結果。前往各地視察對皇帝治國相當有幫助。只有臺伯留在當上皇帝之後從未離開過本國義大利，但這是因為此人在五十六歲繼任皇位前，曾擔任過先帝奧古斯都的司令官，早就踏遍帝國各個重要地區。另一方面也是因為他在當上皇帝以後，防衛做得相當徹底，所以並沒有發動需要他親自出馬的戰爭。就連治世中曾發動達其亞和帕提亞二大戰役的圖拉真皇帝，也沒有進行過軍事目的以外的旅行。羅馬的皇帝從不進行沒有實務目的之旅。如果只是為了觀光而離開本國的話，勢必會招致元老院和公民的反彈。尼祿皇帝之所以風評極差，就是因為前往憧憬之地希臘的一趟觀光旅行。

撇開羅馬人的思維不談，哈德良勇於展開一場以視察和整建為目的的浩大之旅。旅行的規模是過去皇帝無法比擬的，只有實質上的初代皇帝朱利斯·凱撒可以成為比較的對象，這是一場長期且範圍廣大的旅行。不過，凱撒的旅行只是轉戰各地的結果。當然，凱撒可不是省油的

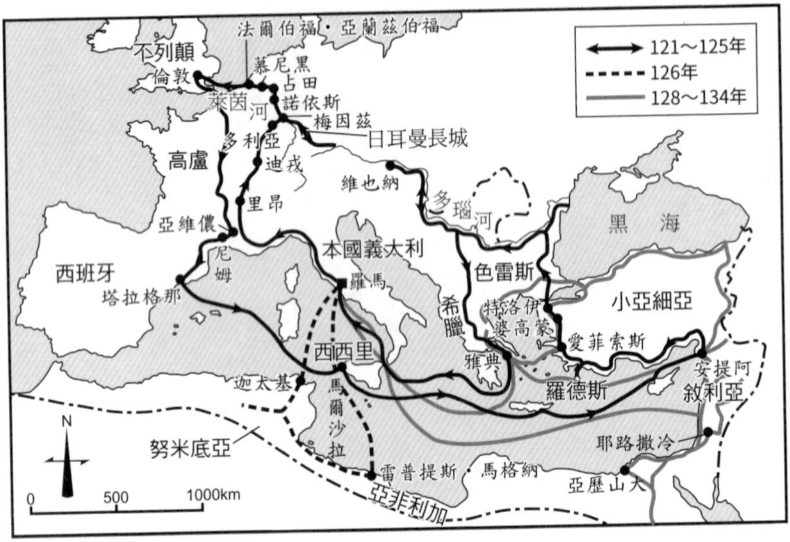

哈德良的視察旅行

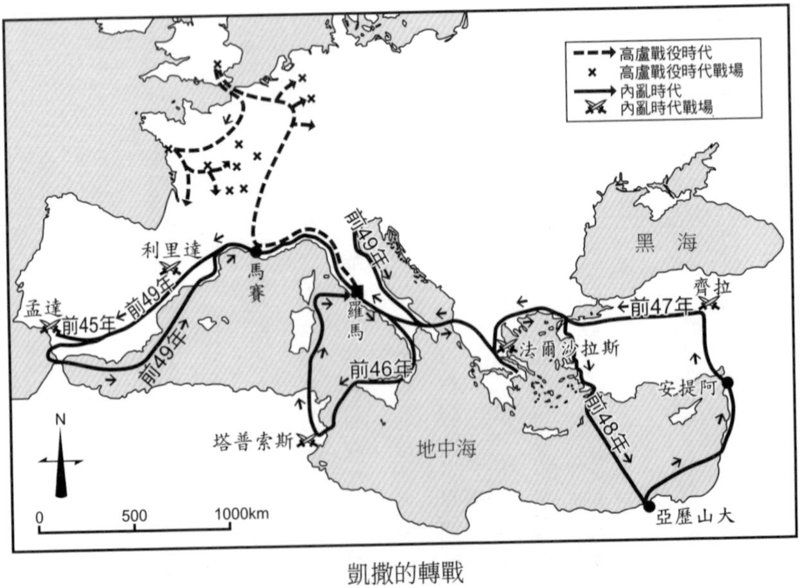

凱撒的轉戰

燈，他曾經在前往下一個戰場的途中，實現了希臘裔居民和猶太裔居民經濟權利的平等化等目的（很明顯的這屬於行省統治的任務範圍）。

雖然如此，在這趟視察旅行中，羅馬全軍的最高司令官皇帝並沒有率領任何軍團同行。正因為羅馬人都很重現實，所以對勇於嘗試的哈德良而言，只要能夠帶回成果即可得到羅馬人的諒解。不過，在看到成果之前，還需經過一段時間。因此，哈德良每當巡視一個地區，就發行一種貨幣，上面刻有當時羅馬人一看就懂的象徵圖案和文字，來表示該區已視察完畢。這樣一來，當住在帝國西方的人們拿到全新的銀幣和銅幣時就會知道「啊！皇帝已經視察過東方的愛菲索斯了」。當然，元老院可藉由報告得知皇帝的行蹤，而首都羅馬和本國義大利的居民則是透過新貨幣的發行來獲知皇帝的動向。圖拉真也曾將跨越多瑙河的石造大橋和已被征服的達其亞的象徵圖案刻在貨幣上。總之，哈德良和圖拉真發行新貨幣的用意是相同的，不同的是刻在貨幣上的圖案文字與戰爭完全沒有關係。

不過，拜哈德良不斷發行新貨幣之賜，雖然他自己寫的《回憶錄》已不復存在，身為後代的我們卻還是可以追溯出當時這趟浩大之旅的路線。此外，只要巡視的地區有問題需要解決，哈德良便會立即下令著手解決，並在建設的地區打造石碑，將此事記錄在上面。這些考古學上的遺蹟也有助於追蹤出當時的路線。由這些史料不難看出，哈德良的視察旅行可不能以一句「皇帝的視察旅行」就簡單帶過，這並不是一趟表面上視察，到了晚上就辦饗宴狂歡的旅行。哈德良巡視的地區多半是邊境和偏遠地帶。因為是視察防衛設施，地點偏僻也是理所當然的。

雖然沒有軍團伴隨，但這是唯一一次帶著皇后同行之旅，哈德良並不是一個人自由自在的旅行。說起皇帝的視察，一般人都會聯想到帶著許多無所事事的宮廷人士同行，而哈德良並沒有這麼做。他倒是帶了一團建設領域的專家，另外也帶了幾名詩人作為談話的對象。除非遇上不適合旅行的寒冬，否則當皇帝發行該視察地的貨幣時，他應該已經抵達下一個視察地了。哈德良真是個名副其實的"immensi laboris"（不知疲累的工作者）。

此時已進入西元一二一年。一月二十四日適逢哈德良的生日。四十一歲即位的哈德良已屆四十五歲。首都羅馬為了慶祝皇帝的生日特地為他舉辦了競技會。皇帝有別於往常的生日，在該年賜與全體公民祝賀金。理由是提前慶祝皇帝視察旅行平安成功。

四月二十一日，為羅馬的建國紀念日。西元前七五三年四月二十一日是羅慕路斯(Romulus)建國之日，每年一到當天就會盛大慶祝。因為皇帝身兼「最高神祇官」，哈德良便在卡匹杜里諾丘上的朱比特神殿前，以長袍下襬纏繞頭部的神官之姿，莊嚴肅穆的舉行祭禮。當祭禮結束後，皇帝發表將在首都羅馬建立一座供奉維納斯的神殿。因為根據神話傳承的說法，羅馬建國始祖羅慕路斯繼承了維納斯女神的血統。

就這樣，哈德良在浩大之旅啟程前的必要準備已全部完成。換言之，為了不讓民眾認為皇帝棄他們於不顧，他已實施了各項對策。他的視察地為帝國的西方一帶。

為何他選擇從西方開始視察，而不是東方呢？其理由很簡單。帝國東方在進行帕提亞戰役的後續處理之際，哈德良已將該區大致整建完成。

萊茵河

從首都羅馬沿著奧雷里亞大道北上，然後進入相當於現代南法的「高盧・拿波南西斯行省」(Gallia Narbonensis)，之後再沿著隆河 (Rhone) 抵達里昂。在羅馬時代稱為“Lugdunum”的里昂，具有充分的條件成為高盧全境（除了南法之外）的首都。

征服高盧的朱利斯・凱撒留下戰敗的高盧各部族的根據地，而承襲凱撒方針的皇帝們便利用街道將這些城市連接在一起，因此在羅馬時代隆盛一時的高盧都市中，起源於羅馬的都市極少，其中之一便是里昂。里昂是高盧唯一一個羅馬人從頭開始興建的都市。在古代，里昂是比巴黎還重要的都市。如果腦中只有法國的話，巴黎的環境條件的確比較優異，但若將整個羅馬帝國的西方都納入視野的話，里昂絕對較占優勢。從里昂出發，到伊比利半島、義大利半島，甚至到萊茵河前線的距離幾乎是相等的。

除了駐紮在萊茵河畔的史特拉斯堡 (Strasbourg) 的一個軍團之外，羅馬並沒有在包括南法的高盧全境常駐任何軍團，但卻在里昂駐紮了一個大隊。一千名士兵稱不上常駐軍，由於進入帝政時代後，羅馬將皇帝權限的金幣、銀幣鑄造所設在里昂，因此派兵駐守。順帶一提，銅幣的鑄造權歸元老院所有，所以銅幣的鑄造所設在首都羅馬。

儘管如此，西元前一世紀半凱撒征服高盧後，由於其戰後處置方式十分巧妙，因此在西元二世紀，亦即經過了二百年之後，只需在高盧東端的史特拉斯堡設置一個軍團負責防衛萊茵河即可，這點特別值得一提。換言之，政治若能巧妙運用，可以節省不少經費。

如上所述，高盧可謂羅馬化的最佳範例，正因為如此，哈德良在里昂的工作很簡單便完成。也沒有必要視察高盧全境。所以他僅在里昂停留數日便朝著萊茵河防衛線出發。

下一個目的地是由里昂沿著羅馬街道北上，經過第比歐（現在的迪戎 Dijon），再往北上，到達摩澤爾河 (Moselle R.) 沿岸的奧古斯塔．陶利諾姆（現在的多利亞 Trier），這裡原本是特雷維利族的根據地，奧古斯都將此地都市化後，使其成為比利時嘉行省的省都。哈德良應該是將萊茵河防衛線的所有負責人都召集到此地。原因是從萊茵河口一直到「日耳曼長城」的這道萊茵河防衛線上，由北向南看，於維特拉（現在的占田）與波恩那（現在的波昂）置有基地的低地日耳曼駐紮了二個軍團，於摩根提阿克姆（現在的梅因茲）與阿根托拉特（現在的史特拉斯堡）置有基地的高地日耳曼駐紮了二個軍團，共計駐紮四個軍團負責萊茵河的防衛工作。召集「低」「高」日耳曼兩行省的總督二人，以及在這二人底下率領軍團的軍團長四人，再加上於各駐紮基地執勤的高級將領等人，最適合的集合地點便是各基地街道的匯集點——多利亞。

在多利亞的會談內容主要是關於前線局勢的報告。會談結束後，哈德良朝多瑙河前線的梅因茲出發。他希望能走遍各地視察。由於沒有蠻族侵襲的報告，所以他便帶著所有與會者一同前往各地視察。因為只熟知自己負責的區域並不能充分做好萬全的防衛工作。

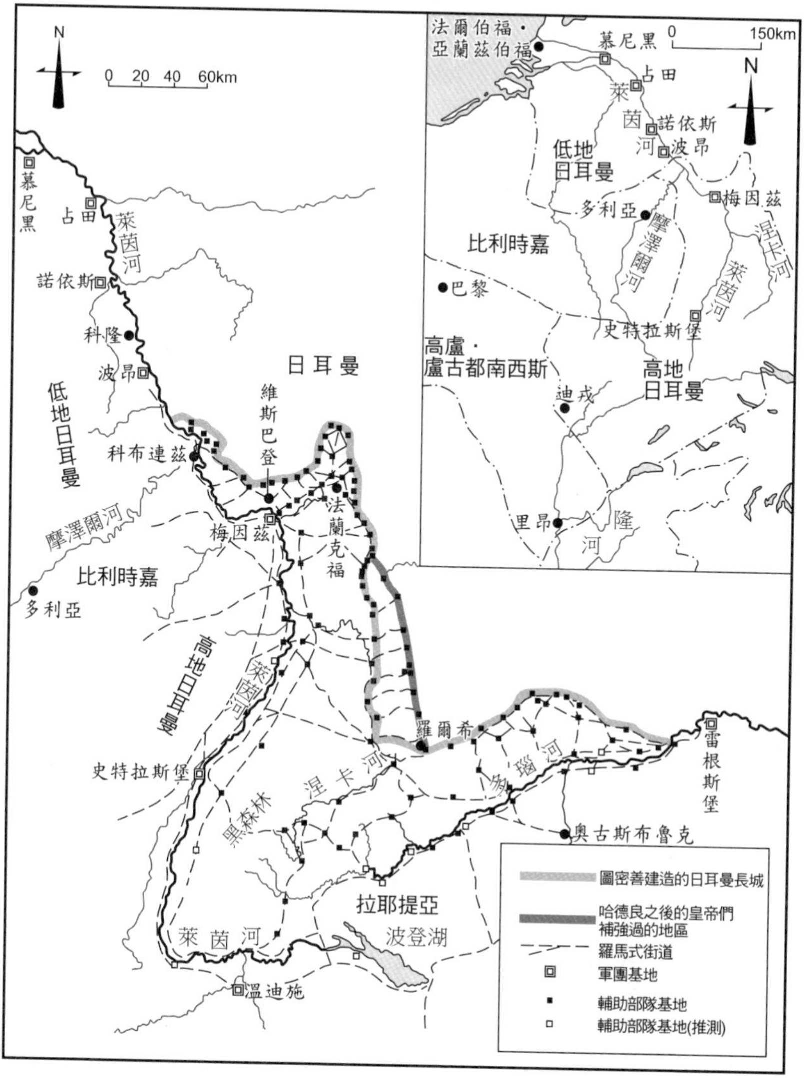

日耳曼長城（取自*The Cambridge Ancient History*羅馬篇）與萊茵河防衛線（右上圖。為軍團所在地）

* 日耳曼長城與其他地區的羅馬防衛系統相同，是由堡壘、輔助部隊基地、軍團基地、街道網構成

萊茵河防衛全線的視察之行的第一站是「日耳曼長城」。在視察過後發現的問題點則當場研擬對策，立即予以解決。圖密善皇帝建設的「日耳曼長城」的中間部份向東延伸了三十公里就是此時視察的結果。

在視察的這段期間裡，哈德良睡在士兵用的帳篷中，並和士兵們一同用餐。

「日耳曼長城」的視察工作結束後，皇帝一行人再度回到梅因茲，這回沿著萊茵河流域，轉往低地日耳曼的防衛線進行視察。此時已進入西元一二一年的秋天。

視察地區包括第二次達其亞戰役中他親自指揮的第一米納爾瓦軍團駐紮的波昂、設有分隊基地的諾瓦耶吉姆（現在的諾依斯 Neuss）、以及圖拉真編制的第三十烏魯庇亞軍團駐紮的占田。除此之外，他還路經接近萊茵河口的分隊基地諾維歐馬克斯（現在的慕尼黑），甚至在河口一帶建設了稱為「哈德良廣場」的城鎮，視察工作可說是巨細靡遺。這一帶就是現在的荷蘭，羅馬人甚至將建設觸角伸到萊茵河的河口一帶（包括羅馬時代被稱為特拉伊艾克屯的烏特雷奇 Utrecht 在內）。順帶一提，現代位於法爾伯福．亞蘭茲伯福的「哈德良廣場」並非軍團所在的基地。這個地區由於原住民部落得到了自治權而併入羅馬帝國，是當時被稱為「地方政府」的地區之一。當然，認可其自治權的皇帝就是哈德良。如此地處偏僻的寒酸村落也可以得到「哈德良廣場」這麼具文明氣質的稱呼，莫非哈德良只是想多建設一個廣場才這麼做，這就有待考古學的研究成果了。無論如何，在視察之行的第一年當中，哈德良就已走遍萊茵河防衛線各區，這是無庸置疑的事實。這一年的冬天，哈德良選在此前線的某個基地過冬。若觀察第二年春天的預定行程，他應該會選擇靠近河口的地方度過寒冬。北歐的冬天酷寒無比，在最冷的二月，連壯碩的男人都不太願意出門，所以哈德良一行人的過冬地點，應該不會在只有軍務相關人員居住的軍團基地，極有可能是在以該基地為中心，適合軍民雙方居住的城市——占田。

重建

哈德良在萊茵河防衛線已經完成了日後視察其他地區時也會執行的工作。

一言以蔽之，就是重建防衛系統。他並沒有移動防衛線，也沒有將主戰力的軍團兵駐紮的軍團基地移至別處，更不是去修改縱橫連接各基地的街道網。但是，當這些防衛系統機能惡化時他會毫不猶豫的進行整修，必要時則加以補強，他希望合理化的重建現有系統，使其更符合現狀，這點他一直銘記在心。有一位研究學者評論哈德良的「事業」為“Shake-up”，或許可以將其翻譯成「革新」。

接觸羅馬史後，令我感受最深的莫過於羅馬人一貫的持續性。

其中阿庇亞大道就是一個典型的案例。阿庇尤斯將街道從羅馬鋪設到加普亞，後來的人就繼續從加普亞鋪設到貝涅維特，然後下一個人再從貝涅維特鋪設到塔蘭托，之後又有某人再從塔蘭托鋪設到布林迪西，如此才完成了這條大道。當阿庇亞大道完成後，羅馬人一貫的持續性並沒有改變。朱利斯·凱撒不斷進行阿庇亞大道全線的修繕工程，奧古斯都也致力於弗拉米尼亞大道全線的修理修復作業。而之後的皇帝和權貴階級們也承繼先帝們的遺志，努力維護這些大道的完整。因為羅馬人一向認為修繕工程和鋪設新大道一樣，都是了不起的公共事業。如果判斷與其走山路，不如盡早走到海岸線，然後再南下比較合理的話，就會像圖拉真的作法一樣，硬是鋪設一條複線，從貝涅維特直達布林迪西，此條複線正是「阿庇亞．圖拉真大道」。就連最早的羅馬式街道，同時也是往南的幹線道路——阿庇亞大道（當時被稱為「女王大道」），羅馬人也是採取有必要修繕時才進行修繕，沒有必要修繕時就不修繕的態度。如果這就是真正的保守主義的話，羅馬人可謂百分之百的保守主義者。儘管哈德良出身於西班牙，但卻是如假包換的羅馬人。而哈德良光是進行「革新」工作就已足夠，也是因為僅就萊茵河防衛線而言，朱利斯．凱撒最早規畫出此道防衛線，而臺伯留將其落實，爾後圖密善建構「日耳曼長城」來提升其機能，由於有這些先帝們的努力，才讓哈德良的工作輕鬆許多。

那麼，哈德良到底實施了哪些具體作法來重建帝國的安全保障系統呢？

所謂組織，無論其本身建構的多麼精良，還是得靠人來決定組織機能。因此哈德良相當重視人事制度。

「高地」和「低地」日耳曼兩行省的總督，同時也是指揮戰略單位的二個軍團的司令官。因為前線的行省亦可謂軍事行省，因此總督便成為軍事與民事雙方的負責人。要擔任前線行省的總督就算沒有執政官經驗，至少必須具備法務官的經驗，此為資格條件。因為只懂軍事的人，無法勝任軍事的萬全執行者。前線行省統稱為皇帝行省，由於在皇帝的管轄之下，其總督的任命權和解任權全部歸屬皇帝所有。在哈德良視察當時，這二名總督都是先帝圖拉真任命之人。或許是因為圖拉真識人頗具慧眼，哈德良並沒有撤換這二名總督。不過，當他前往其他地區視察時也曾撤換過總督。雖然如此，他並沒有採取太過激烈的手段。哈德良先以調派回元老院的名目將此人解任，然後再於執政官選舉中讓他得到皇帝推舉，等到他經歷過執政官後，再推薦他成為元老院管轄下的行省總督，將他派往遠離前線的和平行省，如此一來，即可確保此人的「光榮資歷」。其結果，保障帝國安全的前線行省的總督全都是得到哈德良認可的實力派人士。

擁有一個軍團指揮權的軍團長，其人事權也歸屬羅馬全軍最高司令官皇帝所有。軍團長統率六千名具羅馬公民權的軍團兵，以及幾乎同等人數的行省輔助兵，這項職務原本應由具法務官經驗者來擔任，但在歷經達其亞與帕提亞二大戰役的圖拉真底下，有不少人雖然資格條件不符，但因為具備軍事長才而被破格拔擢為軍團長。哈德良的作法是先將其解任，請他回到首都羅馬，再以皇帝推舉的方式使其當選法務官，等到他經歷過法務官後，再將他調回前線。因為平時還是應該遵守秩序，才能使組織充分發揮機能。

羅馬的一個軍團，共有十名大隊長。除了第一大隊長指揮九百六十名士兵之外，其他九人分別指揮四百八十名士兵。羅馬軍中所謂分隊指的就是大隊，因此，有分隊駐紮的基地，係由大隊長擔負起該基地的防衛責任。

雖然大隊長的任命權歸軍團長所有，但軍團長一般傾向於任命受部下士兵們擁戴之人擔任

軍團(羅馬公民兵・約6000人)

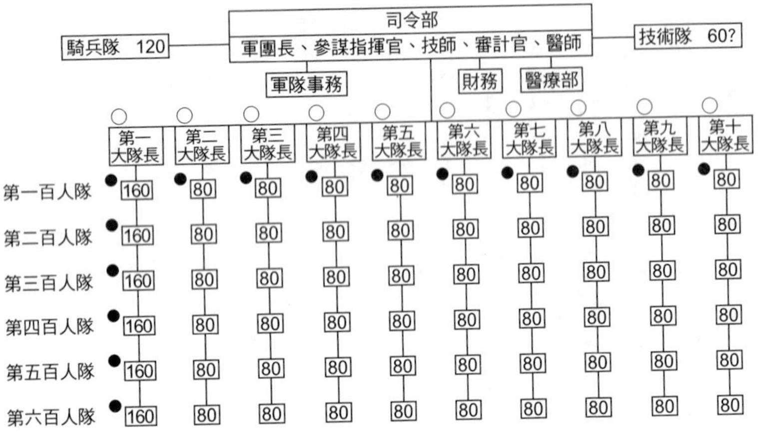

軍團——軍團長指揮
大隊——大隊長指揮
百人隊——百夫長指揮
騎兵隊——騎兵隊長指揮
技術隊——技術隊長指揮

重裝步兵 5280名
※第一大隊——160名×6隊=960名
第二～第十大隊——80名×6隊=480名 480名×9大隊=4320名
騎兵隊 120名
技術隊(操作石弩等) 60?名
○——有資格出席司令部作戰會議者
●——擁有1名有資格出席作戰會議者的隊伍

輔助部隊(行省民兵・4500～6000人)

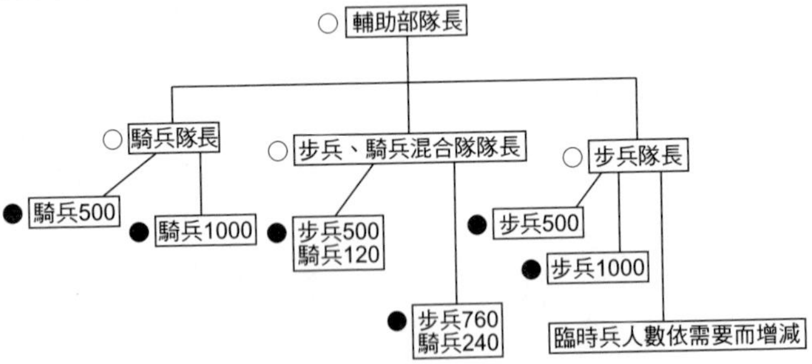

*指揮官階級為部族長的子弟，也是行省人民，但是多半擁有羅馬公民權
*財務、醫療等其他事項全由軍團各部門負責，輔助部隊支援
○——有資格出席司令部作戰會議者
●——擁有1名有資格出席作戰會議者的隊伍

(參考Edward N. Luttwak, *The Grand Strategy of the Roman Empire*)

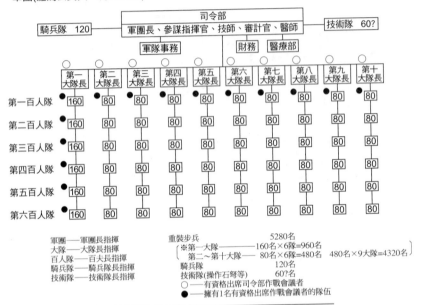

大隊長，是否具備軍事長才倒是其次。這是以防衛為主要目的的帝政時期才會有的傾向。而哈德良徹底改變了這個傾向。他將任命大隊長的考量重點放在其軍務上的能力，不考慮是否具有良好的人緣。不過，對於被稱為「紅披肩大隊長」的元老院子弟的優惠措施並沒有改變。因為帝國的領導階層預備軍必須從一開始就接受重任，再從中體驗實務，這種作法的重要性，對於有過同樣經歷的哈德良而言是最清楚不過了。

其次要來談的是被譽為「羅馬軍團之梁柱」的低階士官——百夫長。這是自共和政治時代一直沿用下來的稱號，事實上，除了第一大隊編制下有一百六十名士兵之外，其他大隊的百夫長屬下只有八十名士兵。這個職位或許相當於現代的中士，但不可以與中士同等視之，這是因為百夫長雖然身為低階士官，卻有權利出席軍團長及司令官召集的作戰會議，只不過人數只能占四分之一。

哈德良認為百夫長的人選和大隊長的情形不同，應該將是否受到部下士兵愛戴也列入人選的參考資料中。這可能是因為無論在軍團基地或是宿營地也好，大隊長的起居都是和士兵們分開的，而百夫長卻要和士兵們生活在相同的宿舍或是帳篷內，連用餐也和士兵們在一起。雖然如此，無論多麼受到部下喜愛，光是具有人氣還沒有資格擔任百夫長。哈德良定出的百夫長人選基準還包括肌肉強健、具有積極開放的個性。所以光是對部下友善還無法擔當「羅馬軍團之梁柱」。

接下來介紹的是羅馬軍的主戰力——軍團兵。這可不是召集一些志願者就草草了事，選拔條件相當嚴苛，並非通過考試即可入隊。雖然這種規定很早就已存在，但並不是每個司令官和軍團長都有按照嚴格規定來選兵。因此，哈德良特地製作一份手冊交給羅馬全軍，自此之後成為羅馬軍整體的統一基準而普及使用。

兵役志願者的年齡限制平時規定為十七歲到二十一歲，而緊急時只要三十歲以下都可報名，然後再從中篩選精兵。同時必須確認是否具有羅馬公民權。即使年齡資格符合，但具有前科者和奴隸商人不列入考慮。

有關體檢方面，身高至少要一百六十五公分，而且體格和視力也必須符合標準。此外，也會測試智力。不一定要百分之百答對，但必須具備基本的讀寫計算能力。雖然因為帝國規模的關係，羅馬人通常都會希臘語，成為精通雙語者。但由於軍隊的通用語言為拉丁語，所以若能巧妙運用拉丁語將會有加分效果。

不過，通過智力測驗還不能立即入隊。通常會有四個月的試用期 (probatio)。在這段期間當中，將測試出此人對於共同生活的適應性。此外，也會有真槍實彈的簡易演習。

「試用期」順利結束者即可入隊。入隊後將領到刻有所屬軍團和姓名的金屬製名牌 (signaculum)，一律掛在脖子上，在對眾神和皇帝宣誓效忠 (sacramentum) 後便成為正式軍團兵。至於服役期間，軍團兵為二十年，不須具備羅馬公民權的行省人民擔任的輔助兵為二十五年，海軍為二十六年，只有近衛軍團兵規定為十六年。在退役之際，可以支領到符合自己地位的退

《軍團兵的採用》中收錄之表（單位：人）

	奧古斯都～卡利古拉	克勞狄斯～尼祿	維斯帕先～圖拉真	哈德良～三世紀末
本國義大利	215	124	83	37
行　省	134	136	299	2,019

職金，輔助兵除了退職金之外，尚可得到屬於世襲權的羅馬公民權。

如上所述，愈是重視士兵的「品質」，就必須到羅馬帝國全區遍尋「品質」優良的士兵，此種傾向會愈來愈強烈。後世的史學家們不斷指責助長此種傾向的罪魁禍首就是哈德良。他讓原本清一色羅馬人的羅馬軍，變成以行省人民居多的軍隊。提出此意見之人，是以福爾尼教授在一九六三年發表的 *Il Reclutamento delle Legioni* 為論據，直譯的話就是《軍團兵的採用》。茲將其中收錄之表列出。

其實應該詳細列出各個行省的數字，但這裡只留下行省出身的軍團兵的總數。只不過表中列出的數字只限陸軍，並不包括海軍和近衛軍團。

話雖如此，千萬不可對此數字深信不疑，以免犯錯。

一、羅馬時代的公文書既然已全部滅失，可供參考的僅剩下考古學調查中發掘出來的碑文。因此，這些史料現在可能還躺在地底下，或者被轉用為房屋的建材，或已遭到破壞，回歸塵土，到底內容為何已成為未知的謎團。

二、表中列出的數據並非每年的數字，同時也不是此時期全軍的總計。

軍團及軍團兵人數及缺額（推測）

	奧古斯都～卡利古拉	克勞狄斯～尼祿	維斯帕先～圖拉真	哈德良～柯莫德
軍團總數	25	28	30	28
軍團兵總數（人）	150,000	168,000	180,000	168,000
每年缺額總數（人）	6,000	6,720	7,200	6,720

三、除非將羅馬軍團兵全員的人數與每年因為退役、戰死、病死而需補足的人數記在腦中，否則不能成為推估的資料。據研究學者的推測，一個軍團每年的缺額大約在二百四十人左右。

同時，也有參考表格的必要。

總之，表中列出的數據並不正確，也非羅馬軍整體的數字。不過，倒是可以反映出一個趨勢。亦即，隨著時代的經過，羅馬帝國的安全保障工作已由本國義大利出身者轉移到行省出身者的手上。

其理由是，在繁榮的本國義大利居住的羅馬公民，就算不志願服役，也有許多可獲得生活糧食的管道。事實上，在朱利斯．凱撒的時代為士兵一大供給地的義大利北部，到了二百年後，其地位已被多瑙河沿岸地區，亦即現代的巴爾幹地方所取代。比本國義大利的軍團兵人數還少的行省就只剩下希臘，但這應該是受到希臘人多方面的才藝、通商、建築美術方面的才能所影響。

但是，羅馬軍隊開始加入本國義大利出身者以外的士兵，要追溯到與迦太基的名將漢尼拔對決的西比奧的時代。自那時以後，這便成為羅馬軍的常態。朱利斯．凱撒率領的羅馬騎兵幾乎全員都是舊敵高盧和日耳曼的猛將。在凱撒之後即位的初代皇帝奧古斯都將這個常態以明確形式加以制度化，使羅馬人的軍團兵和行省人民的輔助兵成為構成羅馬軍的二大支柱。

自維斯帕先至圖拉真的時代開始，羅馬軍當中本國出身的羅馬人與行省出身的羅馬人的比率出現了大逆轉。而自哈德良時代以後，這個差距有逐漸擴大的趨勢。

然而，其原因之一在於，隨著時代的經過，行省出身的羅馬公民人數日趨增加。首先，有些士兵在服役期間與逐漸熟稔的當地女性結婚，在退役後就繼續住在之前服役地點的附近，這種案例並不少。第二，在退役時輔助兵可以得到羅馬公民權。由於羅馬公民權為世襲的權利，因此其子嗣也將成為正式的羅馬公民，由於受到父親職業的影響，因此立志投入羅馬軍團便成為很自然的選擇。

也就是說，本國出身兵和行省出身兵比率的逆轉，並不完全是本國出身者討厭當兵的結果。而羅馬全軍的最高司令官，諸如圖拉真、哈德良等接連幾個皇帝都是行省出身的羅馬公民，他們並沒有優待行省出身兵而忽視本國出身兵。

這讓我聯想起本田宗一郎說過的話。「本田公司的總經理是美國人或是其他哪一國人都無妨，只要能夠承繼本田公司的精神即可。」羅馬人，尤其是哈德良，應該也有此種想法吧！那麼，哈德良又是如何將「羅馬精神」(Roman Spirit) 根植到士兵們的心中呢？

首先，他徹底仿照實戰進行猛烈的演習。羅馬軍訓練之嚴格自古以來頗為著名。縱然是軍團兵互相扮演敵我雙方的演習，但雙方都帶真劍上場。在演習中即使傷到同伴也不會被判罪。不過，若在演習之外傷到他人，則由掌有士兵們生殺大權的軍團長進行嚴厲的處置。

這種連日進行的激烈演習，使得某些士兵乾脆提早退役，改行當鬥劍士。不過只要在羅馬軍團內服役期滿，就可以領到退職金，即使中途退役也可以得到不少好處。以下引用第V冊的一段話即可明瞭。

「凱撒將擔任地方政府議員候選人的資格年齡，亦即被選舉權的資格年齡分成以下三項。

一、無兵役經驗者——三十歲以上

二、有軍團步兵經驗者——二十三歲以上

三、有騎兵或百夫長經驗者——二十歲以上

就連擁有選舉權卻沒有被選舉權者，凱撒都有明文記載。包括了犯罪者、偽證者、軍團逃兵或是被驅逐者、鬥劍士、演員、賣淫者以及經營賣淫者。」

朱利斯．凱撒制定的這項法律，即使到了二世紀後的哈德良時代依然完好如初，繼續發揮效力。

完全武裝的行軍為不可或缺的訓練之一。羅馬軍的行軍除非在緊急時期，否則一律以時速五公里的速度行進，而且一日行軍距離規定為三十公里左右。不過，每個人必須攜帶十五日的糧食，因此武器、糧食再加上餐具，每名士兵必須背負的配備重量高達四十公斤。

據說哈德良在視察這些士兵們行軍時，不但沒有騎在馬上，反而和士兵身著同樣軍裝，背負相同配備，和他們一起行軍。因為羅馬的戰士必須懂得吃苦耐勞，此為首要學習項目，無論士兵或是皇帝都是一樣，這是哈德良給士兵們的教誨。

在哈德良執行的演習當中，也教導如何使用大型厚重的攻城兵器。在羅馬的軍團中，雖然有人專門負責這種兵器，但卻沒有這個領域的專業兵種。所以軍團兵一般都遵照負責人的指示來操作。只要是軍團兵，每個人都得熟練這種兵器的操作方式。

有關羅馬軍的機械兵器，某項記錄顯示德國皇帝威廉二世（一八五九～一九四一年）曾將這些兵器復原，並進行實驗。根據他的實驗結果，被稱為「弓」(arcus) 的石弓射出的箭，可射中五十公尺遠的標的物，而第二支射出的箭可以完美的將射中標的物的第一支箭劈成二半。此外，被稱為“scorpio”的石弩射出的六十公分長的強箭，則將立於三百四十公尺外的二公分厚板射穿。再者，現代的研究學者也以圖解來表示羅馬軍使用的各兵器的射程距離。

由這張圖解可證明羅馬軍的機械化領先當代其他國家的兵器。這是因為羅馬軍的兵器本身不但精確度高，而且都被設計成可以移動的狀態。此外，百夫長指揮的每個中隊都會配備一個“scorpio”。致力將兵器機械化為最高司令官皇帝的責任，而活用這些兵器則是軍團兵的責任與

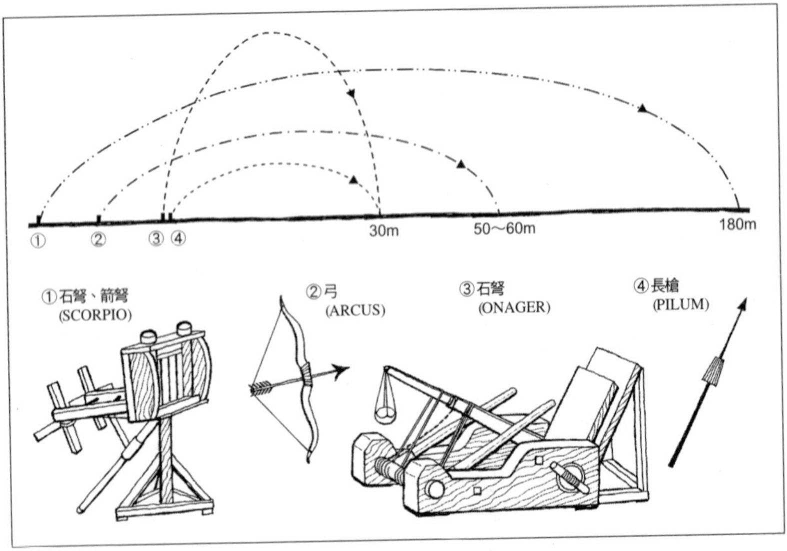

各種兵器的射程距離

義務，這應該正是哈德良的理念吧！

　在基地當中，即使是演習以外的時間，皇帝也要求士兵過著嚴謹的生活。

　起床、用餐、就寢等日常生活都必須跟著喇叭的號令來行動。夜間站哨的衛兵如果打瞌睡立即被判死罪。在基地內部不可以有羅馬式都市必備的列柱迴廊，也不可以建造庭園。羅馬式的晚餐通常都是用單手的手肘靠在類似床的貴妃椅上享用，這雖然是一項慣例，但這種悠哉的用餐方式在基地內卻不被允許。如果盜取同伴的物品，立即被流放邊境。雖然允許士兵們提出抗議或反駁，但嚴禁群聚抗議運動，而且任何意見都必須透過百夫長來反映。此外，沒有理由且未經上司許可擅自離營者將受到嚴懲。

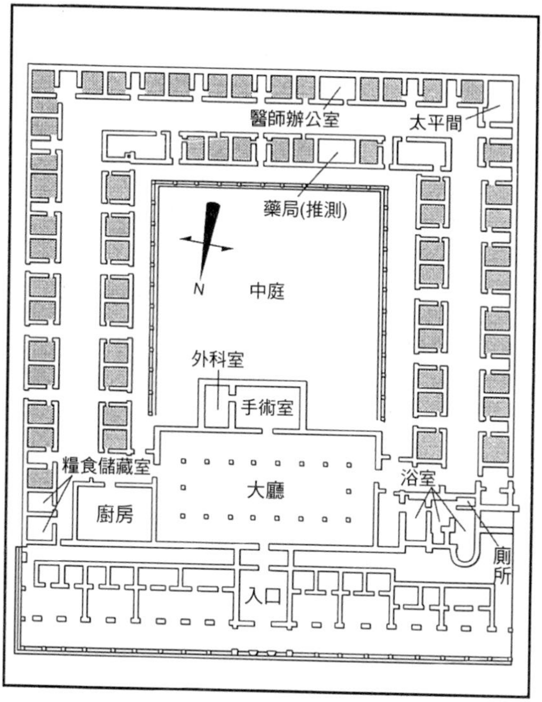

占田軍團基地中軍醫院的平面圖（▒的房間為病房）

雖然如此，哈德良也不是只有嚴格的一面。視察基地內的醫院是不可或缺的工作，而且為了讓傷兵或是因一般疾病住院者能夠接受平等完善的治療，他特別仔細檢查設備及人手是否充足。羅馬的軍團一定會配置內外科醫師及護士，甚至還有專門替牛馬看病的獸醫。羅馬基地中的醫院也開放給基地周邊的居民前來就醫。周邊居民和軍團基地算是有地緣關係，無論就人情面或是政略面來看，這都是理所當然的作法。不過，只有軍醫院可以建造庭園，這非常符合哈德良的作風。只重視精神力的話，則無法期待士兵們會在緊要關頭發揮戰鬥力。話說羅馬軍是靠補給站取勝的。在這方面，哈德良細膩的視察與執行指令之徹底實在讓人望塵莫及。

在軍團長之下只有二名高官負責基地的營運。其中一人為財務負責人——會計監察官，另一人為營運負責人，亦即基地長官。基地長官的重要任務是補充、儲藏兵器與糧食。不過，這是必須經常面對敵人的前線基地，有許多基地因為擔心不知何時會被敵人包圍，往往補充過多，結果造成庫存過量的現象。

一旦庫存過多，糧食便會發霉腐敗、無法食用，最後只有丟棄一途。而兵器放置不用則會生鏽，連軍團附屬的兵工廠都束手無策，成為堆積如山的廢鐵。也就是說，就算一開始無意如此，最終還是造成軍糧採購經費的浪費。

哈德良對此現象感到相當不滿，故將軍團基地、兵糧供給地與連結兩者的補給路線加以重整強化。因為只要流通獲得保證，就不需儲存過多，其結果使得基地內的庫存降到最低。

哈德良在此處展現的重視效率之理念，也發揮在增強防衛兵力方面。

羅馬軍分為主戰力軍團兵與輔助其完成任務的輔助兵。此時的輔助兵雖然是由行省人民組成，但在西元六十九年之前，一直是由相同部族出身的士兵們編制而成，指揮官則依慣例由該部族長之家族來擔任。不過，在尼祿皇帝死後掀起內戰的那一年，趁著當時政局混亂之際爆發了行省叛亂，而當時的主角就是在羅馬軍下服役的輔助兵。正因為是相同部族出身者組成的隊伍，所以異常團結，往往一聲令下即可拿起武器共同造反。

對此現象已嘗盡苦頭的羅馬，自解決內戰而登上帝位的維斯帕先時代開始，便在行省人民編制而成的輔助部隊中，編入各個部族的出身者，指揮官則由羅馬軍團中經驗老到的將領來擔任。

這種作法的結果就是雖然留下輔助兵的名稱，實質上卻非常近似正規兵。再加上在退役時可以領到退職金，而且也可以獲得羅馬公民權，如此一來，更助長了上述現象。

哈德良一向以和平為座右銘，他深信若要維持和平，確立防衛體制為先決條件，但增加軍團兵將會動搖帝國財政。在他的治世中曾經成功的減少二個軍團。不過，他並不想增加輔助兵的人數。因為這會違反奧古斯都的遺教，亦即輔助兵的人數不得超過軍團兵。雖說此時的輔助兵已具備正規兵力，但輔助兵終究是由行省人民所構成。因為在保障帝國安全的羅馬軍當中，行省人民的人數還是不可以超過羅馬公民。

哈德良為了解決這個問題，創立了“numerus”（臨時兵）這個名稱的組織。

所謂“numerus”，若直譯的話，即為「多數」或是「多數人的團體」，這個團體其實是由居住在該土地周邊的行省人民之志願者編制而成。不過，這並非定期的團體，也沒有規定兵役期間，說穿了就是類似短期臨時工人的士兵。其主要任務就是站崗監視，完全不具戰鬥力，因此也不需要特別訓練。軍中不但供應其執勤期間中的食宿，而且還支給微薄的薪水。這對農閒期的農民和暫時失業者而言，算是相當吸引人的制度。

由於只是臨時兵，因此也不需支付他們退職金，也沒有必要賜予他們羅馬公民權。如此羅馬公民的人數就不會隨便增加，又可以補強戰力。同時還有助於消弭因貧窮引發的叛亂火苗。

至於這些“numerus”的人數到底有多少，因為是臨時兵，所以不太容易掌握。不過，萊茵河與多瑙河兩防衛線以及不列顛前線，每一個軍團都配置五百名左右的臨時兵。在這些防衛陣地中，原本就配置有六千名軍團兵，以及將近六千名的輔助兵，因此這五百名臨時兵與其說是軍事力的增強，倒不如說是補強比較恰當。

以上是哈德良視察包括「日耳曼長城」的萊茵河防衛線全線的工作全貌。這趟視察之行花不到一年就完成，因此發行刻有「日耳曼前線軍」(Exercitus Germanicus) 的貨幣應該也不為過吧！自此以後，哈德良的視察便比照上述方式來進行。亦即，同時完成下列二件工作。一是處理各視察地區共通的事項，二是解決該地區特有的問題。就好比萊茵河前線雖然沒有必要建設新的長城，但下一個視察地不列顛很可能就有這個必要。

在進行上述二件工作時，哈德良發現一個共通點，那就是軍團基地內部的責任體系的明確化。為了提升組織機能，釐清責任所在為先決條件。在組織當中往往有人不喜歡將責任歸屬明確化，因為這些人並不想擔負起責任。但是人類社會就是一個大熔爐，一種米養百種人。所以組織中有這種人存在並不足為奇，但若是占了大多數，則將使組織退化。

哈德良希望避免此種情形發生。軍團基地就好比是羅馬社會的縮圖，因為這些地帶將來都

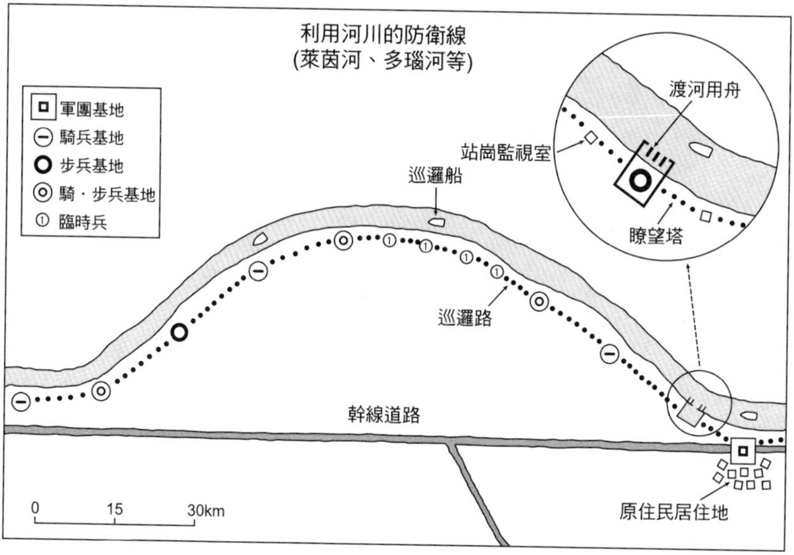

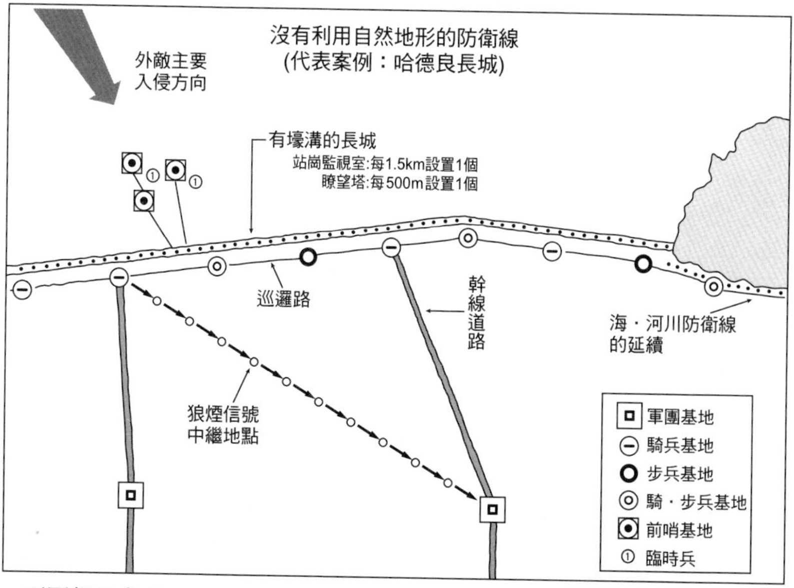

兩圖都是參考 Edward N. Luttwak, *The Grand Strategy of the Roman Empire*

發展成歐洲的主要都市。在軍團基地中除了必備的醫療設施和公共浴場之外，還有裁縫店、銀行、郵局等。在羅馬的軍團基地中唯一沒有的就是供士兵妻小生活的設施。因為羅馬軍低階士官以下的士兵禁止於兵役中結婚。不過，父親在兵役中所生之子，在結婚後承認為其嫡子。另一方面，不知為何，羅馬軍團基地中竟然沒有配置憲兵。

哈德良沒有增加也沒有減少軍團基地的成員人數。但是，他明確釐清各自的責任分擔。看到這份分工仔細的軍團基地成員表就會深切感受到，如此一來，要推卸責任簡直比登天還難了。

哈德良雖然是行省出身的皇帝，但比本國義大利出身者還要像羅馬人，他認為對自己的行為負責才是真正的羅馬精神(Roman Spirit)，因此致力將此種想法根植到與自己同樣出身於行省的士兵們心中。

不列顛

皇帝哈德良的治世共二十一年。在這段期間中他總共待在本國義大利三次，加起來也只有七年。而且他在四十五歲到五十八歲之間的十三年，因為視察之行的關係，大都在各行省之間遊走。

如前所述，茲將哈德良在視察之行中建立的功績大分為二項。

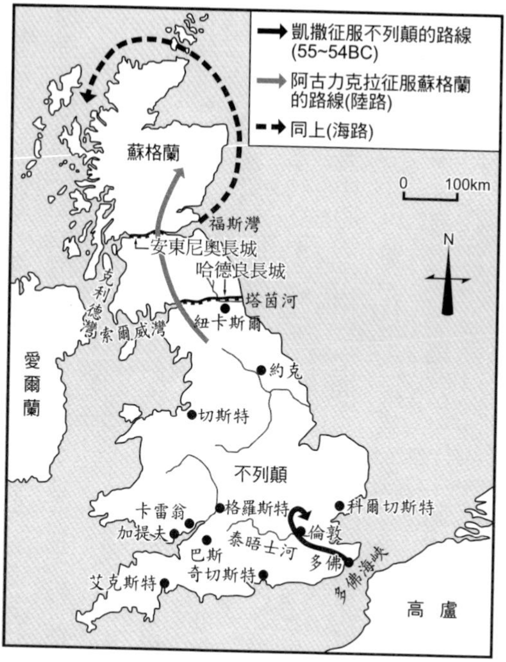

哈德良皇帝時代的不列顛（其後安東尼奧皇帝建造的長城一併列出，以供參考）

一、處理各視察地區共通的事項。

二、解決該地區特有的問題。

以下對於哈德良視察之行的描述，將省略在萊茵河防衛線中已經詳述的第一項，將重點放在第二項上。不過，各位也不能忘記第一項在各視察地區都會執行。哈德良的浩大之旅正因為第一與二項同時完成才具有意義，而從此點也可以理解皇帝哈德良將如此漫長的歲月都花在這二件工作上的用意吧！

西元一二二年，四十六歲的哈德良等到春天來臨，便從萊茵河口搭船前往不列顛。不列顛之行應該是他當初預定的行程。就在五年前，也就是西元一一七年，曾發生布利岡特斯族掀起叛亂，毀滅第九希斯帕納軍團的醜聞。哈德良即位後便立刻派遣替代軍團前往當地，加上原本常駐不列顛的二個軍團奮力反擊，總算平定了叛亂。重建不列顛的防衛體制已成為刻不容緩的課題。

羅馬於不列顛配置了三個常駐軍團。分別在接近威爾斯地方的加提夫(Cardiff)的伊斯卡（現在的卡雷翁 Caerleon）配置第二奧古斯塔軍團，在英格蘭西部的迪瓦（現在的切斯特 Chester）配置第二十瓦雷利亞．維多利克斯軍團，在英格蘭東部的雅布拉克姆（現在的約克）配置第六維多利克斯．庇亞．菲迪利斯軍團。以這三處軍團基地和羅馬稱霸已久的倫迪尼姆（現在的倫敦）為中心的東南部之間，遍布了羅馬式的街道，想必這已毋須多提。以切斯特與約克為起點，朝向蘇格蘭，有一條羅馬人稱之為"caledonia"的高速公路幹線。而且在圖密善皇帝時代，由於史學家塔西圖斯的岳父——阿古力克拉將軍的積極戰法，讓羅馬帝國得以將稱霸的觸角伸入蘇格蘭內部。

西元一一七年發動叛亂的布利岡特斯族，就是居住在當時尚未一分為二的英格蘭與蘇格蘭邊界一帶的原住民族。這個部族的本名無從得知。布利岡特斯是羅馬人取的名字，在拉丁語中係表示山賊或盜賊之意。英語的 brigand 或許正是以這個拉丁語為語源吧！羅馬人之所以如此命名，一定是因為這個部族拒絕接受羅馬化，也就是說他們不願意在某地定居，從事務農生活。

不過，布利岡特斯族並非所有人都拒絕羅馬化。有一群居住在英格蘭附近的布利岡特斯族民開始栽種羅馬人移植過來的果實及花草，步調一致的推動羅馬化。亦即布利岡特斯族居住地南部的族民已經羅馬化的相當徹底。或許一一七年的叛亂就是居住在北部的族民因為同伴背離而發起的。因此，他們屠殺的不只是羅馬兵，對於站在羅馬一方的族人也不寬赦。

羅馬是個霸權國家，而霸權者有保護臣服者的責任。哈德良所以構思重新布建布利塔尼亞的防衛體系，也是為了保護羅馬化後的人民免於「山賊」的侵襲。有名的哈德良長城就是這項政策的具體成果。

古羅馬人稱為"Vallum Hadriani"，現代人稱為"Hadrian's Wall"的哈德良長城，是以塔茵河 (Tyne River) 口為起點，經過紐卡斯爾 (Newcastle)，到達索爾威灣 (Solway Firth)，全長八十羅馬里（約一百一十七公里），由石壁、塔、城塞構成的長城，為不列顛行省的防禦設備。這道長城並沒有利用大河這種自然的境界線，與位於萊茵河和多瑙河之間的「日耳曼長城」的建造理念相同。

石壁部份的斷面圖如圖所示。「北」邊指的是羅馬帝國外，「南」邊指的是羅馬帝國內。由北到南分別說明如下：

①塹壕——寬九·一公尺，深九公尺的V字形壕溝。由貫通城壁最上部的監視通路可以看到塹壕的最深部。目的之一是，為了對付擅長騎馬的蠻族。第二是，為了妨礙成群攻擊的蠻族集團。

②石壁——北側部份高六～十公尺，南側部份高四～六公尺。這種變化是為了因應此地

不同的地勢。至於石壁整體的厚度，不論地勢高低，一律為三公尺。

③道路——沿著石壁貫通的道路，為了讓馬匹和貨車通行無阻，全線鋪設羅馬式街道。道路寬度和羅馬街道一樣，為雙向車道。

④堤防——高三公尺，寬六公尺的長堤防，也是沿著城壁建造。共有二道，相互平行。在這二道堤防之間有一個塹壕。

⑤塹壕——寬度、深度都在六公尺左右。

④與⑤的目的在於，即使敵人騎馬突破城壁也可以發揮阻止的作用，還可以雙重阻止成群結隊前來攻擊的蠻族。因此，「哈德良長城」指的是①～⑤整體。

而「長城」當中，在各個要地都設有城塞、要塞、瞭望塔。就戰略上的理由和地勢來看，若有必要，就會配置守備隊。如果是建在平地上的城塞，便配置騎兵部隊、騎兵——步兵混合隊。如果是在丘陵上，就配置步兵部隊。在負責監視的瞭望塔中配置的是臨時兵。至於設在「長城」外側的前哨基地，則配置輔助兵和臨時兵的混合隊。各城塞要塞之間的距離平均為一．五公里，瞭望塔之間的距離由於受到地勢的影響，平均為五百公尺。

這道長城為最前線，從此前線通往軍團基地可利用羅馬式街道。如果「哈德良長城」阻止不了敵人的入侵，約克和切斯特這兩個軍團基地就可以派出主戰力來迎擊。

經過了一千九百年後，「哈德良長城」由於受到風吹雨打的摧殘，再加上經年累月被當作

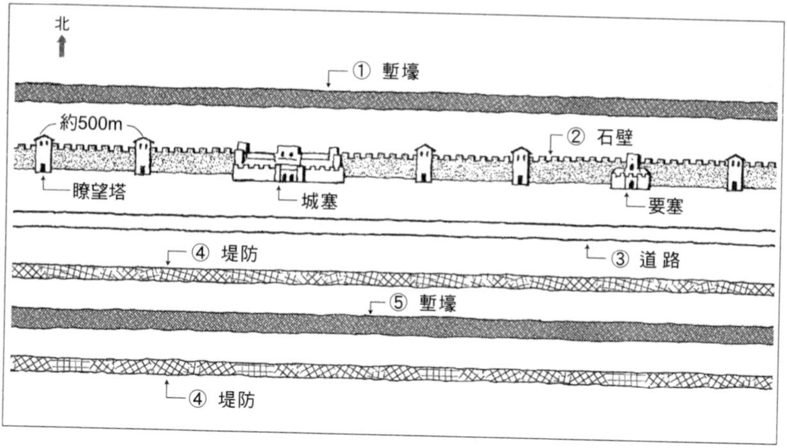

「哈德良長城」模型圖

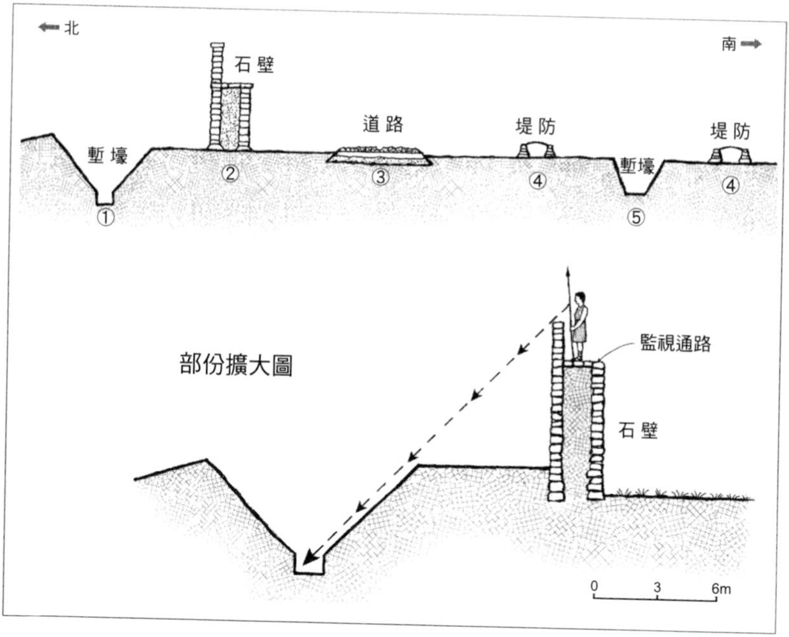

石壁部分（沒有塔、城塞等的段落）的斷面圖

採石場的關係，這裡也和其他遺蹟一樣，要勾勒出當時的情景只能憑靠想像。不過，傳統羅馬學在英國相當盛行。而且「長城」對他們而言也是國內重要的羅馬遺蹟。因此，英國人對於這方面的調查做得相當徹底，而且也非常小心的保存這個遺蹟。甚至還在「長城」旁邊建設小巧美觀的旅舍來吸引觀光客，可謂初夏到初秋的週末旅行最佳去處。而且令人高興的是，此處並沒有因為是遺蹟而顯得庸俗，具有濃厚的英國風味。雖然我一向主張羅馬時代的遺蹟就算位在義大利，其遺蹟管理也應該交由英國人來執行。不過，位於不列顛的羅馬時代之遺蹟與雕像，無論質與量卻絕對比不上義大利。就連大英博物館都不會是例外。既然如此，英國人對於羅馬時代遺物的悉心呵護，難道只是基於對古羅馬的愛嗎？或者是，他們自古以來一直認為繼承古羅馬人精神的正是大英帝國的人民呢？無論如何，如果希望站在「哈德良長城」上緬懷強者們的夢想遺蹟，只能在大雪紛飛、寒風刺骨的嚴冬才行。因為建設此道長城的哈德良在視察不列顛時，雖然正值春夏交會之際，亦即英國最舒適的季節，但士兵們為了守護建設好的長城，卻必須前往被大雪覆蓋的敵軍陣地前，在冰冷的寒風中執行軍務。看來要維持霸權國家的雄風可不是件輕鬆的事。

在此順帶一提，於哈德良之後即位的皇帝安東尼奧，曾在「哈德良長城」的北方興建另一道長城，就稱為「安東尼奧長城」(Vallum Antonii)。主要是為了連結福斯灣 (Firth of Forth) 與克利德灣 (Firth of Clyd)。如果這條線成為羅馬帝國的防衛線而普及化的話，那麼愛丁堡

(Edinburgh)和格拉斯哥也可以列入帝國之內，亦即蘇格蘭也會被羅馬化。然而，「哈德良長城」最後卻成為羅馬化區域與未羅馬化區域的境界線。而此事也造成日後英格蘭與蘇格蘭的分裂。

此外，看過這二道「長城」的人，即使不是軍事專家也應該會有相同感觸。那就是「哈德良長城」是親臨現場的人思考的成果，而「安東尼奧長城」則是以收集到的資訊為基礎的紙上談兵的成果。

雖然不知道哈德良是在西元一一二年的何時渡過多佛海峽進入高盧，但由之後他的行動範圍來推測，他應該是在夏末秋初之際離開不列顛的。因為時間已不允許他等待「長城」完工再離開。羅馬帝國幅員廣大，還有許多地方必須前往視察。在多雨的不列顛，特別將糧食儲藏庫的底板加高，另一方面，由於考量到前線執勤士兵們的衛生問題，以及羅馬人重視的舒適性，甚至在涓涓小溪前建設浴場，只可惜哈德良還沒有機會親眼目睹這道「長城」的完工模樣就與世長辭了。不過，有幸實現自己理想的人與享受其成果的人理所當然不相同，特別是以公共利益為目的之人更是如此。

如前所述，在羅馬化的最佳範例——高盧，幾乎沒有需要哈德良重建之處。我們只知道他唯一建設之地是亞培尼歐（現在的亞維儂 Avignon）。此時哈德良接到了先帝圖拉真的皇后普羅提娜逝世的消息。對於平時暗中給予哈德良援助，但必須她出面的場合也不吝惜伸出援手的普羅提娜之死，哈德良又是如何看待的呢？這點已無從考究。就算他親筆寫的《回憶錄》有留存下來，上面應該也不會記錄他私人的想法吧！我們可以得知的只有一件事，哈德良在普羅提娜死後，曾經在她的出生地尼馬烏蘇（現在的尼姆）為這位戶籍上的繼母打造一座神殿。

希斯帕尼亞

如上所述，哈德良在高盧停留的期間很短。但是，在這段期間當中，哈德良接到了遠從東方傳來的消息，其中指出埃及的亞歷山大發生居民間的衝突，目前呈現動盪不安的局面。此次衝突事件的主角並非希臘裔居民與猶太裔居民，而是埃及的原住民，衝突的導火線是為了一頭牛。

前五世紀的希臘史學家希羅多德已有「古早的事」的記述，足見埃及從很早以前就開始信仰聖牛之神。根據希羅多德的說法，那並不是隻普通的牛，而是接受過太陽光與月光洗禮的牛。其證據就是牛的皮膚上所呈現的特殊條紋，人們深信這些條紋正是接受過太陽光與月光洗禮過的象徵。

結果這頭聖牛降臨到大地上了。亦即，有人發現了這頭與眾不同、皮膚上有特殊條紋的牛，對此欣喜若狂的人們，為了這頭牛到底屬於哪一個城鎮，應由誰保有而起了爭執。這群盲目迷信的人們也是羅馬帝國的人民。

哈德良判斷此事還輪不到自己出馬，因此全權委託駐紮埃及的長官處理。對於為了一頭牛而引起爭端的人們，哈德良特地寫了一封親筆信函嚴正要求他們自制。但如果這是一群接受勸告就可以冷靜下來的人們，那麼一開始就不會發生這種騷動了。因此，哈德良不得不親自出馬重建埃及的支配體制。但是西方還有工作尚未完成。西元一二二年到一二三年，皇帝留在西班牙的塔拉格那過冬。在塔拉格那召集伊比利半島的殖民都市與地方政府的代表。

羅馬公民人數一直不斷增加。行省人民組成的輔助兵雖然不是羅馬公民，但因為對帝國防衛有功，在退役時也可以得到羅馬公民權，因此，單純計算起來，每二十五年就會誕生十五萬名新的羅馬公民。這是羅馬帝國的國策，而且可以藉由此制度，來確保必須擁有羅馬公民權的軍團兵之人數，但這項政策如果一直持續下去，恐將問題百出。這裡所指的問題，係指舊有的羅馬公民與新加入的羅馬公民之間不斷發生的爭執不和。無論如何，不分舊有與新來，擁有羅馬公民權者可享有的優惠是相同的。除了可受到羅馬公民法的保護之外，而且也不用繳納占收入一成的行省稅。

如此一來，一定有不少舊有公民認為，新加入的羅馬公民憑什麼和自己享受同等的優惠。在分為三個行省的伊比利半島，由於受到兩派人士爭執不休的影響，島上居民對於軍團兵的招募採取相當不合作的態度。

統稱為「義大利人」，亦即祖先為本國義大利出身者的舊有公民（圖拉真和哈德良也屬於這一派），在招募軍團兵時不慍不火的回答「否」。而統稱為「西班牙人」的新來公民則是以強硬態度回答「否」。舊派的態度之所以較溫和，應該是因為哈德良也是屬於舊派的關係。而新派則是因為深怕屬於舊派的皇帝提出有損自己既有權的妥協對策，所以態度才會那麼強硬。皇帝身為帝國全軍的最高司令官，必須設法解決此問題。

在塔拉格那召集這兩派代表召開的會談中，哈德良到底研擬出什麼樣的對策不得而知。依羅馬人過去的作法來推測，或許哈德良是將不分新舊一律適用的權利中的某幾項，限定新加入的公民暫緩幾年才能享受，採取妥協對策。所謂某幾項權利，指的應該不是諸如行省稅的免稅權等伴隨實際利益的權利，可能是指地方政府議員的候選資格等權利。人類只要流動性獲得保證，很令人意外地可以接受暫時的落差。三百年前開始的羅馬公民與三年前開始的羅馬公民，只要兩者之間的落差並非固定不變，反而對社會安定有所貢獻。

無論如何，哈德良成功的解決此問題。雖然來到塔拉格那，卻沒有前往故鄉義大利加，而且也沒有建設任何一棟紀念皇帝上任的建築物，這或許也是因為不想刺激這兩派人士吧！

哈德良停留西班牙時，發生了一個事件。某日哈德良一人在總督官邸的庭園散步時，有一個奴隸持刀襲擊他。沒有尋求援助便將襲擊者制伏的皇帝，雖然將犯人交給聞訊前來的下屬，但當他得知此人為精神異常患者時，便決定不懲罰他，而命令下屬將他送醫治療。

這一則軼聞可以讓我們聯想到下面這二件事。

第一、自羅馬時代開始，精神異常者已經不再被論罪。

第二、雖然哈德良已四十七歲，但體力依然充沛，他也對此充滿自信。

哈德良在故鄉唯一的消遣便是騎著馬在西班牙的山野中狩獵。

但是，哈德良在這裡接到了敘利亞總督緊急傳來的重大消息。內容是帕提亞王國呈現動盪不安的局勢。雖然同樣是東方傳來的消息，但這次的情況不能和聖牛事件相提並論。哈德良相信外交也是防衛的重要手段。皇帝決定自己親自前往當地。

地中海

這次的旅程是由西班牙前往敘利亞，為一趟由西向東橫貫羅馬帝國之旅。既然決定直行，就必須搭船從西向東越過地中海。

雖然是皇帝的航海之旅，卻沒有必要組織大規模的護衛船隊。因為羅馬帝國一向採取不直接攻擊海盜，而是去攻擊海盜棲息地的作法，所以地中海長久以來一直維持著 **“Pax Romana”**（羅馬和平）。由皇帝輕車簡從的作法即可證明此點。原本行事就不喜歡鋪張的皇帝，這回只率領三、四艘船組成的小船隊即迅速出航。

從塔拉格那的港口到羅馬的外港奧斯提亞，如果有幸遇到順風只要五天，若需要靠划槳助航最多也只要二十～三十天即可到達。不過，因為經過首都羅馬費時費力，因此哈德良避開了此一路線。雖然詳細航程無從得知，但他應該是在離開塔拉格那後，經過薩丁尼亞的南端，一路航行到西西里 (Sicilia) 西端的馬爾沙拉 (Marsala)，在此地暫時停靠後，接著繞過西西里的南端，抵達克里特(Crater)，之後再從克里特的北邊，航行至塞浦路斯，最後再由塞浦路斯一路朝向安提阿的外港塞留庫亞(Seleukeia)前進。如果真的是走這條航線的話，當時的季節正值初夏，應該只要一個多月就可以進入安提阿。

朱利斯．凱撒就連跨越阿爾卑斯山脈的旅程都不浪費一點時間，他在這段期間中完成了〈類推論〉的比較論述等文章，獻給政敵西塞羅。而哈德良不只是行動範圍廣，連不浪費時間這一點都和凱撒很相似。在這將近二個月的航海之旅中，我們來推測他到底在想些什麼。

由於沒有留下任何傳聞，所以也只能憑靠想像。現在腦中浮現出的是一片海景，但這並不是凶猛的北海或汪洋大海，從飛機上鳥瞰的話，連拖著白色尾巴航行的小漁船都看的一清二楚，這是初夏平靜的地中海。自古以來羅馬人就稱地中海為「我們的海」或「內海」。當時的地中海並不像現代一樣有二百海里經濟專屬海域的問題，也不會有現代家常便飯的漁船被捕事件，這是屬於羅馬帝國的海。或許哈德良在這段航行期間中正思索著一件事也說不定，那就是二年後著手進行的羅馬法的彙編。話雖如此，這個想像唯一的立足點便是，哈德良在返回首都後開始著手的這個大事業，一開始蘇拉曾經嘗試過，之後凱撒也試過，但都無法完成，而哈德良在著手階段就相當順利，其作業內容乃至從事該事業的人選也早已決定好。

東方

迎接皇帝的敘利亞行省省都安提阿，已經處於隨時準備與帕提亞開戰的警戒狀態。不過，哈德良選擇與帕提亞的領袖進行會談來尋求解決對策。這是因為哈德良深知帕提亞王國之所以對羅馬帝國擺出強硬態度，並不是出自帕提亞王的意願，帕提亞王往往是被國內的強硬派人士逼迫，不得不如此。高峰會議的地點選在幼發拉底河上的小島，哈德良並沒有帶領軍團同行。

帕提亞王與羅馬皇帝會談的詳細內容沒有人知道，只曉得最後安然度過了危機。原本羅馬一方很擔心帕提亞軍可能會對羅馬領地進攻，但當帕提亞王返回首都後便下令解散軍隊。順帶一提，帕提亞和羅馬不同的是，除了一般的警備之外，並沒有配置常設軍，需要戰爭時才編制軍隊。帕提亞歷代君王最害怕的並不是講理的羅馬帝國，而是王室內的鬥爭，以及位於帕提亞東北方的亞細亞高原居民的入侵。其實哈德良並非喜歡會談，是因為判斷與帕提亞進行高峰會談較有利於解決問題。

因此，帕提亞問題就這樣迎刃而解。現在哈德良身在帝國的東方，他還是保持著不浪費一分一秒的作風，立即從安提阿啟程北上，進入小亞細亞，準備視察小亞細亞的南部與西部。

這是一趟愉快舒適的旅行。現代的小亞細亞南部由於成為德國移民勞工的一大產地，因此有某些地區，德文的隻字片語反而比標準語土耳其話還要管用，這些地區就是在羅馬時代，擁有可收容一萬人的半圓形廣場的城市相連的一帶。能夠收容一萬人的公共設施，就表示該城市一定有數萬的人口。此外，從飛機上鳥瞰，小亞細亞雖然是一片綿延不絕的荒野，但到內部旅行的話，就會發現這是一個富饒的地區，也難怪歷史上的強國常常為此地爭奪不休。此外，在羅馬時代，此地為元老院管轄的行省，亦即這是個羅馬化歷史悠久、政治安定、沒有必要設置軍團的地區。對哈德良而言，這裡留給他的工作不多，可說是趟充滿好奇心與憧憬之旅。

哈德良首先前往開滿薔薇花之島，同時也是風景宜人、氣候溫和，且為當時學問中心的羅德斯。想必充滿自信的哈德良應該會去造訪位於山崖上的林德斯 (Lindos) 神殿，儘管要攀登危險的小徑也在所不惜吧！另一方面，當他回到小亞細亞西端後，接著造訪了史學家希羅多德的出生地哈里克那索斯，希臘哲學之祖泰利斯 (Thales) 的出生地米勒托斯 (Miletos)，美麗的商港愛菲索斯，過去希臘系諸國之一，之後成為學問中心之一的婆高蒙，最後前往荷馬 (Homeros) 的敘事詩《伊利亞德》(*Ilias*) 的舞臺特洛伊 (Troy)。於雅典開花結果的希臘文化，是在稱為愛奧尼亞 (**Ionia**) 地方的小亞細亞西部萌芽成長的。即使到了現代，這裡已成為土耳其領地，但為了讓前往當地旅遊的人們懷念起希臘文化，這些遺蹟依然完整的保存著。應該是說，這一帶和羅馬時代的希臘本土並沒有兩樣。或許哈德良就是在此時期，結識了俾斯尼亞出生的希臘美少年安提諾也說不定。不過，到愛奧尼亞地方旅遊之人一定會立刻飛奔前往的雅典，哈德良卻沒有前去訪問。因為他必須趁著冬天未到之前，趕緊前往邊境巡視。

渡過達達尼爾海峽 (Dardanelles) 進入歐洲大陸的皇帝與少數隨行者，朝向北方的色雷斯 (Thracia) 前進。色雷斯是提供亞歷山大大帝騎兵的地方，當地的山岳地帶自古以來以盛產馬匹而遠近馳名。羅馬帝國的軍團也以色雷斯出身的騎兵居多。

經由色雷斯地方即可到達的多瑙河防衛線，正是青年時代的哈德良執行軍務的一帶。此外，當他登上皇位後，在返回首都羅馬之前曾經整頓過這一帶。因此，這個地區留給他的工作也很少，於是他便加快巡視的速度。儘管如此，他還是將視察的觸角伸往多瑙河的河口部到維也納所在地的中游部一帶。由於視察萊茵河防衛線之際已經結束了「日耳曼長城」的全線視察，因此在這個時點，身為羅馬軍最高司令官的皇帝哈德良，已完成了羅馬帝國二大防衛線的所有視察工作。

一直到冬天即將逼近，皇帝一行人才往南移動。他們打算到亞該亞行省省都雅典過冬。

雅典

一直到四十八歲才能夠親眼看到自己憧憬之地的人會有什麼想法呢?少年時代被一同學習的朋友取了「希臘之子」的綽號，讓圖拉真和阿提安二位養父極為擔憂，不希望他沉浸在軟

哈德良

弱的希臘文化中，為了讓他體驗剛毅質實的羅馬式生活，將他送回西班牙的故鄉，這就是哈德良的少年時代。義大利和希臘雖然近在咫尺，但之後哈德良的生活因為忙於軍務和政務，希臘對他而言一直都是很遙遠的。此刻哈德良不但可以待在雅典過冬，甚至一待就是六個月。那位俾斯尼亞出身的美少年或許就是在此時被召喚到雅典的。

哈德良是第一位蓄著落腮鬍的羅馬皇帝。自共和政治時代開始，羅馬的男人都習慣將鬍子刮得很乾淨。就我的想像來推測，當時的歷史正好是羅馬極為興盛，而希臘日漸衰退之際，羅馬人可能是不願意與希臘人畫上等號吧！因為希臘人自古以來都習慣蓄著又長又濃密的落腮鬍。雖然希臘人亞歷山大大帝是羅馬人敬愛的標的，但他所遺留下來的雕像也都沒有蓄鬍子，因此不會對羅馬人不蓄鬍子的習慣有任何影響。

當羅馬成為霸權國家，而希臘臣服於羅馬霸權下之後，蓄落腮鬍即變成總稱為“Grammatics”的教師們的商標。即使是在現代，常常會稱呼蓄著落腮鬍的男性肖像為“Grammatics”。在這樣的羅馬，生在圖拉真時代的哈德良，無論穿著多麼想接近希臘風，恐怕還是不敢貿然蓄起落腮鬍吧！

不過，如「圖拉真圓柱」上所示，羅馬的男性並非全都沒有蓄鬍子。自朱利斯．克勞狄斯王朝時代開始，曾經有一項不可或缺的慣例，那就是雇一名奴隸每天早上專門為主人刮鬍子，從那個時代到此時已經過了一世紀。喜愛希臘的尼祿為了避免落人口實，曾經嘗試只留一點落腮鬍，但到了哈德良時代，或許已經沒有這層顧慮了吧！不管如何，現在留存的哈德良的肖像全都蓄著落腮鬍，而這些肖像全都是他當上皇帝後製作的。話雖如此，這裡可以確定的是，留著希臘風落腮鬍的羅馬皇帝已經不再是個醜聞。而哈德良之後的皇帝們大都喜歡蓄落腮鬍。雖然不像女性的髮型般千變萬化，但這也算是一種流行吧！

其實哈德良在造訪希臘之前就已經開始蓄鬍子了，此時的哈德良就像是第一次到海外旅行的年輕人一樣，對於所有希臘的事物無一不感到好奇。雅典市當然不在話下，他還造訪了德爾菲(Delphi)、科林斯(Corinth)、斯巴達、奧林匹亞(Olympia)等地，幾乎踏遍了所有希臘的名勝古蹟，雖然記錄中沒有提到他站在立於斯尼翁(Sounion)海角的波賽頓(Poseidon)神殿上，欣賞著從水平線上探出頭的太陽，但以哈德良的個性一定會這麼做吧！而且他連埃留西斯(Eleusis)的祕儀都沉浸其中，令人不禁莞爾一笑。

所謂埃留西斯的祕儀係指，在距離雅典不遠的埃留西斯所舉辦的信仰儀式。這是獻給宙斯(Zeus)之妹得墨特爾（穀物女神，Demeter）與其女普洛賽爾皮那（冥后，Prosepina）的祭禮，由於是在深夜舉辦的祕密儀式，外人不得參加，所以被稱為祕儀。每年到了冬天，得墨特爾的女兒必須到冥界六個月不能回來，希臘人為了安撫她與女兒分離的悲哀而舉辦此儀式。這個儀式與自古以來盛行的戴奥尼索斯（酒神、劇場之神，Dionysos）信仰並列為希臘兩大民間信仰。拉丁語稱為巴克斯（Bacchus）的戴奥尼索斯信仰，大都是活潑的歌舞儀式，相對的，與冥界相關的埃留西斯祕儀則是在夜深人靜時舉行，對信奉者的審查也相當嚴格。因此戴奥尼索斯信仰較為大眾化，而埃留西斯祕儀是屬於菁英才能參加的儀式。雖然如此，這些都是可以帶給信奉者利益的信仰儀式。埃留西斯祕儀向信奉者保證的是死後的安詳。

身兼「最高神祇官」，且為供奉羅馬守護神的最高責任者——皇帝，曾有幾位信奉過這個祕儀。包括初代皇帝奥古斯都、四代皇帝克勞狄斯。不過，冷靜的統治者奥古斯都是因為對被統治者希臘人的顧慮而加入此信仰，相對的，克勞狄斯則是在當上皇帝之前已經是信奉者了。話雖如此，希臘和羅馬都是多神教的世界。參加信奉者都是希臘菁英的埃留西斯祕儀，連保守的元老院都沒有發出反對的聲浪。但是這個信仰在西元三八一年皇帝狄奥多西（Theodosius）提出的基督教一神教宣言之後，就和其他古代信仰一同被視為邪教而葬沒了。

由於祕儀是在入夜之後，於埃留西斯的某個深邃的洞窟中舉行，是被禁止的活動，所以參加者理所當然都會隨身帶著短刀。不過，哈德良沒有攜帶任何防備就前去參加。因為也嚴禁警衛士兵同行，所以他便忠於古代的規則一人進入會場。

歐美的美術館、博物館中展示的哈德良皇帝的肖像大都與他寵愛的安提諾的肖像擺在一起，與帝妃莎比娜擺在一起的場合反而不多。可見皇帝與這位俾斯尼亞出生的美少年之間的關係匪淺，這在當時或之後都是一件家喻戶曉的事。

俾斯尼亞位在小亞細亞西北方，小普林尼當時受到圖拉真任命為特命全權總督之地就是這裡。這個地方自古以來就住著許多希臘裔居民。該地出生的希臘人並不少見，最特殊的要算是安提諾非比尋常的漂亮容貌。

我們無法得知安提諾是在何時何地結識哈德良的，雖然知道他出生於十一月二十一日，卻不知道生於何年。不過，由唯一知道的歿年來倒算，再將神格化之人的特權——「裸體像」中觀察出的肉體年齡也列入推測的話，安提諾應該是在他十五歲左右的時候結識哈德良的。安提諾散發出來的不是希臘人的知性之美，而是一種東方的甜美憂愁與美麗容貌，因此讓這位四十八歲的成熟皇帝燃燒起潛藏在心中的激情，對他醉心不已。他們的相識可以形容為命中註定，對哈德良而言，這種感情不會對異性產生，這是對同性的年輕人才會有的感覺。而且這是他在希臘文明圈的視察之旅中，好不容易實現長年夢想之時發生的事。

依我個人的看法，無論是異性或是同性，對「美」的敏感反應是人類極為自然的感情流露。而這種敏感反應昇華為愛更是一種自然的結果。不過，古希臘為男人的世界。所謂「男人的世界」指的正是男人最有魅力的時代。在這個「男人的世界」裡，女性的同性愛也只有詩人薩福(Sappho)一例而已。另一方面，說起少年之愛，即使不提到蘇格拉底和柏拉圖(Platon)，其他的例子也多到不勝枚舉。可以這麼說，喜歡希臘文化，自然也會對希臘的美少年產生愛意。不過，也並不是說不愛美少年就不夠希臘，事實上，被喻為希臘人中的希臘人的伯里克里斯，對美少年就不感興趣，他只喜歡女人。

雅典人伯里克里斯的時代，確信只有雅典人才能夠代表希臘。對伯里克里斯而言，希臘只是祖國，並不是他憧憬的對象。另一方面，對哈德良而言，希臘卻是一塊令人嚮往之地。無論他怎麼努力，都無法成為祖國。

我並不會輕蔑這樣的哈德良。反而覺得可以從他的立場上體會這種心情。

雖然只是過冬，但一待就是六個月，哈德良並不只是一個旅行者，在希臘走訪自己憧憬之地而大開眼界。他是皇帝。正因為是皇帝，所以有能力完成一些事業。

哈德良在夢想的同時，也會正視現實。映在哈德良眼中的希臘，特別是雅典，已經展現不出昔日的風貌，這點一定很令他心痛。這樣的想法應該會激起他重建雅典的決心吧！

雅典衰退的原因其實出在雅典人身上。希臘民族因為相當優秀，所以往往會到海外尋求活躍的舞臺，換成現代的說法就是人才外流，導致國內的空洞化現象，這正是雅典日漸衰退的主因。

如果放任此種情形不管，最後留在雅典的將只剩下一些蝦兵蟹將、沒有才能的人。如此一來，經濟力勢必會衰退，社會也將缺乏朝氣。如果一個社會沒有朝氣，人才與物資將不會流入。

羅馬雖然利用多瑙河來防衛希臘的安全，但是所謂真正的安全保障，如果腹地沒有扮演好腹地的角色則無法發揮機能。促進以雅典為中心的希臘全區之活絡發展，也是羅馬帝國統治上的一大課題。

不過，哈德良是個頭腦冷靜且重現實的人。他深知無論怎麼努力重建，雅典都無法恢復伯里克里斯時代的風貌。民族和個人一樣，也是有壽命的。進入老年期已久的雅典和希臘，絕對不可能再回到壯年期。

哈德良或許打算將雅典建設成一個學藝與觀光都市，使希臘成為商業區與觀光地。

進入羅馬時代後，雅典依然是學藝的中心地，歷代皇帝也從未將「大學」移回羅馬，因此若要讓這個都市成為學藝之都，只要確立恆常的獎勵制度即可。不過，若只是教授和學生的城鎮，只能促成一部份的人與物的流入。因此，哈德良將過去實際上使用過，但現在已變成名勝古蹟的雅典公共建築物徹底的修理復原。除此之外，還為雅典打造新的建築物。甚至連壯麗的市場，亦即「經濟中心」也贈送給雅典，雅典市民當然樂不可支。

為了使全希臘成為觀光地，哈德良讓過去一直存在的四大競技會更加活絡化，希望藉此找出一條生路。

隆盛時期的希臘，從不中斷聚集希臘所有地區菁英於一堂的四大競技會，即使在戰時也要暫時休兵。

皮提亞競技會——每四年舉辦一次。地點是在希臘中部的德爾菲。主要是為了獻給阿波

羅神 (Apollo)。

努美亞競技會——每二年舉辦一次。地點是在伯羅奔尼撒半島 (Peloponnesos) 中部的阿爾哥斯 (Argos)。主要是為了獻給希臘主神宙斯。

伊斯多米亞競技會——每二年舉辦一次。地點是在伯羅奔尼撒半島東北部的科林斯。主要是為了獻給海神波賽頓。

奧林匹亞競技會——每四年舉辦一次。地點是在伯羅奔尼撒半島西部山中的奧林匹亞。主要是為了獻給希臘主神宙斯。

由於這四大競技會組合得相當巧妙，因此每年至少會有一場競技會。古希臘人的「競技會」不只是體育競技活動而已，另外也包括音樂、詩文、戲劇和希臘文化。競技會的舉辦地點是以該地供奉之神的神殿為中心，四周散布了各種競技會場，這些會場都會裝飾希臘雕刻和繪畫，因此，前來觀賞競技的人們也可以接觸到希臘藝術的精華。

哈德良不只親自蒞臨會場，還提供獎金給勝利者，致力振興此類「活動」。重點是希望聚集人氣。只要能夠聚集人氣，自然也能夠聚集物資。哈德良打算利用菁英路線和大眾路線來促進希臘的活絡發展。

有許多人認為哈德良對於雅典以及全希臘超乎常態的付出，是基於他個人對希臘的愛。不過，我認為應該還包括身為羅馬皇帝在統治上的考慮。以慶祝他贈給雅典市的宙斯·奧林匹亞神殿的完工為名目，發行刻有“Olympeion”的貨幣，是在神殿完工三年之後的西元一二八年。這是為了宣示在雅典建設神殿和視察邊境的軍團基地一樣，對哈德良來說，都是國家的重要政策。而且，哈德良在整修後恢復原貌的舊市街與他全新打造的新市街之間建了一道拱門，當作兩者的境界線，上面刻有「這裡往前是德修斯（Theseus，雅典的建國之祖）建設的雅典，這裡之後是哈德良打造的雅典」等字句，展現出的雖然是對他人寬大為懷的一面，但也把本質上是個自我主義者的哈德良的性格顯露無遺。

雖然如此，僅僅六個月是無法將上述工作全部完成的。西元一二四年秋天到一二五年春天，哈德良留在雅典研擬計畫並督促建造，開工後他就得離開了。不過，和在不列顛建設的「哈德良長城」不同的是，他打算再一次回到這裡，親眼目睹這個「哈德良打造的雅典」。

如果以為哈德良既然來到希臘，下一站應該會直接返回義大利，那就太不了解他了，沒有資格體驗哈德良的旅行。再怎麼說，此時正是最適合旅行的春天。而且在希臘停留了六個月，哈德良已經深深的迷上希臘。所以他從雅典的外港皮留斯(Pireus)上船後，並沒有駛往本國義大利的布林迪西，而是朝向西西里出發。

西西里大部份的都市是由希臘移民建設的。羅馬在此地的方針是採取加入希臘語的雙語路線，這個小島與本國義大利雖然僅隔一道墨西拿(Messina)海峽，但在成為羅馬帝國領地之後還是一直使用希臘語。特別是島的東半部，過去被稱為「大希臘」(Magna Graecia)，有好幾個起源於希臘的都市相連著，包括錫拉庫薩(Siricusa)、塔奧爾米納(Taormina)、墨西拿等。哈德良應該有巡視這幾個希臘色彩濃厚的都市。在歷史記錄中提到，哈德良當時曾攀登活火山埃特納(Etna)。並不是因為他對火山有興趣，而是可以從埃特納火山上欣賞到東方海上升起的太陽。從埃特納火山上看到的日出據說是七彩的，這是古代遠近馳名的景觀之一。

在這一年夏天即將結束之際，哈德良終於回到了首都羅馬。皇帝為了盡快讓全國民眾知道自己已返回本國義大利的消息，特地發行了記錄此事的銀幣。雖說睽違了四年半才回到本國，但必須發行「皇帝返回義大利」(Adventui Augusti Italiae)的貨幣來通知人民，實在是件很可笑的事。不過，正因為哈德良喜歡到處觀看視察，所以才能夠完美的達成皇帝應盡的責任與義務。

然而，這種作法並不能得到大眾的理解。因此，哈德良特別針對首都羅馬的一般民眾，舉辦了一千八百三十五組的鬥劍士比賽，藉此宣傳皇帝已完成視察返回首都的消息。

但是，想必任何人都會以為皇帝這下暫時不會離開首都了吧！但哈德良卻只在首都待了一個冬天而已。西元一二六年的春天一到，已屆五十歲的皇帝隨即啟程前往亞非利加（現代的非洲）。這個男人的精力如此旺盛，真令人瞠目結舌，也難怪他沒有辦法與妻子相處融洽。他此次旅行純粹為了工作。

北非

哈德良從首都羅馬的外港奧斯提亞一路朝向迦太基邁進。自從第三次布尼克戰役中，迦太基被四處撒鹽，成為一塊不毛之地以來，已經過了三個世紀，此時的迦太基已成為羅馬帝國的一個繁榮都市。依據現代海洋考古學家指出，在連結羅馬與迦太基之間劃一條線，沿著這條線的海底發現大量遇難船隻的遺物，現正進行打撈工作，這表示當迦太基成為羅馬領地之後，已經和布尼克戰役時代一樣，恢復為北非物產的一大集散地。不只是物產而已。哈德良除了讓某人當上元老院議員之外，甚至連少年馬庫斯．奧理略的教育都託付給他，這個人就是馬庫斯．科爾涅留斯．佛倫多(Marcus Cornelius Front)，光看他的個人名與家門名好像是拉丁人，其實他以前曾是迦太基人。

以迦太基為省都的亞非利加行省，是象徵羅馬化歷史悠久、政治局勢安定的「元老院行省」之一，省都迦太基和高盧的里昂一樣，只有駐紮一千名士兵。從埃及以外的昔蘭尼加到茅利塔尼亞（現在的利比亞到摩洛哥 Morocco）的漫長防衛線，是用來抵擋沙漠民族的襲擊，而管理此防衛線的軍團基地就設在西鄰的努米底亞行省。視察此軍團為哈德良此行最主要的目的。

因此，哈德良並沒有在迦太基久留，就馬上向西南前進，通過亞非利加北部鋪設的密密麻麻的羅馬街道，進入蘭巴耶西斯（現在阿爾及利亞的蘭貝茨）。這裡是守護亞非利加防衛線的

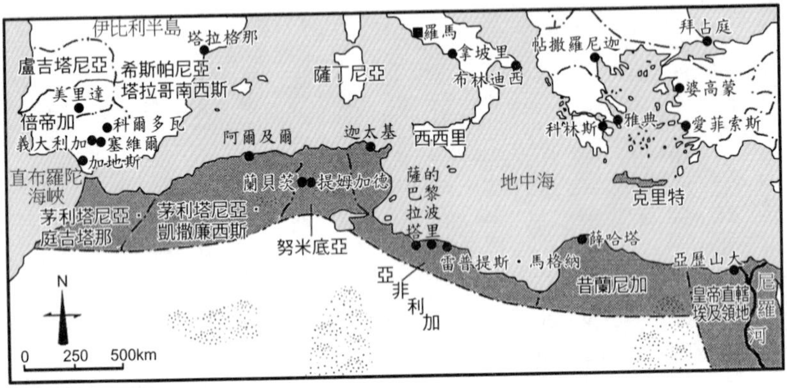

北非周邊略圖

一個主戰力集團——第三奧古斯塔軍團的基地。

根據在蘭貝茨發掘出來的紀念柱（目前珍藏在羅浮宮美術館內）上所刻的文字，我們終於可以接觸到哈德良的「聲音」。為了紀念皇帝到此地巡視而建造的紀念柱上面，雕刻了他帶領士兵進行演習之後，對著整齊排列的士兵們演說的情景。在熾熱的陽光下，模仿實戰進行演習的包括第三奧古斯塔軍團全員，第二希斯帕尼亞騎兵部隊，再加上由行省人民組成的輔助部隊，這是羅馬軍團必有的配置。

哈德良站在士兵們的面前，首先讚賞軍團兵在戰術上的熟練度。然後表示這些都是士兵們不眠不休執行前線勤務，並且在空檔時建設城壁和要塞等防衛設施的成果，因此士兵們更值得讚揚。他緊接著又說，每一名士兵努力提高身為戰士的熟練度，就能夠精簡帝國防衛所需人力，如此方能減輕防衛費用的負擔。

接著是第三奧古斯塔軍團長。他讚美法比烏斯·卡托利努斯的統率能力。這個人在四年後由皇帝推薦擔任執政官。

接下來他將話題轉移到騎兵隊。騎兵的戰法乍看之下很單純，但要熟練此種戰法必須經過長期艱苦的訓練。他稱讚第二希斯帕尼亞騎兵部隊，全副武裝，背著長槍進行突擊，展現了壓倒性的力量與熟練的戰法。

最後是輔助兵。他慰勉輔助兵們在部隊長科爾梅利阿努斯的指揮之下，建設要塞的辛勞。不過，正因為輔助兵的辛勤耕耘，軍團兵和騎兵才得以發揮最大戰力，讓家園和土地免於受到沙漠彼方遊牧民族的襲擊。

這純粹是我個人的想法，我覺得哈德良對士兵們的演說足以和朱利斯．凱撒並列二大傑作。根據該時代的歷史記錄顯示，哈德良受到士兵們絕對的支持，這也是可以理解的事。

或許在每一個視察地都可以聽到哈德良發表此類演說，而且為了紀念皇帝的視察，也為了讓士兵們銘記在心，應該也有建造類似的紀念碑吧！哈德良彷彿是要告訴大家已經盡了皇帝的責任與義務一般，不斷在每個視察地發行紀念貨幣。

哈德良在蘭貝茨的軍團基地，召集了昔蘭尼加到茅利塔尼亞的前線所有的指揮官。哈德良仔細聆聽他們的報告，並命令他們執行一些必要措施。

由於歷代皇帝的耕耘，亞非利加前線早已完成基本的建設。問題在於，擁有的軍事力該如何有效率的分配到各個重要據點。我們也只能參照示意圖來略窺一二。從利比亞到摩洛哥的所

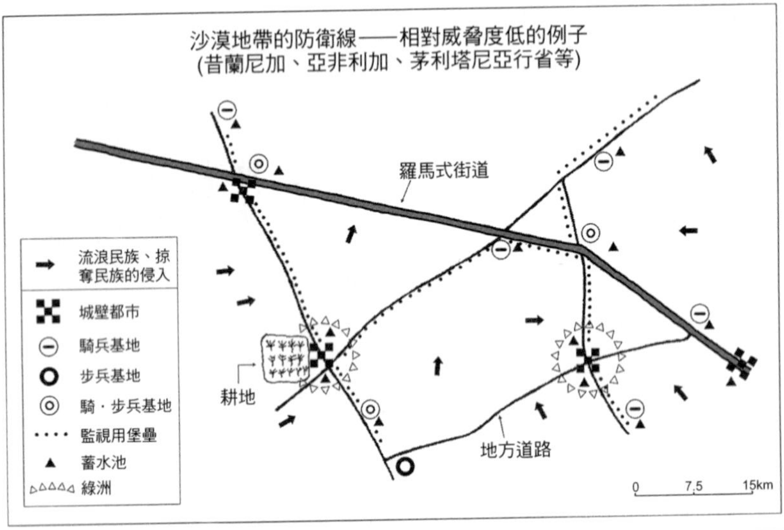

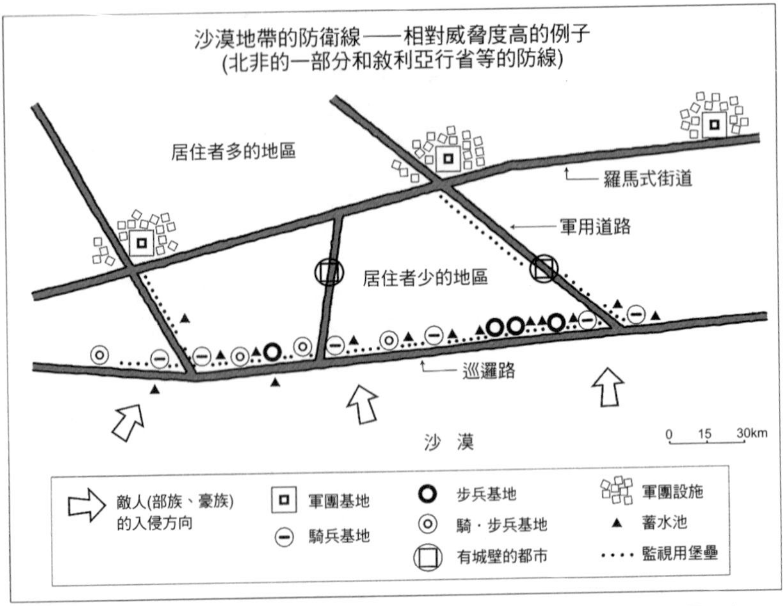

兩圖均參考 Edward N. Luttwak, *The Grand Strategy of the Roman Empire*

有前線，一個軍團六千人加上分隊規模的騎兵團，以及同等人數的輔助兵，最多也不超過二萬名兵力，因此當然希望追求高效率與機能性。

沙漠民族的襲擊絕對要加以擊退。雖然他們只是前來掠奪，並沒有占據土地，但是，襲擊次數一旦增加，居民將無法忍受，紛紛逃到近海都市避難。居民離去後，田園將化為一片荒蕪之地。如此一來，只有走向沙漠化。若想要避免沙漠化，就必須持續發展農業，致力維繫綠地。古代的北非並不像現在一樣整片都是沙漠，而是一望無際綠油油的大地。因為先是迦太基，緊接著是羅馬，都熱衷於振興當地的農業。迦太基人擁有極為詳細的農業技術書籍，滅亡迦太基的羅馬立即將這些農業技術書籍由腓尼基語翻譯成拉丁語。而這二大國都盡力保護定居農民免於受到非定居沙漠遊牧民族的襲擊。羅馬帝國滅亡後，有許多原本過著流浪生活的北非居民便開始過著定居的生活。這些居民理解有綠地才會降甘霖的道理，也理解確保綠地的唯一方策只有「和平」。

哈德良離開蘭貝茨後，立即造訪東鄰的塔姆加迪（現在的提姆加德）。圖拉真時代曾下令建設此地，以作為奧古斯塔軍團退役士兵的居住地。負責建設的是退役前的軍團兵，也就是說，這些軍團兵興建自己退役後的歇腳地。正因為如此，這個城鎮就像是直接將軍團基地擴大一般，呈正四方形。不過，由於並非基地，其中也有半圓形劇場，當然也有共同廣場。至於公共浴場，若連小規模的浴場也包括在內的話，多達十四個。在沙漠地帶之前，展現著完美的羅馬式生活。

這種共同體統稱為殖民都市，幾乎都是退役士兵和當地女性結婚後定居下來而構成的，羅馬的中央政府不只承認其自治權，也賜予他們各種優惠，以協助其發展。這是因為羅馬希望這些都市將來成為提升該地方經濟力的核心，也期待它們能夠發揮安全保障面的效用。無論如何，他們都是軍務的「老手」，在現役軍團兵基地附近如果有退役士兵的居住區，則該地的防衛力將會倍增。

不只是在亞非利加前線，羅馬在每個前線都採取此方式。此外，在接近軍團基地之處，也有稱為"Canabae"的庶民居住地帶。羅馬的軍團基地並非孤立存在。在軍團基地、輔助部隊基地、城塞、監視用要塞和瞭望塔構成的軍事上「長城」的內側，分布著可稱為基地都市的"Canabae"、退役士兵居住的「殖民都市」、原本居住在當地，羅馬承認其自治權的「地方共同體」等，這些地區皆由羅馬街道串連在一起，形成機能性高的一大有機體。正因為如此，單靠十五萬左右的主戰兵力即可做好防衛工作，後代歐洲的主要都市幾乎都是起源於這些羅馬軍團基地，這些地區的基礎之穩固可見一斑。如果只是軍團駐紮基地的話，當軍團撤走後，勢必形同廢墟。羅馬軍的基地由於是加入了庶民的聯合體，當軍團離去後，庶民便移居基地，因此即使羅馬帝國滅亡，人們的生活也得以延續下去。

羅馬軍的最高司令官哈德良的視察之行，當然是以訪問前線基地為最優先，但是他也沒有忘記在途中造訪當地居民，亦即行省人民所居住的「地方自治體」。這些人民對羅馬而言，並非防衛的對象，而是一同進行防衛的人們。

哈德良在造訪提姆加德之後，又沿著羅馬式街道，朝向東方前進，回到亞非利加行省（現在的突尼西亞 Tunisia、利比亞北部），又造訪了幾個相連的濱海都市，包括薩巴拉塔、的黎波里 (Tripoli)、雷普提斯．馬格納 (Laptis Magna)。這些城市在布尼克戰役當時，都是迦太基的領土，因此居民也屬於迦太基系。即使到了現代，還留有完美遺蹟的雷普提斯．馬格納，由於此地出生的皇帝謝維勒 (Septimius Severus) 的改造，變成一個壯麗的大都市。哈德良在這位迦太基裔皇帝誕生前二十年，就興建了一座大規模的「公共浴場」，贈送給這個城市。羅馬帝國在這一帶沒有配置任何軍團。而興建浴場即代表水道已整建完成。羅馬時代的北非，到處遍布了羅馬式街道，以及從山地引水到都市的高架水道。

哈德良接著從雷普提斯．馬格納搭船返回羅馬。這趟視察之行是從西元一二六年春天開始，等到哈德良回到羅馬時，夏天即將結束。這想必是一趟相當辛苦的強行軍。

接下來將近一年半，哈德良一直留在首都與本國。他應該是在這段期間著手羅馬法的彙編工作。

「羅馬法大全」

所謂法律，係指「善與公正的技術」(ars boni et aequi)。這是朱維提烏斯．克爾蘇（哈德良委託此人彙編羅馬法大全）說過的話。順帶一提，我將拉丁文"ars"翻譯成「技術」，這個字在義大利文是"arte"，西班牙文也是"arte"，法文是"art"，英文也是"art"，德文是"kunst"。而被認為是「善與公正的技術」的羅馬法，反映出羅馬人的法律觀，亦即法律應配合時代進行修正。這部羅馬法可大體分為以下三個時期。

第一期——西元前七五三年到前一五〇年前後為止的六百年。係指從建國開始，經過義大利半島的統一，與大國迦太基纏鬥中取勝，一直到完全稱霸地中海世界為止的時代。換言之，這個時代只要考慮自己的國民「拉丁民族」來制定法律即可。

第二期——西元前一五〇年到西元三〇〇年為止的四百五十年。係指融入眾多其他民族的羅馬帝國時代。法律也被修訂成適合多人種、多民族、多宗教、多文化的共存共榮的條文。這個時代的羅馬法本身已可稱之為一部國際法。

第三期——西元四世紀到西元六世紀為止的二百五十年。係指從君士坦丁大帝(Constantine)施行基督教的國教化開始，一直到東羅馬帝國的皇帝查士丁尼(Justinian)刊行《查士丁尼法典》(*Codex Justinianus repetitae Praelectionis*)為止的時代。

一言以蔽之，第一期與第二期的羅馬法帶有純正的羅馬色彩，第三期的羅馬法則較偏向東方，而且具有濃厚的基督教味道。

不過，早在這個純正羅馬法得以成立的時代之前，就已經有二位權貴階級嘗試過編纂，而且都是在西元前一世紀。

第一位是獨裁官科爾涅留斯．蘇拉(Cornelius Sulla)。(有關此人的生平，詳述於第III冊中)蘇拉是一位頭腦明晰、作風大膽的人物，具有達成目標應具備的恆心毅力，只不過這股恆心毅力不是很持久。為了推動元老院職權強化政策，他努力爭取就任獨裁官，但在政策完成後便辭退了。不僅如此，也辭去了當時尤其在刑法方面有斬獲的法令彙編工作。

接下來將這套法律擴展到民法面，投入彙編工作的便是當上終身獨裁官之後的朱利斯．凱撒。但是，這個人的「恆心毅力」卻因為布魯圖斯一派人士的暗殺而無法持續。

那麼，為何在經過了一百七十年之後，皇帝哈德良又想挑戰這項嘗試呢？

他之所以勇於至各地進行視察，是希望利用巡視帝國防衛線的機會，將一些無用之物廢棄，將有必要的事物加以活用整理，藉此重建帝國的安全保障體制。

法令的彙編並非單純將法令聚集起來即可完成。如果判斷為惡法，不符時代需求，亦即死亡的法令，就加以廢棄，然後重新制定必要的法律，藉此為原本大量繁複的法令理出一個頭緒，重新建構羅馬社會的規範。哈德良可說是真正為羅馬帝國進行「重整」(Restructure)之人。

因此，哈德良將羅馬法的彙編工作託付給三位法律學者，分別是尼拉提烏斯．普利斯克斯、朱維提烏斯．克爾蘇、薩爾比烏斯．朱利阿努斯。

這三人理所當然都是法律專家，但若認為他們是只會研究法律的大學教授，那就大錯特錯了。這三人不但實務經驗豐富，而且都具有深厚的法學常識。哈德良並非特地選用實務經驗豐富者。在羅馬，熟知法律之人，實務經驗也一定很豐富，所以審核基準只要放在法學常識上即可，只要通過這一關，一定也具備相當的實務經驗。

在這三人之中，最年長的普利斯克斯之經歷最不明確，只知道他跟隨圖拉真、哈德良，一直都是皇帝「內閣」成員之一。而且也是元老院議員，因此，應該已擔當過稱為「光榮資歷」的國家要職。

比哈德良年紀稍長的克爾蘇，在圖拉真時代擔任過法務官，以及二次執政官。此人也是哈德良時代的「內閣」成員之一。除了總共三十九卷的《法令集》(*Digesta*)之外，還寫了許多信札集、評論和著作，為南法出身的羅馬人。

從之後的資歷來推測，朱利阿努斯在被哈德良指派擔任此工作時，應該是在他三十歲左右的時候，他出身於過去曾是迦太基領地的亞非利加行省。從盧西厄、奧克塔比烏斯、科爾涅留斯、薩爾比烏斯、朱利阿努斯等姓名來看，其祖先極有可能是在被羅馬征服後淪為奴隸，後來獲得解放，然後又得到舊主人的家門名的迦太基人。此種案例在帝政時代的羅馬已經不足為奇。

此人也經歷過各種「光榮資歷」。諸如會計監察官、軍團的大隊長、國稅廳長官（小普林尼也擔任過此要職），這個部署主要負責總管元老院行省收到的稅金。之後又出任總管由皇帝行省收到的稅金一職。在他「光榮資歷」的中段，亦即晉升到只有元老院議員才具有就任資格的法務官時，朝代轉進安東尼奧時代。

才一進入皇帝安東尼奧時代沒多久，他不但當選執政官，也當上最高神祇官皇帝之下的一名神祇官，擔任低地日耳曼軍的司令官。

此外，長壽的朱利阿努斯在進入奧理略時代（安東尼奧的繼任皇帝）後依舊很活躍，在此皇帝底下擔任西班牙的塔拉哥南西斯行省總督。接著又擔任亞非利加行省（省都為迦太基）的總督，然後才結束官職生涯，留下了九十卷《法令集》。

這三個人都有留下《法令集》，可見哈德良並非將「羅馬法大全」交託給這三人組成的委員會來彙編，而是託付這三人各自的部門，個別完成彙編工作。普利斯克斯也同樣留有《法令集》，只是不知道有幾卷而已。除此之外，哈德良另外還委託了朱利阿努斯彙編每年的暫定措施法，內容是皇帝有權不等元老院通過決議就發布命令，並以有別於《法令集》的形式成書。值得一提的是，在這三人的參考資料中，也包含了保存在公文書庫中、由每一年的法務官負責記錄的判例。

據說這項大事業是在哈德良治世進入第十四個年頭，亦即西元一三一年完成的。自此時期開始，羅馬的政治家、行政官、律師等必須熟知法令、判例之人，都可以擁有自己的「羅馬法大全」。亦即，在六世紀半時，東羅馬帝國的皇帝查士丁尼刊行《查士丁尼法典》的四百年前，羅馬人已經彙編完成自己的法令。就連查士丁尼大帝彙編的較偏向東方、具有濃厚基督教味道的《查士丁尼法典》中，也轉載大量的哈德良時代三名法律專家整理出的法令和判例，這表示這部羅馬法大全已成為羅馬法學者的定論。也就是說，哈德良重整羅馬法的成果，完全被查士丁尼大帝的《查士丁尼法典》所吸收。這是哈德良在法律方面的功績，具有歷史上、法律上的意義。茲挑出這三位專家完成的《法令集》中較有意思的部份說明如下。在此，我必須先聲明的是，這只是舉出學者們認定是在哈德良時代制定的法律中的數例而已。畢竟，從以前到現代，法律始終左右著人們的社會，光是終其一生都在研究羅馬法的學者就不在少數。

一、首先，否定了叛國罪之告發。回想起哈德良在即位之後便是以此罪名處罰四名具執政官資歷的人，總覺得有點偽善，但也許他判斷日後已無此必要吧！此外，這條法律一直都被後代掌權者漠視，也是值得深思之處。

二、分為蓄意殺人、過失殺人、正當防衛殺人，後二者雖然都沒有明確規定無罪，但此法讓後二者朝無罪方向邁進。

三、有關被處以死刑和流放刑者的資產，過去都是全額沒收，納入國庫，現在改為可留下十二分之一給家人。不過，這只是將皇帝的溫情造就的既成事實加以法制化而已。

四、遺產繼承權的明確化。對於很早就承認私有財產權的羅馬人而言，這是很清楚的事。但根據哈德良制定的法律，來自未知者的贈與應該予以婉拒，即使是來自已知者的贈與，若對方有子嗣，也應該加以婉拒。這是為了保護家人繼承權免於遭受皇帝等人有形無形的壓力，因而採取的措施。

此外，依據另一項法律規定，父親死後十一個月才出生的小孩，也認可其遺產繼承權。不過，一般懷孕期間應該是九個月，不知道羅馬時代的人是怎麼想的。

五、其他關於士兵的遺產繼承也有明文規定，除非違反軍規而處以死刑，否則無論戰死、病死或是自殺身亡，其家人都有權繼承其遺產。這條法律應該是哈德良進行軍事重整時的一項法律措施。亦即，這是為了提升士兵社會環境的法律。

六、襲擊游到岸邊的船難受害者，然後搶奪其身上財物的行為，過去一向沒有適當處置，自此之後將視同竊盜行為，並加以嚴懲。

七、嚴禁處罰孕婦。

八、有關奴隸的法律修訂。首先，無論理由為何，嚴禁主人殺害底下的奴隸，或是殘害其身體。雖然是主人，但嚴禁其以私刑處罰奴隸，如果有理由，應該提出控訴，讓法律來進行裁決。

再者，將家中奴隸或其他奴僕關在牢房者，亦成為嚴懲的對象。

同時，雖然奴隸為私有財產，但嚴禁將其轉賣給賣春業者或是鬥劍士業者。

此外，主人或主人的家庭成員遭奴隸殺害時，為了得到證詞，經常以拷問的方式審問所有奴僕，這方面也修正為僅限審問當時在命案現場或附近的奴僕。

當判定奴隸為犯人，也確定應處以死刑時，依據舊法的規定，該家庭中的奴隸全員都要負連帶責任，一同被處死。這裡廢除此條法律，明文規定一人犯罪一人承擔罪刑。話雖如此，以前雖然有連帶責任，但實際上已經很久沒有執行了。雖然在尼祿皇帝時代曾有四百名奴隸因連帶責任的關係被處刑，但當時的羅馬公民因為同情這些奴隸而產生激烈的反抗行動，之後就不再有人因連帶責任而被處刑了。

九、如果在某處挖掘到寶藏，其所有權也有明文規定。依據舊法規定，在自家土地中發現時，則挖掘到的寶物或金錢歸發現者所有。在公有地發現時，其所有權過去是歸屬國家或地方政府所有。新法將後者修訂為由所有者和發現者平分。此外，新法亦規定，若是在他人所有的土地中發現，則所發現的物品的所有權由土地所有者和發現者平分。

就在前幾年，有一項報導指出，英國農民在自己所有的農地中發現大量的羅馬時代硬幣，該批物品的所有權歸這個農民所有。如果真是如此，哈德良制定的法律可能還適用於現代的英國。不過我所關心的是，大英博物館是否可以去收購這些羅馬時代的硬幣呢？大英博物館珍藏了高達十萬件的羅馬時代的硬幣。而且不只是珍藏，甚至還進行整理、研究，讓參觀者可以簡明易懂的欣賞到這些硬幣。這些硬幣不應該拿去拍賣或是四散各處，應該保存在一處，讓人們可隨時前去參觀，這才是人類共有資產應有的處置方式。那位農民擁有的硬幣，之後的下落不得而知。

回溯哈德良制定的法律，除此之外，還有好幾條很符合討厭放縱的哈德良的個性。

十、在商業中使用的計量重量和長度的儀器，擅自變更以對自己有利者，將受到嚴懲。因為哈德良一向主張公正為經濟活動之本。

十一、嚴禁為了廉價取得建築用的建材而破壞歷史古蹟的行為。換成現代的說法就是文化資產的保護。但是，此法到了基督教成為國教，排除其他宗教的時代，就形同廢文了。

十二、在公共浴場中嚴禁男女混浴。羅馬的神像大都是裸體，而競技會也是半裸體進行，因此過去羅馬人已看慣了裸體，所以並沒有明文規定在浴場中不可以男女混浴。眼前美女的裸體，或許會令人覺得是在欣賞栩栩如生的維納斯。雖然如此，還是很可能會發生類似「性騷擾」的情形。對於「公」「私」分際相當神經質的哈德良皇帝，絕對無法容忍此種事件發生。

不過，雖然嚴禁男女混浴，但公共浴場當初建設時根本沒有考慮到男女分開使用，而且因為建得太牢靠了，不太可能進行改造。所以只好限制男女在不同時段進場。第七時（下午一點）之前為女性進場時間，第八時（下午二點）到日落（下午六點）為止為男性進場時間。這是因為羅馬時代的男性，工作時間經常都集中在日出到下午一點之間。但是行省可以制定適合自己的時間區分表。有礦山的地區，公共浴場可以開放到晚上九點。這條男女混浴禁止法因為是法律，所以大家不得不遵守，但內心感到不滿的難道只有男性嗎？或者女性也會有不滿呢？

無論如何，嚴禁男女混浴是基督教和伊斯蘭教舉雙手贊成的事，因此，之後大型混浴澡堂就完全銷聲匿跡了。

維納斯神殿

由於圖拉真時代大規模興建了各種公共建築，因此哈德良在公共建築領域中的功績，沒有什麼值得一提之處。古代人遺留下來的史實就是當代人的「新聞」。所謂「新聞」，係指少見、引人注目的事，因而，一般事物便稱不上新聞。由於既有建築物的修繕工作是一件理所當然的事，所以也很少被記錄下來。不過，使用街道或是橋梁的人是直接的受益者，因此一般人當然會希望表現出對這些修繕者的感謝。由於這類史實並沒有出現在文獻史料中，因此身為後代的我們，只能靠著挖掘到的刻在石塊或銅板上的碑文來追溯這些歷史記錄了。據碑文所示，我們知道哈德良在視察旅行中之所以帶著建築師和技師同行有其明確的目的。他履行了自己應盡的職責，不須刻在錢幣上宣傳。對基礎建設的維護不就是衡量國家建全性的指標嗎？首都羅馬市中心的公共建築物到了哈德良時代，已經過了二百年。阿庇亞大道甚至已有四百年的歷史。

話雖如此，只有在羅馬時代，基礎建設的整建為皇帝的三大責任義務之一。此外，如果總是從事一些稱不上「新聞」的事，則無法繼續擔任不可漠視一般大眾的最高權力者。哈德良因為感受到這層必要性，所以在第一次視察旅行啟程之前，發表將興建供奉維納斯與羅馬的神殿。

建設在羅馬廣場的東南端、古羅馬圓形劇場之前的這座神殿相當與眾不同。如果是採用過

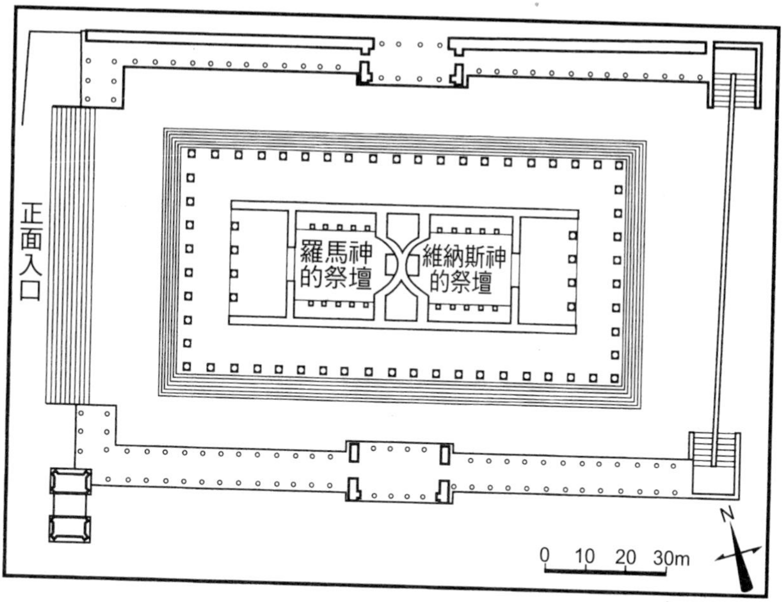

維納斯與羅馬神殿平面圖

去的作法，一般是在一個神殿內供奉維納斯和神格化的羅馬二神。然而，哈德良建造的這座神殿，則是將二神分開供奉，而且二個神像還背對著背。

據說立在這個獨特的神殿內部，特別是在供奉維納斯的神殿內部的圓柱，都是現代人稱作「古代之紅」的希臘產深紅色的大理石，地板也是帶灰色的紅白相間的大理石鑲嵌模樣。到了現代，只遺留下二個神像背對背的一部份內壁，到底供奉羅馬的神殿部份的圓柱和地板是使用什麼顏色的大理石已不可考。不管如何，和壯麗的圖拉真樣式相比，哈德良喜好的風格更為華麗。

如前所述，哈德良和圖拉真不同的是，圖拉真將建築設計工作全權委託大馬士革出身的建築師阿波羅多羅斯負責，而哈德良較偏向朱利斯・凱撒型，由自己提出創意，然後再委託建築師和技師將自己的創意付諸實現。就建築專家的立場而言，這是較不容易配合的類型。不過，往往不容易被建築概念束縛的專家，才能像凱撒一樣，思考出將眾多機能聚集在一處的廣場樣式，才能像哈德良一樣，思考出前所未見的神像背對背的神殿。但是，凱撒的創意之後被皇帝們的「廣場」承襲，而哈德良的創意就沒有這麼好運了。這明明是一座美觀華麗的神殿，之後卻沒有人願意模仿此建築樣式。或許是因為當參拜完維納斯女神後，再轉到背面參拜羅馬神的方式，人們還無法習慣的緣故吧！因此，這就變成一座獨一無二的神殿，成為行省人民造訪首都羅馬必定參觀之地，羅馬的居民們往往只參拜一邊，而省略另一邊，這彷彿是對皇帝的獨創性的回應。似乎行省人民也一樣無心模仿此建築樣式，所以在羅馬帝國看不到第二座這種神殿。

對於此座充滿獨創性的建築，阿波羅多羅斯認為，如果女神站起來，會穿破神殿的屋頂。這句話傳入哈德良的耳中，令他相當不悅。因為這句話深深刺痛這位業餘藝術愛好者的心。在哈德良即位後很少被託付公共建築的阿波羅多羅斯，自此之後更加被疏遠。哈德良雖然提供公共建築的創意，但並非藝術家，只是一位業餘的藝術愛好者。

不過，雖說哈德良只是一位業餘的藝術愛好者，但他的創意若和當時最高水準的技術密切結合，應該會造就出完美的成果。其中一個案例便是萬神殿 (Pantheon)。

萬神殿

除了現代人在內部附加的一部份之外，萬神殿應該是羅馬時代遺留下來唯一完整的建築物，這座萬神殿原本是在西元前一世紀末由馬庫斯．阿古力巴 (Marcus Agrippa) 打造的神殿。屋大維時代的奧古斯都欠缺軍事長才，朱利斯．凱撒收他為養子，亦即希望他擔任自己的接班人，另外還拔擢一位年輕的士兵「阿古力巴」來彌補奧古斯都的缺點，成為奧古斯都的左右手。結果凱撒慧眼識英雄，阿古力巴是奧古斯都在當上皇帝之前與之後唯一無二的忠臣。而且他還成為奧古斯都的獨生女尤莉亞的第二任丈夫，生了許多小孩，使得初代皇帝奧古斯都有了接班人，可說是一名忠義雙全的臣僕。

阿古力巴在公共事業方面是皇帝的最佳助手。他在首都羅馬興建了許多公共建築物，首都第一座正式的公共浴場「阿古力巴浴場」，一直到哈德良時代還完美的發揮機能。為了感謝凱撒將原本沒沒無聞的他拔擢為羅馬帝國地位第二高者，阿古力巴特地建造了一座表示「供奉所有神祇」的「萬神殿」，就建在自己打造的浴場北側，在凱撒建造的「朱利斯選舉會場」的西側。這是西元前十五年的事。

不過，在這之後，萬神殿曾遭逢過幾次祝融之災。雖說是石造建築，但很意外的使用許多木材。諸如列柱上部的梁、以木材支撐的天花板部份、以瓦片覆蓋的屋頂等，如果下面的木板

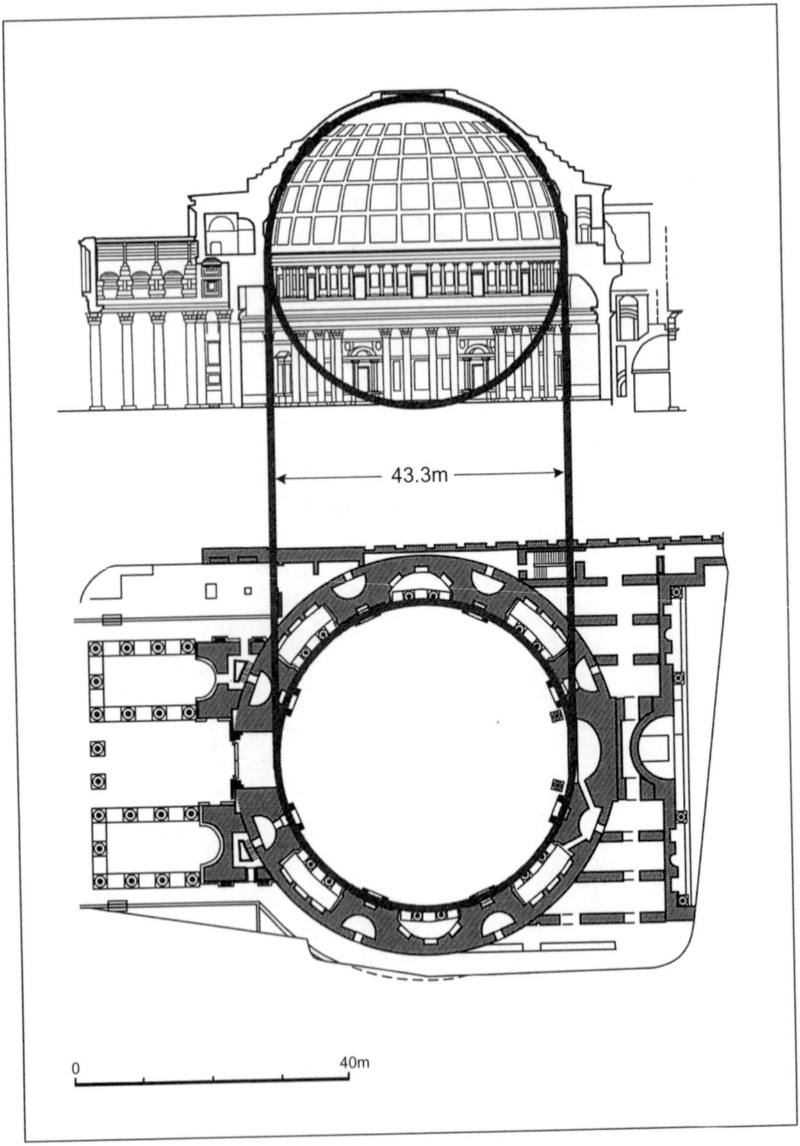

萬神殿（斷面圖與平面圖）

燃燒起來的話，這些部份都會一起崩落。如果災害不大，還可以修理，但哈德良時代的萬神殿，其狀態已經壞到必須重新整建的地步。因此，後代人所看到的萬神殿，是哈德良重新打地基建造的。神殿的正面刻有"M. AGRIPPA L. F. COS TERTIVM FECIT"，明文表示馬庫斯．阿古力巴為此神殿的建造者。這是哈德良為了尊重初代建造者而刻上的文字。此外，我們也從考古學的調查中得知，阿古力巴建造的萬神殿是方形的，並非圓形的。也就是說，哈德良在同樣的場所興建出不同樣式的萬神殿。

由於看圖較容易理解，在此省略文字說明。這座萬神殿完全不使用木材，而且建築風格大膽、獨創性豐富，足以與古羅馬圓形劇場並列雙璧。我對建築這個領域的愛好可是不落人後，令我感到佩服的是這座神殿的正圓格局。所謂正圓格局，在力學上是最堅固的結構。此外，支撐圓形屋頂的水泥天花板部份，並不只是愈往上愈薄，而且是愈往上混有愈多的輕石，藉此來減輕重量。這座萬神殿儘管是多神教的象徵，但卻可以在基督教時代留存下來，這是因為其堅固的結構難以破壞，除此之外，也是因為被轉用為基督教教會的緣故。擺放在萬神殿四周的眾神像，則被更換為基督教和聖者們的雕像。

到了現代，這些雕像都已被撤走，這座神殿不再是教會，而恢復回羅馬時代的建築物。站在神殿的中間，從圓形屋頂中央開的天窗，眺望著唯一與羅馬時代相同的蒼天，我相信思考出正圓格局的哈德良，當時一定高興的手舞足蹈吧！他一定認為自己是天才吧！這在羅馬時代，就算大聲疾呼「我是神」也不會被認為不敬。如果他真的有這種想法，在此瞬間他已經超越了藝術愛好者的層次，成為真正的藝術家。

萬神殿甚至不斷對後代的建築師造成影響。現代的競技場無論是棒球、足球、或者是陸上競技也好，都可保護觀眾席不會受到日曬雨淋，其格局和古羅馬圓形劇場極為類似。

哈德良的別邸——Villa Adriana

羅馬的皇帝不但擁有莫大的權力，而且財力雄厚。首先，基於稱霸時政治上的理由（詳述於第V冊中），豐饒的埃及為皇帝的私有領地。其次，為了促進經濟的活絡發展，皇帝便成為散布帝國各區農耕地的「地主」，當然收益也歸皇帝所有。再者，由於礦山已全部國營化，從其中挖掘出的金、銀、銅、鐵，就某個角度來看，也是屬於皇帝所有。此外，以皇帝行省之名列入皇帝管轄的行省，會繳交行省稅等各種稅金（Fiscus），這些也都納入「皇帝公庫」。不過，金、銀、銅必須用來鑄造貨幣，各種稅金收入也因為皇帝行省就等於前線地帶，所以大半都用在防衛費用上。我常常在想，現代的英格蘭和威爾斯在羅馬時代只不過是帝國邊境，當時光靠這二個地方收到的稅金，要負擔常駐的三個軍團之一萬八千人與幾乎同等人數的輔助兵，甚至還包括哈德良時代才設置的臨時兵，這幾乎是不可能的事。雖然如此，但皇帝擁有無上的財富卻是個不爭的事實。

不過，從都市國家開始發展的羅馬，正式的主權者是公民，而不是皇帝。皇帝的權力只不過來自公民的委託。羅馬公民們賜予權力給自己的領導者，但絕不允許領導者藉此中飽私囊，雅典也是一樣。伯里克里斯雖然施行三十年以上的獨裁政治，但從未增加任何私財。朱利斯·凱撒雖然為了政治抗爭耗資不少，但從未改建過私邸，當他到溫泉地拿坡里的西方度假時，也選擇在友人的別墅過夜。在成為最高權力者之後，他只在臺伯河西方建造過庭園，而且留下遺言贈送給公民。另一方面，相對於「在位」的凱撒，站在「在野」立場的西塞羅，不僅在羅馬最高級住宅區「帕拉提諾丘」擁有別邸，包括位於拜爾、曾接待過凱撒的別邸在內，合計擁有八個別邸。雖然如此，卻沒有遭到公民們的責難。

如上所述，進入帝政時代後，皇帝的財力不但安定而且雄厚。不過，初代皇帝奧古斯都，雖然在帕拉提諾丘上同時擁有公邸和私邸，但只有環境條件為最高級，建築物本身卻相當樸實。此外，羅馬人的生活模式中不可或缺的別邸，他也只使用妻子莉薇亞的別邸。他唯一的耗費是建在卡布里的別墅，但這也只是將自己擁有的伊斯吉亞(Ischia)，和拿坡里市的卡布里交換之後實現的，別墅本身一點也不豪華壯麗。

二代皇帝臺伯留原本是克勞狄斯一門，是羅馬首屈一指的名門出身者。原本他就擁有很多別邸，登基之後，除了建在帕拉提諾的官邸之外，另外一個有名的是卡布里的別邸。然而，這棟別邸除了建在絕景之地的優點以外，論起建築物的規模和豪華度，卻無法和元老院議員擁有的別邸相提並論。

三代皇帝卡利古拉雖然沒有興建私邸或是別邸，但由於建造了一艘在尼米湖(Lake Nemi)

上的豪華遊覽船，而被指責為揮霍無度，結果不到四年就被殺害了。

四代皇帝克勞狄斯並不浪費，但是皇后梅莎莉娜卻經常將公款中飽私囊，也因此降低世人對這位皇帝的評價。

五代皇帝尼祿最有名的便是在羅馬市中心建造了一座「黃金宮殿」。其實這是一個官邸、公邸、私邸兼用之地，除此之外，其中還建有廣大的人工湖和放牧場，將綠化地帶建在都心，是一項大膽且重視生態的嘗試，但因為取名為"Domus"（宮殿），而使世人產生了誤解。原本"Domus"指的是城市中獨門獨戶的房子，"Villa"指的是位於郊外的獨棟別墅。「黃金宮殿」是後人的意譯，直譯的話是「閃閃發亮的私邸」。賜予尼祿最高權力的羅馬公民也認定就是這個意思，所以他們判斷建造「閃閃發亮的私邸」的尼祿皇帝，並不適合人民託付最高權力。

經過一年半的內戰後登基的維斯帕先皇帝，以及之後即位的提圖斯皇帝，雖然都有興建古羅馬圓形劇場，但並沒有建造任何官邸、公邸或私邸。這也是讓這二位皇帝實現完美治世的原因之一。不過，之後上任的圖密善皇帝的作法就不一樣了。

圖密善建造了許多公共建築物，在帕拉提諾丘上興建了一座豪華官邸，可以兼作公邸與私邸，規模之大讓以後的皇帝無需進行增建。除此之外，他也在涼爽的山地上興建阿爾巴山莊，在面海的奇爾傑奧(Circeo)興建華麗的別邸。這種揮金如土的作法絕對會影響世人對他的評價。結果他也面臨和尼祿同樣的命運，最後遭到殺害，死後甚至被處以「記錄抹煞刑」，他的肖像也遭到破壞。

接下來的涅爾瓦皇帝由於即位後一年半就離開人世，就算他有心建造公共建築物，也沒有時間。不過，也因為他是在圖密善皇帝之後即位，前任皇帝被暗殺的陰影依然存在，行事難免較謹慎。在涅爾瓦皇帝之後即位的圖拉真也是一樣，凡事小心慎重，深怕重蹈圖密善皇帝的覆轍。

雖然圖拉真也建造了不少公共建築物，多到難以列記。但正因為他是行省西班牙出身的皇帝，而且在當上皇帝之前大都是在前線執勤，所以並沒有在首都羅馬建設私邸，也沒有建設任何類似的建築物。因為他只要直接使用圖密善皇帝興建的官邸即可。圖拉真雖然在奇維達威奇亞港附近興建了一個別邸，但小普林尼認為這棟建築物相當樸實，還稱不上別邸，當作別墅比較恰當。在圖拉真之後即位的便是哈德良。他是一個重視自己興趣的皇帝。

哈德良很想打造一座配合自己興趣的別邸，他對於該將此別邸興建在何處十分慎重。原則上當然不是羅馬市內，也不考慮緊鄰市區之地。最後他選在羅馬東方三十公里處的提布魯（現在的提弗里 Tivoli）。

將別邸建在提弗里有幾項優點。第一，距離首都羅馬有一段距離，因此不用擔心太引人注目，雖然如此，但又不會離的太遠，所以不會影響政務的執行。第二，因為是田園地帶，可以使用廣大的土地。第三，由於旁邊有阿尼雅內河 (Aniene) 流過，水源豐沛，用水方便。第四，此地與首都羅馬有「提布魯提那大道」相連，又可經由「奧雷里亞大道」通往亞德里亞海。

當上皇帝之後，當然要前往帝國各地視察，就算想在私邸中休養，也會被公務追著跑。在卡布里斷崖上的別邸中休養的臺伯留，到了海面波濤洶湧的冬天，他也必須移動到可與首都羅馬以陸地連絡的米塞諾（Miseno）海軍基地附近的別邸。之所以要移動到海軍基地附近，是為了得以盡快接到來自海路的報告與資訊。哈德良這座位在提弗里的別邸，以"Villa Adriana"之名而著稱，也是和臺伯留位於卡布里的別邸一樣，留有一角專門用來辦公。對於不允許逃避公務的皇帝而言，利用全線鋪設的羅馬式街道與首都連結，乃是選擇別邸位置最重要的條件。

至於「哈德良的別邸」是在何時開工，可以由刻在磚塊上的製造工廠商標來推測。根據研究學者們的調查指出，最早的磚塊應該是在西元一二三年製造。羅馬人從事公共建築往往需要大量的磚塊，所以工廠接到訂單後會立即製造，再運送到工地，如果是在西元一二三年開工的話，就是在哈德良登上帝位的六年之後。而此時期的哈德良，已經踏上視察之行的旅程，一二三年時，他正為了與帕提亞王進行會談，從西班牙橫貫地中海到敘利亞。

也就是說，哈德良當上皇帝後，於西元一一八年返回首都，一直到一二一年，在這停留首都不到三年的期間中，他已決定好建造別邸的土地，甚至連基本設計都已經想好了。擁有配合自己興趣的休憩之地一定是他長年以來的夢想。不過，連公共建築物的設計都沒有委託建築師的哈德良，自己別邸的設計工作也一定不假他人之手。他應該是一邊視察帝國各地，一邊思考著別邸的建築模式。正因為如此，從開工到完工耗費不少時間，而完工後的別邸可說是羅馬時代獨一無二的作品，不過，如果嚴格批評的話，應該只是業餘藝術愛好者的作品。

雖然如此，若將這座別邸的周邊設施也算在內的話，規模可謂宏偉壯大，現代美國的大富豪保羅．蓋提受此刺激，也在美國西海岸建造大別邸，其規模也只有哈德良別邸的五分之一。連世界最強勢最富有的美國大富豪，也只能做到羅馬皇帝的五分之一而已，實在令人玩味。當然更不用比較這二人擁有的權力了……。

就在哈德良皇帝於西元一二八年的第二次視察之旅準備啟程時，開工已經過了五年，但「別邸」應該還沒有成形。這是因為要讓此座「別邸」具有「哈德良的」風味，還須仰賴第二次視察之旅中各地對他造成的影響。哈德良或許是希望從各個視察地不斷傳送新的創意到提弗里。無論是回憶也好，藝術作品也好，想必此人都有很強烈的收集癖好吧！

根據研究學者指出，哈德良在提弗里建設中的別邸裡，特別模擬羅馬帝國中與自己志趣相投的地區，塑造一個完全屬於自己的世界。哈德良在別邸內部塑造配合自己喜好的世界，相對的，凱撒則不在乎是否符合自己的嗜好，世界本身對自己而言就是一個家，這二人的風格想法明顯不同。這是行省出身的羅馬人與土生土長的羅馬人的差異呢？還是這二個男人在器量上的差異呢？這麼一說，我倒是想起朱利斯．凱撒是個完全沒有收集癖好之人。

然而，羅馬人也是將"negotium"（工作）與"otium"（休閒）劃分得很清楚的民族。就連一般市民，雖然以日出而作，日落而息為常態，但他們也是將上午定為工作時間，下午定為休閒時間。另一方面，一般市民除了市中心的家以外，也都會在鄉下購置房地產，但置產目的大

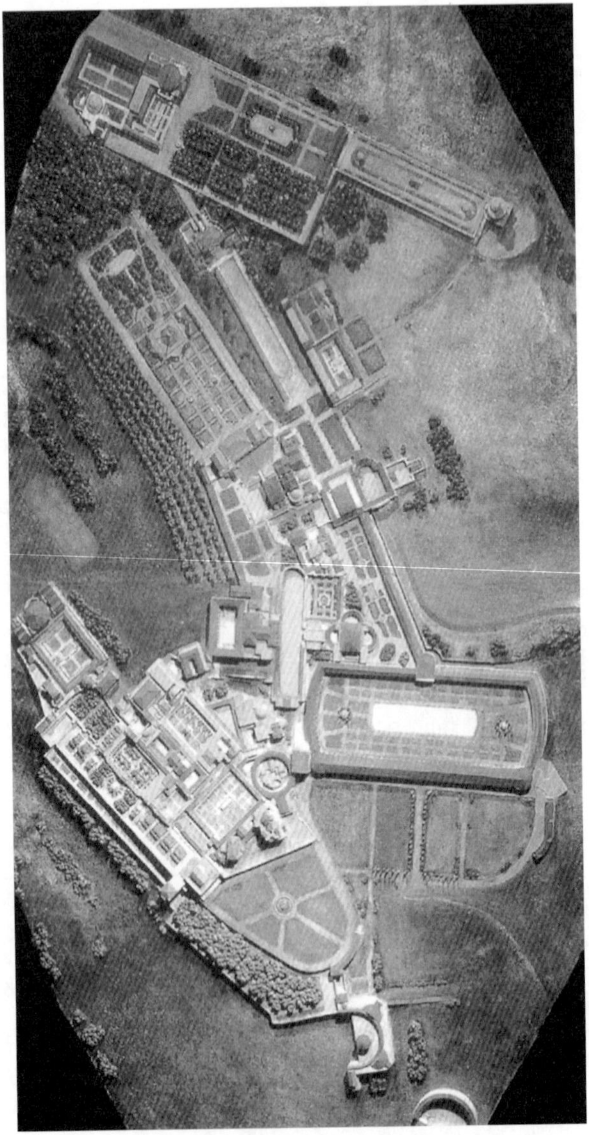

「哈德良的別邸」之復原模型

都是為了確保農畜產物。身為公職者的皇帝，其日常生活並不能如此明快的一分為二。儘管如此，哈德良還是將提弗里的別邸，包括建設過程在內，都當成是自己的"otium"（休閒）。正因為如此，他才能將自己所有的嗜好都投入其中。

但是，哈德良並不是個會遺忘"negotium"（工作）的皇帝。以下這一段雖然是在介紹圖拉真時曾提過的軼聞，但絕對有重新回顧的價值。

哈德良為了舉行祭禮，在前往神殿途中被一位女子叫住。這位女子為了向皇帝陳情，一直在路邊守候皇帝到來。不過，哈德良卻對她說「我現在沒空」，便將她拋在身後準備離去。結果這位女子在他背後大叫，「你沒有權利做我們的統治者」。

結果哈德良皇帝只好回過身來聆聽這名女子的陳情。

再次踏上「旅途」

西元一二八年的夏天，五十二歲的哈德良展開第二次長途旅行。第一次旅行的目的是視察帝國西方，而相對的，第二次旅行的目的則是視察帝國東方。這會是一趟長期旅行應該一開始就預料的到。哈德良在離開首都之前，接受了元老院在十年前就決議好要贈予他，卻一直被他回絕的「國父」(Pater Patriae)的稱號。此外，也贈予他的妻子莎比娜可譯為「皇后」的"Augusta"的稱號。最高統治者的"negotium"，因為是公職者，所以譯成「責任與義務」會比「工作」來的恰當，而哈德良應該是認為自己可以完美達成所有的責任與義務吧！此外，對於元老院和公民，他也沒有必要再宣揚自己是個謙虛的人了。

首先，哈德良一行人從羅馬的外港奧斯提亞向南航行。通過分隔義大利本國與西西里的墨西拿海峽，雖然這是一道狹小的海峽，但海流湍急。接著再往東前進。在繞過伯羅奔尼撒半島南方後，再沿著愛琴海北上，朝向哈德良憧憬之地雅典前進。

自從上回離開雅典已經過了三年。在這三年當中，一切建設都按照哈德良的指示在推動著，在「德修斯的雅典」旁的「哈德良的雅典」的工程，也接近完工狀態。只要動員財力，人力也會跟著動起來。雖然不可能恢復伯里克里斯時代的風貌，但由於哈德良施行的振興對策，使得雅典和其他希臘地區也開始活絡發展起來。哈德良此次也和上回一樣，在雅典待了六個月，順便視察希臘各區。同樣的，他也去參加埃留西斯的祕儀。和之前停留在雅典時不一樣的是，他這回出席了各項他所指示的公共建築物的完工典禮。其中，為了紀念象徵希臘重建的建築物「宙斯．奧林匹亞神殿」的完工，特地發行了刻有"Olympeion"的貨幣。這並不是紀念貨幣，而是日常生活中可以使用的貨幣。這也是哈德良將發展希臘列為國務的最佳證明。而雅典市民為了感謝哈德良，特地贈予這位羅馬皇帝「奧林匹斯」的稱號，亦即讓哈德良加入居住在奧林匹斯山(Olympos)的眾神之列。這也表示經常將希臘．羅馬文明混為一談的希臘與羅馬，其實有許多相異之處。羅馬一向不承認生前神格化，而相對的，或許是因為君王就等於神的想法較接近一般的東方思想，所以希臘人對此事並沒有強烈反感。即使明白表示為「哈德良的雅典」，但哈德良還是婉拒在自己打造的建築物上冠上自己的家門名，所以在羅馬支配下的雅典市民若想要感謝他，就只能將他列入奧林匹斯山的眾神之列。哈德良或許深知這一點，雖然生前神格化的作法只適用於以雅典為中心的希臘內，但他並沒有拒絕雅典市民的好意。雖說是神格化，其實並沒有建造專門供奉他的神殿，只不過是將他放入宙斯．奧林匹亞神殿的祭壇中而已。接受被統治者想要贈予之物，也是一項統治良策。

此趟希臘之行既安全又舒適，並不算是前線基地的視察，但哈德良卻沒有讓皇后莎比娜同行。陪伴他的依舊是美少年安提諾，和作為談話對象的詩人佛洛爾斯，這是因為如果不能和他一同分享對希臘文化之愛，即使是自己的妻子也不願讓她同行，這是哈德良的作風。就這點來看，他其實是個很冷酷的人。但哈德良絕對和只重視自己興趣的尼祿不同。在六個月的愉快之旅後，哈德良再一次展開公務，這對他來說，只不過是極為自然的方向轉換而已。

西元一二九年的春天一到，哈德良便循海路朝小亞細亞西岸前進。當抵達愛菲索斯後，再一路朝著小亞細亞的北部出發。這回是以西諾培為中心，視察鄰接黑海的小亞細亞北部一帶。與皇帝同行者沒有一名是無所事事的宮廷人士，一如往常，他依舊帶著一團建設領域的專家同行，而人數並不多。他甚至前往與黑海南岸相連的最東邊的城市特拉培茲斯（現在土耳其的特拉布松 Trabzon），若向東行五十公里便是亞美尼亞王國。這一帶並沒有羅馬的軍團基地，但

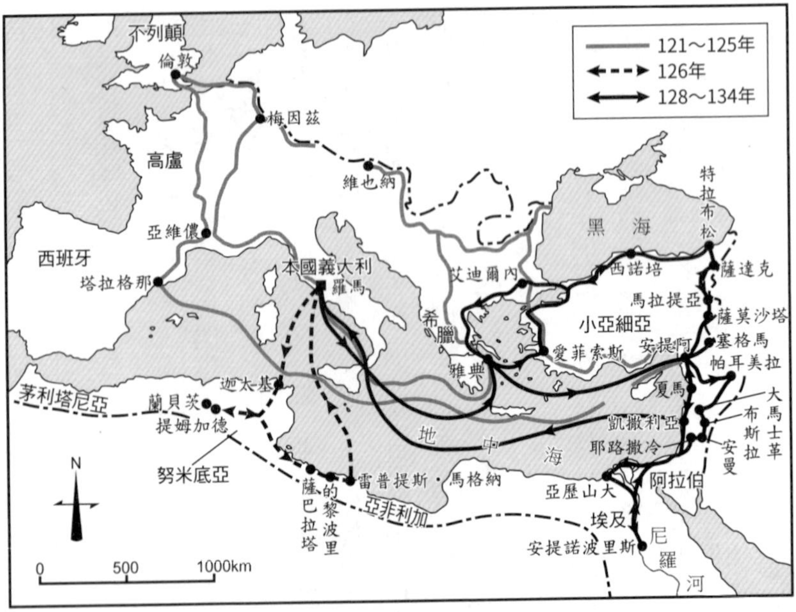

哈德良的視察之旅

這些起源於希臘的都市都直接成為羅馬帝國支配的「核心」。

視察完黑海地方之後，哈德良接下來沿著羅馬支配圈的境界南下，向小亞細亞的內陸前進。此行是為了視察薩達克和梅利典（現在的馬拉提亞）。雖然與亞美尼亞王國接壤的羅馬行省是卡帕杜西亞，但薩達克和梅利典也相當接近羅馬防衛線，前者為第十五阿波里拿里斯軍團的駐紮基地，後者為第十二佛爾米納塔軍團的駐紮基地。為了讓帝國全民知道皇帝已視察到如此邊遠之地，哈德良特地發行了刻有“Exercitus Cappadocicus”（卡帕杜西亞軍）的貨幣。

有關哈德良視察國境防衛設施的情形，史料中留有一文可供我們想像。

這篇文章是出自此時期與哈德良同行的弗拉維斯・阿利安之文筆。

「我們到達阿普索爾斯。這裡是輔助兵組成的五個大隊駐紮的基地。我們一行人首先視察兵器庫。接著視察圍繞基地的長城，以及長城外側的壕溝。之後，我們去探視傷兵。離開戰地醫院後，便移步到倉庫，調查糧食的儲備狀態。在同一天內，我們還視察了附近的城塞和要塞。此外，也校閱了士兵們的演習。在其他騎兵隊基地中，我們同樣是先視察基地長城，然後是壕溝、戰地醫院、糧食倉庫、兵器庫，不斷重複相同的視察流程。」

至於皇帝在各個基地對士兵們的精神訓話，應該也是重複相同的內容。對於負責防衛邊境，日子充滿緊張、不便的士兵們而言，皇帝前來視察，就足以激勵士氣了。

阿利安這號人物，原本是出生於俾斯尼亞行省的尼科米底亞的希臘人。從他的家門名即可得知，在他父親那一代，亦即維斯帕先到圖密善的時代，應該是得到弗拉維斯王朝的某一位皇帝的推舉而得到羅馬公民權。據說他是在西元九十五年前後出生的。比哈德良小二十歲左右。他鍾愛哲學等的希臘文化，對擁有希臘人的血統感到驕傲，也是積極參與羅馬帝國政務的希臘人之一。哈德良認同他頗富教養、頭腦明晰、現實感敏銳的優點，因此在視察之旅經過二年後的西元一三一年，任命他為卡帕杜西亞行省總督，當時他年僅三十六歲。由於前線防衛是一項艱鉅的任務，因此哈德良在六年之內沒有更動過阿利安的職位。在這段期間內，他成功的將東北部入侵的蠻族擊退，而且還以自己的經驗為基礎，撰寫論究各項防衛問題的著作，並對外發表，獻給皇帝哈德良。前面引述的文章內容便是從這本著作中摘錄出來的。

受到哈德良重用的行政官兼武將——阿利安，他在完美達成卡帕杜西亞行省總督的任務之後，皇帝沒有再讓他執行前線勤務，而任命他擔任雅典市的行政首長。不過，由於羅馬帝國承認雅典為自由都市，也就是擁有完全自治權的都市，因此，羅馬的公職者並不能夠參與其市政。所以四十三歲的阿利安必須先得到雅典的市民權，成為私人才行。寧可犧牲一名優秀武將，都要將阿利安送到雅典，一定是因為哈德良希望將雅典交給一個能夠與他共同分享對希臘文化之愛的人。雖然哈德良在一年之後與世長辭，但之後即位的皇帝安東尼奧或許是因為贊同哈德良的理念，也繼續將雅典託付給阿利安，而阿利安也很忠實的擔負起被賦予的任務。

成為雅典人之後，阿利安在文化方面的才能總算開花結果。正因為他一直很敬愛同樣也是文人兼武將的贊諾芬(Xenophon)，所以他的才能得以在歷史故事中綻放光芒。阿利安遺留下的代表作——《亞歷山大東征記》(*Anabasis Alexandri*)，一共分為七卷，在現代算是可讀性及可信度高的亞歷山大史傳，與克爾提斯．盧夫斯的 *Historiarum Alexandri Magni Librix* 一同受到高度的評價。

讓我們將焦點移回哈德良。視察完卡帕杜西亞前線基地的哈德良一行人，隨即南下前往敘利亞。因為西元一二九年到一三〇年之間的冬天，他們將在帝國東方的安提阿（與埃及的亞歷

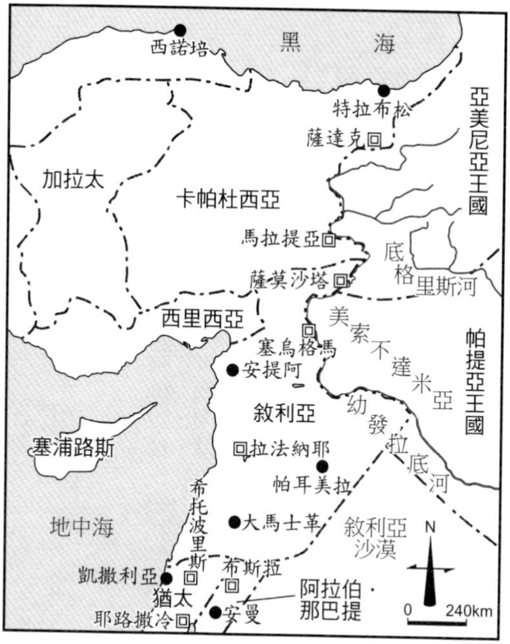

小亞細亞東部及敘利亞（回為軍團所在地）

山大並列二大都市）過冬。而哈德良一向不喜歡浪費時間。他一定是認為視察與大國帕提亞接壤的敘利亞行省的軍團基地絕不容懈怠。敘利亞有三個軍團常駐，其中二個軍團的基地正好位在由小亞細亞前往安提阿的途中，分別是基地位在幼發拉底河上游的薩莫沙塔（現在土耳其東南部的薩姆沙托）的第十四弗拉維斯軍團，和基地位在塞烏格馬（現在土耳其的巴爾基斯）的第四西迪卡軍團。只有第三加利卡軍團的基地位在安提阿南方的拉法納耶（現在敘利亞的夏馬）。

羅馬全軍由二十八個軍團組成。光是軍團基地就有二十八處。再加上輔助部隊基地、騎兵隊基地、城塞和監視用的堡壘等，以及構成羅馬防衛系統之一環的退役士兵的居住地、原住民的地方政府等，這些都是必須視察的地區。雖然到各地視察是哈德良的希望，但與其說這是一項職責，倒不如說是一趟苦行。

以下這一則軼聞或許是哈德良在視察某個軍團基地時，於晚餐席上發生的事。哈德良的同行者中有一位詩人佛洛爾斯，一向擅長寫諷刺詩，他發表了一首打油詩。

「我才不想當皇帝
在不列顛人之間遊走
在（邊陲之地）徘徊
忍受斯克提亞的刺骨寒風吧」

"ego nolo Caesar esse,
ambulare per Britannos,
latitare per...（……部份不明）
Scythicas pati pruinas"

哈德良立即回了他一首打油詩。

「我才不想當佛洛爾斯
在廉價酒店之間閒晃
在酒桶之間徘徊
忍受肥肥胖胖的蚊子叮咬吧」
"ego nolo Florus esse,
ambulare per tabernas,
latitare per popinas,
culices pati rutunolus"

此時期的哈德良已經完成真正重要的外交工作。雖然不清楚場所是在何處，想必應該是在接近幼發拉底河的某個希臘系小都市，特別招待中東的王侯們。因為連帕提亞王也有出席，很類似現代的北大西洋公約組織和華沙公約組織的參加國代表全員集合的景象。不過，這裡有一個明顯的差異。那就是帕提亞圈和羅馬圈之間並沒有用「鐵幕」明確的分離，居住在兩大霸權國邊界的幾個小國像是牆頭草一樣，看哪一邊形勢較強就靠哪邊站。因此，每當帕提亞王與羅馬皇帝碰面的場合，態度常常轉變的君侯和豪族之長只要同席就知道他們支持誰。

哈德良在此時將十四年前攻陷帕提亞首都時逮捕作為人質的公主返還給她的父親帕提亞王。此時的會談並不是為了解決帕提亞一方反羅馬的高漲氣勢而召開的會議。因此，羅馬根本就沒有必要以返還人質為條件來要求帕提亞讓步。明知如此，哈德良還是將人質遣返，可見他的外交手腕相當高明。外交就好比是戰鬥一樣，出其不意方能致勝，產生最大的效果。此次會談後，中東正式回歸和平。

西元一三〇年的春天，哈德良從安提阿啟程前往帕耳美拉。幾乎是位在地中海與幼發拉底河中央的帕耳美拉，是地處敘利亞沙漠正中間的都市，如同都市名「椰子樹」所示，這是一個充滿綠洲的繁榮都市，為東方到西方的駱駝商隊必經之物產中繼地。正因為此地經濟力旺盛，所以獨立意識也格外強烈。此外，就通商上的優點來看，帕耳美拉的繁榮對帕提亞和羅馬而言，實在是再方便不過了。不過，帕耳美拉也有弱點。此地經常遭到沙漠民族貝都因的掠奪。對貝都因人來說，掠奪並非惡行，而是一份正業。但是，這種正業勢必有人要受害。而帕耳美拉人民雖然全力投入當地的經濟，卻不太重視防衛工作。

羅馬的霸權延伸到幼發拉底河之後，羅馬便擔負起帕耳美拉的防衛工作。如此一來，帕耳美拉自然就歸屬羅馬帝國的管轄範圍。由於羅馬也將貝都因人列入支配圈內，因此帕耳美拉的富豪再也不用擔心遭到貝都因人的掠奪。順帶一提，被禁止從事「正業」的貝都因民族，羅馬將他們編入邊境防衛軍內，以確保他們的生活。

帕耳美拉位在幼發拉底河防衛線上，對羅馬而言，就好比是一個象徵性的國境。此地並不像其他地區的「長城」一般，設置了綿延不絕的柵欄、洞窟、城壁、堡壘，形成一個封閉的防衛線。而是將每個重要地段的街道、瞭望塔、堡壘和軍團基地連結在一起，形成一個開放式的「長城」。此「長城」建在北非的沙漠之前，幼發拉底河防衛線一面獎勵人與物產的往來，一面防止敵人入侵，成為抑止力的防衛系統之最佳典範。如果可以成功的防守住帕耳美拉，開放式的「長城」——幼發拉底河防衛線就能夠充分發揮功能。羅馬從帕耳美拉到沙漠之中的安提阿、大馬士革，一直到紅海的亞喀巴鋪設了放射線狀的羅馬式街道。自安提阿出發的哈德良只要利用此街道即可到達目的地。

哈德良結束帕耳美拉的視察工作後，下一個目的地便是大馬士革。正因為地處沙漠，羅馬式街道幾乎都鋪設得很筆直，只需行走二百三十公里即可抵達大馬士革。

哈德良並沒有在大馬士革久留。選擇此條路的真正理由是為了造訪駐紮在阿拉伯行省（現在的約旦）的波士特拉（現在的布斯拉）基地的第三昔蘭尼加軍團。哈德良應該也在此地重複著相同的視察工作，校閱士兵們的演習，並對士兵們進行精神訓話。而此時也發行了刻有"Adventui Aug(usti) Arabiae"（皇帝，視察阿拉伯）的貨幣。身為皇帝的哈德良，當然希望對帝國全民宣布自己已經視察到中東沙漠的事實。

羅馬軍團

如上所述，哈德良已經視察完羅馬帝國的主要防衛線。包括萊茵河、多瑙河、不列顛、北非，一直到結合黑海與紅海的幼發拉底河防衛線。皇帝親自前往視察，無用之處就加以廢除，有用之處就加以補足，經過重新建構的羅馬軍事力，實際上又呈現出怎樣的新氣象呢？在此介紹一篇稍微冗長的猶太人的證言，而非站在羅馬人的觀點。這篇證言的作者是史學家約瑟夫・弗拉維斯（Josephus Flavius），是從此人的著作《猶太戰記》中摘錄出來的精華。

「就這點來說，我不得不對羅馬人的見識表示敬意，就連在軍團基地中工作的奴隸，都被訓練成不只能夠將瑣碎工作完成，而且會使用武器，當敵人來襲時可以進行充分的防衛。事實上，如果放眼觀察羅馬人的軍事制度，就會了解到羅馬人之所以能夠建立幅員如此廣大的帝國，並不是因為受到上帝眷顧，而是透過他們的意志力和勞苦換來的成果。羅馬的士兵並非到戰時才拿起武器，也不是在無戰事時享受人生，當有需要時才扛起武器上戰場。他們被訓練成彷彿一生下來就能夠操作武器一般，對訓練絕不懈怠。他們每天都過著訓練和演習的日子，等待實戰大展身手的機會。

這樣的軍事訓練不亞於實戰時的激烈程度。他們的演習往往和實戰一樣逼真、嚴苛。所以他們不畏戰爭，可以冷靜以對，不會對肉體的疲勞發出任何怨言，也不會破壞了戰鬥隊形，因此才能夠經常獲得勝利。這是因為沒有任何敵人像他們一樣過著如此嚴苛的軍團生活，在這種訓練下造就的羅馬士兵和其他國家的士兵相比，實力明顯產生落差。對他們而言，軍事訓練即是沒有流血的實戰，實戰只不過是伴隨流血的訓練而已。

羅馬的軍團兵極少遭到敵人出其不意的偷襲。他們在進攻敵軍陣地時最先做的一件事並非直接衝向敵人，而是圍起柵欄，搭建堅固的軍營。並不是任何地方都可以搭建軍營，他們會觀察當地的環境條件，進行嚴密的檢討。決定好場所後，全員再一同展開作業。由於戰略上的必要，必須在不平坦之地搭建軍營時，他們甚至會先將土地整平。因為若非平坦之地，則無法充分活用適合防禦的四角形營地的有效性。所以羅馬兵還身兼工兵，在行軍時往往還得背負大量的工程用具。」

羅馬士兵就算只停留一夜，他們也會搭建堅固的軍營，這種不論是在共和政治時期或是帝政時期都一貫採取的作法，也受到近代戰爭專家高度的評價。這些專家認為，羅馬士兵由於在緊急時刻有地方逃命，所以更願意全力投入戰鬥。此外，就算戰敗，回到軍營後可以讓原本恐懼的心情回歸平靜，所以在下一次戰鬥時很容易就能挽回失地。也就是說，士兵們搭建堅固安全的軍營雖然辛苦，但可以由心理上的安定來得到彌補。

以下繼續介紹這位猶太史學家對羅馬軍的評價。

「在軍營內部並列著許多帳篷，其外側以並排圓木的柵欄作為長城，環繞在軍營四周。長城附近的每個重要據點都立有瞭望塔。而且在塔與塔之間配置有石弩等重兵器，以便隨時能夠派上用場。

正四角形的營區四周各設置一個門。門寬足以讓移動式的重兵器和士兵隊伍通過。通過中央的道路將營區內部分成二半，一半並列著儲藏所、醫院和士官用帳篷，另一半則並列著士兵們的帳篷。軍營中央有個像神殿一樣又高又大的帳篷，那便是軍團長的帳篷。

這個軍營就算升格為經常性的基地，也可以直接化身為一個城市。因為召集士兵的場所就是廣場，兵工廠則是工匠的工房，軍團長為了裁決違反軍紀的士兵而召集將官開會的場所，就是常被當作法庭的公會堂。即使只宿營一夜，士兵們也會以習慣的動作，迅速敏捷的將圍繞營地的防柵堅固的搭建好。而且必要時還會在防柵外側挖掘一道深度、寬度均為四庫比特（cubit，約二公尺）的壕溝。光是如此，就已經相當於一般的村落了。

當軍營建設結束後，士兵們會回到各自的帳篷中。包括配給木材、糧食、水等所有事務，都由當天值班的小隊有條不紊的進行。

餐桌上絕對不准任何人擅自開動，凡事都要配合喇叭信號，一個號令一個動作。連就寢、四輪班制的夜晚站哨、起床，都配合喇叭聲響進行著。

在太陽就要升起前喇叭聲響起，士兵們都得在此時起床，整齊的排列在百夫長面前。百夫長確認指揮之下的士兵人數後，向大隊長報告。之後大隊長全員與首席百夫長全員再集合起來，一同前往軍團長所在地進行報告。軍團長會指示他們當天的行動。軍團長的指令再由這些隊長們傳達給士兵們知曉。這種命令傳達方式在實戰中也會承襲，所以即使在戰鬥中也能敏捷迅速且正確的變換戰術。正因為如此，羅馬軍無論攻擊、撤退，都能夠按照命令，一絲不苟的完成任務。

準備離開軍營時，也是按照喇叭信號進行。沒有一人偷懶，全員都會參加。第一聲喇叭表示收起帳篷。第二聲喇叭表示放上貨車，將重兵器、牛馬牽出來。集結在軍營外的情景，就像是賽馬排成一線準備起跑一般。此時會響起第三聲喇叭，一方面是呼叫遲到者，一方面是確認全員已各就各位。之後才在圍繞軍營的柵欄上放火。這是因為怕被敵人惡用，寧可辛苦一點重新搭建。

當出發的準備完成後，站在軍團長右側的傳令官會用拉丁語詢問三次『戰鬥的準備已完成了嗎？』士兵們此時會一同斜舉右手，以羅馬式的敬禮大聲回答三次『已準備完成』。之後便開始行軍。和戰爭布陣一樣，全員安靜整齊的保持指定的隊形前進。軍團兵們穿戴著胸甲和頭盔，腰上掛著劍。左腰掛的劍稍長，右腰掛的劍較短。圍在司令官周圍的步兵部隊只持長槍和圓形的盾。其他的軍團兵除了長槍和長方形的盾之外，還須背負鋸子、鶴嘴鎬、斧頭、砍樹和搬運時使用的粗皮帶、可以切皮革的大刀、鐵鎖、三天份的糧食等。總覺得軍團兵和拖貨車的牛、驢相比，他們背負的裝備要重許多。

騎兵在行軍時則是在右腰掛劍，左手持長槍，在馬鞍旁掛著盾牌，然後背負著放入長尖箭的箭筒。騎兵也和步兵一樣戴著同型的胸甲和頭盔（對於這個在東方猶太土生土長的猶太人作者而言，騎兵和步兵並非表示兩者社會地位的分類，只不過是機能上的差異所做的分類）。雖然有些騎兵的任務只是負責保護司令官，但身上的裝備和在戰場上配置在兩翼的騎兵並沒有不同。而羅馬軍是以抽籤決定行軍時走在前頭的軍團。

以上是羅馬軍隊從搭建軍營到行軍的作法和裝備。在戰鬥時他們也不會漫無計畫的進行。計畫結合行動，行動結合下一次計畫。因此，他們犯錯的機率極低。此外，就算是犯錯，也可以在短時間內挽回。

而且，羅馬人寧可在進行過嚴密的情勢調查後卻失敗，也不願得到意外的幸運而成功。因為他們認為無計畫的成功會讓人忘卻調查的重要性，這點相當危險，而經過仔細調查後縱然失敗，卻是避免重蹈覆轍的有效訓練。再者，幸運的成功並不能歸屬某個人的功績，如果是在萬全的情勢調查後才失敗，至少長官會慰勞他已充分研擬了對策。

羅馬人藉由軍事來鍛鍊的不僅是肉體，也包括精神面。軍事訓練教育士兵克服恐懼心，嚴厲的軍規則教導士兵集團生活必須遵守的事項。羅馬軍不只在逃兵時會被判處死刑。就連一點點怠慢，若會影響軍團整體的安全，也會受到嚴懲。再者，具有權威且令人懼怕的並非法律，而是司令官。話雖如此，司令官並非只有嚴格的一面，對於值得讚揚的士兵也不吝給予褒獎，這是為了在嚴格與寬大之間取得平衡。因此，羅馬軍無論平時、戰時，對指揮官是絕對服從，這正是羅馬軍成為一絲不苟的有機體的主因。

在戰場上的羅馬兵，絕對將隊伍排列得很整齊，即使與同伴一起行動，也會像一個個體一樣地行動，絕不會聽漏命令，絕不會看錯旗幟。手腳同時聽從指令，敏捷迅速的行動。即使敵人在人數上占優勢，或是在敵地戰鬥時產生不利，命運女神也無法降低他們的戰鬥意願。他們相信自己，堅信勝敗是靠實力，而非靠運氣。

首先，收集可能的資訊，以此為基礎做好形勢判斷，根據這項判斷來研擬計畫，並展開行動，這是羅馬民族一貫的作法。而且，他們一旦決定的事就會付諸行動，這種高效率和決定之前的周到度互相輝映。羅馬帝國東起幼發拉底河，西至大西洋，北邊是多瑙河和萊茵河，幅員如此廣闊，這也是理所當然的事，一點也不值得驚訝。他們征服之地的廣大和征服者的努力相比，根本就算不上什麼，這種說法一點也不為過。

以上仔細冗長的對羅馬軍做了介紹，這並不是為了讚賞羅馬軍，反而是要安慰被他們征服的人們，之所以被征服並不是因為自己的缺陷，而是因為羅馬人不容小覷的資質。另外也要告訴那些圖謀造反的人們，趕快消除將羅馬人當作敵人的念頭吧！此外，這裡特別將羅馬軍的組織詳述了一遍，目的也是希望對有興趣的人士提供一點幫助。」

讀了這篇猶太人對羅馬軍的讚賞文後，總覺得羅馬軍好像只是一部精巧的軍事機器而已。不過，羅馬的軍團兵並不是「齒輪」，而是有血有肉的人。以下介紹二個在戰鬥中死去士兵的墓誌銘。羅馬人的墓碑上往往刻有本人生前撰寫的文章。

「在活著的時候，我衷心地飲酒作樂。因此你們在有生之年一定要快樂的享受美酒！」

「我在心中深深立下誓言，要為和平盡一己之力。而我完成了這個誓言。

我立誓要殺死達其亞人，我也實現了這個誓言。

我想參加凱旋式，痛快的瘋狂一下。我也確實完成了這個願望。

我想成為首席百夫長，得到這個地位應有的榮譽和報酬。這個理想也實現了。

我想參拜女神的裸體。結果也如願以償。」

雖然如此，《猶太戰記》的作者相當關心羅馬軍的機能性，因而忽略了羅馬士兵的人性。有關這位作者，在第Ⅷ冊中已有詳盡描述，簡單來說，他是西元一世紀後半出生的猶太人，也是認為可與羅馬人共存亡的猶太人之一。由於他也是反羅馬的猶太軍指揮官之一，所以曾有過與羅馬軍正面交鋒的經驗。上述文章正是曾親眼目睹羅馬軍作戰情形的人提供的證言（這場戰役是由總司令官維斯帕先率領的猶太鎮壓戰）。他用自己的眼睛來觀察羅馬軍是如何的驍勇善戰。

然而，約瑟夫看到的應該是西元七〇年前後的羅馬軍，因此，或許有人會認為這和哈德良在西元一三〇年前後希望重整的羅馬軍並不一樣。但是，有效發揮機能的組織，並不會因時間而有改變。

此外，約瑟夫看到的應該是在猶太戰役時的羅馬軍。如果是居於攻擊一方的圖拉真時代的羅馬軍，就會和約瑟夫敘述的維斯帕先旗下的羅馬軍一樣，充分發揮機能。不過，哈德良雖然身處和平的時代，也同樣要求軍隊發揮同等的機能性。這正是唯一不需增稅卻可維持和平的良策。再者，在戰時充分發揮機能的軍隊，平時未必會發揮相同的機能，而平時充分發揮機能的組織，在戰時一定也能夠發揮機能。儘管要耗費治世的大半來視察帝國邊境，哈德良還是希望平時就確立好萬全的防衛體制。

羅馬皇帝的責任與義務是保障「安全」與「糧食」。但是，安全的保障為優先考量。人們只要能夠得到安全的保障，就有辦法生產自己所需的糧食。而保障人民的安全是統治者的責任。這是因為「糧食」的保障可以仰賴個人的努力，但「安全」的保障卻是超越個人努力範圍的課題。盡量避免戰爭是哈德良一貫的方針，而他之所以加倍努力的確立防衛體制，是因為他深知防衛的必要性。因此，儘管必須「在不列顛人之間遊走，在邊陲之地徘徊，忍受斯克提亞的刺骨寒風吧」，他也只得忍耐。以一般人的角度來看，只有一句話能夠形容，那就是「我才不想當皇帝」。

從大馬士革到紅海的亞喀巴，有圖拉真時代鋪設的羅馬式街道貫通其間。結束幼發拉底河防衛線的重要據點之一波士特拉軍團基地的視察後，哈德良穿過羅馬式街道，來到費拉德爾菲亞（現在約旦的首都安曼）。但是，到了這裡後，他並沒有再往南行，而直接前往猶太行省。他希望在統治上重整這個素有「羅馬帝國火藥庫」之稱的猶太地區。

在這個問題層出不窮的行省，北部駐紮有第六斐拉塔軍團，南部駐紮有第十法雷坦西斯軍團，這是在西元七〇年，因耶路撒冷淪陷而結束的猶太戰役後所布署的軍力。不過，當時在猶太地區只駐紮一個軍團。由於圖拉真時代末期再度發生叛亂，故於平定叛亂後，再增加一個軍團。

致力削減軍團數的哈德良，並不希望再於當地編制新的軍團來增強軍事力。此外，若要增強猶太地區的軍事力，勢必得從其他防衛線調派軍團，這就現狀而言，根本不可能辦到。必須靠著現有的二個軍團，來鎮壓彷彿地底下一直燃燒著岩漿的猶太地區。此時哈德良得決定軍團基地應該配置在何處。

第六斐拉塔軍團的軍團基地已決定配置在猶太北部的希托波里斯。這裡離面對地中海的都市凱撒利亞(Caesaria)很近，而且還可以和駐紮在波士特拉的第三昔蘭尼加軍團形成共同戰線，一同壓制猶太北部一帶。

問題在於，負責防守猶太南部（包括耶路撒冷在內）的第十法雷坦西斯軍團到底該置於何處。西元七〇年成功平定叛亂的維斯帕先皇帝，將軍團配置於耶路撒冷市內，哈德良必須決定是否要依循維斯帕先皇帝的作法。

結果哈德良並沒有選擇在耶路撒冷市內配置該軍團，而決定將第十軍團配置在耶路撒冷的正北方。將以該基地為中心的都市取名為「阿耶利斯・卡匹杜里諾」。所謂阿耶利斯（Aelius）正是哈德良的家門名。因此，這也帶有哈德良的城市的含意。卡匹杜里諾則是首都羅馬七大山丘之一，只建有供奉朱比特等眾神的神殿。對羅馬人而言，可謂一大聖地。對猶太人而言，在自己的聖地耶路撒冷前有一個冠上這種名字的都市，而且目的是為了鎮壓自己，他們會有什麼感想呢？猶太教是不承認其他神的一神教。卡匹杜里諾丘連敗者之神都給予「羅馬公民權」，可說是羅馬式多神教典型之象徵。

除此之外，哈德良還禁止猶太教徒實施割禮。不只是禁止而已，還強制罪犯進行割禮，很顯然是一種侮蔑行為。對猶太教徒而言，割禮是在自己的肉體上表明身為猶太教徒的重要大事，但是對於不信仰猶太教的人們來說，這根本就是恣意傷害自己身體的野蠻習慣。

不過，這二件事正是造成地底岩漿爆發的導火線。話雖如此，在這個時點事態還沒有演變到岩漿爆發的地步。之前介紹的約瑟夫的「忠告」，並沒有對他的同胞猶太教徒造成影響，以致使猶太人產生迷惑。猶太教徒深信只有自己是被神所選上的最優越的民族，所以他們拒絕接受其他民族的忠告。雖然約瑟夫是猶太人，但在其他猶太人的眼中，他是一個將身心都出賣給羅馬的叛徒。猶太人之所以沒有立即起而造反，只不過是因為需要時間來做好造反的準備而已。

不過，為什麼哈德良明知會深深傷害猶太民族的信仰心，卻還要強行實施這二件事呢？建設在阿耶利斯．卡匹杜里諾的第十軍團的基地中，過去曾有猶太教堂(Synagogue)，據說已遭到破壞，哈德良在同一處建造了祭祀希臘、羅馬的宗教最高神祇朱比特的神殿。

或許是因為太喜歡希臘了，使得哈德良也和居住在東方的希臘人一樣，染上了他們共通的反猶太情緒。居住在東方的希臘人和猶太人，自古以來就一直是交惡狀態。首先是在希臘時代，當時東方一帶的支配者是希臘人，猶太人長期處於希臘人的支配之下，此為理由之一。再者，正因為這二者都是經濟實力雄厚的民族，所以經常產生利害衝突，此為理由之二。另一方面，當羅馬成為支配者之後，希臘人一直給予羅馬援助，卻以宗教上的理由，拒絕給予猶太人援助，此為理由之三。猶太人向支配者羅馬要求的是，在經濟活動方面能夠與希臘人平等，而不是在社會上的平等。如果要求社會上的平等，就必須擔負起伴隨權利而來的義務。這裡所指的義務係指擔任公務或軍務，如此一來就得宣誓效忠羅馬皇帝，這麼做的話，便違反了決定只效忠自己信仰之神的猶太教的教義。因此猶太教徒絕不可能接受此種義務，只要能夠確保經濟活動上的平等即可。不過，他們這種生存方式，使得擔負義務協助羅馬帝國的希臘系民族產生反感。

或許哈德良不只和希臘人共有他們的文化，也和希臘人共有這種反猶太情緒。或者對急於確立防衛體制的哈德良而言，一直拒絕協助防衛的猶太教徒實在令人厭惡。但是，他並非討厭整個猶太民族。當時也有不少猶太人像約瑟夫以及在羅馬軍中一直向上晉升的臺伯留．亞歷山多羅斯一樣，選擇與羅馬人共存亡。哈德良厭惡的是那群拒絕提供協助、一味狂信的猶太教徒。

可能是因為猶太人的反應太遲鈍了，否則這麼明顯的挑釁動作，居然沒有引發任何暴動情事。或許哈德良認為猶太地區已趨於安定，因此只停留短暫時日，便往下一個目的地埃及出發。為希臘系王國之一的埃及，在經過羅馬支配的二個世紀後已經達到安定，因此在這個廣大的區域裡，只需駐紮一個軍團就足夠。在經濟實力雄厚、幅員廣大的埃及，只需一個軍團來維持安定，但除了在海岸地帶相連的希臘系都市之外，貧困且國土狹小的猶太．巴勒斯坦卻必須駐紮二個軍團。致力於提高防衛體制的哈德良，比任何人還能夠敏銳看出這個差異。

埃及

這回來到埃及，哈德良將皇后莎比娜喚了過來。希臘都市對不喜愛希臘文化的人而言，一點魅力也沒有。但埃及卻充滿了吸引一般群眾的異國情調。特別是在歐洲人眼中，覺得埃及充滿異國風味的要算是近現代的西歐人了。其中又屬西歐化最徹底的英國人對埃及特別喜好。或許哈德良認為對文化絲毫不感興趣的莎比娜，應該也會和羅馬的上流夫人一樣喜歡埃及吧！這是哈德良少見的對妻子的體貼。

不過，哈德良一向以自我為中心。他並不會只將時間花在陪同妻子至埃及各處觀光。他前往埃及省都亞歷山大的行省統治機構進行視察，在視察完駐紮在亞歷山大附近的尼可波里斯基地的第二杜萊亞那軍團之後，他也花了不少時間來安排自己的興趣。

其一，他造訪了希臘名為"Museion"的「亞歷山大圖書館」，這是史學家一致公認的知名圖書館。

之所以稱為「圖書館」，是因為其中典藏了埃及在托勒密王朝(Ptolemaios)時代收集的萬卷書（卷軸）。但是，這些書籍大半都在西元前一世紀半，在朱利斯·凱撒投入亞歷山大戰役時被燒毀。儘管如此，之後又重新開始收集書籍，雖然數量不如過去，但已恢復回可稱之為「圖書館」的規模。

在書籍聚集的地方一定也會吸引不少喜歡讀書的人前來。所以圖書館自然走向研究機構一途。在進入羅馬的霸權下之後，擁有圖書館的埃及的亞歷山大，和希臘的雅典、小亞細亞西部的婆高蒙、羅德斯並列羅馬世界的最高學府。若和以人文系為主流的雅典、羅德斯相比，埃及的亞歷山大除了人文系之外，還網羅了自然學科系，所以或許應該說是一個大學城比較恰當。

順帶一提，朱利斯·凱撒生長在名門中的名門之家，但卻不富裕，沒有錢雇用西元前一世紀羅馬上層階級公認為最高品牌之「在雅典接受教育的希臘人」來擔任家庭教師。自己不但頗富涵養，也熱衷於兒子教育的凱撒之母「奧雷莉亞」，覺得「實」比「名」來的重要。因此她選擇將兒子的教育託付給曾在亞歷山大的圖書館學習的高盧人。這就像是選擇一名曾在名校諸如牛津大學、劍橋大學、普林斯頓大學、哈佛大學就讀過的印度人或新加坡人作為家庭教師一樣。據史學家孟仁表示，「羅馬史上唯一創造型的天才」朱利斯·凱撒，除了母語拉丁語之外，還會說當時的國際語——希臘語，此外，擴展思想和視野的哲學和歷史、學習邏輯思考和傳達方法的邏輯學和修辭學、培養調和感的數學和音樂，這些都是從「非本國出身」的高盧人身上學到的知識。正因為凱撒擁有這樣的教育背景，所以才會制定一條史無前例的法律，亦即不問民族、宗教、膚色，只要是從事醫業的醫生以及從事教育的教師，都可以得到羅馬公民權。他或許是希望提升這些人的社會地位和經濟能力（得到羅馬公民權後，就毋須繳納行省稅）。

進入帝政時期後，包括皇帝在內的羅馬上層階級還是不斷給予這些研究機構援助。圖拉真皇帝的妻子普羅提娜就是希臘哲學研究所的名譽所長。有事時提供援助，正是這個非學者的所長被賦予的任務。對於雅典的支援由此可見一斑。

其中對於在亞歷山大圖書館學習的研究者，皇帝特別給予他們社會地位和經濟安定的保障。因為皇帝可以從埃及行省收到的稅金中提撥一部份，來當作給予研究者們的年金。總之，哈德良造訪「圖書館」，可以說是援助者訪問受援助的機構。

學者們應該召開了研討會歡迎皇帝蒞臨吧！這裡所指的研討會，其實就是互相發表研究成果，藉此來進行知識交流。哈德良因為身處學問世界之外，因而被要求靜靜聆聽大家的發表，但他卻沒有這麼做。

這位羅馬皇帝話鋒尖銳，和學者們挑起了唇槍舌戰。而且還完美的駁倒對方的論點。留下此記錄的史學家們，評論哈德良是想炫耀自己過人的知識。確實在這種情形下，皇帝應該收起鷹爪靜靜聆聽就好，但是我認為哈德良是因為無法忍耐。

擔負起責任與義務是哈德良評估人物的基準。社會地位只不過是其次的基準而已。對他而言，無論是兵卒或是行省出身者也好，都不會成為影響評估的決定性條件。圖書館的學者們得到皇帝賜予的年金，既然進行研究還可以拿到薪水，他們就應該盡全力完成研究，想必這是哈德良在駁倒學者們的論點時內心的想法吧！他認為完成各自責任的重要性不只適用於軍隊和行政的世界，學問的世界亦然。

但是，被戳破論點的學者們似乎沒有理解皇帝的用意。其中一人之後還表示，面對帶領三十個軍團（其實是二十八個）的人誰敢提出反論。不過，旁聽這群知名學者與皇帝之論戰的年輕學者中，應該有人體會出皇帝的用意。雖然沒有證據可證明，但在哈德良造訪此地時，正值三十歲左右的托勒密 (Ptolemaios Klaudios)，於數年後刊行了一本集合天文學、數學、地理學的革命性巨著。此外，在哈德良造訪當時，於婆高蒙初試啼聲的蓋倫 (Galenos) 也刊行了一本名著，談論他在亞歷山大圖書館的研究成果——解剖學的方法，這本書甚至將羅馬時代的高度醫學水準傳到後世。一千三百年後李奧納多．達文西之所以對解剖產生興趣，也是受到此著作的影響。

這是因為結合人文科學和自然科學的研究機構「圖書館」，之後也一直發揮機能。哈德良雖然打破學者們的論點，但並沒有因此中止對他們的援助。

如同上述軼聞所示，哈德良並不是個容易應付的最高權力者。羅馬時代唯一有關哈德良的史傳《皇帝傳》的作者，寫了以下這篇對哈德良的評論。

「皇帝在詩文方面頗富學養。在數學、幾何學和繪畫方面也擁有相當水準的理解力。此外，也致力提升樂器演奏和歌唱能力，從不在私底下偷偷練習。

他唯一欠缺的是拒絕追求享樂的能力。他為自己所愛的人歌唱，甚至創作了幾首愛之詩。在武術方面，他堪稱第一把交椅。連鬥劍士使用的複雜、危險的武器，他都能夠得心應手的操作。

說起他的性格，只能用複雜來形容。有時覺得他很嚴格，有時卻又很和藹可親，實在難以捉摸。有時覺得他總是沉溺在欲望之中，有時卻又徹底禁欲。有時覺得他很吝嗇，有時卻又很大方。有時覺得他很不誠實，有時卻又表現出無上的誠實。有時覺得他看起來很殘酷無情，有時卻突然表現出無限的寬容心。總之，他一貫地保持著不一貫性，這是哈德良待人處事的態度。」

在這篇文章中，特別是描述他複雜性格的那一段，是談論哈德良不可或缺的一級史料。小說家尤斯娜也將這段說明引用在《哈德良的回憶》中。相信任何人讀到「他一貫地保持著不一貫性」這一句時，都會覺得很有趣而會心一笑吧！不過，哈德良真的是個性格不一致的人嗎？

還是他和前文的作者擁有不同的人生觀呢?接下來我想以「親切」為例來進行檢證。

《皇帝傳》中撰文評論哈德良的作者,以及讀過後贊同該作者說法的讀者們,是否都認為若沒有對每個人笑顏以對就是不親切呢?其實哈德良只是對他認為值得的人表示親切而已。

必須對每個人都很親切的神職人員是特例。對於這類人以外的世俗百姓而言,對每個人表示親切,其實並非真正的親切。哈德良因為是羅馬皇帝,亦即最高權力者,所以人們便要求他應該一視同仁的對每個人展現親切的態度,但是他卻做不到。結果我們發現,在應該嚴格的時候,他絕不寬貸。在應該和藹可親時,他會很平易近人。對應該親切的人,他會笑顏以對。但對不值得親切的人,他不會給他好臉色。此外,可以享樂時,他會百分之百放縱自己。而在必須抑制欲望時,他又搖身一變成為禁欲者。必須節儉時,他不會在乎旁人的眼光而徹底節儉。不但應當給予褒賞時,他的大方又會令旁人瞠目結舌。若他判斷沒有必要誠實以對時,他不但不會誠實,甚至不惜說謊,當面對值得誠實相待之人時,他又會展現出絕對誠實的態度。若他認為沒有必要給予寬恕時,他絕對毫不留情的追究到底,相反的,如果肯定此人的功績時,他又會顯現出寬大為懷的胸襟,讓人不禁懷疑,這是同一個人嗎?

其實哈德良並不是「一貫地保持著不一貫性」,而是保持一貫的原則,亦即對自己忠實。

然而,如果依據哈德良的這種「基準」來決定對每個人的態度,則即使是同一個人,很可能會因時間、地點的不同,而得到皇帝不同的對待。這又會讓人們混亂,因此哈德良才會得到「一貫地保持著不一貫性」的評價。

既然如此，為了更加理解哈德良，以下再介紹一則軼聞。

在日本很早就被翻譯成《十二皇帝傳》的作品，是現代極受歡迎的暢銷書，這本書的作者蘇埃托尼烏斯，比哈德良大六歲，也是在羅馬的官邸中任職的官僚之一。由於他和小普林尼的私交甚篤，所以也成為小普林尼和塔西圖斯等文人團體中的一員，他雖然是一介官僚，但名聲響亮的卻是他作家的身份。他執筆撰寫從朱利斯．凱撒到圖密善為止的十二名皇帝的傳記──《十二皇帝傳》，和現代一樣，在當時也獲得廣大讀者的回響。順帶一提，西元三〇〇年前後，以哈德良之後的皇帝為對象撰寫的《皇帝傳》，其內容等於就是蘇埃托尼烏斯的《十二皇帝傳》的延續。只是不知為何獨獨遺漏了涅爾瓦和圖拉真這兩位皇帝。

無論如何，可以確定的是，蘇埃托尼烏斯在生前不只是一介官僚。他應該很容易出入主人長期不在的皇宮。此外，《十二皇帝傳》和之後的《皇帝傳》相比，這本傳記的雜談色彩較濃厚。想必蘇埃托尼烏斯比任何人都喜好雜談，所以也應該受到喜愛雜談絕不落人後的後宮佳麗們的歡迎吧！結果蘇埃托尼烏斯最後被哈德良解任，而且被放逐到皇宮之外。

被放逐的理由是，他對皇后莎比娜的態度過份親暱。一般人認為哈德良明明不愛他的妻子，對這名稍微親近莎比娜的臣子的處罰未免太過嚴苛，所以都對蘇埃托尼烏斯寄予無限同情。不過，無論哈德良是否愛她，再怎麼說莎比娜都是皇帝的妃子。哈德良認為上位者可以對下位者態度親暱，但絕不允許下位者對上位者有任何親暱逾矩的舉動。

但是，像哈德良這種個性的人，對他身旁的人來說，應該是個不好相處的人物，這點倒是事實。除非理解哈德良判斷的基準，否則一定會被這位皇帝耍得團團轉。最後也只好仰天長嘆「他一貫地保持著不一貫性」，而採取達觀的態度。皇后莎比娜應該也體會到一直待在皇帝身邊的困難度了吧！不過，有很多人就算領會到這點，也只能無奈的一直守在他身旁。

美少年

過去造訪埃及的皇帝慣例都會繞行尼羅河，哈德良也不例外，與其說是服務皇后和她身邊的夫人們，倒不如說是為了滿足自己的好奇心。前往埃及可以搭船溯尼羅河而上，偶爾在途中下船，參觀搭建在河岸上的神殿，在這裡，想看的事物都可以盡收眼底。繞行尼羅河等於就是名勝古蹟的觀光之旅。而且又有夫人們同行。這次可不是哈德良往常的輕車簡從的禁欲之旅。

安提諾

皇帝和皇后一行人搭著華麗的御用船，來到距離亞歷山大三百公里的上游處，此時發生了一個意外。集皇帝寵愛於一身，而且可說是家喻戶曉的安提諾在尼羅河中溺死了。史學家們一致表示，接獲此消息的哈德良像女人一般嚎啕大哭，沒有人安慰的了他。

安提諾真的是不小心跌入河中而溺死的嗎？不

過，羅馬人的游泳風氣意外的盛行，只是，同船之人居然沒有注意到，也令人覺得很不可思議。

或者是當他不小心跌入河中時，被尼羅河中稱霸的鱷魚侵襲，當被人發現救上岸時，已經被咬死了呢？

另一種說法是，根據當時還健在的哈德良親筆撰述的《回憶錄》指出，由於占卜師曾預言哈德良將死，安提諾因此犧牲自己來代替哈德良受死。如果真是如此，這便是他自己選擇的死。為了救助自己所愛之人而犧牲自己的生命，這可說是最至高無上的愛。

和蘇格拉底時代的雅典一樣，少年之愛在羅馬社會中並沒有得到「公民權」。在羅馬權貴階級之間，對美少年之愛雖然沒有被禁止，但也不能公然進行。哈德良向外界公開對安提諾之愛，受到重視羅馬精神的人們冷眼以對。根據羅馬史學家們的記述，這些人都盡量與安提諾的意外保持距離，態度冷淡可見一斑。至於皇后與其他夫人們對此意外有何反應就不得而知了。不過，在此意外之後，皇后就像是沒發生過什麼事一樣，依然興高采烈地暢遊尼羅河，她將安提諾的死當作是死了一名僕從般，更不會對哈德良寄予同情，這是不難想像的事。她和《皇帝傳》的作者一樣，不會相信哈德良打算對外界公開的說法，亦即安提諾是為了挽救皇帝免於一死而犧牲自己生命的說法。

那麼，既然意外死亡的可能性不高，如果也不是犧牲之死的話，安提諾有自殺的理由嗎？

從當時遺留下來的眾多雕像來想像，西元一三一年安提諾死亡時，應該是在他二十幾歲的時候。我們並不知道少年與哈德良是在何時何處相識的，但假設哈德良造訪少年的出生地俾斯尼亞行省是在西元一二四年的話，那時安提諾正值十五歲。而哈德良在之後的七年內一直讓安提諾待在他身邊。

然而，看了無數安提諾的雕像後，總覺得他缺乏一種知性美，雖然臉蛋的確是毫無瑕疵，但這只是一種官能上的感覺，散發不出智慧的光芒。他只是讓人禁不住想觸碰臉頰的清純美少女轉化而成的美少年而已。和充滿智慧的哈德良的臉龐相比，一點都不相稱，也許正因為如此，才能夠互相融合吧！不過，哈德良也是一個極不容易維持融合的男人。

後代的研究學者中，有人如此解釋安提諾自殺的理由，他們認為從少年期進入中年期的安提諾，唯恐自己姿色漸衰後會失去哈德良的寵愛，因此選擇在那一天尚未到來前結束自己的生命。如果是普通的青年，二十歲前後不但姿色不會衰減，反而會更有魅力，但或許對成為少年愛對象的人來說，二十歲以後姿色就會開始走下坡了。

但是，更進一步來看，如果不把安提諾當作男人，而當作女人看待，來探究哈德良的心境的話，又會如何呢？

女人吸引男人最好的方法並不是一直守候在他身邊，反而要保持一點距離。而且當發現已無法吸引對方時最好永遠從他面前消失。哈德良在旁人眼中，應該是個陰晴不定的人，一定時常露出不悅的神情。甚至當他突然和顏悅色時，旁人還會搞不清楚他為何對自己親切。

即使同樣是出生在俾斯尼亞的希臘人，安提諾卻和阿利安不一樣。哈德良和擔任前線司令官兼文人的阿利安之間，常常從希臘文化一直暢談到羅馬軍的防衛體制。皇帝格外喜愛阿利安這個年輕的部下，他們的愛可以用知性相連在一起。但另一方面，皇帝和安提諾之間，卻沒有這一條線連接。即使安提諾隨筆寫詩、彈奏豎琴，展現出無與倫比的完美臉龐，但光是這樣還是無法完全將哈德良占為己有。隨著時間的流逝，這位希臘美少年無論年齡或肉體都將進入成熟大人的時期。

或許安提諾為了永遠占據哈德良的愛，因而選擇自殺一途。如果真是這樣，也只能說他的願望已完美的實現了。

失去安提諾的哈德良雖然像女人般哭的呼天搶地，沒有人有辦法阻止他的悲傷，但他也不是只知悲嘆，什麼都不做。首先，他將死去的安提諾神格化。埃及有個傳說，被棲息在尼羅河中的鱷魚咬死的人會成為神，因此將安提諾神格化一事應該很容易說服埃及人。而且哈德良還在事故現場的對岸建設一個名為「安提諾波里斯」（安提諾之都）的城鎮，並將大量的希臘裔埃及人遷入此地。結果安提諾波里斯被塑造成一個充滿希臘風情的城鎮，人們紛紛移居此地，根本沒有強制遷入的必要性。此外，哈德良以沿著尼羅河而建的這個城鎮為起點，鋪設了一條橫貫沙漠一直到蘇伊士灣(Suez)的羅馬式街道，由於這條街道沿著蘇伊士灣一直延伸到紅海，因此日後東方的物產可以經由紅海運到尼羅河，再沿著尼羅河而下，運到亞歷山大，而安提諾波里斯便成為中繼地而日漸繁榮。儘管失去安提諾時悲不可抑，但哈德良還是能夠冷靜下來為死後的安提諾做一點事，真不愧是帝國的最高統治者。

而且，此時期的哈德良，甚至實現了少年時代的夢想。他終於可以騎著阿拉伯產的駿馬獵捕獅子，也向世人誇耀自己雖然已經五十五歲，依然老當益壯。或許哈德良比任何人都相信，安提諾是為了幫他避免災難才犧牲的。

安提諾死後不久，哈德良的心情已經平復，可以像平日一樣繼續前往各區視察。離開已動工的安提諾波里斯後，皇帝和皇后一行人朝向羅馬出發，等到皇后等人回羅馬之後，哈德良繼續朝敘利亞的安提阿出發，再由安提阿前往小亞細亞，北上至黑海後，再向西行抵達希臘，進入雅典。在這條路線的途中，他建設了名為「哈德良波里斯」的城鎮。這就是現代土耳其的第三大都市艾迪爾內 (Edirne)，這個名稱是「哈德良」的土耳其語讀法。

由於在雅典很容易召集到優秀的雕刻家，皇帝便在此地大量製造安提諾的雕像，彷彿決心將心愛的人之美永遠遺留下來一般。這些雕像完全感覺不出宗教的味道，因此維持著古代官能之感。即使經過長久的基督教時代，還遺留下許多雕像，可見原本雕刻的數量一定很驚人。不過，哈德良雖然從希臘一直到東方世界不斷散布這些雕像，但在羅馬，就只有在私邸 "Villa Adriana" 中置有安提諾的雕像，卻不見他努力將對寵童的信仰扎根於帝國西方的動作。無論他多麼惋惜安提諾之死，他畢竟不忘顧慮到羅馬人的心情。

但是，衝擊哈德良的不幸不只是寵愛的少年之死。感覺上沒過多久，猶太人積壓已久的地底岩漿終於爆發了。停留在雅典的哈德良接到這個消息後，儘管已進入冬天，他還是火速返回安提阿。他希望在此地收集正確資訊，再依據這些資訊研擬因應對策。

猶太叛亂

我怎麼想都覺得哈德良禁止割禮和興建「阿耶利斯．卡匹杜里諾」是刻意對猶太教徒的挑釁。無論其他民族怎麼想，割禮對猶太教徒來說，是自我存在感的證明。禁止割禮的行為，違反了羅馬承認敗者也有信教自由的方針。羅馬和猶太人開始往來已有二百年的歷史，共和政治末期的皇帝乃至進入帝政之後的皇帝們，沒有一人禁止過割禮。不僅如此，初代皇帝奧古斯都之後的皇帝，一貫採行認可猶太教徒特殊性的政策。更沒有一位皇帝在猶太教徒的聖地耶路撒冷的正前方，建設一個充滿挑釁味道的羅馬式軍團基地。在治世中展示深入洞察力的哈德良，應該沒有忘記猶太人的特殊性。事實上，猶太問題藉由"Diaspora"（離散、散居）解決之後，哈德良雖然沒有解除割禮的禁令，但也沒有再嚴格執行，甚至回到默認狀態。他其實並沒有打算永久禁止割禮。

但是，在這二百年當中，雖然時而有衝突，但我們也不能忘記羅馬對猶太教徒一貫的寬容政策中，其實附帶一項明確的條件。在多神教的羅馬世界中雖然承認一神教，認可割禮的習俗，同意一神教徒不必參加帝國的公務和軍務，允許其他人民都在工作的星期六可以休息的生活習慣，但前提條件是猶太教徒絕不能對帝國的統治有任何反抗行為。將阿拉伯行省（現在的約旦）列入帝國版圖的是圖拉真，而將這條東方的防衛線由黑海延伸到紅海的便是哈德良。猶太地區就位於阿拉伯行省的內側。猶太地區在羅馬的支配下保持安定，對帝國的防衛策略有相當重要的意義。

在第VIII冊中曾提到，在「普遍」的羅馬帝國內，猶太教徒寧可選擇「特殊」。他們的居住地如果是在黑海的北方，那麼羅馬人也沒有必要將他們視為問題。然而，他們居住地的北方是敘利亞行省，東

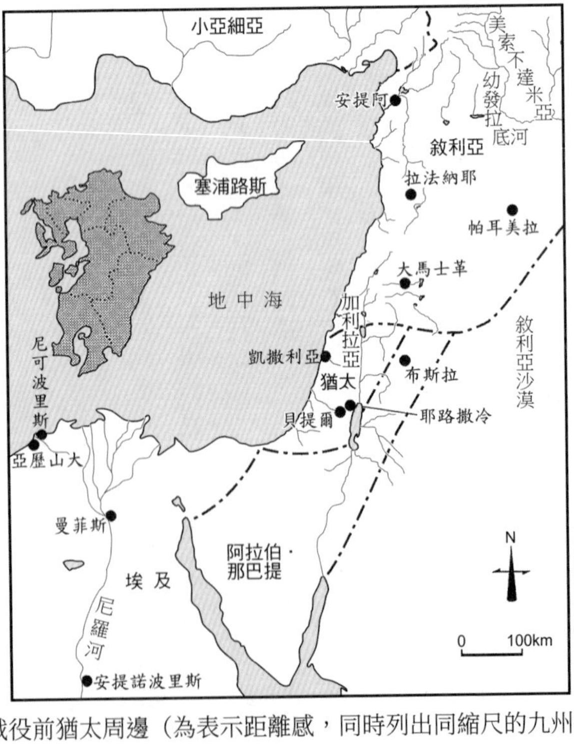

戰役前猶太周邊（為表示距離感，同時列出同縮尺的九州）

方是阿拉伯行省（現在的約旦），南方與西方則被埃及行省所包圍。而猶太教徒夾在其中，卻一點也不安份。

但是，猶太教徒並非全員高喊建設神政國家的口號，共同反抗不認同的羅馬。在各個都市裡一定都有猶太人居住區，可見他們的離散傾向相當強烈，居住在東方都市中的猶太人，雖然時而會與居住在同一都市中的希臘裔居民起衝突，但願意與羅馬帝國共存亡。另一方面，居住在猶太本國的猶太人，就強烈保有猶太教徒的純粹性。因為與其他文明接觸的愈少，就愈容易保持純粹性。或許正因為如此，反抗羅馬的舉動往往是從猶太本國，而且是從其中心地耶路撒冷挑起的。

西元一三一年秋天爆發的猶太叛亂，帶頭者有二名。分別是巴爾·科克巴（Bar Kokhba）與拉比·阿基巴（Rabbi Akiba）。前者自認為是救世主，負責叛亂的指揮工作。擔任猶太教堂祭司的後者，則強調這並不是單純的反抗，是一場聖戰，並在宗教面給予科克巴援助。所謂巴爾·科克巴，在希伯來語中係指「星之子」，因此他才會自許為救世主，而拉比·阿基巴便藉此向猶太人大聲疾呼「巴爾·科克巴正是猶太之王，是救世主」。

不只是猶太人，人類社會中不斷重複的現象之一是，激進派一旦形成一股氣勢後，溫和派就會銷聲匿跡。在耶路撒冷有不少溫和派人士，有的投靠激進派，有的隨家族遷往國外，瞬間失去了勢力。此外，西元一三一年當時，在耶路撒冷的羅馬兵力就只有小規模的分隊而已。駐紮在猶太的二個軍團中，有一個配置在北部的加利拉亞地方，另一個（第十軍團）在阿耶利斯·卡匹杜里諾基地完工前，有一部份暫時配置在南方，大部份都暫時配置在凱撒利亞。因此耶路撒冷很容易就成為巴爾·科克巴率領的激進派的天下。身處雅典的哈德良就在此時接獲緊急消息。

到了隔年，亦即西元一三二年，占領耶路撒冷的科克巴開始鑄造銀幣和銅幣。發行貨幣是宣布獨立最基本的象徵。貨幣的正面刻有「耶路撒冷」，反面則刻有「耶路撒冷解放第一年」的字樣。目前已挖掘出刻有「第二年」的貨幣。但是，在耶路撒冷內部，還是以羅馬貨幣較為流通。即使皇帝易主，但刻有發行當時皇帝側臉的貨幣依舊通用，此為羅馬帝國一貫的作法。因此，這個時期在耶路撒冷內流通的貨幣包括有維斯帕先、圖密善、涅爾瓦、圖拉真以及哈德良等皇帝的貨幣。科克巴並沒有將這些貨幣全數收回，也沒有將其熔解，重新鑄造成新貨幣，只是用鐵鎚將刻有皇帝側臉的那一面敲毀後再還給持有人。

這場叛亂一開始時雖然沒有嚴密計畫、沒有資金，也不知有多少兵力，但初期階段卻明顯成功。之後不斷有志願兵從海外居住地前來加入戰局，連武器也一起帶來。

猶太人調度武器的方法相當巧妙。由於羅馬的軍團基地與當地的兵器製造業者之間訂有武器採購契約。依據該契約，猶太人的製造業者將完成的兵器搬入基地內，但他們往往在製造階段故意讓兵器有瑕疵。因為羅馬軍絕不使用缺陷品，特別是在哈德良視察過後，只要有一點點瑕疵就會被退貨。於是這些製造業者便偷偷將這些缺陷品轉賣給科克巴。

羅馬軍的戰力之所以大幅減退，也要歸咎猶太商人。這些商人依據採購契約，將混有毒的葡萄酒賣到軍團基地中，雖然不至於中毒身亡，但也讓不少士兵病倒。

由於科克巴和商人聯手的結果，完全中斷了對猶太．巴勒斯坦一帶的羅馬軍的補給。甚至在此時還發生了地震，讓猶太人以為羅馬帝國就要崩潰。

接獲這些報告之後，哈德良便在敘利亞的安提阿研擬反擊策略。

首先，當然要發動駐紮在猶太的第六斐拉塔軍團與第十法雷坦西斯軍團。只不過，原本應有一萬二千名士兵的這二個軍團，因缺員不容易補足，再加上諸多病號，現在能夠使用的兵力只剩下一萬名左右。即使加上二個輔助騎兵大隊和四個步兵大隊，也只有一萬四千名左右。哈德良將這場反擊戰的指揮交託猶太行省總督盧夫斯擔任。

此外，北鄰的敘利亞行省，在接近猶太地區的拉法納耶（現在敘利亞的夏馬）有一個軍團基地，哈德良命令該基地出動第三加利卡軍團。此軍團的指揮也特別決定由敘利亞行省總督馬爾凱斯擔任。

哈德良亦命令東鄰的約旦出動駐紮在阿拉伯行省的第三昔蘭尼加軍團，此外再加上貝都因的二個輔助兵大隊。

另一方面，也由西南的埃及調派了一個軍團。另外再加上於敘利亞的大馬士革編制而成的一個輔助兵大隊。

此外，哈德良亦命令萊茵河、達其亞行省、多瑙河等前線出動分隊規模的兵力。此刻的羅馬軍和往常一樣，夾雜著羅馬人、高盧人、西班牙人、色雷斯人、希臘人、加拉太人、阿拉伯人以及沒有加入叛亂的猶太人，可說是多民族的混合軍。總人數已達四萬。

皇帝哈德良指派不列顛行省總督朱利斯．塞維爾斯擔任總指揮。由於早就命令他開始移動，哈德良很可能一開始就決定好這個人選。回想起上次猶太叛亂時，當時的尼祿皇帝拔擢了因征服不列顛而聲名大噪的維斯帕先為總司令官，哈德良可能是想學習尼祿皇帝的作法。若比起這兩人在羅馬軍內的地位，敘利亞行省總督馬爾凱斯的地位反而較高。

塞維爾斯雀屏中選的理由和尼祿當時的考量一樣。因為塞維爾斯曾經成功的戰勝過游擊戰法。一般人都會認為多雨的卡雷多尼亞（現在的蘇格蘭）的山野和乾燥的猶太沙漠應該是截然不同的地區，但蘇格蘭的森林，和沙漠中到處可見的岩洞卻有共通點。對不熟悉地形的人而言，森林深處只有當地人才知道的道路，和洞穴深處可通往另一個洞穴的道路，一樣都是迷宮。無論在卡雷多尼亞或是猶太．巴勒斯坦，通常都不會採用在平原上布陣的會戰方式，此為這二地的類似之處。

前線司令部一直等到遠從帝國最西北部趕赴帝國最東南部的塞維爾斯到達之後，才開始自安提阿移動到凱撒利亞。決定不上戰場的哈德良，便在凱撒利亞等候戰役結束。此時在前線司令部甚至看到了大馬士革出身的建築師「阿波羅多羅斯」衰老的身影，過去先帝圖拉真發動的戰役他可是從未缺席。他之所以出現在此地，是因為哈德良委託他改良耶路撒冷攻防戰中將使用的攻城兵器。在戰役正式展開的階段，哈德良已經在腦海中勾勒出戰爭結束的畫面。此次的猶太叛亂，也和西元七〇年當時一樣，耶路撒冷依舊面臨了淪陷的命運。

據說猶太北部的加利拉亞地方的叛亂很快就被平定。進軍到猶太中部的塞維爾斯，在此地突然改變戰法，改採將全軍分成小規模部隊的地毯式攻擊法。此戰略雖然較費時，但最後還是奏效。羅馬軍正式的反攻無論再快，應該都會拖到西元一三二年夏天以後，結果猶太戰役一直持續到一三三年底為止。

在這段期間裡，也發生了猶太叛亂中時常發生的現象。教條主義者的激進派之所以愈來愈激進只能說是宿命。愈是努力想達到純粹性，就愈會變得連一點點雜質都無法忍受。

無論是否因為接受哈德良的禁令才如此做，巴爾．科克巴不能容忍的是那些放棄割禮的猶太人。科克巴禁止未行割禮的男子進入耶路撒冷。亦即，行割禮是居住在耶路撒冷的前提條件。違反者將被處死。

猶太人之中有不少溫和派人士以水潑頭來替代割禮。但是，自許為救世主的科克巴以及支持割禮的阿基巴堅決反對此種替代方式。

以洗禮替代割禮的猶太人大都是基督教徒。因此自許為正統猶太教徒者便對基督教徒產生反彈。此外，基督教徒並不承認科克巴為救世主。對他們而言，唯一的救世主是耶穌基督。基於上述種種因素，科克巴與其追隨者對基督教徒的反彈甚至演變成物質上的消滅。

西元七〇年，耶路撒冷淪陷時，猶太教徒和基督教徒就已經呈現水火不容的狀態，但是，當時還沒有發展到決裂的地步。自西元一三二年開始，猶太教徒和基督教徒便產生了明顯的敵對意識。這種悲劇性的敵意甚至持續到二十世紀，而且是有增無減。

到了西元一三四年初，緩慢確實的布網，等待敵人上鉤的猶太戰役，就在耶路撒冷淪陷後宣告落幕。耶路撒冷和六十四年前一樣，到處可見熊熊大火，各項建設被破壞殆盡。

實際上，在長達二年的猶太戰役中，猶太地區的五十個要塞完全遭到破壞，九百八十五個村落全部被燒毀，五十萬名猶太人被殺死。至於俘虜，則以和家畜同等的價值被出售，有的甚至比家畜還廉價。賣剩下的俘虜則被當作勞工送回加薩(Gaza)，投入重建工程。

儘管如此，反抗的火苗並沒有完全熄滅。在耶路撒冷南邊的貝提爾又掀起了零星的火苗，而此地也在西元一三六年完全被毀滅。最後巴爾．科克巴戰死，被捕的拉比．阿基巴也在嚴苛的拷問之下死去。

貝提爾最後的抵抗，對羅馬人來說，已經不是什麼大問題了。西元一三四年，耶路撒冷淪陷後，羅馬人認為猶太戰役已經結束。皇帝哈德良寫了一封親筆信函給位在羅馬的元老院，向他們報告戰爭結束的消息。但是，這封宣告勝利的信函，卻看起來沒什麼精神。「你們和你們的孩子都還健在真令人高興。在此向各位報告，我和我的士兵們也維持著良好的狀態。」

有不少研究學者們猜測，羅馬軍在此次戰役中可能死傷慘重，但卻沒有史料可以佐證。反觀猶太的史料，除了讚揚巴爾．科克巴是偉大的英雄之外，當貝提爾最後反抗的火苗熄滅那一天——西元一三六年九月二十六日，碰巧和西元七〇年耶路撒冷淪陷的日子是在同一天，因此史料中也感嘆著這是猶太民族悲哀的宿命，另一方面，也提到利用摻毒的葡萄酒讓許多羅馬兵病倒的事實，不過就是沒有提到羅馬一方到底有多少損失。我猜想此時的哈德良應該很疲倦了。他也已經五十八歲。而且從二年半前就不再前往各區視察，一直待在前線司令部中。

「離散」(Diaspora)

不過，哈德良雖然將戰役的指揮工作全權委託給身經百戰的將官，但耶路撒冷淪陷後的戰後處置工作卻不假他人之手。

猶太已經不再是猶太，正式的名稱已改成巴勒斯坦。

耶路撒冷的名稱也已經消失，改名為阿耶利斯·卡匹杜里諾。耶路撒冷市的重建也依據羅馬的都市計畫展開。在此讓人不禁莞爾的是，現代耶路撒冷市的街道設計完全保留著猶太民族最大的敵人哈德良的建設風格。羅馬人建設的都市中央大道一向是從北貫通到南。而現代耶路撒冷以大馬士革為起點的中央大道也是從北貫通到南。除此之外，耶路撒冷到處都留有哈德良的影子。一直都是猶太教徒聖地的耶路撒冷，現在的街道設計竟然是出自為根絕猶太叛亂而採取最激進手段的男人之手，這實在是歷史上的一大諷刺。

所謂最激進手段係指，西元一三四年猶太叛亂結束後，哈德良下令全面放逐耶路撒冷的猶太教徒，造成猶太人的「離散」。

如同“Diaspora”這個字代表的「種子的散布」的意義所示，這個字也不是只有負面的意義而已。猶太人和希臘人很類似，自古以來就有強烈的“Diaspora”傾向。只要哪裡有利可圖，就遷到哪裡居住，然後在當地創造屬於自己的社區。因為他們即使移居到其他民族建設的地區，也不會跟當地的人融合在一起。但是，此種移居是自發性的，並非強制性的「離散」。

說起強制性的“Diaspora”，西元前七〇〇年亞述的移居為最引人注目的案例。其次，在西元前六〇〇年前後，也發生了巴比倫的強制移居事件，這些人在歷史上被稱為「巴比倫之囚」。如果再追溯到更早以前，摩西(Moses)曾率領在埃及被當成奴隸的猶太人返回祖國。

自此以後就沒再發生過強制性的「離散」事件，而哈德良決心採取這個方法。只不過，這次和亞述、巴比倫以確保優秀密集的勞動力為目的而發動的離散並不相同。哈德良所進行的「離散」，並沒有指定「離散」的目的地，他只是禁止猶太人繼續住在耶路撒冷而已，之後隨個人喜好，要去哪兒，要投靠誰都可以。此外，並非所有的猶太人都是離散的對象，他只放逐猶太教徒，禁止他們居住在耶路撒冷。因為耶路撒冷經常成為反抗羅馬的火種。

哈德良的禁令並不適用於居住在耶路撒冷以外的猶太地區（也就是改名後的巴勒斯坦）的猶太教徒。此外，居住在帝國首都羅馬等海外各都市的猶太教徒也排除在對象之外。哈德良奉行奧古斯都之後的皇帝一貫的對策，亦即只要不反抗羅馬帝國的統治，就不會受到懲罰。但是，居住在耶路撒冷以外地區的猶太教徒，如果反抗羅馬，將立即受到「離散」的處置，這點是他們已經銘記在心的事。因為在哈德良治世的初期，對於發動叛亂、屠殺原住民的塞浦路斯的猶太人，曾下令禁止他們繼續居住在塞浦路斯。

如上所述，猶太人失去了祖國。這項「離散」處置自從西元一三五年在元老院通過並正式生效之後，一直持續到二十世紀中葉以色列建國為止。不過，占據哈德良心中的一塊大石塊總算落地。自此以後，就再也看不到猶太教徒大規模的反抗行動了。

既然在羅馬史上已經沒有必要再提起猶太民族，那麼回顧一下過去這一段歷史，或許有助於理解羅馬人和猶太人的關係。

羅馬人和猶太人

西元前六十三年，正積極征服東方的龐培，是最早與猶太人正式接觸的羅馬人。當時處於內亂狀態的猶太，進而求助於當時在地中海英名遠播的這位羅馬武將為他們調停內亂。龐培要求猶太人重新檢討政教合一的政治制度。

羅馬的宗教並沒有教典。因此，也沒有專業的祭司階級。所謂祭司，係指將教典（或是《聖經》）簡明易懂的解釋給一般信眾聽，這是他們的存在理由。猶太教是教典主導的宗教。因此，祭司階級的權力相當大，他們認為凡事必須依循政治和教典進行。另一方面，羅馬沒有教典，因此也沒有祭司階級，所以自然採行政教分離的制度。

猶太人理所當然拒絕了身為羅馬人的龐培提出的政教分離要求。這位羅馬的武將認為只有循武力解決一途，便率領大軍挺進耶路撒冷。在三個月的攻防戰之下，猶太終於向羅馬霸權屈服。但是此時，龐培只有下令破壞耶路撒冷的城壁而已，猶太雖然已列入敘利亞行省總督的管轄之內，但羅馬還是讓它維持自治的狀態。

到了西元前四十七年，在與龐培及其黨羽的抗爭中勝出而成為羅馬世界最高權力者的朱利斯·凱撒，於征服埃及的回程中順便造訪猶太。雖然在前一年停留亞歷山大時，凱撒承認猶太人也和希臘人在經濟面上享有同等權利，但在政治面上，凱撒卻和龐培的想法不同。

凱撒接受猶太人的請願，讓猶太教的最高祭司長恢復回猶太政府之首長。他認可猶太政教合一的作法，但前提條件是不得反抗羅馬，這可說是一項寬容政策。據說在三年之後，當凱撒遭到布魯圖斯一派暗殺時，有不少猶太人流下悲傷的眼淚。

我常常在想，以凱撒描繪的藍圖為基礎而創建羅馬帝國的奧古斯都，如果也承襲凱撒的猶太對策的話，之後羅馬與猶太的關係應該會朝著不同方向前進吧！

以龐培為首的羅馬元老院和凱撒之所以產生激烈衝突，主要是因為對廣大羅馬帝國的統治法持不同意見。元老院派認為國家應由三百名（進入帝政時代後增加為六百名）元老院議員，亦即社會的菁英來統治。這就是政治史上稱作寡頭政治的制度。另一方面，凱撒則與這些元老院體制堅持派起正面衝突。其理由有三，第一，正因為必須在三百人之中達成協議，所以會降低統治面的效率。第二，由於元老院階級的僵硬化無可避免，因此會失去階級間的流動性。第三，羅馬帝國如果不能成為連敗者都予以同化的生命共同體，則無法產生機能，為了維持帝國的發展，不適合將領導階層固定化。

如果龐培、西塞羅、布魯圖斯主導的元老院共和派獲得勝利，則羅馬就會一直是共和國，同時像後代的英國和法國一樣，成為由本國支配殖民地型的帝國。然而，最後贏得勝利的卻是凱撒。自此以後，羅馬無論是本國或是行省都達到一體化，成為生命共同體，踏上普遍帝國之路。

成為普遍帝國的羅馬，站在凱撒藍圖的觀點上來看，其特徵如下所示。

被羅馬征服前的西方，並不存在統一的國家，為數眾多的部族林立，持續著相互抗爭的狀態。征服這些部族的羅馬，認可被征服者群居的集落和其周邊為「地方政府」，並給予其內部自治權。此外，還給予部族長及其親族羅馬公民權，這同時也是世襲權，並將他們編入帝國體制內。同時為了讓身為羅馬公民的軍團兵在退役之後有落腳處，也在各個重要地段建設「殖民都市」。當時的高速公路「羅馬街道」像網眼一樣鋪設得密密麻麻，將當地人居住的「地方政府」和羅馬人居住的「殖民都市」結合起來。亦即羅馬在帝國西方的支配「核心」為「地方政府」和「殖民都市」。

另一方面，帝國東方在被羅馬征服前的歷史就不一樣了。從希臘往東，「都市國家」和「王國」的歷史較為悠久。羅馬人行事巧妙，往往不同場合會有不同作法，因而將東方支配的「核心」放在「都市國家」和「王國」上。以退役士兵進駐的潛在的防禦基地「殖民都市」，並沒有在東方建設太多。這是因為承繼都市國家傳統的希臘系都市，對羅馬的霸權都採取配合協助的態度。原因是除了在都市之內，它們可以確保完全的自治外，與鄰近都市產生糾紛時也會得到羅馬人的調停，甚至不用擔心外敵入侵，因此羅馬的支配對希臘人而言，當然不會有什麼問題。至於習慣中央集權的王權地區，羅馬採取的對策是將既存的王國當作羅馬的同盟者，將它們編入霸權之下。當然，在帝國東方也鋪設了帝國的動脈——羅馬街道網。

如上所述，中央集權與地方分權共生正是羅馬帝國的特色，也因為如此，才有可能容許猶太一帶特異的統治形體繼續留存下來，這應該就是最早將羅馬帝國廣大的版圖明確勾勒在腦海中的凱撒的想法吧！

當然，位於「普遍」一角的「特殊」的確是異端份子。猶太人擁有選民思想，是不承認其他神的一神教徒，對此他們相當具有自信。《猶太戰記》的作者約瑟夫．弗拉維斯為猶太民族辯護而寫了一本 *Against Apion*，在此書中曾提到以下描述。

「律法中亦有記載，歡迎願意與猶太人遵循相同律法生活的其他民族，但若只是想要共享生活上的便利，卻不共循律法的其他民族，則應予拒絕。」

當代的歷史學家塔西圖斯對這段描述的看法如下：

「猶太教徒對於與自己生活方式不同的人，縱然沒有表現在外，但內心經常充滿著激烈的憎惡。」

塔西圖斯甚至斷言不承認其他宗教的猶太教並非宗教，只不過是一個迷信而已。

此外，即使在現實生活中，以神明不允許為由，拒絕擔任公職，也拒絕服兵役等義務，卻要求在經濟面上享有平等權利的猶太人，對共同體的其他成員來說，是無法容忍的。特別是那些將荒蕪之地建設為繁華都市、發現航路、駕駛船隻行走在航路上的希臘裔居民，對於那些偷偷住進這個建設完成的都市中，不但不努力發掘航路，而且絕不前進至危險海域，只會拍賣船隻運來的貨物以獲取利益的猶太裔居民，根本不可能擁有好感。帝國東方的騷亂，幾乎可說都是希臘裔和猶太裔居民間挑起的。而羅馬就如同克勞狄斯皇帝的〈給亞歷山大居民的信〉中所示，必須不斷出面為這兩個民族調停紛爭。

然而，努力為霸權下的人民調停是霸權者的責任與義務之一。因此，羅馬在這方面從不懈怠。不過，希臘、羅馬人和猶太人對自由的概念也有不同的看法。

如果你認為在自由之中也有選擇的自由的話，那你就和希臘、羅馬人持有相同的自由概念。對於猶太教徒和近代基督教徒而言的自由，並不包括選擇的自由。首先，依據神的教誨來建設國家對他們來說就是自由。在不被認可此項自由的狀態下，就算可以免除公職和兵役義務，或是可以在星期六、日休息，但對這群人來說，這當然不算是自由。

如果這就是猶太民族的話，那麼只要全面接受這種特殊性，亦即認同他們的請願，允許他們在巴勒斯坦建設政教合一的猶太教國家，不就沒問題了嗎？幸運的是，懷抱選民思想的猶太人，不太有意願將自己的生存方式也推展到其他民族。這是因為一旦教徒增加，被神所選上的可貴性就薄弱了。此外，我們也不曾聽說過猶太教的傳教活動。既然如此，讓祭司階級統治的國家存在於帝國一角應該也在容許範圍之內吧！倘若猶太人就此滿足而穩健發展的話，對帝國統治不是再好也不過嗎？因為居住在帝國東方各都市中的猶太人，遺憾在本國猶太無法達成「自由」，所以才會引發諸多問題。

此外，對於凱撒將猶太人的經濟權利提升到與希臘人同等地位的政策，也有回顧的必要。由於猶太人的生活方式完全依歸宗教，因此對猶太人而言，將羅馬帝國與極易孤立的猶太社會連結起來的「血管」便是經濟活動。凱撒希望避免猶太民族孤立並非基於人道上的理由。只不過是因為孤立是激進化的溫床。

然而，於凱撒之後即位的奧古斯都，雖然在其他方面完全承襲凱撒的理念，但唯獨對猶太問題沒有深入體認到凱撒的想法。奧古斯都雖然是一位罕見的「政治人物」，但卻無法真正描繪出戰略性的藍圖。不過，正因為奧古斯都身為「政治人物」有許多凌駕凱撒之處，所以他認為應該由同樣是猶太人的希律 (Herod) 王來治理猶太，也就是採取間接統治方式。將猶太交由希律治理其實還有另一項優點。雖然希律是一位專制君主，但他絕不允許最高祭司長以下的祭司階級插手政治。只要希律繼續統治猶太，即可實現政教分離的理想。奧古斯都也一樣受到西方傳統想法的束縛，認為統治就該政教分離。

不過，奧古斯都對猶太問題的處理方式卻決定了日後羅馬帝國的猶太對策。在希律王死後，奧古斯都依舊拒絕猶太人希望恢復神聖統治的要求，由羅馬派遣長官至當地進行間接統治。但相對的，也給猶太人相當大的自由。甚至認可殺人以外的司法權，而且還讓七十名長老組成議會並給予援助。

對奧古斯都而言，應該已經給猶太人充分的自由了。但是，猶太人卻還是認為沒有得到「自由」，這實在是個不幸的誤解。

研究羅馬與猶太問題的學者大分有二種。一種是努力探尋猶太是如何忍受羅馬欺壓的實證。另一種是努力探尋羅馬一面忍受猶太，一面對他們採取寬大政策的實證。但是，我認為這些都是白費力氣的作法。因為無論猶太人如何強調自己受到羅馬的欺壓，都不會得到羅馬人的理解，相對的，無論羅馬人如何強調自己一面忍耐，一面對他們寬容，猶太人還是會一直對羅馬要求「還我自由」。

尤其是在奧古斯都之後即位的臺伯留皇帝，對猶太人施以各種無微不至的關照，讓人深切感受到一開始走錯路讓善意白白浪費。如同歷史學家塔西圖斯所寫，「在臺伯留的治世下，猶太充滿和平」，這是千真萬確的事。但是，或許是皇帝的作法讓身為臣子的長官認為絕對不能夠刺激猶太人，因此甚至發生了即使違反羅馬法都要處死耶穌基督（自稱為救世主的猶太年輕人）的事件。因為強烈希望處死耶穌基督之人，就是在耶路撒冷掌握實權，對社會擁有強大影響力的祭司階級。

但是，當初擔任希臘人與猶太人之間調停者的羅馬人，隨著時代的經過也開始有了改變。這或許是猶太人對羅馬的態度愈來愈強硬所導致的結果。即使如此，羅馬除了在卡利古拉皇帝末期發生的事故（詳述於第VII冊中）之外，下一任皇帝克勞狄斯也嘗試著讓猶太人來統治猶太，繼續採取寬容路線。但是，這反而增加了猶太人對羅馬的憎惡，漸漸的，羅馬人開始對猶太人感到不耐煩。派遣到猶太的長官們便開始採取嚴苛的統治方式。其結果，在尼祿皇帝末期爆發了大規模的叛亂。自從凱撒死後，經過了一百一十年，如今走到這個地步，羅馬再也無法允許猶太人建立政教合一的國家，而且絕不對此點讓步。而猶太人對於堅持他們認定的自由才是「自由」的態度也沒有改變。西元前一世紀，羅馬以霸權者的身份登場時，曾因為替猶太人趕走過去的支配者希臘人而博得猶太人的好感，但到了西元後一世紀，這種好感卻完全轉為敵意。

維斯帕先與兒子提圖斯之後都當上羅馬的皇帝，這兩人對猶太叛亂展開的鎮壓，雖然遇上尼祿皇帝之死與其後的內戰而中斷了一年半，但迫使羅馬必須展開一場戰役，這場戰役於西元六十六年夏天爆發，一直到西元七〇年秋天耶路撒冷淪陷才落幕。至於戰役的經過已於第Ⅷ冊中詳述，此處不再贅述，但在這場戰役前後，猶太的局勢產生激烈的變化。

第一，耶路撒冷內的自治機構「七十人長老議會」宣告解散。

第二，過去沒有常駐任何中隊的耶路撒冷，之後決定常駐一個軍團，而且不再認可內部的自治，成為直轄統治。

第三，過去無論居住在本國猶太，或是海外猶太居住區的猶太教徒都有義務捐獻二德拉克馬（Drachma，希臘貨幣名）給耶路撒冷的大神殿，而維斯帕先皇帝將此捐贈對象改為羅馬的朱比特神殿。維斯帕先皇帝只不過是希望藉由斷絕猶太祭司階級的經濟來源，來削減猶太反抗羅馬的實力。但是，這對猶太教徒而言，不但是莫大的屈辱，同時也是對他們敬愛之神的褻瀆。

希臘貨幣德拉克馬和羅馬貨幣狄納利斯銀幣擁有同等價值。如果研究學者的說法正確的話，每人二德拉克馬就等於二狄納利斯銀幣。維斯帕先時代的軍團兵年薪為二百二十五狄納利斯銀幣，換句話說，這項捐獻相當於士兵年薪的一百一十二分之一。由於十年後圖密善皇帝將軍團兵年薪提升到三百狄納利斯銀幣，如果和西元八十四年之後的薪資水準相比的話，這只不過是士兵薪水的一百五十分之一而已。任何人在購物時都會繳納的營業稅（或是消費稅）之稅率為百分之一。只要不是太窮的猶太人都負擔的起這個金額。但問題並不在於金額。

摩西「十戒」中的第一「戒」便是猶太之神以外者不得為神。對於必須遵行此戒的猶太教徒而言，就算金額不大，但捐獻對象為朱比特神殿本身就已經違反了猶太之神制定的法律。

只有猶太教徒被規定必須向羅馬卡匹杜里諾丘上的朱比特神殿捐獻，這筆捐獻款項稱作「猶太人稅」，而這個稱呼是因為受到猶太人歡迎才定型的。猶太人認為每年繳納的二德拉克馬並非捐獻給朱比特神殿，而是因為自己是猶太人才會被課徵此稅。站在猶太人的立場來看，這也是理所當然的心情。但同時也是羅馬人和猶太人之間產生的文化摩擦。

儘管如此，以塔西圖斯的口吻來說的話，就是「從維斯帕先、提圖斯、圖密善、涅爾瓦，一直到圖拉真治世的末期，猶太一直維持著和平」。但是，這只不過是在心中不斷燃燒怨恨的「和平」而已。

對猶太人一直都採取理性態度的圖拉真皇帝，在猶太人的眼中，並不是個令人討厭的皇帝。既然如此，猶太人卻在圖拉真專心於帕提亞戰役時趁虛而入，在西元一一五年爆發叛亂，令羅馬人相當震怒。羅馬人十分厭惡他人違反誓約或是趁人之危。而且據羅馬一方得到的消息指出，猶太人與敵人帕提亞共謀造反，這點很顯然是賣國行為。此時的叛亂最大的特色是，不只是在猶太本國內，也擴展到塞浦路斯、昔蘭尼加等海外的猶太居住地，正因為如此，才讓羅馬不得不使出非常手段。在圖拉真之後即位的哈德良，當務之急便是先將叛亂平定。

哈德良或許認為在此時點就算是暫時的也好，應該可以重新恢復「和平」，然後再消除潛藏在地底下的岩漿，使猶太達到恆久的平靜。從羅馬和猶太的關係可能往另一個方向發展的凱撒時代開始，已過了一百七十年。此時羅馬採取的猶太對策，目的只在於維持帝國內的秩序。除此之外，哈德良還能做什麼呢？因此，他才會不惜採取禁止割禮以及建設阿耶利斯·卡匹杜里諾這種激烈手段，來挑釁猶太教徒，然後趁著猶太教徒反彈的機會給予他們懲罰，藉此將猶太教徒全部趕出耶路撒冷，並採取「離散」的作法。

有的研究學者指責哈德良如此削減猶太教徒勢力的作法，反而會助長基督教徒的猖狂。但是，哈德良打壓的是反抗羅馬統治的猶太教徒而已，並沒有將順從羅馬統治的猶太教徒列入打壓對象中。與反抗羅馬的激進派猶太教徒劃清界線的正是當時的基督教徒。這些基督教徒並沒有反抗羅馬的統治，因此他們才能夠一直居住在耶路撒冷。

不過，無論猶太人是否反抗羅馬的統治，哈德良對猶太教徒一向都是很冷淡的，這點倒是個事實。哈德良討厭猶太人那種唯我獨行，只尊敬唯一神明的生活方式，他覺得這是不懂人性的傲慢。而且他們輕蔑憎惡信仰其他神明之人，還辯稱這是因為太愛自己的神明才會有的現象，哈德良對此種怪癖實在無法認同。只要是希臘、羅馬之子都會與哈德良有同感。因為希臘哲學的基本並非安於某種教義，反而是要經常抱持著懷疑的態度。如果此時的基督教徒與猶太教徒一同起來反抗羅馬，哈德良鐵定會毫不猶豫的對他們進行打壓。

西元一三四年春天，皇帝哈德良親眼確認耶路撒冷已淪陷後，便從凱撒利亞行海路，途中沒有繞行至別處，直接返回羅馬。哈德良離開首都已經有六年，這次回國想必是認為該做的事已全部做完了吧！此時正值哈德良治世第十七個年頭。

餘生

西元一三四年五月底，哈德良確定待在首都羅馬，因此他應該是在一三四年的年初指示完戰後處置的相關事項後，便啟程返回首都。睽違六年後總算又回到首都的皇帝，雖然得到元老院同意可以舉行凱旋式來歡迎他，但他卻婉拒了元老院的美意。他將此名譽讓給猶太戰役中一直在前線指揮的總司令官塞維爾斯。雖然如此，但元老院不允許塞維爾斯接受和最高司令官哈德良一樣的凱旋式。因此這場凱旋式中，塞維爾斯並非坐在四匹白馬拉曳的戰車上，而是騎在白馬上。進入帝政時代後的羅馬，只允許羅馬全軍的最高司令官皇帝才可以坐在四匹白馬拉曳的戰車上接受凱旋式，因此軍隊的司令官只能享有共和政治時代的簡略凱旋式的權利。而塞維爾斯一直等到二年後貝提爾淪陷，將最後的野火撲滅後才返回首都接受凱旋式。在這段期間，元老院通過了皇帝提出的要求，亦即將猶太教徒全面趕出耶路撒冷。自此，猶太人的「離散」正式成為羅馬帝國的政策。然而，皇帝卻沒有提及他對猶太教徒百般侮辱，還禁止他們實行割禮的事。

哈德良返國後，元老院議員大都認為這個六年不見的皇帝好像變了。其實哈德良就像之後《皇帝傳》的作者所評論的一般，沒有真正了解他的人都會認為他的個性相當複雜難懂。有時覺得他很嚴格，有時又覺得他很友善；有時覺得他很親切，有時又覺得他很難伺候；有時覺得他沉溺在享樂中，有時卻又徹底禁欲；有時覺得他很吝嗇，有時卻又很大方；有時覺得他很不誠實，有時卻又表現出無上的誠實；有時覺得他看起來很殘酷無情，有時卻突然表現出無限的寬容心。就在第二次大旅行結束，猶太問題解決後，亦即羅馬社會由「壯年期」(Virilitas) 進入「老年期」(Senilis) 的年代，他那「一貫地保持著不一貫性」的個性已改變為「凡事皆一貫」了。他變得很嚴格、很難伺候、為了私人喜好從不吝惜花費，而且既不誠實又冷酷、凡事絕不寬貸。也就是說，在一般人的眼中盡是缺點的個性，他保持著一貫性。

大多數的研究學者都認為哈德良個性的轉變和他年事已高有關。缺乏耐心確實是老人的特徵之一。但哈德良從最後返回羅馬的西元一三四年一直到一三八年，也不過是在他五十八歲到六十二歲的時候。從幼兒死亡率居高不下的情況來推論，古代的平均年齡應該很低，所以沒有人到了七八十歲身體還很健朗的。

羅馬時代的史學家們認為哈德良的變化應該和龍體欠安有關。在《皇帝傳》中曾提到以下這一段話。

「在帝國全區視察時多半是在豪雨和酷暑之下，因而損害了健康，讓皇帝不得不躺在病床上。」

返國後的哈德良，也不是就這樣臥病在床度過最後四年，然後與世長辭。他還是將公務處理得很好，沒有招致非議，甚至也將不少時間放在他的興趣上。然而，體力的衰減是遮掩不住的，而且只會愈來愈衰退。

年輕時就對自己的健康充滿自信，任何粗重工作都能夠忍耐的哈德良，現在已無法自由行動，相信他一定對此相當氣憤吧！總之，此時期的哈德良是在對自己的身體生氣。這與奧古斯都年邁時隱瞞自己病弱身子的作法明顯不同。

但是，我認為哈德良的「變化」除了年齡和疾病之外，應該還有另一項原因。這或許和他想做的事已全部完成有很大的關係。工作已全部結束的人，就會面臨精神面的放鬆，他原本是用緊張感來控制以自我為中心的個性，結果現在這種緊張感已完全消失。

哈德良在專心履行皇帝責任義務的時期，對於維持權力的必要性相當敏感。因為權力是達成義務不可或缺的基礎。為了維持權力，他時常提醒自己不能忘記做好自我控制。換句話說，這是他對自己的要求。但是，既然責任義務已全部達成，就沒有必要再花心思去維持權力，也沒有必要在乎元老院和民眾的批評。我們千萬不能忘記哈德良是重視功績勝過外界評價的領袖。相對的，如果是重視外界評價勝過功績的領導者，將一輩子注意小節，謹言慎行的度日。

由以下二則軼聞可看出哈德良已經變得不太在乎他人的眼光。

由各種蛛絲馬跡來看，這則軼聞應該是發生在古羅馬圓形劇場。如果是在這裡，當時正在舉行的應該是鬥劍士競技。此項競技是羅馬人最狂熱的二項表演節目之一，那一天的古羅馬圓形劇場也和往常一樣，淹沒在超過五萬名觀眾的歡呼聲之中。受不了人聲嘈雜的哈德良立刻將守在他身後的傳令官喚了過來，命令他叫觀眾肅靜。傳令官心想，若照皇帝的指示去做，勢必招致觀眾對皇帝的反感，因此傳令官前進到貴賓席前，對著觀眾大大伸起雙手。觀眾見狀，以為皇帝要傳達什麼訊息，於是全都靜下來準備聆聽皇帝的話。此時傳令官對著觀眾大叫，「這就是皇帝的要求」。

結果引發觀眾一陣爆笑。哈德良此時才注意到自己的命令有多麼欠缺考慮，急忙向傳令官道謝。

另一則軼聞是發生在稱為「奇爾克斯．馬克西姆斯」的大競技場上。這裡的規模不是古羅馬圓形劇場可以比擬的。朱利斯．凱撒重新改造之後，可容納十五萬名觀眾，之後經過圖密善、圖拉真的改造，規模已大到可容納二十五萬名觀眾，即使到了二千年後的現代也沒有出現同等規模的競技場。在這個「大競技場」中最受歡迎的競技莫過於四馬戰車的競走。由於必須維持多數的競走馬、戰車和騎士，因此經費相當可觀，而且還組織類似現代「一級方程式」(Formula

馬賽克（鑲嵌工藝品）上留下的騎士英姿

One）的隊伍，讓這些隊伍互相競爭。主要有四隊，以白、紅、藍、綠四色來區分。因為要駕馭四匹馬，騎士被要求必須熟練，所以大都是挖掘擅長駕馭馬匹的少年，或者是購買適當的奴隸，加以訓練成專業騎士。四馬戰車競走中的每一隊，都是完美的營業組織。

競走方式是繞行廣大跑道七周，然後看哪一隊先到達終點。一天之內重複比賽多次，而在那一天，只有一位騎士連續獲勝到底。

觀眾頓時陷入一片瘋狂。觀眾的叫喊聲如波浪般，朝著貴賓席的哈德良傳了過來。他們希望哈德良買下這位騎士的自由，讓他從奴隸的身份中解放，因而連聲呼喊著「自由」。

在大競技場上，無論傳令官如何拉開嗓音制止都沒有用。或許那天的傳令官並不像在古羅馬圓形劇場時那樣機靈。於是皇帝要傳令官將他的話寫在告示牌上繞行場內一周。上面密密麻麻的寫了以下這些字句。

「各位並沒有權利要求解放沒有所有權的奴隸，也沒有權利要求我做出這種違法的事。」

偌大的競技場的觀眾席上突然之間流過一陣沉默的冷流。哈德良的回答並沒有錯。但是，觀眾們一定會認為，哈德良皇帝不必如此不通人情。若是以前的哈德良一定不會這樣辜負觀眾的希望。

四馬戰車競走的明星騎士和鬥劍士一樣，並不一定都是奴隸，也有許多自由的羅馬公民受到高收入的吸引，而選擇這項危險的職業。即使哈德良拿出私房錢買下他的自由，這位騎士應該還是會繼續從事騎士的職業，如此一來，主人也不用擔心失去優秀騎士。特別是如此優秀的明星騎士，主人應該會支付他薪水。正因為羅馬人也讓奴隸有賺錢的機會，所以在羅馬一直存在著「解放奴隸」這種階級，他們可以用自己的錢換取自由。在當天，不只是那位明星騎士，觀眾也感到十分滿足，一切都將以歡喜收場時，卻被哈德良狠狠潑了一盆冷水。哈德良實在是個不容易伺候的怪人。

凡事不好相處的哈德良，唯一追求心靈平靜之處便是建設在提弗里的「哈德良別邸」。以義大利語來唸的話，就是“Villa Adriana”，省略了H的發音。

“Villa Adriana”是匯集了皇帝哈德良各種回憶的場所。所謂回憶，就是希望回想起的事，因此，這裡並非網羅了哈德良所有親眼目睹、親自涉足的視察地的一切。最明顯的就是，在不列顛建設的「哈德良長城」就沒有列入提弗里別邸的「回憶」之列。他在別邸中收集的是，亞里士多德 (Aristotle) 創設的有名的雅典高等教育機構“Lykeion”、雅典市的市議會“Pritaneion”

"Villa Adriana" 的一角（復原模型）

以及充滿異國風味的埃及老人星(Canopus)。當然並不是直接將這些建築物搬過來，而是將這些建築物及其座落的場所帶給他的印象，以一種象徵的形式移到這裡來。研究學者一直想弄清楚這些象徵所代表的意義，但真正的意義恐怕也只有哈德良才知道吧！這座別邸的複雜結構和當時羅馬式別邸不同，真的很符合哈德良「複雜的個性」。

哈德良在各個視察地購買的諸多美術品應該有陸續送達此地。這些美術品雖然大都是希臘盛期的雕像仿造品，但技術水準之高足以讓人屏息。他可能是在不斷製造原像仿造品的希臘買到這些作品，也有可能是一發掘到優秀的雕刻家就立即送往羅馬製造這些作品。無論如何，我們可由這些作品中感受到哈德良優異的美術觀。

和羅馬一般的別邸不同的是，這裡看不

到祖先的肖像。回想起來，這位行省出身皇帝的特色之一便是——沒有一位創造過羅馬史的祖先。

此外，羅馬的菁英們很喜歡在自己的別邸中放置希臘哲學家、詩人及悲劇作家的肖像，這在哈德良的別邸中也幾乎看不到。相對的，他倒是放了不少裸體、著衣的男女雕像。

希臘人相信沒有比人類的胴體還美的事物，因此，只有神才有特權以最能夠展現出胴體之美的裸體姿態呈現在世人眼前。如果一般人想表現裸體之美的話，可以將吊有箭筒的皮帶從右肩掛到左邊腋下，就變成了阿波羅，如果手上再拿一串葡萄的話，就變成了戴奧尼索斯（酒神，拉丁語為「巴克斯」），可利用這些方法將自己扮成神。承繼這種想法的就是羅馬人。因此，羅馬的皇帝如果也呈現出裸體姿態的話，表示這是此人死後被神格化以後的作品。幾乎看不到歷史偉人的雕像是哈德良珍藏藝術品的特色，所以也不可能看到裸體姿態的皇帝像，除了希臘神以外，就只有安提諾的雕像展現出年輕美麗的裸體姿態。

不只是安提諾，阿波羅和戴奧尼索斯的雕像也給人一種強烈的「官能」感，缺少了點「智慧」感。無論是希臘盛期的雕刻家費德阿斯和普拉克西德的阿波羅像，或者是希臘時代亞歷山大大帝的雕像，如果可以將這些哈德良時代的完美仿造品放在身旁的話，都比和那些喜歡擅自行動，嘴上常常掛著愚蠢話語的年輕人一同生活還要快樂。在哈德良的別邸中，即使是只置有多色大理石模樣的美床和幾件必要家具的室內，以及充滿從鄰近河川汲來之清水的池畔，都擺放著美麗無言的雕像。只有這座別邸的主人無法腳步輕盈的在其間逍遙遊走。如果沒有僕從攙扶，他根本無法走下庭園的階梯，也難怪哈德良會心情不好了。他的體力的確在衰減中。更糟的是，當初為了因應皇帝長期不在而組織建置的「內閣」等帝國統治機構，即使現在皇帝生病，也能夠毫無問題的正常運作。也就是說，拜哈德良優越的組織能力之賜，現在六十歲的他，除了整天窩在別邸之外，已經沒有什麼事可以做了。

勞動分為二種，日常的勞動以及生涯的勞動。後者的缺點是，一旦完成之後，就沒有事可做了。哈德良目前唯一未完成的事，便是決定他的接班人。

繼任者問題

西元一三六年，哈德良返國就要滿二年，已跨過六十歲門檻的哈德良深知必須盡快決定出繼任者人選。體力的衰減是個不爭的事實，若再繼續拖延的話，恐怕會怠忽皇帝的職務。他和皇后莎比娜之間並沒有子嗣。他接納誰做養子，這個人就會是下一任皇帝。

由於這是眾所皆知的事，因此在元老院的有力人士之間，每次見面必會談起這個話題。但也不是每個人都擁有「王牌」。在這些人之中，確信擁有「王牌」而積極運作的便是哈德良的姊夫塞維安。

與哈德良唯一的姊姊多米提亞．帕莉娜結婚的這號人物，和圖拉真、哈德良一樣是西班牙出身的羅馬人。不過，以年齡來看，他比圖拉真年長八歲，比哈德良年長三十一歲。當圖拉真被涅爾瓦皇帝指名為繼任者，就任羅馬全軍最高司令官之後，他便擔任圖拉真的前任地「高地日耳曼」的總督。當涅爾瓦逝世，圖拉真當上皇帝後，他也曾以高地日耳曼總督的身份，率先協助沒有返回羅馬的新皇帝圖拉真，優先強化萊茵河防衛線。他應該也在圖拉真擔任總指揮的達其亞戰役中率領軍團參戰。不過，圖拉真發動的戰役中不可或缺的便是將軍，而他卻不具備當將軍的軍事長才，不過，也因為如此，他才得以在哈德良即位後整肅的將軍名單中逃過一劫。羅馬社會的菁英積極追求的「光榮資歷」中，其頂點可說是執政官一職，他曾在圖拉真時代當過二次，哈德良時代當過一次，總共擔任過三次執政官。再加上他是現任皇帝的姊夫，當然被視為元老院議員中的有力人士。但是，這樣的身份卻讓塞維安愈來愈囂張自大。

以哈德良的個性來看，他對家人應該很冷淡，也因此在歷史記錄中找不到他生母、姊姊的歿年。如果哈德良對家人有特別待遇的話，絕對不會逃過那些喜好軼聞的史學家的筆下。這個大哈德良三十歲以上的姊夫終究沒有掌握住哈德良的個性。而塞維安有個孫子，名叫佩達尼斯·佛斯克斯，當時正值十七、八歲，算是哈德良的外甥孫。

塞維安深信他的孫子應該是最接近皇帝寶座的人，但並不清楚實際的運作情形。他或許是利用元老院的有力人士，在議員之間散布擁立佛斯克斯的聲浪，一方面也在暗中祕密會商。不過，這些都傳到了哈德良的耳中。

哈德良極度討厭他人在背地裡偷偷進行策畫。因為他對自己的主導能力深具信心，所以最受不了他人在暗中密商想主導某事。姑且不論是否有暗殺皇帝的陰謀，但塞維安擅自策畫應該由皇帝主導的事，這就已經觸怒了哈德良。於是哈德良便派遣一隊近衛軍團到塞維安的宅邸，以謀殺皇帝的罪名，強迫祖孫兩人自殺。

元老院議員又被澆了一盆冷水。這位九十歲的老人和剛進行完成年禮的年輕人，就這樣被剝奪了打官司辯解的機會而遭到殺害。此外，在彙編羅馬法時，哈德良曾下令將叛國罪之告訴無效列入其中，結果皇帝卻違反了自己制定的法律。元老院議員此時又想起了哈德良剛上任時整肅四名重量級人物一事，不禁全身僵硬，直打哆嗦。

其實哈德良很早以前心中就有了繼任者的人選了。他似乎想要改變僵硬的元老院對策，一方面也希望沖淡殺害姊夫和外甥孫的陰影，因此特別對外公布繼任者的名字。也就是當時三十歲左右的凱歐尼斯．康莫德斯。因為被哈德良收為養子，而改名為阿耶利斯．凱撒。他出生於當時被稱為埃特里亞(Etruria)的托斯卡那(Toscana)地方，為本國義大利出身的羅馬人，而且娶了哈德良即位之後整肅的四人之一「尼古利努斯」的女兒為妻，並和妻子育有一名六歲的兒子。

對於這個人選，元老院的反應相當冷淡，這也是想當然耳的事。甚至還有議員認為是因為他臉蛋漂亮才會被哈德良選上。此外，也有的議員裝出一副什麼都知道的面孔，心想還不是因為他是哈德良在安提諾之前寵愛的對象。阿耶利斯有一雙藍色的眼睛，自二千年前開始，金髮碧眼就是美男子的條件之一，這或許有點可笑，但在羅馬時代，藍眼睛的確是美男子的條件之一。

但是，被哈德良收為養子，亦即確定為下一任皇帝的阿耶利斯，不只是個美男子，他舉手投足所散發出的氣質也遠遠超越其他年輕人。此外，他並不像元老院議員所批評的一般，是個軟弱無能之人。他喜歡優雅且充滿情趣的人或物，也擅於用精練的口吻進行演說，並具有充分的能力說服聽者。無法接受此人選的人們提出的理由是，因為他喜好奧維德 (Ovidius Naso) 和馬爾夏的文學。但是，較喜好充滿機智的奧維德和馬爾夏的文學，較不喜歡冗長的維吉爾 (Vergilius Maro) 和較莊重的霍雷斯 (Horatius Flaccus) 的文學，其實只不過是興趣的問題而已，除了文學之外，他也充分具備身為領導者的涵養。另一方面，他相當重視家庭。就我的推測，哈德良之所以推出這個人選，應該是想對自己為穩固權力基礎而整肅的那四人贖罪吧！阿耶利斯・凱撒如果當上皇帝，之後理當由他的兒子繼位。而當時只有六歲的這位少年，身體裡正流著被整肅的四人之一「尼古利努斯」的血。

阿耶利斯・凱撒

繼任者的人事並不像元老院指責的一般，只是哈德良一時興起、未經深思熟慮的計畫。在公開養子的同時，哈德良也賜予阿耶利斯「護民官特權」和「軍司令權」，這些都是皇帝的特權。另外還耗資三億塞斯泰契斯銅幣舉辦了鬥技和競走活動，與羅馬公民一同慶祝。此外，也發行了正面刻有阿耶利斯，反面刻有慈愛女神的銀幣。哈德良打從心底希望將自己犧牲健康致力重建的帝國交給阿耶利斯．凱撒。

不過，被哈德良認定為適當人才的這個年輕人，患了一種類似現代結核病的疾病。哈德良一向認為只有老人才會生病，對此種現象並不能理解，所以也沒有對他寄予同情。他以為年輕人只要好好鍛鍊身子應該就會恢復健康。

到了隔年，也就是西元一三七年，當選這一年執政官的阿耶利斯．凱撒被送往前線，因為哈德良認為他應該擁有指揮軍團的經驗。他被送往的前線並非已充分都市化的科隆、梅因茲或是保證生活舒適的安提阿，而是被派遣到旁諾尼亞行省的布達佩斯。布達佩斯已成為一般基地，而且是多瑙河前的最前線基地。無論地形或氣候都是羅馬軍團基地中條件最惡劣的一個。

這裡的基地生活對阿耶利斯的健康造成毀滅性的打擊。以冬天必須在羅馬度過為由，不到一年就返國的阿耶利斯，原本就很瘦弱的身子變得像幽靈一樣。就在隔年，亦即西元一三八年的一月一日召開的元老院會議席上，他必須對皇帝發表被指名為繼任者的感謝演說。不過，他卻在前一天晚上大量吐血身亡。

哈德良以一月一日是一年之始並不適合辦喪事為由，禁止服國喪。而且此時他又開始大動肝火，嘴裡唸唸有詞的表示「我居然把身子靠在就要崩潰的牆上」，然後愈想愈生氣，連粗鄙的話都罵了出來：「那三億塞斯泰契斯銅幣簡直就是浪費。」雖然如此，阿耶利斯在成為皇位繼承者後得到的稱號「凱撒」，儘管只冠上了一年多，哈德良還是下令給予適當的厚葬。讓他葬在不久前開始建設的新皇帝廟中，這可謂無上的榮譽。新皇帝廟是因為奧古斯都建設的皇帝廟已沒有多餘的空間，所以才開始建設的。這座「靈廟」(Mausoleum) 到了文藝復興時代，被改造為羅馬教廷的城塞，稱為「聖天使城」(Castel Sant' Angelo)，現在依然聳立在臺伯河的西岸。

阿耶利斯．凱撒死後，哈德良必須盡早決定替代人選。

其實哈德良早在十年以前就一直注意著一位少年。這位少年正是二代之後的皇帝馬庫斯．奧理略，他當時的名字是馬庫斯．安尼斯．威勒斯。正是出身於西班牙、深得哈德良的信賴，也曾擔任過二次執政官的馬庫斯．安尼斯的孫子。這位少年出生在羅馬，因為父親早死，便成為祖父的養子，直接在羅馬長大。他在六歲時已晉升「騎士階級」之列，八歲就被選為神官之一。如果沒有得到皇帝的推舉，絕對不可能有這樣的成就。在他當上皇帝後曾以希臘文撰寫《沉思錄》，他自少年時期開始就非常勤勉好學，特別醉心於希臘哲學中的斯多葛 (Stoa) 學派。皇帝哈德良為了捉弄這位喜好探究真實的少年，將他的姓「威勒斯」解釋為「喜好真實」，還為他取了個綽號「安尼斯．威利西姆斯」(喜好真實的安尼斯)。但是，喜好真實的安尼斯年僅十六歲。太過年輕的皇帝對四十歲才即位的哈德良來說，實在無法接受。

西元一三八年一月二十四日是哈德良六十二歲生日。已經不再邀請熟人知交舉行祝宴的哈德良，在這一天唯獨邀請了一個人物。接到邀請造訪提弗里別邸的就是安東尼奧。他的父親出生在高盧．拿波南西斯行省 (Gallia Narbonensis)，亦即現在的南法，他本身則是出生在羅馬近郊的拉努維奧，年齡五十二歲。當然在元老院擁有席次，而且也是「內閣」的熟面孔。也就是說，至全國各地視察的哈德良，特別指派幾名值得信賴的臣子留守在首都，其中一人便是安東尼奧。

哈德良對前來的安東尼奧表明希望收他為養子之意，但是有個附帶條件。他必須收即將十七歲、喜好哲學的安尼斯和死去的阿耶利斯．凱撒的遺孤盧西厄．威勒斯 (Lucius Verus) 為養子。當天安東尼奧只表示希望仔細考慮一下，之後就和皇帝一同慶祝六十二歲生日。

一個月後，安東尼奧再一次造訪提弗里，告訴皇帝他願意恭敬的接受這項請求。

哈德良立即對外發表這個消息。一則是皇帝已收安東尼奧為養子，二則是安東尼奧已收安尼斯和盧西厄二人為養子的消息。同時他發動了可以不經元老院通過，由皇帝一人決定的暫定措施法，修改了與養子相關的一項法律。因為過去的羅馬法規定養父與養子之間要有一定的年齡差距，但到底必須相差幾歲並不是很清楚。然而，哈德良與安東尼奧只相差十歲而已。

指名安東尼奧為繼任者得到元老院一致的好評。因為安東尼奧的人緣極佳。就這樣，哈德良總算完成了身為皇帝應盡的責任與義務。

死

雖然春意正濃，溫暖的天氣包圍著提弗里的「哈德良別邸」，但這裡的主人卻不是很高興。由於古人記載的病名不太可靠，所以哈德良到底罹患什麼疾病不得而知。只知道哈德良的病情一天比一天嚴重。現在即使有僕從攙扶著也走不動了，所以只能躺在僕從扛起的轎子上，倘佯在廣大美麗的庭園中。

羅馬的男人，特別是被公認為菁英的人，他們認為在身為人類的機能無法充分發揮，亦即年事已高精神恍惚之後，若還苟延殘喘的活著，則為一大恥辱。自我斷食以了斷生命的作法一點也不足為奇，而且周圍的人也都能夠理解，這就是羅馬領導階層一貫的作法。

在年老皇帝身邊的僕從中，有一位靜靜服侍著皇帝，而且相當機靈的年輕奴隸，深得哈德良的喜愛。某一天，皇帝突然將自己的短劍交給這個奴隸，指著自己的胸口，命令他將短劍刺入。這名年輕的奴隸驚愕萬分，一邊流淚一邊乞求皇帝，表示實在無法做到。哈德良相當失望，也就沒有再強求他了。

但是，擔心皇帝下次或許又會再提出同樣要求的奴隸，便向安東尼奧報告此事。嚇壞的安東尼奧急忙趕往提弗里，說服皇帝：「對於疾病這種無可避免的事應該拿出威嚴忍耐過去。」

這番話反而激怒了哈德良。想起自己的身體已經壞到必須被如此忠告的地步就滿肚子火，更氣那名向安東尼奧打小報告的奴隸，他大叫要處死這名奴隸，還不斷拿周圍的人出氣。結果安東尼奧擔心這名奴隸被遷怒，甚至將他藏起來。

之後，哈德良並沒有放棄了斷生命的念頭。每次一有這種念頭，安東尼奧就會趕往提弗里。與其說是說服，倒不如說是懇求。他表示「如果您這麼做的話，我將會成為殺父兇手」。接著便將哈德良的短劍藏了起來。

這麼一來，又讓哈德良怒不可遏。他曾經再三試著用短劍自殺，但居然連舉起短劍刺胸的體力都沒有，為此他相當痛苦難過。現在連短劍都被沒收，這種待遇不就和什麼都不懂的小孩一樣嗎？

在提弗里的別邸中，有一位御醫從哈德良的視察之旅開始就一直陪侍在旁。對這名忠心耿耿的御醫，皇帝下令他調製一份毒藥，並嚴格要求他保密。因為這是皇帝的命令，御醫有必要遵從，但真的這麼做的話，又會違反法律。御醫既不能違背皇帝的命令，又無法照著皇帝的意思去做。而且對這位自己服侍已久，打從心底充滿敬意的皇帝，也不能違反他的要求，偷偷向安東尼奧打小報告。結果第二天早上，這名御醫被人發現喝下自己調製的毒藥身亡。

經過了此次事件，哈德良總算開始自制，已經不再尋死了。但是，他還是對自己病弱的身子相當憤怒，而解決此問題就只有讓疾病痊癒一途。不過，這已經是不可能的事了。他最後只好將這股怒氣發洩到元老院議員身上。

對於這些來自提弗里的告發案件，安東尼奧處理的方式是先提送正式的官司，然後再將官司不斷往後延期。儘管如此，這個時期哈德良胡亂的控訴，還是讓元老院議員們開始討厭哈德良。《皇帝傳》的作者在書中提到，「他已經成為眾人厭惡的對象」。安東尼奧勸「父親」到海邊去，換個環境可能心情會好一點。提弗里的別邸雖然很寬敞舒適，但卻享受不到海風的吹拂。

位於拿坡里西方二十公里處的沿海都市拜爾，有一座皇帝的別邸。原本是共和政治末期的哲學家西塞羅所有，自從西塞羅死後，奧古斯都向他的兒子收購以來，此處便成為皇帝私有的別邸。經過了各代皇帝的改造，已儼然成為一座壯觀的建築物。這一帶溫泉相當豐沛，自共和政治時代開始，此處就已經是林立著羅馬上流階級別邸的知名渡假勝地。自從維蘇威火山 (M. Mesuvio) 爆發，龐貝城 (Pompeii) 及其周邊都市被土石掩埋之後，廣大的拿坡里灣附近，亦即位在維蘇威火山另一邊的坡佐里、拜爾、米塞諾一帶，已逐漸成為羅馬人喜好的休閒地而廣為人知。

哈德良在離開提弗里別邸之後，經由「提布魯提那大道」往羅馬方向前進。他應該是乘坐在被布幕包圍的轎子中，即使進入首都羅馬，也只是由東邊進入，通過南邊而已，他並沒有停下轎子。近代街道的創始者羅馬人因為缺乏環狀線的概念，因此若不進入市內便無法通過該地區。

從羅馬南下，可經由「奧斯提亞大道」立即到達海岸，然後一直沿著海岸線南下，或者可以選擇走「阿庇亞大道」，然後一直線到達德拉奇納，不知哈德良選擇了哪一條路。不過，到達德拉奇納後，他應該是走「圖密善大道」繼續南下，最後抵達拿坡里灣。這條道路自從圖密善皇帝鋪設以來，已成為前往拜爾最快最舒適的道路。西元前八世紀時的希臘人在海外發展的相當活絡，他們在義大利半島建設的最早的都市便是庫馬，只要通過圖密善大道前往庫馬，拜爾就在前方。當時的季節正值初夏時分，包括卡布里在內的拿坡里一帶，正處於最美最宜人的季節。

哈德良在拜爾的別邸落腳後，一面沉思，一面眺望著已被染成藍色的海面，不知當時他到底在思索些什麼。不過，他倒是作了一首詩。

"animula vagula blandula,
hospes comesque corporis,
quae nunc abibis in loca,
pallidula rigida nudula,
nec ut soles dabis iocos"

這首詩可大致翻譯如下：

「不知所措啊 可憐的我的靈魂
長期在我的軀體中，亦客亦友的靈魂啊
如今成了黯淡、冰冷的空殼
看來終究難免墮入
與往日最喜愛的談笑歡愉絕緣的世界」

安東尼奧在接到哈德良病危的消息後，立即從羅馬趕來，當他抵達時哈德良已斷氣。西元一三八年七月十日，哈德良結束了他六十二年五個月零十五天的生涯，在二十一年的治世之後離開人世。

一般民眾有何反應不得而知，但聽到皇帝已死最高興的莫過於元老院議員了。新皇帝安東尼奧為了向大家宣布皇帝的死訊，將議員們召集到元老院的議場中，有不少議員提出拒絕將先帝神格化的臨時動議。

過去沒有被神格化的皇帝，除了生前堅持拒絕被神格化的臺伯留皇帝之外，就只有卡利古拉、尼祿與圖密善三位皇帝而已。也就是說，元老院議員們希望在這些惡名昭彰的皇帝名單中，也列入哈德良的名字。尼祿和圖密善二位皇帝甚至在死後還被處以「記錄抹煞刑」，這是羅馬人認為最不名譽的待遇。一旦元老院通過處以「記錄抹煞刑」後，此人生前所有的功績都會從正式記錄中被抹煞，肖像將遭到破壞，碑文中的名字也會被消除。元老院還沒有決議也要對哈德良處以這種極刑。但是，既然已有尼祿和圖密善的先例，拒絕神格化的決定便是決議「記錄抹煞刑」的第一步。安東尼奧老淚縱橫的祈求元老院議員讓先帝神格化。

結果，這些議員敵不過現任皇帝的熱情，終於決議讓哈德良神格化。如果此時哈德良沒有被神格化的話，他一定也會被處以「記錄抹煞刑」，那麼哈德良重建帝國的辛勞將無法傳達給後代的我們知曉，這些記錄或許就這樣消失在歷史之中。自此以後，安東尼奧就被冠上了「派阿斯」(Pius)的稱號，意指「慈悲為懷之人」。因此在歷史上，安東尼奧的全名就變成了「安東尼奧・派阿斯」了。

安東尼奧・派阿斯治世的第五年，亦即哈德良死後第五年——西元一四三年，於四月二十一日舉行了羅馬建國祭，當天小亞細亞出身的哲學家阿耶利斯・亞里士提狄斯受邀在皇帝安東尼奧和元老院議員們面前進行演說。以下介紹其中一部份內容。

「現在，對於像我一樣的希臘人而言，不，對其他任何民族而言，到想去的地方旅行時，已經不再需要申請繁複的身份證明文件，可以自由、安全、簡單的行旅各處。我們只需擁有羅馬公民權，不，甚至不需要是羅馬公民，只要是在羅馬霸權之下生活，自由與安全就會受到保障。

過去，荷馬曾歌詠道：『大地為眾人所有之物』，羅馬實現了這位詩人的夢想。你們羅馬人測量並記錄被你們納入版圖的所有土地，而後在河川上架設橋梁，且不僅在平地，甚至在山區鋪設大道，使得無論住在帝國何處，往來都很方便。而且你們為維護帝國整體的安全，確立了防衛體制，制定法律讓各個民族、人種能夠和平相處。你們羅馬人告訴了非羅馬公民的人，活在有秩序的安定社會中是多麼的重要。」

能夠在建國紀念祭典上進行演講，想必是帝國中知名的學者，年齡應該與皇帝安東尼奧．派阿斯差不多，或者和先帝哈德良同樣是六十幾歲，人生閱歷豐富的人。但是，亞里士提狄斯當時才二十六歲而已。皇帝與元老院並沒有指名那些德高望重、聲名遠播的學者們，反而聘請了這位小亞細亞出身，在雅典被公認為學識豐富的少壯學者。也就是說，這篇讚辭並非已享有既得利益的年代發出的心聲，而是由年輕的下一代傾吐出的真言。

當然，這篇短文的對象是羅馬所有的領導階層。但是，這是在哈德良死後僅僅五年發表的。這對一千八百年後的研究學者稱道「並沒有要求行省人民派遣代表到羅馬來提出建言，反而是由皇帝親自前往各個行省傾聽行省人民的心聲」的哈德良皇帝來說，不正是最適合刻在他墓碑上的一篇短文嗎！

第三章

皇帝安東尼奧·派阿斯

在位期間：

西元一三八年七月十日～一六一年三月七日

幸福的時代

這位皇帝的治世如同介紹圖拉真和哈德良的章節時一樣，幾乎不可能依照年代順序來追蹤他的事蹟。至於為何不可能，各位只要一直讀下去自然就會明瞭。一言以蔽之，是因為這位皇帝雖然盡力完成他的責任與義務，但實在沒有什麼特別值得一提的新作為。

後世將涅爾瓦登上皇位的西元九十六年，經過圖拉真、哈德良、安東尼奧．派阿斯，一直到西元一八〇年的馬庫斯．奧理略逝世為止的時代稱為「五賢君時代」，這個時代的羅馬人則將此稱為「黃金的世紀」。其中，真正值得稱為「黃金的」(aureum)的三位皇帝，分別是圖拉真、哈德良、安東尼奧．派阿斯。如果皇帝是書名，而要加上副標題的話，大致上如下所示。

圖拉真——「至高無上的皇帝」(Optimus Princeps)

哈德良——「羅馬的和平與帝國的永恆」(Pax Romana et Aeternitas Imperii)

安東尼奧．派阿斯——「秩序支配的平穩」(Tranquilitas Ordinis)

由此可得知，以平穩的秩序支配帝國的便是安東尼奧．派阿斯二十三年治世的寫照。如果只是如此，根本不能成為「新聞題材」。倘若皇帝的身邊充滿著各種醜聞，一定會讓那些喜歡流言蜚語的編年史作家相當高興。但是，這位皇帝卻沒有鬧過什麼醜聞。他的生涯不但沒有戲劇化的情節，而且也與醜聞扯不上關係，不只是當代的作家，對後世的傳記作家而言，簡直是個「不想理會」的人物。正因為如此，除了《皇帝傳》中有一項關於他的記述之外，直到今天還沒有出現任何一本有關這位皇帝的傳記。也就是說，他不但刺激不了當代人的好奇心，也吸引不了後世學者、作家的注意力。

但是，他可是一位不折不扣的「賢君」。根據義大利文藝復興時代的政治思想家馬基維利(Machiavelli)的說法，身為領導者，必須具備以下三項不可或缺的條件，亦即「力量」(Virtú)、「運氣」(Fortuna)、「時代的適合性」(Necessita)。即使擁有雄厚力量，而且運氣很好，但如果欠缺適應時代要求的才能，則不能算是好的領導者。這是馬基維利的看法。

和圖拉真、哈德良一樣，安東尼奧・派阿斯雖然擁有不同的「特質」，但也具備了這三項條件。對於被統治者而言，所謂幸福的時代，或許正是由具備這三項條件，但「特質」不同的領導者依序交棒的時代吧！

在日本曾有一時，每當選舉國會議員時，就會有人提到「與其選擇想出頭的人，倒不如選擇（國民）想讓他出頭的人」，至今這句話依然適用。以這項「基準」來說，在圖拉真皇帝時代，「想出頭的人」和「想讓他出頭的人」的比率各占一半，到了哈德良皇帝時代，很明顯的是「想出頭的人」占有百分之百的比率，至於接下來要談到的這位安東尼奧・派阿斯皇帝時代，則是「想讓他出頭的人」占有百分之百的比率。但是，在此我們不能忘記的是，安東尼奧・派阿斯繼承皇位的這個時代，是個即使只靠「想讓他出頭的人」也可以順利運作的時代。

當上皇帝，正式名稱為 Imperator Caesar Titus Aelius Hadrianus Antoninus Augustus Pius 的安東尼奧．派阿斯，出生在相當於現代南法的「高盧．拿波南西斯行省」的尼馬烏蘇（現在的尼姆，位於隆河附近）。到了二千年後的現在，此地還遺留有稱為“Le Pont du Gard”的水道橋而遠近馳名，同時也是羅馬時代的高盧相當重要的都市之一。然而，羅馬承認此地的原住民（亦即高盧人）聚落為「地方政府」，而不是像圖拉真和哈德良的出生地義大利加一樣，將該地區建設成一個羅馬軍團兵退役之後的居住地。也就是說，朱利斯．凱撒認可進入元老院的尼姆出身者，都不是由本國義大利移居過去的人民，可將他們稱為「羅馬化的高盧人」。亦即，安東尼奧．派阿斯的祖先是被羅馬征服的高盧人，這點和圖拉真、哈德良的祖先明顯不同。

但是，和前二任皇帝分別是第一、二代行省出身相比，安東尼奧．派阿斯則要算是第三或第四代。自祖父一代開始，已確實移居到本國義大利，在尼姆早就沒有房子和所有地了。

不過，仔細一想，後代的人們好像很喜歡將行省出身一事提出來討論，但在羅馬時代，除了第一代不得不意識到之外，之後就沒有人將此事當作話題了，這點其實相當有趣。因為帝國已成為一個大家庭，這是包括行省在內帝國所有人民的共識。正因為安東尼奧．派阿斯是第三或第四代行省出身的羅馬公民，所以已無法從他身上看到行省的影子了。在祖父、父親二代都是執政官的家庭中長大的安東尼奧．派阿斯，其實已經很自然成為羅馬人了。

在西元八十六年，圖密善皇帝的最盛期，從首都羅馬經過阿庇亞大道，南下三十公里處的拉努維奧，有一位男孩在九月十九日誕生了。由於父親常因公務不在家，所以安東尼奧．派阿斯大都在祖父家中度過少年時代。之後祖父去世，父親也離開人世，他又暫時被送到外祖父家中接受照顧。從羅馬經過奧雷里亞大道，北上二十公里處的羅里歐，就是外祖父別邸的所在地，也正是安東尼奧．派阿斯度過少年期至青年期的地方。這位接受了完整教育、長得健美的年輕人，受到眾人的喜愛，不只是兩位祖父，還繼承了其他眾多親戚的遺產。在元老院擁有席次之前，安東尼奧就已經是屈指可數的富翁之一。羅馬人在死後，不只將遺產留給親人，也可以用來援助將來有希望的年輕人。正因為如此，奧古斯都創設的古代最早的「遺產稅」，才能夠成為國家稅收之一。因為羅馬公民被課徵的這個通稱為「二十分之一的稅」的遺產稅，如果是親人則無須繳納。

生在元老院階級世家的人，完成生為菁英就應擔負的責任義務「光榮資歷」是理所當然的事。安東尼奧在圖拉真治世下的西元一一一年，就被選為會計監察官。同樣在圖拉真治世下的西元一一六年，順利進入元老院，同時被選為法務官。至於執政官則是在進入哈德良時代的西元一二〇年當選的。之後由於哈德良長期不在本國，他便長年待在國內擔任「內閣」要員，處理國家行政工作。在他四十九歲到五十歲的一年當中，曾以「前執政官」的身份擔任過亞細亞行省的總督。此時的德政也在首都羅馬廣受好評，常常被提出來當作元老院人事制度有效性的最佳案例。

但是，光看這樣的資歷即可明瞭，安東尼奧的資歷可以說是元老院人事的典範，因為這些都不是經由皇帝任命而累積的資歷。也就是說，安東尼奧幾乎沒有前線執勤的經驗。就連行省任職也是在小亞細亞西部，亦即帝國內屈指可數的文明度很高的地方——亞細亞行省。羅馬根本沒有在此地配置軍團兵，連官邸警備都交由當地的輔助兵來負責。羅馬的皇帝不但是羅馬全軍的最高司令官，也是帝國安全保障的最高責任者。完全不具備軍隊指揮經驗可以說是這位皇帝最大的缺陷。

不過，安東尼奧承繼的帝國，已經由圖拉真確立了多瑙河防衛線，由哈德良重建了整體防衛體制。如果是在亂世，安東尼奧確實不適任，但在平時，只要將一般行政工作完成即可，這樣的帝國由安東尼奧來統治應該就沒有問題了。哈德良當初一定有想到這點，所以才會指名安東尼奧為繼任者。而安東尼奧本身比誰都了解羅馬帝國的現狀，也因此才能夠成為緊接著前二任皇帝的賢君之一。

登上最高權力者的地位之後，一般都會更換身邊的親信。但是，安東尼奧卻沒有這麼做。皇帝一般都會任命自己的心腹擔任本國義大利唯一的軍事力——近衛軍團長官，而他也沒有更動這個職位，徹底延續哈德良的人事。結果這位長官之後又繼續堅守這個崗位長達二十年，直到他覺得應該引退而提出辭呈後，此時安東尼奧才替換上自己的人選。這雖然是因為哈德良的適才適所主義已徹底實行，而且充分發揮機能，但也是因為安東尼奧有他自己的人生觀。他認為如果長期被委託擔任某職，此人就會盡力達成任務。而且他堅持貫徹自己的想法，可見安東尼奧・派阿斯也是個相當擇善固執的人。

某日，安東尼奧的妻子法烏斯提娜向丈夫抱怨他太吝嗇。而皇帝如此責備妻子。

「妳真笨啊！我現在是帝國之主，已經不再是以前擁有的財物之主了。」

安東尼奧甚至提出以下的論調。

「屬於國家的資產，若花在沒有必要的場合，是最卑劣的行為。」

正因為安東尼奧・派阿斯有這種觀念，所以對於「祝賀金」，亦即皇帝即位時為了和公民一同慶祝新皇帝上任而發放的賞金，並不像前幾任皇帝一樣由皇帝公庫支出，而是由私產中支出。居住在首都羅馬的公民（只計算十七歲以上的男子）有二十萬人，加上守護帝國防衛線的軍團兵十六萬八千人，接受「祝賀金」的人數共有三十六萬八千人。由於每個人發放七十五狄納利斯銀幣，因此安東尼奧私產的總支出額高達二千七百六十萬狄納利斯銀幣。

因此，安東尼奧當上皇帝後的日常生活和擔任元老院議員時並沒有兩樣，雖然豐裕，但並不奢華。他沒有興建任何壯麗的別邸。他只要使用之前擁有的別邸和當上皇帝後承繼的別邸就已經滿足。雖然沒有重新打造的必要，但光是安東尼奧喜歡逗留的別邸就有八處。不過，哈德良位在提弗里的別邸、圖密善位在奇爾傑奧的別邸、臺伯留位在卡布里的別邸雖然都歸屬新皇帝所有，但不知為何，他從未到過這三處歇息。我反倒認為這三處比其他任何別邸都要華麗。

世人對安東尼奧的評價是，他是一個欲望極少的人。但是，這也是他不太有想像力的一大證明。他的治世型態之所以有別於哈德良，之所以能夠創造出卓越的成果，或許是因為這種作法很適合他的個性。五十二歲的新皇帝在上任後不久，就立即向外界公開他的想法。

他正式對外宣布，將不會進行視察之旅，而會一直待在首都羅馬和本國義大利，全心全力統治帝國。

安東尼奧提出下列二項理由。

一、留在帝國中樞（首都羅馬）較容易接收多數資訊，再以此為基礎決定對策，發布緊急措施，相當快速方便。

二、可以節省皇帝視察之際，各視察都市及地方政府負擔的費用。

第一項理由完全符合安東尼奧的想法。重點在於是否建立了容易傳達資訊、發布指令的組織。如前所述，皇帝接獲的資訊可大分為二種，一種是來自總督等國家公務員的報告，一種是來自行省等地的請願。

在哈德良的章節最後提到的亞里士提狄斯，於西元一四三年的演說中曾說過下面這段話。

「即使是負責統治行省的總督，在決定政策或接受行省民眾請願時，若有任何疑問，可以立即傳送信札向皇帝請示，這就是羅馬帝國的特色。總督靜待皇帝的指示，就好比在等待指揮者手勢的合唱團一般。」

採取和前往戰場的優秀司令官一樣的價值觀來收集資訊相當重要，體認到這一點的羅馬人，非常重視資訊傳達的安全與速度。羅馬帝國的國營郵政制度經過歷代皇帝整頓之後，在當時已經達到安全與快速的水準，這是資訊傳達的二大要素。在陸上，可以利用羅馬街道網（好比當時的高速公路），在每個驛站換乘馬匹，將郵件送達目的地。在海上，進入港口後，可以換搭最早出港的船隻來運送郵件，此種方法經常運用在私人郵件的傳遞上。亞里士提狄斯也說了下面這段話。

「只要資訊的傳遞得到保證，其實皇帝可以在任何地方進行統治。即使是帝國的邊境，也可以靠信札的傳送來進行統治。當皇帝寫好信札後，信差就好比是長有翅膀的使者（希臘語稱為海爾梅斯 Hermes，拉丁語稱為墨丘利 Mercury，係指為眾神傳信，並掌管商業、道路的神）一般，快速又安全的將信札送達目的地。」

其次是有關安東尼奧提出的第二項理由，不進行視察的理由是為了免除視察地的經濟負擔，這麼一來，哈德良未免太可憐了。的確，迎接皇帝一行人所需的花費絕不可能是零，但是，哈德良的視察地大都沒有皇后同行，以邊境的視察居多。皇帝一行人大都以技術人員等不太會有開銷的成員為主。至於住宿地點，如果是在視察中，則住在軍團基地的士兵帳篷裡，若要過冬必須待在都市裡的話，就選在總督官邸，如果沒有總督官邸的話，就待在當地有力人士的家中作客。其實「經濟上的負擔」並不多。而且，如果視察之後判斷有必要的話，就會利用軍團兵這種型態的國費支出，來整建防衛系統、鋪設道路、打造橋梁。其實在經濟方面獲利的反而是視察地。

因此，安東尼奧．派阿斯所提出的理由只不過是個藉口而已。他不敢發表的真正理由之一是，為了消解首都羅馬與本國義大利的人民長年忍受皇帝不在的不滿情緒。其二是顧慮到自己的健康。安東尼奧曾親眼目睹哈德良在治世末期時身心的瓦解。哈德良四十一歲時當上皇帝，而安東尼奧當上皇帝時已經五十二歲了。安東尼奧和《皇帝傳》的作者看法一致，認為長年的邊境視察是破壞哈德良健康的元凶。五十六歲才當上皇帝，治世卻長達二十三年的皇帝臺伯留，當時就是一直待在本國義大利統治帝國才得以如此長壽。安東尼奧應該是認為若要長壽就不能過度耗費體力吧！再者，經過哈德良重建完成的帝國，已經不需要皇帝親自到各地監視，即可充分發揮機能。也因此，安東尼奧．派阿斯才能夠比六十二歲去世的哈德良還要長壽，一直活到七十五歲。

在繼承先帝功績的同時，只要將不妥當之處稍微調整即可的安東尼奧．派阿斯，在即位後只進行了二項違反先帝遺志的調整。

第一，針對哈德良於治世末期對元老院議員的胡亂控訴，安東尼奧在就任皇帝時，便以特赦的型態全部撤回。他絕對不會去糾正先帝的惡政，做出有損養父名譽，以宣揚自己德政的卑鄙舉動，所以他強調關於這些措施，如果養父還在，一定也會這麼做。因此，元老院議員和羅馬公民才會公認他是個「慈悲為懷之人」。

第二，他雖然依照哈德良的意思，將安尼斯和盧西厄收為養子，但更換了哈德良許配給這二位少年的結婚對象。哈德良許配給十七歲的安尼斯（之後的馬庫斯・奧理略皇帝）的對象是原本被指名為繼任者，但卻病死的阿耶利斯・凱撒的女兒，而許配給盧西厄（阿耶利斯・凱撒的兒子）的對象則是安東尼奧的女兒，而且已經先讓他們訂婚了。但是，安東尼奧的女兒對八歲的盧西厄來說，實在是年長太多了。雖然安東尼奧知道哈德良憐惜三十歲就吐血而死的阿耶利斯・凱撒，也很尊重哈德良的想法，但安東尼奧的二個兒子早死，大女兒也死於生產時，他現在就只剩下一個小女兒而已。以年齡來配對的話，他的小女兒和安尼斯結婚反而比較自然。此外，安東尼奧認為自己的繼任者是安尼斯，之後才是盧西厄，如果將自己的女兒許配給安尼斯的話，她就是下一任皇帝的妃子了。

但是，安東尼奧絕非凡事獨斷獨行之人，他特地將安尼斯召喚到跟前，詢問他的意見。當時十七歲，也就是未來的「哲學家皇帝」，在考慮了一會兒之後，便同意了「養父」的作法。

德高望重

這就是皇帝安東尼奧・派阿斯的作風。無論政策也好、法案也好，他絕對會先和「內閣」

安東尼奧·派阿斯

或「友人」討論過後，才會做出決定。話雖如此，但他並非不知道作法才去徵詢他人的意見。他對於該如何治理帝國其實是一清二楚。他之所以尊重他人的意見，避免獨斷獨行，主要是因為不希望重蹈哈德良的覆轍，而且他的個性本身就很適合「先做好事前準備」，再將自己的想法轉變為政策，而這個時代也允許他這麼做。

以下介紹《皇帝傳》和其他史書對安東尼奧的描述。

他是個標準的美男子，即使混在群眾之中依然耀眼奪目。他的個子很高，健美的身材曲線並沒有因年紀的增長而有所改變。不過，個子高的人往往會駝背，這個毛病他一直無法改過來，為了矯正姿勢，他特別在寬鬆長袍內加穿一件固定脊椎的緊腰襯衣(corset)。

他的動作舉止氣宇非凡，臉部表情溫和平穩，聲音低沉但咬字清楚，演說內容清晰平實，雖然不會讓聽眾如癡如狂，卻能夠徹底深入人心，與其說他是個演說高手，倒不如說他是個座談名家較為貼切。

他極富涵養，因此格外重視教育，對二位年輕繼任者的教育從不怠忽。哈德良曾賜予迦太

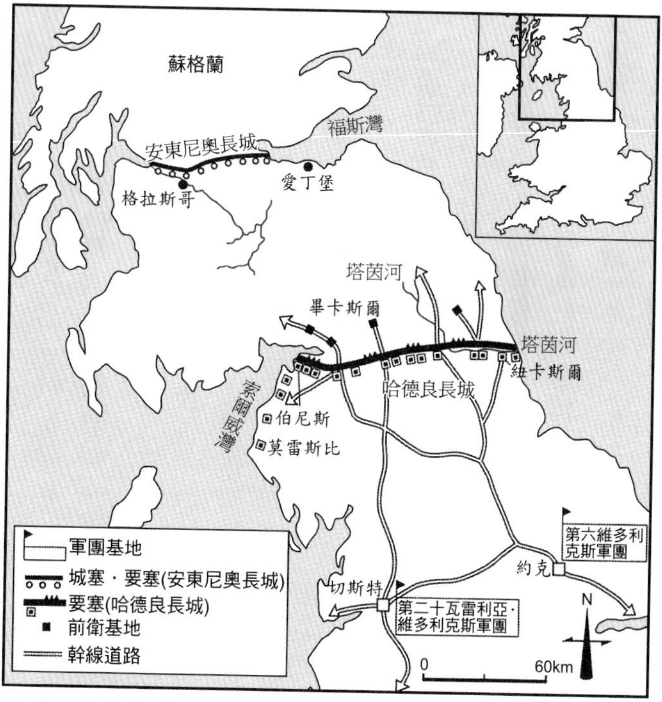

不列顛（參考 Edward N. Luttwak, *The Grand Strategy of the Roman Empire*）

基出身的學者佛倫多元老院的席次，將年輕的安尼斯的教育全權委託給他。而安東尼奧也決定將另一位繼任者盧西厄的教育，託付給這位迦太基的學者。

他的個性就像春陽般溫和，凡事盡可能和平解決，絕不採取強硬手段，而且他的平衡感超群，完全沒有虛榮心，所以當然是個百分之百的保守主義者。

因為哈德良的強硬派作風——禁止割禮，以致猶太教徒發動叛亂，在西元一三四年耶路撒冷淪陷及其後實施的「離散」政策之後，雖然哈德良本身已不再提及此事，但安東尼奧上任後，明確將此禁令解除。不過，卻沒有解除不准猶太教徒居住在耶路撒冷的禁令。也就是說，安東尼奧只解除割禮的禁令，而讓決定其後一千八百年猶太民族歷史的「離散法」繼續生效。

有關羅馬皇帝最大的責任與義務——帝國的安全保障，皇帝哈德良視察所有前線，重建帝國防衛系統所建立的功績，雖然由皇帝安東尼奧直接承繼下來，但在歷史上唯有一項前線功績是冠上安東尼奧的名字。就是位在「哈德良長城」北方一百二十公里處，全長六十公里的「安東尼奧長城」。而且再往北方，像是要闖進蘇格蘭深處一般，在相連的瞭望塔的前端還建設了一個最前線基地。這是在西元一三九年到一四二年，為了鎮壓不列顛原住民的叛亂，在當地駐紮三個軍團之後實施的對策。

但是，安東尼奧長城並非用來取代哈德良長城，只不過是增加一道長城來補強而已。如果「安東尼奧長城」成為帝國羅馬的國境線的話，位在其內側的愛丁堡、格拉斯哥將逃不過被羅馬化的命運。不過，羅馬人自己鋪設的高速公路網卻沒有延伸到那裡。此外，約克和切斯特這二個軍團基地也沒有被移動。就這樣，卡雷多尼亞（後代的蘇格蘭）被拋到羅馬文明圈之外。

歷史上遺留有安東尼奧．派阿斯皇帝時代羅馬軍團各個駐紮地區的記錄。雖然這只是直接承繼哈德良加以明確化的系統，但卻可藉此了解帝國最盛期，亦即哈德良與安東尼奧時代羅馬安全保障的情形。羅馬的領導階層深信，所謂「和平」並非理想，而是現世應享受的利益，因此全心全力的投資是不可或缺的。換成現代的說法就是，當作抑制力的軍事戰力思想。

如果當作抑制力的軍備如此完美無缺的話，想要反抗羅馬帝國者，在起而反抗之前就會三思，不敢隨便發動叛亂。或許就因為如此，在安東尼奧・派阿斯二十三年的治世中，讓羅馬軍團苦惱的就只有上述的不列顛而已。至於其他防衛線，儘管偶爾會發生襲擊事件，但都很快的被平定，甚至連皇帝都是在事後才接獲報告。當帕提亞王因為國內的壓力而開始對羅馬採取強硬態度時，安東尼奧只靠一封信札就將問題解決了。安東尼奧・派阿斯比哈德良還要受到東方專制君主的愛戴，這實在很耐人尋味。在哈德良時代，裏海附近擁有領土的豪族之長都拒絕造訪羅馬，但到了安東尼奧時代，他們不但願意造訪羅馬，甚至還對羅馬表示恭順之意。似乎一切都比過去還要進步，羅馬帝國開始歌頌和平，帝國人民也享受著經濟繁榮的和平果實。

但是，無論如何盡人事，還是無法避免天災。在安東尼奧二十三年的治世當中，首都羅馬曾發生嚴重火災，燒毀了三百四十戶民宅。安提阿也發生地震和火災，致使市內部份地區需要重建。重創迦太基市中心的火災和天災也是不斷發生。特別是位於地震帶上的小亞細亞西部一帶和羅德斯曾發生大地震，皇帝甚至需要在當地設置對策委員會來指揮災後重建工作。此外，臺伯河經常氾濫成災，阿拉伯行省也發生了瘟疫，南法的拿波恩努也慘遭祝融之火摧毀。

長久以來，每逢災害發生，都是採用二代皇帝臺伯留制定的羅馬式重建對策。這是由三個部份構成的。首先由皇帝發放撫恤金給受災戶，同時由附近的軍團基地和派遣至當地的軍團兵、輔助兵展開「基礎建設」的重建工程，接著在羅馬，由皇帝頒布暫定措施法，實施依據受災狀況來決定年數的行省稅免徵制度。免徵年數一般為三～五年。

基地（當時地名）	基地（現在地名）	現在國別
Isca Silurum Deva Eburacum	卡雷翁 切斯特 約克	英國 英國 英國
Bonna Castra Vetera	波昂 占田	德國 德國
Argentorate Mogontiacum	史特拉斯堡 梅因茲	法國 德國
Vindobona Carnuntum Brigetio	維也納 佩特洛那 蘇尼	奧地利 奧地利 匈牙利
Aquincum	布達佩斯	匈牙利
Singidunum Viminacium	貝爾格萊德 科斯特拉克	南斯拉夫 南斯拉夫
Novae Durostorum Troesmis	斯維西托弗 西里斯特拉 伊古利札	保加利亞 保加利亞 羅馬尼亞
Apulum	阿爾巴．朱利亞	羅馬尼亞
Melitene Satala	馬拉提亞 薩達克	土耳其 土耳其
Samosata Zeugma Raphaneae	薩姆沙托 巴爾基斯 夏馬	土耳其 土耳其 敘利亞
Scythopolis Aelia Capitolina	貝特夏恩 耶路撒冷	以色列 以色列
Bostra	布斯拉	敘利亞
Nicopolis	亞歷山大正東北地區	埃及
Lambaesis	蘭貝茨	阿爾及利亞
Legio	利昂	西班牙

除此之外，海軍除了米塞諾、拉溫納、弗雷朱斯 (Frejus) 等的軍港之外，在多佛海峽、萊茵河、多瑙河、黑海等地也有配置。其中除了有海軍、划槳者、駕駛員之外，也包括醫生在內，酷似陸上戰力軍團的組織。

軍團配置一覽表

	行省名稱	軍團數	軍團名稱
	Britannia（不列顛）	3	II Augusta XX Valeria Victrix VI Victrix Pia Fidelis
萊茵河防衛線	Germania Inferior（低地日耳曼）	2	I Minerva XXX Ulpia
	Germania Superior（高地日耳曼及日耳曼長城）	2	VII Augusta XXII Primigenia Pia Fidelis
多瑙河防衛線	Pannonia Superior（近旁諾尼亞）	3	X Gemina XIV Gemina I Aidutrix
	Pannonia Inferior（遠旁諾尼亞）	1	II Adiutrix
	Moesia Superior（近莫埃西亞）	2	IV Flavia VII Claudia
	Moesia Inferior（遠莫埃西亞）	3	I Italica XI Claudia V Macedonica
	Dacia（達其亞）	1	VII Gemina
幼發拉底河防衛線	Cappadocia（卡帕杜西亞）	2	XII Fulminata XV Apollinaris
	Syria（敘利亞）	3	XIV Flavia IV Scythica III Gallica
	Palaestina（巴勒斯坦）	2	VI Ferrata X Fretensis
	Arabia（阿拉伯）	1	III Cyrenaica
	Aegyptus（埃及）	1	II Traiana
	Numidia（努米底亞）	1	III Augusta
	Hispania（希斯帕尼亞）	1	VII Gemina

共計 28 個軍團 Legionaris（軍團兵）168,000 人（主戰力）

Augiliaris（輔助兵）140,000 人左右（輔助及特殊技能兵力）

Numerus（季節臨時兵）30,000～40,000 人

只要將一般行政處理好就天下太平，這便是安東尼奧治世的特色。但是，之所以可以維持天下太平，也需要皇帝不懈怠的監視才做的到。經濟狀態良好的話，公務員的人數就會增加，但儘管國庫仍有盈餘，安東尼奧也不忘進行「人事重整」。如果發現有人不工作而白領薪水的話，絕對毫不猶豫的將其解雇。這個皇帝無論做什麼事都會講理，當他解雇下屬時也會將理由講明白。

「沒有擔負起責任卻還領報酬，這是一種對國家的殘酷浪費行為。」

哈德良賜給克雷塔出身的敘情詩人美索梅狄斯的年金也被刪減。其理由是，不發表作品，因此無法認定是否具有值得接受年金的才能。

安東尼奧相信為了公共事業而花費私有財產，正是富裕者的責任與義務，我們可由一件小事看出他的用錢觀。他也和圖拉真、哈德良一樣，經常出現在公共浴場中，他會贈送那些與自己袒裎相見的人一點小禮物。而且皇帝到公共浴場的那一天，所有進場入浴者可以免繳入場費。休閒設施「公共浴場」的入場費，基於政治上的考量，一般都壓得很低，所以費用本身金額並不大。但是，免費入場總是件令人高興的事。因此，安東尼奧進場入浴的那一天，公共浴場的入場人數都會激增，所以屬於元老院階級和騎士階級的人士反而會避開這一天。

安東尼奧認為皇帝是公僕中的公僕，因此皇帝該完成什麼大業，以及該如何完成，必須成為人民的典範。「該完成什麼大業」這一項，由於前二任皇帝已經做得差不多了，承接其後的安東尼奧只要專心於「該如何完成」這一項即可。

根據安東尼奧的說法，徹底、明快、簡略、公正、透明為絕對條件。他在決定人事時盡可能避免徇私，對友人也是一視同仁，因此，友人也不敢隨便拜託皇帝幫忙。

若說安東尼奧是一個完全民主之人，其實也只能說這是一種羅馬式的民主。哈德良婉拒了十年的「國父」稱號，但是他在一年後就接受了。也在自己當上皇帝的同時，賜予妻子法烏斯提娜「皇后」的尊稱。他是誠心誠意的認為自己是羅馬帝國全民之「父」。同時他在人民面前展現的統治重點並不是「該完成什麼大業」，而是「該如何完成」。

在安東尼奧即位後第三年，皇后法烏斯提娜驟逝，他用妻子的遺產加上自己的資產，成立了一個稱為法烏斯提娜的基金。冠上亡妻之名的這個財團，主要是為了提供結婚資金給不幸的少女。

這樣一個無可非議、德高望重的人，往往容易成為令人難以喘息的存在，但由於安東尼奧的言行經常飄浮著一股沉穩幽默的氣息，所以使他不至於讓人不敢親近。

在皇宮舉辦的宴會一般都會邀請同盟國的君侯和行省的有力人士，由安東尼奧擔任主人，他將羅馬皇帝的饗宴化身為田園別邸的晚宴。這是因為他將自己的別邸和山莊運來的魚肉蔬果做成美味的料理。而且每當料理上桌時，他還會為座上賓客一一說明這些料理的來源。在盛產葡萄的季節，大多數羅馬人會一起拋開工作，前往別墅，與農民一同著短衣採收葡萄，製作葡萄酒，而皇帝安東尼奧最大的喜悅就是守候著這些葡萄酒的熟成。順帶一提，相較於喜愛狩獵的哈德良，安東尼奧的嗜好則是垂釣。總覺得安東尼奧就像是一個完美的鄉村紳士(country gentleman)。

身為一名紳士絕不允許自己的言行舉止欠缺風度和穩重。當叱責他人時，也不能失態。某日，安東尼奧看到未來的哲學家皇帝馬庫斯・奧理略因為其中一位家庭教師去世而泣不成聲，這位「父親」馬上對「兒子」說教。

「有時單靠賢者的哲學和皇帝的權力並不能夠抑制住感情，此時就要想起自己是個男人，努力忍耐。」

受到哈德良委託教育年少的皇位繼承者的迦太基人佛倫多，當少年長大，以馬庫斯・奧理略之名登上帝位後，曾寫了一封比較已故的哈德良和安東尼奧的信函，寄給他以前的學生。

「我沒辦法對哈德良產生親愛之情。與哈德良面對面的時候，我總是戰戰兢兢的深怕觸怒他。就像是站在戰神瑪爾斯(Mars)或冥神普路托(Pluto)的面前一樣，充滿著緊張感。為什麼會有這種想法呢？這是因為若要對一個人產生親愛之情，自信和親密感是不可或缺的。哈德良和我之間不但沒有親密的感情，而且我在他面前完全失去自信。我雖然打從心底尊敬他，但就是無法對他產生親愛之情。

另一方面，我喜愛安東尼奧，就像是喜愛太陽、月亮一般，不，就像是喜愛人生、情人的氣息一般。我確信自己對他產生了親愛之情，而他也對我感受到親愛之情。」

這是一段相當貼切的描述，讓我們清楚了解到哈德良和安東尼奧・派阿斯給人的印象竟如此截然不同。不過，史實必須經過檢證之後才可以作為參考。而最為容易的方法就是，比較這裡提到的人物當時的年齡和地位。出生於舊迦太基領地，年紀輕輕就在羅馬當上律師的佛倫多，是在西元一三八年接受哈德良的委託，負責皇位繼承人馬庫斯・奧理略的教育。

那一年哈德良六十二歲。當時因為病痛，以致個性多變，愈來愈難伺候，讓周圍的人都提心吊膽的深怕踩到地雷。雖然此時他已將一半的權限讓給他指名的繼任者安東尼奧，但當時的哈德良無庸置疑的，是統治帝國二十年的最高權力者。

站在哈德良面前的佛倫多，因為出生於西元一〇〇年前後，此時正值三十八歲左右。一般三十八歲的人站在六十二歲的人面前都會緊張的，更何況他面對的是皇帝。再加上年事已高、病痛纏身，根本不會有閒情逸致給旁人好臉色看。

皇帝安東尼奧・派阿斯在西元一四三年時，也將另一位「養子」盧西厄的教育託付給他，因此安東尼奧和這位迦太基出生的教育者的接觸應該很頻繁。佛倫多與安東尼奧的年齡差距只有十四歲，不像與哈德良的差距達二十四歲之多。順帶一提，佛倫多與馬庫斯・奧理略的年齡差距為二十歲。

但是，即使考量到環境的差異，也無法完全解釋哈德良與安東尼奧性格上的差異。就算是在健康的時候，哈德良也不是個會讓對方沐浴在溫暖陽光下，以消除緊張感的人，更不是個會利用皎潔清澈的月光，來緩和對方心情的人。不過，正因為哈德良的個性使然，才能夠將羅馬帝國重新建構起來。歷史上從未有人格圓滿者成功的推動過大改革。

不過，要讓人們願意親近，就不得不提到馬基維利所提出的領導者的三項條件之一"Virtus"。此時的"Virtus"翻譯成「仁德」應該要比翻譯成「力量」來的貼切。形容哈德良時，這個字翻譯成「力量」，但如果是形容安東尼奧．派阿斯，則應該翻譯成「仁德」。

馬庫斯．奧理略自少年時期起就受到哈德良的賞識，也不斷得到安東尼奧．派阿斯賜予機會，讓他累積不少帝位繼承者所需的經驗。與這二位皇帝過從甚密的馬庫斯．奧理略，又是如何看待這二位皇帝呢？我們可從《沉思錄》中一窺究竟。

馬庫斯．奧理略

《沉思錄》是自朱利斯．凱撒的《高盧戰記》與《內戰記》之後，唯一出自羅馬最高權力者之手的著作。除此之外，臺伯留、克勞狄斯、圖拉真、哈德良、謝維勒雖然也曾寫過回憶錄或是戰記，但在帝國末期以及接下來的中世基督教時代已完全被消滅，現代遺留下來的就只剩下凱撒和馬庫斯·奧理略的著作而已。而皇帝馬庫斯·奧理略在這本《沉思錄》的開頭，以人名別列記出自己曾經向誰學了什麼，分別是祖父、父親、母親、家庭教師（因此也包括佛倫多）、哲學家等，特別在提到安東尼奧·派阿斯時，花了相當多的篇幅來說明。但是，對於要求安東尼奧收自己為養子的哈德良，卻一句話也沒有提及。或許什麼都不提正是這位哲學家皇帝對哈德良的觀感吧！

接下來將後世稱為「哲學家皇帝」的馬庫斯·奧理略對安東尼奧的觀感全文翻譯如下：

「我從父親身上學到了以下諸事。

下決斷之際，擁有慎重、穩健、堅定的持續性。輕蔑社會名聲，熱愛、也忍耐工作。只要對公益有利，傾聽任何建言。在犒賞下屬功績之際展現公正評價。仔細區分出什麼事該嚴厲以對，什麼事該寬容相待，依據經驗洞察人性。沒有承襲同性愛的性向（這很明顯是指哈德良）。

具有強烈的公德心。絕不有形無形的強迫友人共進晚餐或是一同前往別邸，給友人充分的決定自由。對於以公務或私事為由，沒有出席晚餐或婉拒一同前往別邸者，絕不會顯露出不快感，態度還是一如往常的親切。

慎重處理政務，參考忠告或建言，在自己做過充分調查之後再下決斷，此時周遭很可能會出現不同的意見，但絕不受影響。與友人之間不受一時感情的左右，因而時常維持著良好的關係。

完成自己做的到的事就很滿足，因此可以維持著穩定的個性。擁有預測的才能，無論多麼無聊的事都不看輕，努力做到最好，而且將事情完成時，不會造成世人的非議。不喜歡無謂的嘈雜喝采或阿諛奉承，而不被這些事情干擾時方可將責任與義務順利完成。經常注意國家需要什麼，絕不懈怠。盡可能控制國費的支出，絕不胡亂花費，就算因此引發民眾的不滿，也只有忍耐。

對眾神徹底信仰，但絕不依賴盲從。

不會為了取悅一般民眾而過度讚美或是過度服務。萬事節制，亦即凡事拘謹規矩。不追求虛榮，凡事秉持良心，因此反而容易達成目的。

因為受到幸運女神的眷顧，所以才能夠虛懷若谷的度過人生，沒有遇到迫切需要解決的緊急事項。

由於他能夠如此度過人生，無論是詭辯家也好，寡廉鮮恥的人也好，形式主義者也好，沒有人可以責難他。不僅如此，他可以控制好自己與他人，是一個成熟、完美、虛心的人。此外，他對真正的哲學家絕對尊重，如果不是真正的哲學家，無論在社會上有多麼響亮的名聲，他還是會給予輕蔑，不會被此人的學說所迷惑。

溫和與穩重是支配他避免過度行動的二大資質。他對自己的健康也相當重視，但並非因為對生存過度執著，而是因為他希望能夠充分運用有生之年來貢獻一己之力，所以在研擬對策時一定會考慮到健康的維持，沒有必要時他什麼都不做，有必要時他寧可選擇自己出馬解決，不太依賴醫生和藥物。

他最大的仁德便是，對於他認同有才能之人，他不會感到羨慕，而會賜予機會與地位讓此人充分發揮才能。這些才能包括演說才能、法律知識、熟知其他民族的風俗習慣等能力，或者是策略上的力量等。

正因為得到皇帝的協助，這些人的能力才得以發揮。他的作法依循了羅馬的傳統，而且是以皇帝的身份來執行，讓古人的優良傳統得以在羅馬的領導階層間重新復活。

此外，我也在他身上學到了行事不果斷、欠缺考慮時所可能會遭逢的害處。另一方面，我還學到了在同樣場所重複同樣行為的重要性，以及在承受猛烈打擊時，要暫時先退一步，休息之後再重新展開行動的妥當性。而且儘可能的不要有祕密，如果有的話，最好只限於國家大事。再者，提供節目表演、打造公共建築、賜予公民和士兵祝賀金等應慎重行事，盡量將這些項目控制在必要的數量內。

除此之外，在私生活方面我也獲益匪淺。於一天工作結束之後才入浴。不熱衷於私用宮殿和別邸的建造。不過分拘泥用餐事宜、衣服件數和色彩的多樣化。不以姿色容貌作為挑選身旁奴隸的基準。

父親從羅里歐寄給我的一封信指出，在進行當地別邸的列柱迴廊之整修工作時，他一直小心翼翼的避免浪費，此外，在整修托斯克爾姆的別邸時也同樣努力，以防浪費情事

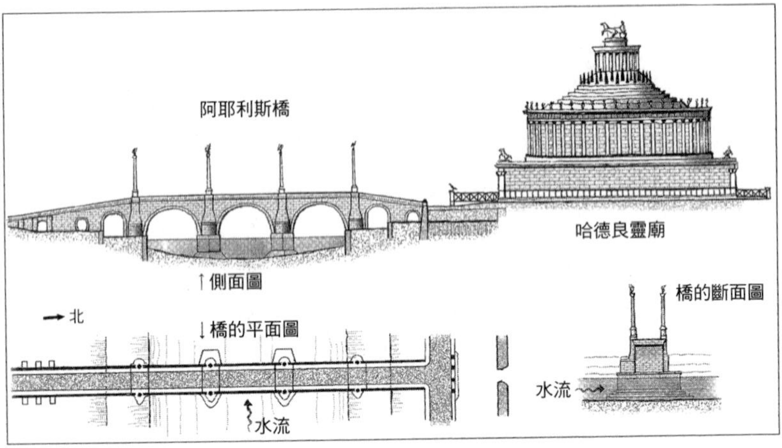

哈德良靈廟與阿耶利斯橋（復原圖）

產生。

皇帝安東尼奧無論公私都不會有無禮的行為，也不會有寡廉鮮恥的舉動，更看不到他採取激烈的攻擊行動。俗話說『連汗水都要管理』，由於他的一舉一動都是深思熟慮的結果，因此絕對符合時宜。他的行動總是充滿著秩序、一貫性與調和。

一想起他，總會在腦中浮現出贊諾芬筆下的蘇格拉底像。也就是說，他是一個可以極為自然的享受與控制快樂的人。然而，內心脆弱、無法控制自我、在享樂時往往會超越限度，這正是一般人的寫照。

即使年事已高，隨時都有可能死亡，即使失去了年輕時的健康與活力，他也懂得以穩健和沉著來彌補這個缺陷。他和我的老師之一『克勞狄斯．馬克西姆斯』一樣，展現了清廉、不屈不撓的精神。」

如此一來，各位應該理解為何馬庫斯·奧理略皇帝全然不提哈德良的理由了吧！這麼說，我倒想起在安東尼奧·派阿斯皇帝時代建造的公共建築實在是少之又少，因為二位前任者，特別是圖拉真皇帝，已經在帝國各處打造了不少公共建築。

臺伯河西岸名為「哈德良靈廟」(Mausoleum Hadriani) 的皇帝廟，由於是在哈德良死後一年的西元一三九年完工，所以是安東尼奧皇帝承接哈德良生前指示的工程而使其完工的建築物。這座靈廟之後化身為羅馬教廷的城塞，改名為「聖天使城」(Castel Sant' Angelo)，其中擺放了西元一三七年去世的皇后莎比娜、一三八年早逝的阿耶利斯·凱撒，以及同年夏天去世的哈德良的遺灰。其後，安東尼奧的妻子法烏斯提娜，以及二十年後安東尼奧的陵墓也設在這裡。

還有一項工程也是源自哈德良的創意，為了讓臺伯河這一邊的人可以直行到另一邊的「皇帝廟」，特別架設了一座橋。安東尼奧將這座石造橋取名為"Pons Aelius"（阿耶利斯橋），意義為「哈德良的橋」。阿耶利斯為哈德良的家門名。

安東尼奧皇帝時代開工的新建築物除了上述石橋之外還有一項，亦即祭祀神格化的哈德良的神殿。這座神殿就建在萬神殿附近，現代已被當作海關的辦公室等來使用，在神殿右側只剩下古希臘科林斯式 (Corinth) 的圓柱之列，而且十一根圓柱和圓柱之間都已完全被水泥填滿。不過，此座神殿在當時可不是這副模樣，在朝東的入口前，有一個很大的廣場。這是在西元一四五年，亦即哈德良死後七年完工的。

這座"Templum divus Hadriani"（神君哈德良神殿）和供奉其他神君的神殿不同的是，壁面以寓意手法呈現代表構成帝國之三十八個行省的三十八個浮雕像。現在遺留在羅馬和拿坡里的美術館中的只剩下十六個，看過這些浮雕像的人應該會注意到，各個行省所表現出來的態度，並不像共和政治時代一樣向羅馬屈服，而是對等的自我主張。這是因為行省人民已不再是被征服的人民，而是與征服者羅馬人同化融合。西元二一二年，卡拉卡拉(Caracalla)皇帝讓羅馬帝國所有人民都得到羅馬公民權，距離這座哈德良神殿完工的年代，不過六十七年後。

哈德良就被供奉在這些以寓意手法呈現的各個行省的浮雕像之間，對於花了大半治世前往帝國全區視察的哈德良皇帝而言，這實在是再適合不過了。令我不禁覺得，這個創意說不定也是來自哈德良。

除此之外，安東尼奧並沒有其他的公共建築作品，如同馬庫斯·奧理略所言，安東尼奧只要將現有的建築物、街道、水道橋修復，完成這個雖然樸實卻很重要的工作，他就能夠感到滿足。

經過了幸運且幸福的二十三年後，到了西元一六一年的春天，待在羅里歐別邸的皇帝，在用過晚餐之後，突然反胃嘔吐。當天夜晚他發了高燒。四十歲的馬庫斯·奧理略和二十九歲的盧西厄·威勒斯二位皇位繼承人急忙趕赴羅里歐的別邸。就在隔天，安東尼奧將近衛軍團的長官喚了過來。再過半年就滿七十五歲的安東尼奧，只留下將他國葬，但不要過度奢華的遺言，就安詳的離開人世。

羅馬人認為壽終正寢是極為自然的事，因此只有親人才會對死者感到哀惜。但是，接到安東尼奧的死訊後，就像是年輕人去世一般，元老院、本國義大利的公民和行省人民都感到無比哀悼。大家都非常惋惜「安東尼奧·派阿斯」（慈悲為懷之人）之死。

「國父」

在哈德良皇帝的章節中，最後曾提到阿耶利斯·亞里士提狄斯，這裡再一次請他登場，來為安東尼奧·派阿斯的章節作個結尾。當時剛過二十五歲的這位小亞細亞出身的希臘學者，在皇帝安東尼奧和元老院面前發表了以下這段話。

「羅馬世界終於實現廣大地區的民主統治體制，這也可以說是過去希臘都市國家的大型化。領導階層盡是公民中的優秀人才，由於這些人的出身地遍及各個行省，也就是說，統治帝國全民的人都是由帝國各區延攬而來的人才。

他們有的生來就是羅馬公民權所有者，有的是後來才被授與羅馬公民權者，但這些人的才能，再加上由行政、軍事兩面構成的完美組織，充分發揮了機能，才得以完成廣大帝國的統治。

戰爭只會在國境線上發生，帝國內部的紛爭已銷聲匿跡。在帝國內側的各個角落，漫布著和平、繁榮與幸福的氣息。相形之下，在帝國外側不斷發生衝突的部族，就顯得相當可憐了。

羅馬對所有的人開放門戶。因此，在不同人種、不同民族、不同文化混雜的羅馬世界裡，居民們於各自的領域裡各司其職，以對社會貢獻一己之力。雖然在共通的祝祭日，皇帝會舉辦祭禮，但各個民族、宗教都有舉行祭禮的自由。此項作法有助於人們以自己的方式來維持尊嚴與正義。

羅馬制定每個人都適用的法律，即使人種和民族不同，無法共有文化，但卻可以藉由法律來維持共存共榮。為了表示此種生存方式可以為人民帶來莫大的利益，甚至也保證民眾可享受各種權利。

羅馬世界就像是一個大家庭一樣。這裡的居民都是羅馬帝國這個大家庭裡的成員。」

這是西元一四三年進行的演講，因此這裡提到的應該只是安東尼奧治世第五年時的羅馬帝國，因而或許有人認為以此文章作為安東尼奧治世的寫照有失妥當。

這麼說一點也沒有錯。因為安東尼奧的治世自此之後尚有十八年。不過如果和羅馬街道網從開工到完工的經過相比，應該就能夠理解為何這段文章「絕無不妥」的道理了。

無論是概念，或是鋪設工程的徹底度，都可以將羅馬街道網比擬為當時的高速公路，此街道網的開工始於西元前三一二年，之後一直到哈德良皇帝治世的西元一三〇年為止，花了將近四個半世紀總算全部完工。羅馬世界的形成與此極為雷同。朱利斯·凱撒對行省人民開放元老院的席次，讓行省成為羅馬的生命共同體。而他之後的皇帝，縱然有積極消極之差，也繼續承襲此方針，這和建設羅馬街道網的道理是相同的。

而為了讓羅馬的生存方式獲得被征服者的共識，便須採取為這些被征服者帶來利益的措施。以軍團移動為目的鋪設的羅馬街道，結果也提升了周邊居民的經濟力，這二件事的基本道理相互吻合。

此外，無論多麼完美的組織，一旦時間經過，自然會退化，漸漸的將會跟不上時代的腳步，這是無可避免的事。因此，必須進行適當的改革來維持並提升機能。在此冊中提到的皇帝們，包括征服達其亞、成功強化多瑙河防衛線的圖拉真，以及視察帝國全區、重建帝國體制的哈德良，都是擔負起「改革」要務的皇帝。然而，在這二人之後即位的安東尼奧·派阿斯的責任與義務並非「改革」，而是將改革的事項加以「落實」。

就算亞里士提狄斯進行的這場演說並非在西元一四三年的羅馬建國紀念日，而是在安東尼奧逝世前的西元一六〇年的四月二十一日，相信這位小亞細亞出身的希臘人也還是會說出相同的話吧！

希臘人和羅馬人的歷史中，最大的不同點在於，前者為城市間的抗爭，後者雖然有權力抗爭，但卻沒有城市與部族之間的抗爭。

羅馬帝國中，愛好希臘文化的皇帝尼祿和圖密善無論如何努力，都無法讓奧林匹亞式的競技會成功的移殖到羅馬。因為每四年一次中止城市間的戰爭，聚集在奧林匹亞較量體育技能、文學才華、音樂才藝的理念，對過去的羅馬人而言，是無法想像的事。被羅馬征服後，西方的部族集團化身為「地方政府」，東方的「城市」則擁有城市內的自治權，全都納入了霸權者羅馬的統治之下，部族間和城市間的鬥爭已成過往雲煙。雖然已提過許多次，但我還是要重申，對人類最重要的事莫過於安全與糧食得到保障，而「糧食」的保障必須在「安全」得到保證後方可實現，所以說「和平」具有至高無上的價值。

安東尼奧雖然和哈德良不同，一直待在首都羅馬統治帝國，但他衷心期望實現的大業，便是讓羅馬帝國成為一個大家庭，讓居住在帝國之內的人民成為這個大家庭的一份子。

「國父」這個獻給皇帝的尊稱，哈德良一直婉拒了十年才接受。這是因為他認為，「國父」的尊稱應該等到完成皇帝應盡的國家大業時才有資格接受。相對的，安東尼奧在登上帝位的同時，就接受了「國父」的尊稱，這表示安東尼奧接受的是 **"Pater Patriae"** 這個文字本身所代表的意義。

同樣身為羅馬皇帝，圖拉真和哈德良是以統治者的身份來完成他們的治世。而安東尼奧卻是以父親的身份來詮釋這個角色。馬庫斯·奧理略皇帝所描繪的安東尼奧像，不正是理想父親的典型嗎？

大事年表

西元	羅馬帝國 本國	羅馬帝國 西方行省	羅馬帝國 東方行省	其他世界
五十三		九月十八日，馬庫斯・烏魯庇斯・圖拉真出生於西班牙南部倍帝加行省的義大利加		
五十四	皇帝克勞狄斯逝世。尼祿即位			（日本）倭奴國向東漢進貢，接受金印（五十七年）（中國）東漢初代皇帝光武帝逝世，明帝即位（五十七年）。此時在洛陽城西建了白馬寺（六十七年）
五十五	史學家塔西圖斯出生			
六十一		不列顛人因反羅馬而發動叛亂，被羅馬軍制服		
六十六			第一次猶太戰役（～七〇年）	
六十八	尼祿自殺身亡。其後約一年當中，噶爾巴、歐圖、維特里斯陸續即位			

六十九	維斯帕先，第九代皇帝即位。弗拉維斯王朝開始			
七〇			羅馬軍攻陷耶路撒冷	
七十五	圖拉真與被任命為敘利亞行省總督的父親同行，赴任「紅披肩大隊長」			
七十六		一月二十四日，普伯利斯·阿耶利斯·哈德良和圖拉真一樣，出生於西班牙的義大利加		
七十七	圖拉真轉調駐紮在萊茵河防衛線的軍團			
七十九	維斯帕先逝世。長子提圖斯即位 維蘇威火山爆發			
八十一	提圖斯逝世。九月十四日，其弟圖密善登上皇位 圖拉真當選會計監察官			（中國）此時《漢書》編纂完成
八十三	此時圖拉真順利進入元老院			

八十六	十歲的哈德良，依據養父圖拉真與阿提安的指示，回到羅馬 九月十九日，安東尼奧（之後的安東尼奧・派阿斯皇帝）出生在羅馬南方的拉努維奧	哈德良的父親逝世		
八十七	圖拉真當選法務官	圖密善在此時期進攻達其亞失敗		
八十八		圖拉真被任命為駐紮在西班牙的第七傑米那軍團的軍團長 朱利安奉圖密善的命令渡過多瑙河，雖然完成對達其亞的雪恥，但是放棄進攻其大本營的計畫		
八十九		高地日耳曼軍司令官薩特盧尼發動叛亂。位在西班牙的圖拉真亦接受皇帝的鎮壓命令 叛亂最後因薩特盧尼自殺而終結		
九〇	圖拉真得到皇帝的舉薦，在西元九十一年被選為執政官	哈德良接受養父的指示回到出生地義大利加		（中國）班超成為西域都護（九十一年）

九十二		圖拉真被任命為高地日耳曼的司令官。也兼任當地的行省總督		（中國）《漢書》的作者班固在獄中死亡
九十三	哈德良被喚回羅馬，就任審查公民權和繼承事宜的職位			
九十四		哈德良被派遣到布達佩斯的軍團基地擔任「紅披肩大隊長」 此時，圖密善和達其亞締結媾和協定		（中國）班超征服西域五十諸國，歸順漢朝
九十六	九月十八日，皇帝圖密善遇刺。享年四十四歲 元老院承認涅爾瓦為第十二代皇帝 元老院決議將圖密善處以「記錄抹煞刑」		哈德良此時轉調遠莫埃西亞行省內的第五馬其頓卡軍團	
九十七	十月二十七日，涅爾瓦指名圖拉真為繼任者			（中國）班超派遣甘英到大秦國（羅馬帝國）
九十八	圖拉真和涅爾瓦一同就任執政官 一月二十七日，皇帝涅爾瓦逝世，享年六十七歲 塔西圖斯撰寫《阿古力克拉傳》	一月二十八日，哈德良向停留在科隆的圖拉真報告涅爾瓦的死訊，之後圖拉真當上第十三代皇帝。圖拉真依舊留在萊茵河前線		

九十九	塔西圖斯開始撰寫《日耳曼》（～一〇〇年） 晚夏，圖拉真在登上皇位後首次返回首都	冬天，圖拉真到達多瑙河沿岸		
一〇〇	九月，小普林尼就任備位執政官			
一〇一	哈德良當選會計監察官 三月二十五日，圖拉真離開羅馬向達其亞進攻	第一次達其亞戰役開始。羅馬連戰連勝		（柬埔寨）此時在湄公河下游建立了扶南國
一〇二	哈德良被賦予「元老院議事錄編輯」的任務 哈德良和圖拉真的外甥孫女莎比娜結婚 冬天，圖拉真返回羅馬，接受凱旋式歡迎 元老院贈予圖拉真「達其克斯」的稱號	和達其亞達成談和（第一次達其亞戰役結束），達其亞成了羅馬實質上的屬國		
一〇三		此時，橫跨多瑙河的「圖拉真橋」完工		（中國）此時蔡倫發明紙 （印度）此時制定了《古印度法典》
一〇五		春天，達其亞放棄媾和，襲擊羅馬軍營		

一〇六	六月四日，圖拉真離開羅馬，再度朝達其亞出發（第二次達其亞戰役） 哈德良當選法務官 塔西圖斯開始撰寫《當代史》（～一〇九年） 圖拉真凱旋返回羅馬。達其亞成為羅馬的行省	第二次達其亞戰役。哈德良以駐紮在波昂的第一米納爾瓦軍團的軍團長的身份參戰 春天，羅馬軍再一次渡過多瑙河。攻進達其亞夏天，達其亞的首都薩爾米澤特沙淪陷。達其亞王德賽巴拉斯自殺。達其亞居民被強制遷往北部邊境（第二次達其亞戰役終結）	羅馬合併了阿拉伯（現在的約旦），並將當地定名為阿拉伯·那巴提行省	
一〇七	年初舉行了圖拉真的凱旋式 哈德良被任命為遠旁諾尼亞行省總督 圖拉真的心腹蘇拉逝世			（日本）倭奴國王帥升向東漢獻上牲口
一〇八	哈德良當選次年度的執政官			
一一〇			帕提亞王帕科魯斯逝世之後帕提亞和亞美尼亞王國為了亞美尼亞王位問題激烈對立	

一一一	安東尼奧當選會計監察官		圖拉真將俾斯尼亞行省由元老院行省改為皇帝行省。秋天，小普林尼前往俾斯尼亞擔任該行省總督（～一一三年春天）。與圖拉真有信札往來	
一一二	元旦，「圖拉真廣場」完工		哈德良獲得雅典市頒贈“archon”的稱號	
一一三	五月，描繪達其亞戰役的「圖拉真圓柱」對外公開 圖拉真趁著亞美尼亞與帕提亞對立時，決定發動帕提亞遠征。於十月二十七日從羅馬啟程		圖拉真發動帕提亞遠征時，讓哈德良同行，並任命他為敘利亞總督	
一一四	夏天，圖拉真得到元老院贈予「至高無上的皇帝」的稱號		春天，圖拉真從敘利亞行省省都安提阿啟程前往帕提亞 羅馬軍和帕提亞展開大戰，成功征服美索不達米亞北部 亞美尼亞成為羅馬的行省	
一一五	塔西圖斯開始撰寫《編年史》（～一一七年） 元老院決議贈予圖拉真“Parthicus”的尊號		春天到秋天，羅馬軍抵達底格里斯河 猶太一帶爆發叛亂。叛亂火苗也延燒至埃及、昔蘭尼加、塞浦路斯	

一一六	安東尼奧順利進入元老院，也當選了法務官		冬天（或一一五年底），羅馬軍冬營中的安提阿發生了大地震，圖拉真受了輕傷 羅馬軍占領了帕提亞的首都格帖絲皇。帕提亞王歐斯羅耶斯在首都淪陷前逃亡 此時，羅馬帝國的版圖為最大 年底，到達波斯灣的圖拉真為了過冬，再一次返回安提阿，結果美索不達米亞全區開始暴動	
一一七	圖拉真的遺灰運回羅馬，並舉行了凱旋式	不列顛的布利岡特斯族發動叛亂，駐紮當地的羅馬軍團被擊潰	圖拉真發病。七月底，將後續工作交給哈德良後，便從安提阿啟程準備返回羅馬 八月九日，圖拉真收哈德良為養子。同日，皇帝圖拉真死於塞利努斯，享年六十三歲 第十四代皇帝哈德良即位 八月十一日，東方軍團的將兵向哈德良宣誓效忠 十一月，哈德良率領軍團離開東方戰線	

一一八	哈德良的養父阿提安利用自己旗下的近衛軍團士兵，殺害了四名具執政官經驗者 七月，哈德良返回羅馬 哈德良公布滯納稅金一筆勾銷的作法	
一二〇	安東尼奧當選執政官	
一二一	哈德良從羅馬啟程準備前往高盧，展開視察之旅	四月二十六日，馬庫斯．安尼斯．威勒斯（之後的皇帝馬庫斯．奧理略）誕生 哈德良從里昂經過日耳曼長城，視察萊茵河防衛線
一二二	圖拉真的妻子普羅提娜逝世	哈德良從萊茵河口渡海前往不列顛。在不列顛指示建設「哈德良長城」。夏天到秋天，他渡過多佛海峽進入高盧，在此時建設了亞維儂。當接獲普羅提娜逝世的消息後，在她的出生地尼姆建設了神殿。冬天時在西班牙的塔拉哥那過冬

一二三	此時，在羅馬近郊的提弗里開始建設「哈德良別邸」	春天，接獲帕提亞動盪不安的消息後，改變預定計畫，前往敘利亞	成功解除帕提亞危機的哈德良直接前往小亞細亞視察 之後一直到隔年夏天，哈德良從小亞細亞出發前往色雷斯，視察多瑙河防衛線，甚至將視察觸角伸到維也納	
一二四			從秋天到隔年春天，哈德良一直待在雅典，並在當地建設宙斯神殿	
一二五	春天，哈德良離開希臘，前往西西里訪問後，於晚夏回到羅馬			
一二六	春天，哈德良展開第二次視察之旅。視察地為亞非利加 夏天，結束亞非利加的視察後，哈德良返回羅馬 哈德良指派法律學者尼拉提烏斯・普利斯克斯等三人彙編羅馬法			
一二八	夏天，哈德良展開第三次視察之旅（巡視東方）		哈德良到達雅典	

一二九			哈德良離開雅典，前往小亞細亞、敘利亞視察。並在安提阿過冬	
一三〇	十二月十五日，盧西厄．凱歐尼斯．威勒斯（之後的皇帝盧西厄．威勒斯）在羅馬誕生		哈德良視察猶太。在耶路撒冷近郊建設名為「阿耶利斯．卡匹杜里諾」的都市。禁止猶太教徒進行割禮。在視察完猶太之後，前往埃及	
一三一	哈德良指派學者彙編的「羅馬法大全」已完成		在埃及尼羅河航行中，哈德良的寵童安提諾溺死 哈德良從埃及繞行安提阿、土耳其，前往雅典 秋天，巴爾．科克巴與拉比．阿基巴以耶路撒冷為中心，帶領猶太教徒發動叛亂	
一三二			年初，科克巴等人占領耶路撒冷。哈德良離開雅典前往安提阿。羅馬軍開始反攻	（中國）東漢的張衡製造渾天儀與地動儀
一三四	春天，哈德良返回羅馬		年初，羅馬軍攻陷耶路撒冷，終結了猶太教徒的叛亂。哈德良驅逐參與叛亂的猶太教徒，猶太的行省名改為「巴勒斯坦」	

一三五			安東尼奧此時被任命為亞細亞行省總督（～一三六年）	
一三六	哈德良以圖謀暗殺皇帝的罪名，將姊夫塞維安和其孫子處刑 哈德良收阿耶利斯·凱撒為養子，亦即皇位繼承人		九月二十六日，反叛的猶太教徒在貝提爾的最後抵抗宣告失敗，貝提爾淪陷	
一三七	阿耶利斯·凱撒當選執政官，被派遣到旁諾尼亞戰線 哈德良的妻子莎比娜逝世 除夕夜，阿耶利斯·凱撒為了隔天在元老院的感謝演說而趕回羅馬，不過當晚即吐血身亡			
一三八	一月二十四日，哈德良邀請安東尼奧到私邸慶祝自己的生日，此時向安東尼奧提出希望收他為養子的要求 二月，安東尼奧接受了這個請求，也答應收馬庫斯·奧理略和盧西厄·威勒斯為養子 哈德良指派佛倫多負責馬庫斯·奧理略的教育			

	七月十日，皇帝哈德良在拜爾的別邸逝世，享年六十二歲 第十五代皇帝安東尼奧即位 針對是否應將哈德良神格化，安東尼奧與元老院對立。替哈德良辯護的安東尼奧之後被稱為「安東尼奧・派阿斯」（慈悲為懷之人）			
一三九	「哈德良靈廟」完工	在不列顛爆發原住民的叛亂		
一四〇	安東尼奧・派阿斯的妻子法烏斯提娜逝世			
一四二		不列顛叛亂被平定。安東尼奧・派阿斯在哈德良長城北方建設了安東尼奧長城		
一四三	安東尼奧・派阿斯指派佛倫多負責盧西厄・威勒斯的教育			（印度）此時貴霜王朝(Kusana)的卡尼西卡(Kanishka)一世即位
一四五	「神君哈德良神殿」完工			

一六一	三月七日，皇帝安東尼奧·派阿斯在羅馬近郊的羅里歐的別邸中逝世，享年七十五歲

參考文獻

原始資料（以下列出皆為譯本，提供讀者參考）

阿普列烏斯 Lucius Apuleius (c. 125 A.D.～c. 180 A.D.)

Metamorfosi/Asinus aureus, *Della Magia*, *Apologia*

阿利安 Flavius Arrianus (c. 95 A.D.～175 A.D.)

Anabasis Alexandri（《亞歷山大東征記》）, *Historia India*

阿里斯提得斯 Publius Aelius Aristides Theodorus (117 A.D.～c. 185 A.D.)

Panēgyrikos eis Rhōmēn

加萊里烏斯 Claudius Galenus (129 A.D.～199 A.D.)

Corpus Medicorum Graecorum

蘇埃托尼烏斯 Gaius Svetonius Tranquillus (69 A.D.～After 122 A.D.)

De Vita Duodecim Caesaurm（《十二皇帝傳》）, *De viris illustribus*

《羅馬皇帝傳上・下》，國原吉之助譯，岩波文庫，1986。

塔西圖斯 Publius Cornelius Tacitus (56 A.D.～c. 120 A.D.)

Annales, *Historiae*, *De origine et situ Germanorum*, *De vita Julii Agricolae*, *Dialogus de oratoribus*

《編年史上．下》，國原吉之助譯，岩波文庫，1981。

《同時代史》（《歷史》），國原吉之助譯，筑摩書房，1996。

《阿古力克拉傳》，國原吉之助譯，筑摩學藝文庫，1996。

保薩尼阿斯 Pausanius (143 A.D.～176 A.D.)

Descriptio Graeciae

《希臘案內記上．下》，馬場惠二譯，岩波文庫，1991～1992。

菲隆 Philon Judaeus (c. 30 B.C.～45 A.D.)

De vita contemplaiva

大普林尼 Gaius Plinius Secundus (23 A.D.～79 A.D.)

Naturalis Historia（《博物誌》）

《普林尼博物誌》，大槻真一郎編，八坂書房，1994。

小普林尼 Gaius Plinius Caecilius Secundus (61, 62 A.D.～c. 113 A.D.)

Epistolae（《小普林尼與圖拉真皇帝的往返信札》），*Panegyricus*（《頌詞》）

《小普林尼書簡集》，國原吉之助譯，講談社學術文庫，1999。

普魯塔克 Plutarchus (c. 50 A.D.～After 120 A.D.)

Vitae Parallelae（《列傳》）

《普魯塔克英雄傳》，村川堅太郎，筑摩書房，1996。

弗龍托 Marcus Cornelius Fronto (c. 100 A.D.～c. 166 A.D.)

Epistulae

馬提雅爾 Marcus Valerius Martialis (Between 38 and 41 A.D.～c. 103 A.D.)

Epigrammata, *Liber Spectaculorum*, *Xenia*

尤維納利斯 Decimus Junius Juvenalis (c. 50 A.D.～c. 130 A.D.)

Saturae

約瑟夫·弗拉維斯 Josephus Flavius (37, 38 A.D.～100 A.D.)

Bellum Judaicum, *Antiquitates Judaicae*, *Contra Apionem*, *Vita*

《猶太戰記１·２》，新見宏譯，山本書店，1975～1981。

《猶太戰記３》，秦剛平譯，山本書店，1982。

《猶太古代誌》（全十一卷），秦剛平譯，山本書店，1979～1984。

《對亞皮翁的反論》，秦剛平譯，山本書店，1977

《自傳》，秦剛平譯，山本書店，1978。

後世撰寫的史書及研究書籍

ABRAMSON, E., *Roman Legionaries at the Time of Julius Caesar*, London, 1979.

ALBERTARIO, E., *Introduzione storica allo studio del Diritto Romano Giustinianeo*, Milano, 1935.

ALEXANDER, W. H., "The 'Psychology' of Tacitus," *Classical Journal,* 47, 1952.

ALFIERI, N., "I fasti consulares di Potentia," *Athenaeum,* 26, 1948.

ALFÖLDI, A., "The Moral Barrier on Rhine and Danube," *Congress of Roman Frontier Studies,* 1949.

AMATUCCI, A. G., "La letteratura di Roma imperiale," *Storia di Roma,* 25, Bologna, 1947.

ARANGIO RUIZ, V., *Pubblicazioni della Società Italiana per la ricerca dei papiri Greci e Latini in Egitto*, Firenze, 1933.

ARIAS, P. E., *Domiziano. Saggio storico con traduzione e commento della "Vita" di Svetonio,* Catania, 1945.

ARNOLD, E. V., *Roman Stoicism*, Cambridge, 1911.

AUDOLLENT, A., *Carthage Romaine*, Paris, 1901.

BAATZ, D., *Der römische Limes. Archäologische Ausflüge zwischen Rhein und Donau*, Berlin, 1975; *Die Wachttürme am Limes*, Stuttgart, 1976.

BADIAN, E., *Roman Imperialism in the Late Republic*, Pretoria, 1967.

BALLIF, Ph. & PATSCH, C., *Die römischen Strassen in Bosnien und der Herzegowina*, Wien, 1893.

BARADEZ, J. L., *Fossatum Africae*, Paris, 1949; "Organisation militaire romaine de l'Algérie antique et l'evolution du concept défensif de ses frontières," *Revue internationale d'histoire militaire,*

13, 1953; "L'Enceinte de Tipasa: Base d'opérations des troupes venues de Pannonie sous Antonin Le Pieux," *Quintus Congressus Internationalis Limitis Romani Studiosorum.*

BARCLAY, J. M. G., *Jews in the Mediterranean Diaspora: From Alexander to Trajan*, University of California Press, 1996.

BARKER, P., *The Army and Enemies of Imperial Romeni*, London, 1972.

BAVIERA, G., "Le due scuole dei giureconsulti romani," Scritti giuridici, Palermo, 1909.

BEGUIN, P., "Psychology et verité historique, Réflexions sur un récent ouvrage de critique tacitéenne," *Antiquité Classique,* 23, 1954.

BELL, H. I., *Jews and Christians in Egypt*, London, 1924.

BENNETT, J., *Trajan, Optimus Princeps*, Indiana University Press, 1997.

BESNIER, M., *L'île Tibérine dans l'antiquité*, Paris, 1901.

BETTI, E., *Diritto Romano*, Padova, 1935.

BIANCHI BANDINELLI, R., *Roma, L'arte romana nel centro del potere*, Milano, 1969.

BIONDI, B., "Il diritto romano," *Storia di Roma,* 20, Bologna, 1957.

BIRLEY, A. R., *Hadrian's Wall: An Illustrated Guide*, Ministry of Public Building and Works, London, 1963; *Hadrian: The Restless Emperor*, Routledge, 1998.

BIRLEY, E. B., "The Brigantian Problem and the First Roman Contact with Scotland," *Roman*

Britain and the Roman Army (*RBRA*), pp. 31–47; "Britain after Agricola and the End of the Ninth Legion", *RBRA*, pp. 25–28; "Britain under the Flavians: Agricola and His Predecessors," *RBRA*, pp. 10–19; "Hadrianic Frontier Policy," *Carnuntina*, pp. 26–33; "Alae and Cohortes Milliariae," *Corolla Memoriae Erich Swoboda Dedicata*, pp. 54–67; "Hadrian's Wall and Its Neighbourhood," *Studien zu den Militärgrenzen Roms*, pp. 6–14.

BLAKE, M. E., *Ancient Roman Construction in Italy: From the Prehistoric Period to Augustus*, Washington, 1947; *From Tiberius through the Flavians*, Washington, 1959; *From Nerva through the Antonines*, Philadelphia, 1973.

BLOCH, H., *I bolli laterizi e la storia edilizia romana*, Roma, 1947.

BOATWRIGHT, M. T., *Hadrian and Cities of the Roman Empire*, Princeton University Press, 2000.

BOESWILLWALD, E., CAGNAT, R. & BALLU, A., *Timgad, une cité africaine sous l'Empire romain*, Paris, 1892–1905.

BOETHIUS, A. & WARD PERKINS, J. B., *Etruscan and Roman Architecture*, Harmondsworth, 1970.

BONFANTE, P., *Storia del diritto romano*, Milano, 1923.

BOWERSOCK, G. W., "A Report on Arabia Provincia," *Journal of Roman Studies*, 61, 1971; "Limes Arabicus," *Harvard Studies in Classical Philology*, 80, 1976.

BRAND, C. E., *Roman Military Laws*, London, 1968.

BREEZE, D. J. & DOBSON, B., *Hadrian's Wall*, London, 1980.

BRIZZI, G., *I sistemi informativi dei Romani*, Wiesbaden, 1982; *Studi militari romani*, Bologna, 1983; *Annibale, strategia e immagine*, Perugia, 1984.

BROGAN, O., "The Roman Limes in Germany," *Archaelogical Journal,* 92, 1935.

BRUCE, J. C., *Handbook to the Roman Wall*, Newcastle, 1966.

BRUÈRE, R. T., "Tacitus and Pliny's Panegyricus," *Classical Philology,* 49, 1954.

BURN, A. R., *The Government of the Roman Empire from Augustus to the Antonines*, London, 1952.

CAGNAT, R., MERLIN, A. & CHATELAIN, L., *Inscriptíons Latines d'Afrique*, Paris, 1923.

CAGNAT, R. & GAUCKLER, P., *Les monuments historiques de la Tunisie*, Paris, 1898.

CAMPBELL, J. B., *The Emperor and the Roman Army*, Oxford, 1984.

CARY, M., *The Geographic Background of Greek and Roman History*, Clarendon Press, Oxford, 1949.

CASSON, L., *Ships and Seamanship in the Ancient World*, Princeton University Press, 1971.

CASTAGNOLI, F., CECCHELLI, C., GIOVANNONI, G. & ZOCCA, M., "Topografia e urbanistica di Roma," *Storia di Roma,* 22, Roma, 1958.

CASTAGNOLI, F., *Topografia e urbanistica di Roma antica*, Bologna, 1969.

CHAPOT, V., *La frontière de l'Euphrate de Pompée à la conquête arabe*, Paris, 1907; *The Roman World*, London, 1928.

CHARLESWORTH, M. P., *Trade Routes and the Commerce of the Roman Empire*, Cambridge University Press, 1926.

CHATELAIN, L., *Inscriptions Latines du Maroc*, Paris, 1942.

CHEESMAN, G. L., *The Auxilia of the Roman Imperial Army*, Oxford, 1914.

CLARKE, M. L., *The Roman Mind. Studies in the History of Thought from Cicero to Marcus Aurelius*, London, 1956.

CLAUSETTI, E., *L'ingegneria militare dei Romani*, Roma, 1942.

COARELLI, F., *Roma* (*I grandi monumenti*), Verona, 1971.

COCHRANE, C. N., *Christianity and Classical Culture. A Study of Thought and Action from Augustus to Augustine*, Oxford, 1940.

COLLINGWOOD, R. G., *Roman Britain*, Oxford, 1934.

CONDE de AQUIAR, *Italica*, Barcelona, 1929.

CONNOLLY, P., *The Roman Army*, London, 1975; *Greece and Rome at War*, London, 1981.

COOK, S. A., ADCOCK, F. E. & CHARLESWORTH, M. P. (ed.), *The Cambridge Ancient History, vol. X: The Augustan Empire, 44 B.C.– A.D. 70*, Cambridge, 1952; *vol. XI: The Imperia Peace, A.D.*

70–192, Cambridge, 1956.

CORBIER, M., *L'aerarium Saturni et l'aerarium militare*, Paris, 1975.

CORPUS, *Inscriptionum Latinarum*, Berlin, 1891–1916.

COSTA, E., *Crimine e pene*, Bologna, 1921.

CREMA, L., *L'architettura romana*, Torino, 1959.

CROOK, J., *Consilium Principis. Imperial Councils and Counsellors from Augustus to Diocletian*, Cambridge, 1955.

DAVIES, O., *Roman Mines in Europe*, Oxford, 1935.

DAVIES, R. W., "The Daily Life of the Roman Soldier under the Principate," *Aufstieg und Niedergang der Römischen Welt*, 1.

DECEI, A., "Le pont de Trajan à Turnu-Severin," *Anuarul inst. stud. clas.*, 1, 1932.

DEGRASSI, A., *I fasti consolari dell'impero romano, 30 B.C.– A.D. 613*, Roma, 1952; "L'amministrazione delle città," *Guida allo studio della civiltà romana antica*, Napoli, 1959.

DELBRÜCK, H., *History of the Art of War I*, Westport-London, 1975.

DE MARTINO, F., *Storia economica di Roma antica*, Bari, 1980.

DESSAU, H., *Inscriptiones Latinae Selectae, vol. I–III*, Berlin, 1954–1955.

DEVIJVER, H., *Prosopographia militiarum equestrium*, Louvain, 1976–1987.

DIESNER, H. J., *Kriege des Altertums*, Berlin, 1971.

DILL, S., *Roman Society from Nero to Marcus Aurelius*, London, 1905.

DIVINE, A. D., *The Northwest Frontier of Rome. A Military Study of Hadrian's Wall*, London, 1969.

DONNADIEU, A., *La Pompéi de la Provence: Fréjus*, Paris, 1927; *Fréjus: le port militaire de Forum Iulii*, Paris, 1935.

DRINKWATER, J. F., *Roman Gaul*, London, 1983.

DURRY, M., *Les cohortes prétoriennes*, Paris, 1968.

ESPÉRANDIEU, E., *Inscriptions Latines de la Gaule I, II*, Paris, 1928–1929.

FENTRESS, E. W. B., *Numidia and the Roman Army*, Oxford, 1979.

FERRI, S., *Arte romana sul Reno*, Milano, 1931; *Arte romana sul Danubio*, Milano, 1933.

FINK, R. O., *Roman Military Records on Papyrus*, Princeton, 1971.

FORBES, R. J., *Studies in Ancient Technology I–VI*, Leiden, 1955–1958.

FORNI, G., *Il reclutamento delle legioni da Augusto a Diocleziano*, Milano-Roma, 1953; "Contributo alla storia della Dacia romana," *Athenaeum*, 36, 1958–1959; *Limes*, Roma, 1959; "Sull'ordinamento e impiego della flotta di Ravenna," *Atti Conv. Int. Studi Antichità di Classe*, Faenza, 1968; "Esperienze militari nel mondo romano," *Nuove questioni di storia antica*, Milano, 1968; *Esercito e marina di Roma antica*, Amsterdam, 1987; "Estrazione etnica e sociale dei soldati delle legioni nei primi tre secoli dell'impero," *Aufstieg und Niedergang der Römischen Welt,* 1.

FRANK, T. (ed.), *An Economic Survey of Ancient Rome, II, Egypt* (JOHNSON), Baltimore, 1936; *III, Britain* (COLLINGWOOD), *Spain* (VAN NOSTRAND), *Sicily* (SCRAMUZZA), *Gaule* (GRENIER), Baltimore, 1937; *IV, Africa* (HAYWOOD), *Syria* (HEICHELHEIM), *Greece* (LARSEN), *Asia Minor* (BROUGHTON), Baltimore, 1938; *V, Rome and Italy of the Empire* (FRANK, T.), Baltimore, 1940; *VI, General Index* (BROUGHTON & TAYLOR), Baltimore, 1940.

FREIS, H., "Die cohortes urbanae," *Epigraphische Studien*, Bonn, 1967.

FRERE, S. S., *Britannia: A History of Roman Britain*, London, 1967.

FROVA, Â., "The Danubian Limes in Bulgaria and Excavations at Oescus," *Congress of Roman Frontier Studies*, 1949.

GABBA, E., "Sulla storia romana di Cassio Dione," *Riv. Stor. Ital.*, 67, 1955; "Storici greci dell'impero romano da Augusto ai Severi," *Riv. Stor. Ital.*, 71, 1959; *Per la storia dell'esercito romano in età imperiale*, Bologna, 1974; "Tecnologia militare antica," *Tecnologia, economia e società nel mondo romano*, Como, 1980.

GARBSCH, J. G., *Der Spätrömische Donau-Iller Rhein Limes*, Stuttgart, 1970.

GARZETTI, A., "L'Impero da Tiberio agli Antonini," *Storia di Roma,* 6, Istituto di studi romani, Bologna, 1960; *Problemi dell'età traianea: Sommario e testi*, Genova, 1971.

GATTI, C., "Riflessioni sull'istituzione dello stipendium per i legionari romani," *Acme*, 23, 1970.

GATTI, G., "Il viadotto della via Aurelia," *Bullettino Comunale*, 68, 1940.

GEIGER, F., *Philon von Alexandreia als sozialer Denker*, Stuttgart, 1932.

GIARDINI, A., *Società romana e produzione schiavistica*, Bari, 1981.

GIUFFRÉ, V., *La letteratura "De re militari"*, Napoli, 1979; *Il diritto militare dei Romani*, Bologna, 1980.

GIUFFRIDA IENTILE, M., *La pirateria tirrenica, Momenti e fortuna*, Roma, 1983.

GONELLA, G., *Pace romana e pace cartaginese*, Istituto di studi romani, 1947.

GOODENOUGH, E. R., *The Politics of Philo Iudaeus. Practice and Theory, with a General Bibliography of Philo*, New Haven, 1938.

GRANT, M., "Roman Coins as Propaganda," *Archaeology*, 5, 1952; *Roman Imperial Money*, Edinburgh, 1954.

GRAY, W. D., "A Political Ideal of the Emperor Hadrian," *Annual Report of the American Historical Association*, 1914.

GRENIER, A., *Manuel d'archéologie gallo-romaine*, Paris, 1934.

GRILLI, A., *Il problema della vita contemplativa nel mondo greco-romano*, Milano, 1953.

GSELL, St., *Les monuments antiques de l'Algérie*, Paris, 1901; *Inscriptions Latines d'Algerie I*, Paris,

1932.

GUEY, J., *Essai sur la guerre parthique de Trajan*, Bucarest, 1937.

HAMMOND, H., "Pliny the Younger's Views on Government," *Harvard Studies in Classical Philology*, 49, 1938.

HARMAND, L., *L'Occident romain: Gaule, Espagne, Bretagne, Afrique du Nord (31 B.C.–A.D. 235)*, Paris, 1960.

HATT, J. J., *Histoire de la Gaule romaine*, Paris, 1959.

HEITLAND, W. E., *Agricola: A Study of Agriculture and Rustic Life in the Greco-Roman World from the Point of View of Labour*, Cambridge, 1921.

HIGHET, G., *Juvenal the Satirist*, Oxford, 1954.

HOFFILLER, V. & SARIA, B., *Antike Inschriften aus Jugoslavien I, Noricum und Pannonia Superior*, Zagreb, 1938.

HOHL, E., "Die Historia Augusta und die Caesares des Aurelius Victor," *Historia*, 4, 1955.

HOPKINS, K., "Conquerors and Slaves," *Sociological Studies in Roman History*, Cambridge, 1978.

HUMBLE, R., *Warfare in the Ancient World*, London, 1980.

ILARI, V., *Gli Italici nelle strutture militari romane*, Milano, 1974; *L'interpretazione storica del diritto di guerra romano fra tradizione romanistica e giusnaturalismo*, Milano, 1981. *Inscriptiones*

Graecae, vol. I–XIV, Berlin, from 1873. *Inscriptiones Italiae*, l'Unione Accademica Nazionale (ed.), Roma, from 1931.

JALABERT, L., MOUTERDE, R. & MONDÉSERT, C., *Inscriptions grecques et latines de la Syrie I–V*, Beyrouth, 1929–1959.

JARRETT, M. G. & MANN, J. C., "Britain from Agricola to Gallienus," *Bonner Jahrbücher*, 170, 1970.

JENS, W., "Libertas bei Tacitus," *Hermes*, 84, 1956.

JOHNSON, R., *Roman Forts of the 1st and 2nd Centuries in Britain and the German Provinces*, London, 1983.

JORDAN, H. & HÜLSEN, Ch., *Topographie der Stadt Rom im Alterhum I, 1–3; II*, Berlin, 1878-1907.

JULLIAN, C., *Histoire de la Gaule, vol. V, VI*, Paris, 1920.

KALINKA, E. & HEBERDEY, R., *Tituli Asiae Minoris*, Vienna, 1944.

KENNEDY, D. L., *Archaeological Explorations on the Roman Frontier in North-East Jordan*, Oxford, 1982.

KEPPIE, L. J. F., *The Making of the Roman Army*, London, 1984.

KROMAYER, J. & VEITH, G., *Antike Schlachtfelder*, Berlin, 1903–1912; *Heerwesen und*

Kriegsführung, München, 1928.

LACEY, R. H., *The Equestrian Officials of Trajan and Hadrian*, Princeton, 1917.

LANCIANI, R., *Storia degli scavi di Roma I–VI*, Roma, 1902–1904; *L'antica Roma*, Roma, 1970; *La distruzione di Roma antica*, Milano, 1971.

LANDER, J. L., *Roman Stone Fortifications*, Los Angeles, 1984.

LAUR-BELART, R., "The Late Limes from Basel to the Lake of Constance," *Congress of Roman Frontier Studies*, 1949.

LAZZATI, G., *Apologia di Aristide*, Venegono, 1938.

LEPPER, F. A., *Trajan's Parthian War*, Oxford, 1948.

LEVI, A., *Storia della filosofia romana*, Firenze, 1949.

LEVI, M. A., "La Politica estera di Roma antica," *Istituto per gli stude di politica internazionaie*, Milano, 1942; "Aspetti sociali della poesia di Giovenale," *Studi Funaioli*, Roma, 1955.

LIBERATI, A. & SILVERIO, F., *Organizzazione militare: esercito, vita e costumi dei romani antichi 5*, Roma, 1988.

LUGLI, G., *Roma antica, Il centro monumentale*, Roma, 1946; *Il Vaticano nell'età classica*, Firenze, 1946; *Fontes ad Topographiam veteris urbis Romae pertinentes*, Roma, 1952–1969; *La tecnica edilizia romana*, Roma, 1957; *Itinerario di Roma antica*, Milano, 1970.

LUTTWAK, E. N., *The Grand Strategy of the Roman Empire*, Baltimore-London, 1979.

MacDONALD, W., *The Architecture of the Roman Empire*, New Haven, 1965.

MacMULLEN, R., *Proceedings of the International Congresses of Roman Frontier Studies*: 1. Newcastle 1949. *The Congress of Roman Frontier Studies*, Durham, 1952; 2. Carnuntum 1955. *Carnuntina. Ergebnisse der Forschung über die Grenzprovinzen des römischen Reiches*, Gratz, 1956; 3. Rheinfelden 1957. *Limes-Studien. Vorträge des 3. internationalen Limes-Kongresses in Rheinfelden*, Basel, 1959; 4. Nitra 1957. *Limes Romanus-Konferenz*, Bratislava, 1959; 5. Zagreb 1961. *V Congressus Internationalis Limitis Romani Studiosorum*, Zagreb, 1963; 6. Stuttgart 1964. *Studien zu den Militärgrenzen Roms. Vorträge des 6. internationalen Limeskongresses in Süddeutschland*, Köln-Gratz, 1967; 7. Tel Aviv 1967. *Roman Frontier Studies 1967: Proceedings of the Seventh International Congress of Frontier Studies*, Tel Aviv, 1971; 8. Cardiff 1969. *Roman Frontier Studies 1969. Eight International Congress of Limesforschung*, Cardiff, 1974; 9. Mamaia 1972. *Actes du IX congrés international d'études sur les frontières romaines*, Bukarest, 1974; 10. Bonn 1974. *Studien zu den Militärgrenzen Roms II: Vorträge des 10. internationalen Limeskongresses in der Germania Inferior*, Bonn, 1977; 11. Budapest 1976. *Limes. Akten des XI internationalen Limeskongresses*, Budapest, 1977; 12. Oxford 1979. *Papers presented to the International Congress of Roman Frontier Studies*, Oxford, 1980; 13. Aalen 1983. *Studien zu den Militärgrenzen Roms III. 13 internationalen*

Limeskongress, Stuttgart, 1986.

MAGIE, D., *Roman Rule in Asia Minor*, Princeton, 1950.

MANN, J. C., "A Note on the Numeri," *Hermes,* 82, 1954; *Legionary Recruitment and Veteran Settlement*, London, 1982; "The Role of the Frontier Zone in Army Recruitment," *Quintus Congressus Internationalis Limitis Romani Studiosorum.*

MANNA, M. G., *Le formazioni ausiliarie di guarnigione nella provincia di Numidia da Augusto a Gallieno*, Roma, 1970.

MANNI, E., "Recenti studi sulla Historia Augusta," *Par. Pass.*, 8, 1953.

MARCHESI, C., *Della Magia*, Bologna, 1955.

MARCHETTI, M., *Le provincie romane della Spagna*, Roma, 1917.

MARENGHI, G., "Caratteri e intenti del Periplo di Arriano," *Athenaeum,* 35, 1957; "Sulle fonti del Periplo di Arriano," *St. Ital. Fil. Class.*, 29, 1957; "Periplus maris Euxini," *Collana di studi greci diretta da V. De Falco,* 29, Napoli, 1958.

MARIN Y PEÑA, M., *Instituciones militares romanas*, Madrid, 1956.

MARQUARDT, J., *De l'organisation militaire chez les Romains*, Paris, 1891.

MARSDEN, E. W., *Greek and Roman Artillery*, Oxford, 1971.

MATTINGLY, H., *Coins of the Roman Empire in the British Museum I* (*Augustus to Vitellius*),

London, 1923; *II* (*Vespasian to Domitian*), 1930; *III* (*Nerva to Hadrian*), 1936; *IV* (*Antoninus Pius to Commodus*), 1940.

MERLIN, A., *Inscriptions Latines de la Tunisie*, Paris, 1944.

MIDDLETON, P., "The Roman Army and Long-Distance Trade," *Trade and Famine in Classical Antiquity*, Cambridge, 1983.

MIHAILOV, G., *Inscriptiones Graecae in Bulgaria repertae I, II*, Sofia, 1956–1958.

MOMIGLIANO, A., "An Unsolved Problem of Historical Forgery. The Scriptores Historiae Augustae," *Journ. Court. & Warb. Inst.*, 17, 1954.

MOMMSEN (ed), T., *Digesta. Corpus Iuris Civilis*, Berilin, 1902; *Le provincie romane da Cesare a Diocleziano*, Torino-Roma, 1992.

NASH, E., *Pictorial Dictionary of Ancient Rome*, London, 1968.

NESSELHAUF, H., "Tacitus und Domitian," *Hermes,* 80, 1952.

OLIVER, J. H., *The Ruling Power. A Study of the Roman Empire in the Second Century after Christ through the Roman Oration of Aelius Aristides*, Philadelphia, 1953.

ORGEVAL, B. d', *L'empereur Hadrien: Oeuvre législative et administrative*, Paris, 1950.

OSGOOD, R. E. & TUCKER, R. W., *Force, Order, and Justice*, The Johns Hopkins Press, 1967.

PACKER, J. E., *The Forum of Trajan in Roma: A Study of the Monuments*, University of California

Press, 1997.

PARETI, L., *Storia di Roma e del mondo romano*, Torino, 1960.

PARIBENI, R., *L'Italia imperiale da Ottaviano a Teodosio*, Milano, 1938; *Optimus Princeps*, Messina, 1969.

PARKER, H. M. D., *The Roman Legions*, Chicago, 1980.

PARKER, S. Th., *Romans and Saracens. A History of the Arabian Frontier*, Winona Lake, 1986.

PASSERINI, A., "Legio," *Dizionario Epigrafico,* 4, Roma, 1949; "Le forze armate," *Guida allo studio della civiltà romana antica*, Roma, 1959; *Le coorti pretorie*, Roma, 1969.

PELLATI, Fr., "I monumenti del Portogallo romano," *Historia,* 5, 1931.

PEPE, L., *Marziale*, Napoli, 1950.

PETERSEN, H. E., *Governorship and Military Command in the Roman Empire*, Harvard University, 1953.

PHILLIPS, E. D., "Three Greek Writers on the Roman Empire, Aristides, Crisostomus, Plutarcos," *Class. & Med.*, 18, 1957.

PICHLER, F., *Austria romana*, Wien, 1902–1904.

PIGHI, G. B., *Lettere latine d'un soldato di Traiano*, Bologna, 1964.

PIPPIDI, D. M., "Periplus maris Euxini," *Athenaeum,* 36, 1958.

PLATNER, S. B. & ASHBY, Th., *A Topographical Dictionary of Ancient Rome*, Oxford, 1929.

POIDEBARD, A., *La trace de Rome dans le désert de Syrie*, Paris, 1934.

RAMSAY, A. M., "The Speed of the Roman Imperial Post," *Journal of Roman Studies,* 15, 1925.

RECHNITZ, W., *Studien zu Salvius Iulianus*, Weimar, 1925.

REDDÉ, M., *Mare nostrum*, Paris-Roma, 1986.

RÉMONDON, R., "Palmyra under the Aegis of Rome," *Journal of Roman Studies,* 53, 1963.

REYNOLDS, P. K. B., *The Vigiles of the Ancient Rome*, Oxford, 1926.

RICCOBONO, S., *Corso di Diritto Romano*, Milano, 1933–1935.

RICHARDS, G. C., "The Composition of Josephus' Antiquities," *Classical Quartery,* 33, 1939.

RICKMAN, G., *Roman Granaries and Store Buildings*, Cambridge, 1971.

ROBERTSON, A. S., "The Antonine Wall," *Congress of Roman Frontier Studies*, 1949.

ROMANELLI, P., *Leptis Magna*, Roma, 1925; "La vita agricola tripolitana attraverso le rappresentazioni figurate," *Afr. Ital*., 3, 1930; *Storia delle province romane dell'Africa*, Roma, 1959.

ROSSI, L., *Trajan's Column and the Dacian Wars*, London, 1971.

ROSTAGNI, A., *Storia della letteratura latina II: L'impero*, Torino, 1952.

ROSTOVTZEFF, M., "La vie économique des Balkans dans l'antiquité," *Rev. internat. des ét. balc.*, 1935.

ROSTOVZEV, M., *Storia economica e sociale dell'impero romano*, Firenze, 1933.

ROWELL, H. T., "The Honesta Missio from the Numeri of the Roman Imperial Army," *Yale Classical Studies,* 6, 1939.

ROXAN, M., *Roman Military Diplomas*, London, 1985.

SALWAY, P., *The Frontier People of Roman Britain*, Cambridge, 1965.

SCAZZOSO, P., "Plutarco interprete barocco della romanità," *Paideia,* 12, 1957.

SCHÖNBERGER, H., "The Roman Frontier in Germany: An Archaeological Survey," *Journal of Roman Studies,* 59, 1969.

SCHWARTZ., J., "Note sur la famille de Philon d'Alexandrie," *Ann. Inst. Phil. Hist. Or.*, 13, 1953.

SCIVOLETTO, N., "Plinio il Giovane e Giovenale," *Giorn. It. Fil.*, 10, 1957.

SEABY, H. A., *Roman Silver Coins II, I–2: Tiberius to Domitian. Nerva to Commodus*, London, 1955.

SERAFINI, A., *Studio sulle Satire di Giovenale*, Firenze, 1947.

SHERWIN-WHITE, A. N., *The Letters of Pliny: A Historical and Social Commentary*, Oxford, 1966; *The Roman Citizenship*, Oxford, 1973.

SIRAGO, V. A., "La proprietà di Plinio il Giovane," *Antiquité Classique,* 26, 1957; *Funzione politica della flotta misenate*, Puteoli, 1983.

SPEIDEL, M. P., "Exploratores. Mobile Elite Units of Roman German," *Epigraphische Studien,* 13, Köln-Bonn, 1983.

STARK, F., *Rome on the Euphrates, the Story of a Frontier*, New York, 1968.

STARR, Ch. G., Jr., *Civilization and the Caesars. The Intellectual Revolution in the Roman Empire*, Ithaca, 1954; "Aurelius Victor, Historian of Empire," *Amer. Hist. Rev*., 61, 1955–1956; *The Roman Imperial Navy*, 1960.

STRAUB, J., *Studien zur Historia Augusta*, Bern, 1952.

STRONG, E., *Art in Ancient Rome*, London, 1930.

SUTHERLAND, C. H. V., *Coinage in Roman Imperial Policy, 31 B.C.– A.D. 68*, London, 1951.

SWOBODA, E., *Traian und der Pannonische Limes, Empereurs romains d'Espagne*, Centre nationale de la recherche scientifique.

SYME, R., "Some Friends of the Caesars," *American Journal of Philology,* 77, 1956; *Tacitus I, II*, Oxford, 1958.

TCHERIKOVER, V., *The Jews in Egypt in the Hellenistic-Roman Age in the Light of the Papyri*, Jerusalem, 1945.

TERZAGHI, N., *Storia della Letteratura latina da Tiberio a Giustiniano*, Milano, 1934.

TOYNBEE, J., *The Hadrianic School*, Cambridge, 1934; "Roman Medallions, their Scope and

Purpose," *Num. Chron.*, 1944.

TOZER, H. F., *A History of Ancient Geography*, Cambridge, 1935.

TRACY, S., *Philo Iudaeus and the Roman Principate*, Williamsport (U.S.A.), 1933.

TRAUB, H. W., "Pliny's Treatment of History in Epistolary Form," *Transactions and Proceedings of the American Philological Association,* 86, 1955.

VALENTINI, R. & ZUCCHETTI, G., *Codice topografico della città di Roma I–IV*, Roma, 1940–1953.

VAN BERCHEM, D., "On Some Chapters of the Notitia Dignitatum Relating to the Defense of Gaul and Britain," *American Journal of Philology,* 76, 1955.

VENDRAND-VOYER, J., *Normes civiques et métier militaire à Rome sous le Principat*, Clermont-Ferrand, 1983.

VIDMAN, L., *Fasti Ostienses*, Praha, 1957.

VIELMETTI, C., "I discorsi bitinici di Dione Crisostomo," *St. It. Fil. Class.*, 18, 1941.

VIERECK, H. D. L., *Die römische Flotte. Classis Romana*, Herford, 1975.

VITUCCI, G., *Ricerche sulla praefectura urbi in età imperiale* (*sec. I–III*), Roma, 1956.

VON FRITZ, K., "Tacitus, Agricola, Domitian and the Problem of the Principate," *Classical Philology,* 52, 1957.

WAGNER, W., *Die Dislokation der römischen Auxiliarformationen in den Provinzen Noricum, Pannonien, Moesien und Dakien von Augustus bis Gallienus*, Berlin, 1938.

WARD PERKINS, J. B. & REYNOLDS, J. M., *The Inscriptions of Roman Tripolitania*, Roma, 1952.

WARRY, J., *Warfare in the Classical World*, London, 1980.

WATSON, G. R., "The Pay of the Roman Army: The Auxiliary Forces," *Historia*, 8, 1959; *The Roman Soldier*, New York, 1981.

WEBSTER, G., *The Roman Imperial Army*, London, 1974.

WEST, L. C., *Imperial Roman Spain: The objects of trade*, Oxford, 1929.

WESTERMANN, W. L., "The Slave Systems of Greek and Roman Antiquity," *Mem. Amer. Philos. Soc.*, 40, Philadelphia, 1955.

WETHERED, N. H., *The Mind of the Ancient World. A Consideration of Pliny's Natural History*, London, 1937.

WHEELER, R. E. M., "The Roman Frontier in Mesopotamia," *Congress of Roman Studies*, 1940.

WHITE, L. T., *The Transformation of the Roman World: Gibbon's Problems after Two Centuries*, University of California Press, Berkeley, 1966.

WHITTAKER, C. R., "Trade and Frontiers of the Roman Empire," *Trade and Famine in Classical Antiquity*, Cambridge, 1983.

WICKERT, L., "Die Flotte der römischen Kaiserzeit," Würzburger Jahrbücher f. die Altertumswiss, 1940–1950.

WILKES, J. J., *Dalmatia: History of the Provinces of the Roman Empire*, London, 1969.

雕像等之收藏地一覽表

- 圖拉真圓柱仿製品　Museo della Civiltà Romana
- 阿波羅多羅斯像　Staatliche Antikensammlungen und Glyptothek München
  ©2000 by Koppermann
- 莎比娜像　Museo Nazionale Romano in Palazzo Massimo alle Terme
- 哈德良像　Museo Nazionale Romano in Palazzo Massimo alle Terme
- 安提諾像　Galleria degli Uffizi
- 馬賽克（鑲嵌工藝品）　Museo Nazionale Romano in Palazzo Massimo alle Terme
- 安東尼奧・派阿斯像　Museo Nazionale Romano in Palazzo Altemps

【塩野七生代表作——羅馬人的故事】

從崛起、壯大到轉折、衰敗，看羅馬千年的輝煌與落寞

羅馬人的故事 I——羅馬不是一天造成的

羅馬的起源可以追溯到扎馬戰役前五百年，羅馬人歷經整整五百多年漫長的蟄伏歲月，因此才會有句話說：「羅馬不是一天造成的」。這五百年間羅馬遭遇哪些挑戰？羅馬人又是如何逐步累積實力，將國家帶往璀璨光明的未來？

羅馬人的故事 II——漢尼拔戰記

西元前二一八年，漢尼拔從西班牙率領群眾翻越阿爾卑斯山，進攻義大利本土，直到羅馬名將西比奧打敗漢尼拔才落幕，這場戰爭歷時十六年之久。為什麼知識優越的希臘人、軍事力量強大的迦太基人最後會敗給羅馬人？什麼才是決定戰爭勝、敗的因素？

羅馬人的故事III——勝者的迷思

經過六天六夜激戰，迦太基城淪陷了！這個曾經風光一時的城市被消毀殆盡，羅馬名將小西比奧一想到敵人的命運不覺潸然淚下。勝者如何在勝利的欣喜中，思慮更遠大的未來？大國如何崛起？改變的是制度、心態，還有什麼呢？

羅馬人的故事IV——凱撒時代（盧比孔之前）

西元前一〇〇年七月十二日，「羅馬唯一的創造天才」——朱利斯・凱撒誕生！少年凱撒歷經鬥爭、殺戮、混亂與腐敗，因此致力於樹立羅馬的「新秩序」，他如何巧妙地逆轉國家、政局與社會重重的危機，將個人推向顛峰，創造羅馬歷史的光輝？

羅馬人的故事V——凱撒時代（盧比孔之後）

西元前四十五年，大權在握的凱撒開始進行羅馬帝政化改革，卻在隔年遭醉心共和體制派刺殺，羅馬頓時又陷入混亂狀態！年僅十八歲的屋大維成為凱撒指定的第一繼承人，他能否穩住凱撒留下的偉業？凱撒雖死，但他的精神又為後世留下哪些影響？

羅馬人的故事VI——羅馬和平

西元前二十九年，羅馬終於脫離戰亂狀態，屋大維運用卓越的政治手腕，於西元前二十七年宣佈回歸共和政體，並受贈「奧古斯都」尊稱，締造「羅馬和平」的時代。屋大維這位「非天才人物」，是如何完成連天才凱撒都無法達到的目標？

羅馬人的故事VII——惡名昭彰的皇帝

隨著西元十四年臺伯留繼任，奧古斯都締造的「羅馬和平」畫下句點，羅馬帝國在短短五十四年間，皇帝幾番更迭。是英雄創造的時代已遠？或是暴君當道的世紀來臨？這幾位皇帝究竟是帝國覆亡的推手？抑或是帝國變貌的一頁？

羅馬人的故事VIII——危機與克服

西元六十九年，羅馬接連由軍人掌權，內部動盪不安。所幸此時出現新的轉機：維斯帕先、提圖斯父子花費十多年，一步步將帝國導回正軌。後繼的圖密善勵精圖治，卻集權一身，威脅元老院的共和傳統，此舉是確立帝政的權威，還是另一場危機的引爆？

羅馬人的故事IX——賢君的世紀

西元二世紀是當代羅馬人口中的「黃金世紀」，圖拉真、哈德良和安東尼奧．派阿斯三位皇帝為羅馬鞠躬盡瘁，為保障帝國的自由、繁榮與安定，盡心盡力扮演好自己的角色。在龐大的帝國之前，他們不是唯我獨尊的「皇帝」，而是當仁不讓的「第一公民」！

羅馬人的故事X——條條大道通羅馬

羅馬種種質、量兼具的建設，被史家讚為羅馬文明偉大的紀念碑。羅馬人為何如此致力於公共建設？為什麼已有踩踏形成的道路，還要鋪設大道？為什麼立國於臺伯河旁、不必擔憂用水問題，還要建設水道？眾多建設的目的，竟只是「為了讓人的生活過得像人」？

羅馬人的故事XI——結局的開始

告別賢君的世紀，羅馬帝國的光環褪色了嗎？「哲學家皇帝」馬庫斯．奧理略，實現了柏拉圖的理想。然而高尚的品德和絕佳的能力卻無法力挽狂瀾，夕陽的餘暉漸籠罩帝國。奧理略過世後，羅馬面臨重大轉捩點，等在道路盡頭的是更寬廣的前程，還是帝國的終點？

羅馬人的故事XII——迷途帝國

從西元二一一年到二八四年，被羅馬人稱為「三世紀危機」。這時只要有軍隊，人人都可能成為羅馬的主人。在社會動亂、人心惶惶的氣氛之下，基督教成為一盞明燈，提供人們心靈的撫慰。面對逐漸衰頹的羅馬帝國，基督教是否能成為一劑強心針？或是加速羅馬的瓦解？

羅馬人的故事XIII——最後一搏

在羅馬帝國之中，凡事都大規模且多元化，就連走上了衰退的時代，這項特質也依舊沒變。進入帝政時代後期的羅馬帝國，已漸漸轉移為絕對君主政體。羅馬人為什麼要做出這樣的轉變？這個改變又引來什麼樣的結果？

羅馬人的故事XIV——基督的勝利

君士坦丁大帝逝後，東方波斯的威脅與蠻族的不時南侵已成為常態。然而，羅馬更厲害的對手來自內部：急速壯大的基督教。君士坦提烏斯追尋父親的腳步，一面提振基督教會的地位，一面排擠羅馬傳統宗教。眾神遭背棄，也決定放棄羅馬，羅馬的結局，竟是基督的勝利？

羅馬人的故事XV——賢君的世紀

羅馬帝國的尾聲，從帝國真正的分裂開始。兄弟之邦無法發揮手足之情，互相牽絆、角力，東西兩帝國自此走上不同的道路。在西方，「蠻族」鳩占鵲巢，他們的精神與文化，竟比羅馬人更像羅馬人？曲終人散，家園破滅、社會失序，留下的是一個怎樣的世界？

海都物語——威尼斯共和國的一千年（上）（下）

一個建立在水中央的國度，如何憑藉高超的航海與造船技術，成為地中海世界的海上霸主？又如何在大西洋航線開闢、國際局勢變化後喪失優勢？威尼斯如何透過轉型發展、彈性外交政策奮力一搏？塩野七生用其細膩、生動，富有文學性的筆調，讓您彷若搭乘威尼斯的「貢多拉」，徜徉於威尼斯共和國一千年的歷史長河。

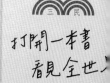

國家圖書館出版品預行編目資料

羅馬人的故事IX：賢君的世紀／塩野七生著;林韓菁譯.－－修訂二版一刷.－－臺北市：三民，2023
面；　公分.－－(羅馬人的故事系列)

ISBN 978-957-14-7445-8（平裝）
1. 歷史 2. 羅馬帝國

740.222　　111006223

羅馬人的故事

羅馬人的故事IX——賢君的世紀

著作人　塩野七生
譯者　林韓菁

發行人　劉振強
出版者　三民書局股份有限公司
地址　臺北市復興北路386號(復北門市)
　　　臺北市重慶南路一段61號(重南門市)
電話　(02)25006600
網址　三民網路書店 https://www.sanmin.com.tw

出版日期　初版一刷 2003年9月
　　　　　初版四刷 2018年4月
　　　　　修訂二版一刷 2023年7月
書籍編號　S740340
ISBN　978-957-14-7445-8

Rôma-jin no Monogatari 9. Kentei no Seiki

三民書局